思想的・睿智的・獨見的

經典名著文庫

學術評議

丘為君　吳惠林　宋鎮照　林玉体　邱燮友
洪漢鼎　孫效智　秦夢群　高明士　高宣揚
張光宇　張炳陽　陳秀蓉　陳思賢　陳清秀
陳鼓應　曾永義　黃光國　黃光雄　黃昆輝
黃政傑　楊維哲　葉海煙　葉國良　廖達琪
劉滄龍　黎建球　盧美貴　薛化元　謝宗林
簡成熙　顏厥安（以姓氏筆畫排序）

策劃　楊榮川

五南圖書出版公司 印行

經典名著文庫

學術評議者簡介（依姓氏筆畫排序）

- 丘為君　美國俄亥俄州立大學歷史研究所博士
- 吳惠林　美國芝加哥大學經濟系訪問研究、臺灣大學經濟系博士
- 宋鎮照　美國佛羅里達大學社會學博士
- 林玉体　美國愛荷華大學哲學博士
- 邱燮友　國立臺灣師範大學國文研究所文學碩士
- 洪漢鼎　德國杜塞爾多夫大學榮譽博士
- 孫效智　德國慕尼黑哲學院哲學博士
- 秦夢群　美國麥迪遜威斯康辛大學博士
- 高明士　日本東京大學歷史學博士
- 高宣揚　巴黎第一大學哲學系博士
- 張光宇　美國加州大學柏克萊校區語言學博士
- 張炳陽　國立臺灣大學哲學研究所博士
- 陳秀蓉　國立臺灣大學理學院心理學研究所臨床心理學組博士
- 陳思賢　美國約翰霍普金斯大學政治學博士
- 陳清秀　美國喬治城大學訪問研究、臺灣大學法學博士
- 陳鼓應　國立臺灣大學哲學研究所
- 曾永義　國家文學博士、中央研究院院士
- 黃光國　美國夏威夷大學社會心理學博士
- 黃光雄　國家教育學博士
- 黃昆輝　美國北科羅拉多州立大學博士
- 黃政傑　美國麥迪遜威斯康辛大學博士
- 楊維哲　美國普林斯頓大學數學博士
- 葉海煙　私立輔仁大學哲學研究所博士
- 葉國良　國立臺灣大學中文所博士
- 廖達琪　美國密西根大學政治學博士
- 劉滄龍　德國柏林洪堡大學哲學博士
- 黎建球　私立輔仁大學哲學研究所博士
- 盧美貴　國立臺灣師範大學教育學博士
- 薛化元　國立臺灣大學歷史學系博士
- 謝宗林　美國聖路易華盛頓大學經濟研究所博士候選人
- 簡成熙　國立高雄師範大學教育研究所博士
- 顏厥安　德國慕尼黑大學法學博士

經典名著文庫091

經驗與自然

Experience and Nature

〔美〕約翰・杜威著
（John Dewey）
傅統先 譯

經典永恆・名著常在

五十週年的獻禮・「經典名著文庫」出版緣起

總策劃 楊榮川

五南，五十年了。半個世紀，人生旅程的一大半，我們走過來了。不敢說有多大成就，至少沒有凋零。

五南忝為學術出版的一員，在大專教材、學術專著、知識讀本出版已逾壹萬參仟種之後，面對著當今圖書界媚俗的追逐、淺碟化的內容以及碎片化的資訊圖景當中，我們思索著：邁向百年的未來歷程裡，我們能為知識界、文化學術界做些什麼？在速食文化的生態下，有什麼值得讓人雋永品味的？

歷代經典・當今名著，經過時間的洗禮，千錘百鍊，流傳至今，光芒耀人；不僅使我們能領悟前人的智慧，同時也增深加廣我們思考的深度與視野。十九世紀唯意志論開創者叔本華，在其〈論閱讀和書籍〉文中指出：「對任何時代所謂的暢銷書要持謹慎的態度。」他覺得讀書應該精挑細選，把時間用來閱讀那些「古今中外的偉大人物的著作」，閱讀那些「站在人類之巔的著作及享受不朽聲譽的人們的作品」。閱讀就要「讀原著」，是他的體悟。他甚至認爲，閱讀經典原著，勝過於親炙教誨。他說：

「一個人的著作是這個人的思想菁華。所以，儘管一個人具有偉大的思想能力，但閱讀這個人的著作總會比與這個人的交往獲得更多的內容。就最重要的方面而言，閱讀這些著作的確可以取代，甚至遠遠超過與這個人的近身交往。」

爲什麼？原因正在於這些著作正是他思想的完整呈現，是他所有的思考、研究和學習的結果；而與這個人的交往卻是片斷的、支離的、隨機的。何況，想與之交談，如今時空，只能徒呼負負，空留神往而已。

三十歲就當芝加哥大學校長、四十六歲榮任名譽校長的赫欽斯（Robert M. Hutchins, 1899-1977），是力倡人文教育的大師。「教育要教眞理」，是其名言，強調「經典就是人文教育最佳的方式」。他認爲：

「西方學術思想傳遞下來的永恆學識，即那些不因時代變遷而有所減損其價值的古代經典及現代名著，乃是眞正的文化菁華所在。」

這些經典在一定程度上代表西方文明發展的軌跡，故而他爲大學擬訂了從柏拉圖的《理想國》，以至愛因斯坦的《相對論》，構成著名的「大學百本經典名著課程」。成爲大學通識教育課程的典範。

歷代經典．當今名著，超越了時空，價值永恆。五南跟業界一樣，過去已偶有引進，但都未系統化的完整舖陳。我們決心投入巨資，有計畫的系統梳選，成立「經典名著文庫」，希望收入古今中外思想性的、充滿睿智與獨見的經典、名著，包括：

- 歷經千百年的時間洗禮，依然耀明的著作。遠溯二千三百年前，亞里斯多德的《尼各馬科倫理學》、柏拉圖的《理想國》，還有奧古斯丁的《懺悔錄》。
- 聲震寰宇、澤流遐裔的著作。西方哲學不用說，東方哲學中，我國的孔孟、老莊哲學，古印度毗耶娑（Vyāsa）的《薄伽梵歌》、日本鈴木大拙的《禪與心理分析》，都不缺漏。
- 成就一家之言，獨領風騷之名著。諸如伽森狄（Pierre Gassendi）與笛卡兒論戰的《對笛卡兒沉思錄的詰難》、達爾文（Darwin）的《物種起源》、米塞斯（Mises）的《人的行爲》，以至當今印度獲得諾貝爾經濟學獎阿馬蒂亞・

森（Amartya Sen）的《貧困與饑荒》，及法國當代的哲學家及漢學家余蓮（François Jullien）的《功效論》。

梳選的書目已超過七百種，初期計劃首爲三百種。先從思想性的經典開始，漸次及於專業性的論著。「江山代有才人出，各領風騷數百年」，這是一項理想性的、永續性的巨大出版工程。不在意讀者的眾寡，只考慮它的學術價值，力求完整展現先哲思想的軌跡。雖然不符合商業經營模式的考量，但只要能爲知識界開啓一片智慧之窗，營造一座百花綻放的世界文明公園，任君遨遊、取菁吸蜜、嘉惠學子，於願足矣！

最後，要感謝學界的支持與熱心參與。擔任「學術評議」的專家，義務的提供建言；各書「導讀」的撰寫者，不計代價地導引讀者進入堂奧；而著譯者日以繼夜，伏案疾書，更是辛苦，感謝你們。也期待熱心文化傳承的智者參與耕耘，共同經營這座「世界文明公園」。如能得到廣大讀者的共鳴與滋潤，那麼經典永恆，名著常在。就不是夢想了！

二〇一七年八月一日 於

五南圖書出版公司

導讀

國立屏東大學教育行政研究所教授 簡成熙

一、杜威《經驗與自然》的時代意義

馬克·吐溫（Mark Twain）曾經戲謔的說，經典可能是人們談論最多，卻又最少閱讀的書。用在杜威身上，情形只會更糟。杜威雖然在美國二十世紀初，有其深遠的影響力，但同時期及四〇年代後，許多歐陸正統學院內的哲學家，如現象學、存在主義等，仍不認爲杜威的實用主義具有嚴格的哲學意義。即便是美國，也是分析哲學的天下。杜威相較於其他哲學家，更爲重視教育的實踐，雖然實用主義教育觀也有小波折——以實用主義爲理論基礎的進步主義過於放任引起的教育反動——教育哲學者仍較哲學界更爲重視杜威。不過，教育學者大概集中在《民主與教育》、《經驗與教育》、《兒童與課程》等著作。最能代表杜威完整、成熟的哲學《經驗與自然》，在戰後的歲月裡，不用說是最少閱讀，恐怕連談論最多，也不可得。反倒是對於進步主義教育者過於激烈訴求的批評，也使得部分美國知識界一直對杜威實用主義有意見，名歷史學者霍夫士達特（R. Hofstadter）在其《美國的反智傳統》一書中，就認爲杜威思想必須爲美國的「反智」負責。至於芝加哥大學校長賀欽斯（R. Hutchins）等的批評，更是不在話下。

我們若把杜威思想分爲三期。第一是黑格爾唯心論時期，第二是二十世紀初，倡導工具主義、厚實教育理念，學生輩出，此期最廣爲人知。第三時期，是其晚年階段，建立完整思想體系時期。《經驗與自然》，無疑是晚期思想的號角，該書是美國哲學會舉薦，由保羅卡魯斯基金會（Paul Carus Foundation）邀請的講座演講稿的集結，成書於西元一九二五年杜威六十六歲時，西元一九二九年改寫第一章後新版傳世。是書之後，杜威對於探究理論、知識方法論、美學、評價理論、信仰宗教等，都有進一步的開展。吳俊升認爲杜威「整個哲學包括方法論、形上學與價值論，俱在該書有一貫的論述而構成一完整之體系，自皮爾斯（Peirce）以來之實用主義，迄未有兼該體用之系統論述，詹姆斯（W. James）有志而未償，是書之問世可謂登峰造極。」然相較於學者優游海德格晦澀的《存有與時間》，杜威的《經驗與自然》實不可同日而語。

隨著歐陸後現代思潮的普及，人們驀然回首，歐陸後現代思潮對於希臘以降傳統哲學的批評，早見於杜威著作。羅逖（R. Rorty）被稱爲新實用主義者，連繫了後現代思潮與杜威的關聯。杜威將民主視爲一生活方式及其大社群的想法，對照於西元一九八〇年代社群主義對自由主義之挑戰，古典自由主義過於強調個人自主性的主張，杜威的民主觀更能與社群主義相容。荷蘭西方知名教育哲學學者比司塔（G. J. J. Biesta）即從德希達（Derrida）解構傳統的再現形上學中，說明杜威在本書第五章詮釋溝通的意涵，不會墮入「再現形上學」的缺失，並以此修正自由主義以降忽視「差異」的公民教育。杜威的美學經典《藝術即經驗》，越來越受到重視，很少人發現，杜威在詮釋人類自然經驗的意義時，最先是以美感經驗立論。這些探討，早見諸《經驗與自然》一書。杜威相較於其他哲學家，更重視經驗探究的工具意義，這與當今數位知識傳遞，澈底翻轉人類整個學習風貌，杜威哲思更顯彌足珍貴。一言以蔽之，今日重讀杜威，絕不是爲了復古懷舊，或是爲經典而經典。吾人完全可以與當下的學術實踐接壤。

二、全書旨趣

我們可以說，《經驗與自然》是杜威最完整的哲學言志之作。學界普遍認爲是書可算是杜威在形上學立場的代表。羅逖認爲該書主要是對傳統形上學做歷史的考察，指出其提問方式及錯誤之所在，重點不在於提出系統的形上學體系。杜威嫡系學生胡克（S. Hook）則認爲杜威把形上學界定爲存在的共同特性，胡克質疑是否有這種特性。而與杜威同一時代的學者如桑達雅那（G. Santayana）等則認爲杜威的形上學標榜要探討存在或自然的共通特徵，但只環繞到人類有限的經驗而已，科亨（M. Cohen）更以人中心論（anthropocentrism）稱之。我們無法在此細說，筆者認爲這些評論，先不論對錯，適足以突顯了杜威的積極意義。讀者可以在閱讀的過程中，以這些提問，設想杜威的可能回應。

他在第一章，開宗明義論述哲學科學不應二元對立，科學的發展，即爲人們體現座落在經驗中的哲學方法。可是傳統哲學卻孤懸知識、理性與價值，企求從一種本質、內在、超越的思想與文字迷障，想要建立所謂客觀的眞理。第二、三、四章，杜威希望將「自然」、「經驗」的特性（杜威可能不喜歡本質一詞）敘明，或用傳統哲學術語，是對經驗或自然「本體論」的討論（杜威當然也不喜歡這個詞）。形上學若是指對存在的普遍掌握，那自然或經驗中的未定、不完美的現象就是常態特性。理性、知識只不過是探索的工具，不應該成爲目的之所在。杜威認爲，大部分的傳統哲學家都賦予知識探索對象一個終極神聖的目的，其實，如果從連續性的觀點來看，就不會像二元論的觀點，把目的孤懸、看輕手段。也不會像心物二元論的看法，把物理事實與心靈現象分離出來，歌頌後者，貶抑前者。五、六、七三章都是要說明，人文世界也一如科學探究，人文意義也是人類語言溝通的社會實踐，人們透過語言參與社會活動，也是自然現象，不是另外一種闖入自然界的神祕。心靈亦如自然事件的特殊性、可變性與偶然性。所謂心靈的主觀性是對於附在其事物上意義、價值的思考與重構。自然、經驗的連續性依然可以解釋人們意義、身心的主體運作。第八章藉助於有機體與社會的交互作用，來說明觀念、意識現象作爲一種存在的經驗意義。第九章，企圖說明藝術同時是人們經驗的高峰與自然的極致成就。杜威認爲，藝術離不開工具的使用，藝術生產的過程，是把自然界中較低層的事物加以調整、重新調配質料，企求圓滿的歷程。科學探討本身與藝術一樣，既是控制事物的工具，也是一種純粹心靈享受的終極目的。但此一目的是在探索的歷程中，而不是所謂的內在性質。最後一章，杜威回歸自然主義的價值，即是在探究過程中，經驗的連續性、未定性，透過方法或工具的掌握，而完成的結果。如何控制事物的探究或發展過程，能獲得較穩定的暫時結果，即爲評價或批評的基礎。哲學的功能是要在經驗的過程中，不斷對其信仰、制度、行動、生產等產生的價值，提供評價或批評的工具。但若把此一評價或探索的功能或結果孤懸起來，甚或貶抑其工具的效用，沒能正視其在自然經驗中連續、未定的意義，正是傳統哲學的限制。杜威希望在現代社會中，能藉著重新正視自然經驗的意義，不僅整合科學與哲學探索於一爐，也能讓科學與哲學界各自反思其可能的盲點。

或許，杜威自己在該書序言是最好的導讀，然筆者仍願意在此爲讀者穿針引線。

㈠自然、經驗的連續性對抗二元論

杜威自稱其觀點是經驗的自然主義，或是自然主義經驗論，或者是自然主義的人文主義。自然科學與經驗連在一起，再自然也不過。我們所經驗到的一切，是關於自然，也是在自然之內。或者應該說被經驗到的並不是經驗，而是自然。可是長時間來，唯心論（本書譯作唯心主義）將此經驗看成是內在、超越、本質性的東西。本來，若能因此強化人們的思考、想法、願望等自我的運作，認可主觀心靈有一套心理能力，未嘗不是好事。但若因此將心理學探討理解爲孤立的心靈世界，將之相對立於物理對象，使得心靈、物質，心理世界、物理世界二元對立，就會弄擰了問題。思維和理性並不是特殊的力量，它們包含著這種活動的程序。把這種反省的邏輯轉變爲理性實在的本體論，乃是由於人爲地把後來產生的這種連繫事物的自然功能，轉成一種預先存在的本質實在的緣故。杜威認爲大部分的傳統哲學都誇大反省的理智結果，鄙視經驗，企求從粗糙、紛亂的經驗中尋求某些本質。這種心理的期待很正常，但將這種期待轉變成實在之物的固定特性，就會忽略經驗本身的能動性。

杜威要我們正視經驗世界的不安、未定、無法控制、帶點危險的特質，不是要我們擔憂之而轉向唯靈信仰，或是一廂情願的建構美好世界。哲學家把自己默認的道德觀或智慧變成了宇宙論，變成了形上學，是根本的哲學錯誤。這種把理智視爲純眞理本身或純事實本身的內在關係，有些學者誇誇其言爲絕對心靈或絕對經驗，無助於我們體會經驗的創造性。思維和理性不是一種特殊力量，是人們在混亂不安中透過此一程序來獲致暫時的穩定。思維不是神祕的東西，而是在我們經驗世界中不斷重組的連續過程。若把理性思維的成果，看成是一種預先的存在，將其從歷程轉成一種理性實在的本體論，這種想像無助於人們眞正體察在經驗中求知的意義。當然，也有哲學家肯定各種變異現象，黑格爾認爲變化是理性的過程，柏格森（H. Bergson）認爲變異是神的創造性，浪漫主義歌頌變化卻迴避了人們必須有的努力，這些把變異看成是普遍、規則確定的東西，同樣無助於人們正視經驗的能動性。不管是唯靈論、唯心論或唯物論（本書譯作唯物主義），都常會把變化的過程視爲一種內在穩定的結構，企求在變化中掌握其內在的關係或結構。杜威認爲，結構是手段的恆常性，不是事物本身的恆常性，傳統哲學也把結構從變化中抽離出來，讓結構成爲一種本質性的形上學。唯物論看重的物質、唯心論看重的精神，二者的爭議，可以休矣。心靈和物質是自然事物中兩個不同的特質，物質表現出他們的順序條理，心靈表達他們在邏輯的連繫和依附中的意義條理。

杜威在第二章用的「存在」字眼，羅逖認爲主要是批判其他各家的形上學立場，其實，也可視爲是杜威自己形上學立場的縮影。杜威的形上學是指存在現象的普遍性特徵，要人們體察自然經驗的事實。這種存在的意義，卻常被所謂理智神祕化或抽象化，所謂理智的愛智，只不過是透過思辨，孤懸了眞理，誤認爲本質所在，而無法讓人們敞開心胸，面對大自然去展開未定、冒險的知性探索。

(二) 工具（手段）與目的的連續性

杜威省思古希臘思想，他們把藝術放在低於科學的水平，科學、哲學在於追求眞理和知識，藝術或技藝則反是。其實，哲學、科學或藝術都是同樣在敘說著自然。思維不應該因藝術的表達而被貶抑，但若堅持理智有獨立於戲劇、故事以外的本質，就歪曲了理智探索的對象。本來是爲了享受，卻遷就於思辨中的融貫一致，變成了宇宙論和形上學。柏拉圖和亞里斯多德都致力於去追求這種從變異、動盪、偶然到寧靜、永恆、自給自足的圓滿形式，並以此視爲終結、目的。推而廣之，宇宙或自然本身也自有其目的。杜威認爲，希臘人這種看法無法正視動靜之間，經驗的能動性，反而以一種本質的靜態目的觀設限了自己。就好像，飽受病魔之苦，而恢復健康是好事，是我們期待的結果，但健康本身不是任何自然過程的終結（目的）。知識眞理亦然，是一種預見的成果，不是像希臘哲人般的，將之視爲一種存在的永恆理想。杜威甚至於認爲，把靜態的理性思維視爲一種唯一的終結，不僅會阻礙了理性發揮知識的效用，更會助長了社會階級的不公。偶然、暫時預見的成果，變爲永恆的終結，誤導人們求知與價值追尋，莫此爲甚。杜威因此拉出了目的手段歷程之間「連續性」價值之所在。

古希臘體現的哲學是始於驚奇，產生於安閒，止於靜觀沉思。技藝本身只是手段，是有限制的，科學（理論沉思）乃是對實在所具有的終極的、自足的形式的掌握，傳統的二元論就滋生了。反之，若把科學和藝術的對象，都看成是人類面對自然時，一系列連續性經驗關係的系統，既是直接占有的存在，也是獲得此存在的工具。也就是目的手段之間，手段或工具不是形而下的，目的也非高高在上。杜威接著去分析科學、人文歷史的發展。科學實踐中，知識的重點是要弄明白事情，不是要掌握原來已確切的事。後者對於探索知識當然重要，但必須服從於使之成爲可能的那些發現。當事物被界定爲工具時，其價值、有效性在於其產生的後果。此一探究的連續性歷程中，每種先在的知識都可能也應該成爲某一階段的工具，而不是一種靜態的必然。知識的意義在於後果的改變。說北歐人發現了美洲，若只是某個暴風雨後的登岸，是發現沒錯，但若未改變歐洲人的世界觀，也沒變更地圖，就沒有什麼意義。變化不單純是人的頭腦內的意識狀態或觀念，而在於作爲人們公共場所的世界的公共意義起了變化。杜威在第四章最後，並提出許多人常誤解實用主義的知識觀只是「應用」。應用是人類自然經驗的現象，應該說成是應用於事物中（application in），這是指自然事情間彼此之間具有廣泛的交互作用而言，不是應用於某事（application to）。若認爲理論及應用對象間是分立的，理論可以直接應用，會導致所謂純科學和應用之間產生疏離。杜威特別指出，許多人呼籲要爲科學而科學，不能只是爲了實際的效用，甚或是爲了商業的利益。其志可佳，杜威完全同意這些人的擔憂，但他強調，這些擔憂是誤解實用主義「應用」之理念，若根據連續性之概念，「應用於事物中」，是再自然不過的事。爲了未來的效用而犧牲現在，其實是淪爲另一種獨斷。當今大學重視產學，若是視爲知識、技能、態度的融合，理論與實務的連續性構成，當然沒有問題。若是著眼功利之心，或是片面強調應用的價值，忽略應用是發生在理論探索的連續性實踐中，就會扭曲教育意義，最終也談不上理論強化實踐的功效。

㈢ 科學、人文的一體性；溝通、心靈與生命

杜威雖然擁護以經驗科學的方法與態度來探索知識，但絕不是科學主義，或是唯物、機械式的自然觀。他更反對誇大私有心理經驗的主觀主義，把心靈實體與物理世界二分。科學方法所把握的自然是純化後的經驗內容，不僅經驗內容不是本質的存在，科學方法本身也不能孤懸。無論是物質、生命或心靈，當然有其不同的特性，亞里斯多德對生命靈魂的分類，賦予人類靈魂一個獨特的本質意義。生物體當然較無生物有感受、反應的能力，他既受物質的影響，也能夠利用與環境的互動感受原屬於自然的一切，如顏色、氣味等，至於喜好、情感等人際互動後的意義，如認識、欣賞、判斷、選擇等心靈現象，都是生命體與自然的環境互動後的產物，並不是有特別的心靈實體依附在生理結構上。自然本身就是事件連續變化的過程，此一整體歷程，先發生的一切會成爲後來階段的原因，這不能像機械論說的是固定的原因。歷程後的

暫時結果，不能像目的論的說法，視之爲一種終極的理想或永恆。人的成長亦如是，硬把成人的性格、氣質等都看成是幼時的原因所造成，或是兒童的發展都是爲了達到成人的目的，都忽略了人的成長是一個連續性的互動歷程。有機體有其特定的身體結構，自然會表現出生命中的思想、意識、喜好、判斷等現象，吾人稱之爲心靈現象，這絕非任何奇特神祕。物質也會有形狀、硬度等特性。心靈特性透過身體表現出來，再自然不過。我們硬要說物質才是一切，或追問心靈如何附於身體之上，都錯置了問題所在。杜威也據此發展其意義理論。「水」，是一自然物質或現象，人們想到水，會有與生活連繫的意義，但是「氧化氫」（H_2O），卻隔斷了與生活互動的連繫。機械論過於拘泥氧化氫的意義，就會忽略水在語言中作爲意蘊，其被固定、操縱、與新事物連結，所構成的意義特性。但杜威提醒我們，不要陷入另一個極端。哲學將意義、意蘊、觀念等賦予客觀眞理，或強調私有、主體、心理的曖昧體驗，都忽略了意義客觀性是體現在互動的溝通經驗中。

杜威分析語言的意義與功能，既然一個工具的意義在於其獲致結果的手段，語言是工具之工具，也就是一切意義的母親。心智、思維、主體、理性、邏輯、眞理等等，唯心唯物者，理性論經驗論者，以及大多數的傳統哲學家們，都一直在爭論其優先性。杜威指出，眞理、意義只有透過溝通，才能彰顯其存在，也可看成是溝通的結果，不是先驗的本質。杜威特別賦予溝通的積極意義，在語言的互動脈絡中，溝通不只是相互的傳遞訊息，溝通的彼此都必須因應同伴而調整，雙方不能只用自己掌握的意義來理解事物，溝通所彰顯的意義正是人類最可貴之處。他感性的說，在所有的事件中，溝通最為美好。

㈣人文的價值：存在、觀念、意識、美與價值

杜威在最後幾章，把重點放在人文世界的「客觀」探討。他企圖從黑格爾等的「主觀」中走出。經驗本無個人或主觀的成分。它就是許多特殊的自然事件，在自然的影響下，結合起來的暫時、可改變的結果。當問到誰的經驗時，若因此認為經驗受私有和排外的影響，而強調所謂的主體或主觀（subject）的本質價值，那就是語言錯置了經驗的意義。例如：房子是一個客觀的存在，當它為某人所擁有，只是標示了新的關係，房子還是房子。嚴格說來，說「我經驗」，是不恰當的，應該是「它」經驗或被經驗。經驗是具有自己的特性和一系列關係的歷程。自我並不是外於他們。經驗的後果是可以被客觀指認的，如房子被附加了所有權，但此一後果不是主體的先驗性質。孔德說過分客觀主義是白痴，因為把感情、印象從屬於現有的客體，而主觀主義則標示著瘋狂。杜威當然不是嘲諷哲學的實在論是白痴，主觀主義是瘋狂。而是要指出，所謂心靈主體的內在生命，心理上的玄想云云，同時是虛無飄渺的幻想與個體創造能力的綜合。笛卡兒和柏克萊都把「自我」當成是心靈的同義詞。杜威認為現代哲學把自我從社會習俗孤立開來，又把社會習俗從物理世界孤立開來，結果是誇大了自我的作用。態度、性向等從來就不是獨立的存在物，它們總是屬於情境和事物的。自我是一個動態的歷程，舊的自我不斷修正，形成新的自我，若不能了解自我是一切手段的手段，也無法眞正成就科學。

杜威接著以此探索人類身心、意識等存在意義，並從美感中析論價值。若美感（esthetic）不偏限於美醜，其實美感的性質，即是直接或自足的，就是經驗中所發生的自然情境的特性。甚至於人們對時間、空間的掌握也最先是通過藝術。如手腳、步伐測量空間，重量的測量起於商業，幾何來自於農業藝術。但在漫長的發展過程，人類無法正視經驗的對象是必須包含在其工具意義的特性與繼續行動。也不承認實在本身也是在時間中改變，故偏愛於靜態的享受。杜威提醒我們，如果能正視經驗的連續與探索的工具性意義，科學探索正意味著藝術的必要。有閒的靜觀實依賴於工匠的技術。這樣看來藝術就是一種生活，它把享受和欣賞的標準暫時固定下來，而這些標準又是其他事物進行比較之依據。一個社會流行的文學、詩歌、儀式、娛樂等，不僅提供其子民享受生活，藝術的水準、風格對於社會思想和行爲方向，比其他方面起著更大的作用。也就如阿諾德（M. Arnold）所說的，詩是對生活的批評。總之，藝術即經驗，藝術代表經驗的最高峰，也是自然界之頂點，科學探討也是藝術，二者不宜二分。科學、理性不能流於機械，心靈、藝術、意識、價值不能流於主觀玄想。從自然主義觀點，價值是事情完成其結果後的內在性質，其生成不在於孤懸其所謂內在意義，而在於爲獲得心理上的穩定感（目的），歷程中不斷的控制、修正，並創造其他價值。價值評價的意義也在於此。杜威最後指出，爲了理性控制經驗，必須不斷批評、修正。就此觀點，哲學就是不斷對於經驗中各種價值批評的概括性理論。哲學應該對於人類經驗生活上所發現的各式價值，包括信仰、制度、行動或生產的各層面，持續加以批判。而把自然與經驗、人文與科學、或理性與經驗、事實與價值二分等等，都會讓這種批判陷入獨斷。全書的旨趣就在於以連續性之概念取代阻礙人們適切批判的二元立場。這樣看來，桑達雅納、科亨等對杜威形上學的批評，正足以證明，杜威強調科學、工具，卻不役於物，他自稱《經驗與自然》要彰顯的是自然主義的人文主義，不足爲病也。

三、閱讀叮嚀

誠如羅遜所言，本書是對過往哲學的總體檢，讀者若沒有西洋哲學的基礎，將很難體會杜威深入各家之評論。不過，本書是演講體例，杜威自己用了很多的例子，甚至於部分內容，稍顯累贅，只要讀者有足夠的耐心，應該能掌握大要。由於杜威有豐富的心理學（科學）知識，筆者也期待心理系、社會科學相關背景的讀者，能加入閱讀的行列。至於自然科學背景的讀者，若能藉此體會一流大哲是如何賦予科學人文意義，科技始終來自人性，那更是筆者不敢預期的心願了。經驗連續性之概念，各章都反覆呈現，有基本哲學或教育哲學背景者，可獨立閱讀，不一定按照章節。筆者甚至於認爲，前三章，實可作爲各社會科學研究所「研究方法論」課程的共通基本讀物。政治相關學科，可強化第五章溝通內容。心理學的研究生更可在六、七、八章領略心靈哲學的旨趣。藝術學院或設計學院的學生若能耐心閱讀第九章，應該會感於杜威在近百年前，即肯定工具在藝術創作的價值，不像傳統美學沒能正視其價值。處於今日科技、網路無遠弗屆的今天，也見證了杜威之遠見。教育學院的師生，杜威雖是耳熟能詳，能先

（也必須）精讀杜威《民主與教育》後，若能再讀此書，當可深化各類教育學理論基礎，是爲筆者殷殷企盼。本書譯者傅統先（1920-1985），是繼胡適、陶行知、陳鶴琴等親炙杜威的民國初年學人之後，專研杜威有成的學者，在大陸教育哲學界作育英才無數。譯筆應該成於西元一九五〇年代中，有趣的是當時杜威思想不見容於中共當局，當時是作爲批判西方資產階級思想之用。大陸改革開放後，重拾杜威思想。今年（二〇一九）適逢杜威訪華一百年，大陸學界都有許多的論述。美國南伊利諾大學編輯的杜威全書（早期、中期、晚期）各數十巨冊，華東師範大學團隊，也有整套的翻譯。西元一九四九年後臺灣直接一脈相承胡適等大陸時期的杜威旋風，反而沒有致力於百年來杜威學歷史縱深的探索，傅統先《經驗與自然》的正體版引進，良有深意。

延伸閱讀

除林寶山等在五南翻譯的杜威《民主與教育》外，胡適當年對於杜威的介紹，可參考《問題與主義（胡適作品集4）》（遠流）。郭博文在其《理性與經驗——美國哲學析論》（聯經）書中，數篇對杜威的介紹，很精準。朱建民翻譯美國學者艾慕士（S. M. Eames）的《實用自然主義導論》（時英），是很好的入門讀物。大陸學者王成兵主編的《當代美國學者看杜威》

（中國社會科學出版社），收集包括羅逖在內多名美國哲學學者近年對於杜威哲學的探索。余治平(2010)的「經驗概念的哲學重建：以杜威《經驗與自然》一書爲中心」（《哲學與文化》，37(2)，69-84）。該文對於杜威「經驗」的掌握，對於想進一步專研杜威思想者，會很有幫助。對於教育學讀者而言，杜威的二手研究很多，無法在此列舉，但筆者仍願在此推薦吳俊升《教育與文化論文集》（臺灣商務），該書幾篇針對杜威思想之研究，歷久彌新，且記載三次與杜威會晤之經歷，可提供書本以外之眞切感。除了單文經翻譯杜威《經驗與教育》（聯經）外，單文經另外翻譯了美國知名杜威教育哲學學者韓森（D. T. Hansen）所主編的《重新詮釋杜威《民主與教育》的時代意義》（心理），該書網羅最新英美教育哲學學者對於杜威教育思想的深入探討。吾人當可在這些作品中，體會杜威思想的當下學術與實踐意義。

約翰・杜威（John Dewey）

目錄

序

這個新訂本的出版，使我有可能完全重寫第一章並在全書中作幾點小的修正。第一章原來是想用來作爲導言的。這個目的已經失敗了；因爲總的講來，它比它所要導引的以後各章更加專門而難讀。在敘述的方式方面也可以說是模糊的，而且有一個重要的地方在思想上也是不清楚的。希望這次新寫的形式既較爲簡單，也具有較大的連續性。假使現在是較好地完成了這個原來的意圖，這大部分要歸功於許多善意的批評者的幫助。我願意特別感謝威斯康辛大學的奧托教授（M. C. Otto）和哥倫比亞大學的拉特納先生（Joseph Ratner）。

除第一章完全修訂之外，這個新版本提供了一個機會，可以在這序言中增加一個全書思想的提要，它是根據本書思想發展的順序寫下來的，這是舊版本中所沒有的。這些觀念的進程乃是受這樣一個意願所決定的，即要想把我們在處理一切眞正的問題，即從科學的複雜問題到日常生活中瑣碎的或緊要的實際問題時都能發生效果的那種思想，應用到比較廣泛的哲學領域中來。這種思想的經常任務，就是要在新舊題材之間建立有用的連繫。假使不利用我們已有的觀念和知識，我們就不能獲得新的東西，甚至不能把它保持在心裡，更談不到理解它。但是正因爲新的東西就是新的，它就不是已經具有和已經熟悉的東西的簡單重複。當舊的東西被用來掌握和解釋新的東西時，它便著上了新的顏色，具有了新的意義。在已占有的熟悉的東西和新題材中所呈現出來的特點之間的間隙、分歧愈大，則思考的負擔愈大；新舊之間的距離就是衡量需要的思想的廣度和深度的準繩。

無論在集體文化中或個人生活中，都發生著裂痕和衝突。現代科學、現代工業和政治已經給予我們大量的材料，而這些材料是與西方世界所最珍貴的理智遺產和道德遺產不相合的，時常是不相容的。這就是我們現代思想上發生窘困和混亂的原因。它替當前的和未來的哲學提出了特殊的問題。每一種有意義的哲學都是處理這個問題的一種嘗試；這個說法對它們似乎最不適用的那些學說，則是想用迴避和躲閃的方式來彌補這個裂痕的嘗試。在本書中我並不是要尋求新舊之間的調和。我想這樣的企圖也許會對於一個人的忠實信念和眞誠有所損害。但是當我按照必要而運用許多舊信仰和舊觀念去認識和理解新東西的時候，我也曾留意到對於這些舊信仰所要求的修改和變更。

我相信，本書中所提出的這個經驗的自然主義的方法，給人們提供了一條能夠使他們自由地接受現代科學的立場和結論的途徑，而且這是唯一的途徑，雖然絕不會有兩位思想家會以完全相同的式樣在這條道路上旅行。這個途徑一方面使我們能夠成爲一個眞正的自然主義者，而另一方面仍然維護著許多以往所珍愛的價值，只要它們是經過了批判的澄清和增加了新的力量的。這個自然主義的方法，當它被一貫地遵循著的時候，毀壞了許多過去被珍愛過的東西；但是它摧毀它們是由於揭露了這些東西與事物本質的矛盾——這是始終伴隨著它們的一個汙點，它使它們除了情緒的安慰以外，根本喪失了效能。但是這個經驗的自然主義的方法的主要意義並不是破壞性的；它毋寧說是一個簸揚器。只有糠稃才被簸揚出去，雖然這些糠稃在過去也許是曾經被珍視過的。一個經驗的方法對自然界是保持忠實的，它是無所「保存」的；它不是一種保險的設施，也不是一個機械的防腐劑。但是它鼓舞心靈，使它在新世界的惶惑的面前具有創造新理想和價值的勇氣和生命力。

因此新的導言一章（第一章）所討論的是方法問題，特別是關於存在於經驗與自然之間的關係問題。它指出了對於經驗的信仰，而經驗乃是被理智地用來作爲揭露自然的眞實面目的手段。它發現：自然和經驗並不是仇敵或外人。經驗並不是把人和自然界隔絕開來的帳幕；它是繼續不斷地深入自然的心臟的一個途徑。在人類經驗的特性中，沒有一個指向不可知論的結論的指標，而相反地，自然本身卻是不斷地在揭露它自己。只要人們有這種機智和勇氣去追隨經驗中所固有的指導力量，經驗中就有這種指導力量，而哲學的失敗就是由於不信任經驗中所固有的這種指導力量。

第二章是說明我們的出發點，即在通常經驗的事物本身中蘊藏著一種危難不定與安定一致的混合狀態。安全的需要迫使人們緊緊抓住有規則的東西，以便使動盪不定的成分減少至最低程度而加以控制。在現實經驗中，這是一種實際的活動，它之所以可能是由於人們對於重複和穩定的東西，對於事實和規律具有了知識。要深入經驗的眞正本質，就要進行這種實際的工作。但是哲學卻時常用建立一種純粹在理論上安全和穩定的辦法來試圖放棄這種實際的工作。

在這裡，我們指出了這種嘗試對於傳統哲學偏向於統一、永恆、普通而輕視多數、變易、特殊的影響，以及它對於創造「實質」這個傳統的而爲現代物理科學所推翻的概念所產生的後果。然後，我們再說明現代科學有著這樣一個傾向，即用以某些功能相似而反覆發生爲特徵的質的事情（qualitative events）去代替固定的實質這個古老的概念，而這種傾向乃是和樸素經驗的態度是一致的；這兩方面都指出物質與心靈這種觀念不是指兩種基本的和最後的實質，而是指在不同的關聯中所呈現出來的事情的重要特性而已。

第三章和第四章討論了哲學中一個突出的問題，即是關於一方面有規律、機械的一致性，而另一方面又有結果、目的、功用與享受的問題。我們指出：在實際經驗中後者代表一系列變化的結果，在這種變化中所產生的後果或結果有著完滿和滿足的價值；我們也指出了：由於這種價值，便有一種使它們永遠保持下去，讓它們穩定下來和重複它們的傾向。然後又說明價值的基礎與實現價值的努力都是在自然界的範圍以內的，因爲當我們認爲自然是由許多事情構成而不是由許多實質構成時，它的特點就是具有許多**歷史過程**（histories），即由始到終進行著的變化的連續。因此，在經驗中發生著眞正的開端和完成，這就是很自然的了。由於在這些歷史過程中呈現著不穩定的和動盪的因素，因而結果和好處的獲得也是不穩定的和瞬息無常的。唯一使它們比較穩定的途徑，就是要具有控制在一個過程中間從頭到尾所發生的變化的能力。當這些中間的環節被放在我們的控制之下時，它們無論從文字意義上或實際意義上說都成爲一種手段了。當它們被我們在實際經驗中所掌握的時候，它們便成了工具、技巧、機構等等。它們不是目的的仇敵而是執行的手段；它們也是區別眞正的目的與僅僅是感情的、虛幻的、理想的標準。

物理科學的職責就是要發現事物的那些性質與關係，而事物就藉助於這些性質與關係而能夠被用來作爲工具；物理科學所要求揭露的，不是事物的內部本質而只是事物間的那些相互連繫，這些連繫決定著後果，因而能被用爲手段。事情的內在本質乃是作爲事物被直接體驗到的性質，在經驗中顯現出來的。這些性質和這種成爲認識之對象的規律性的密切配合，乃至兩相融合，乃是有理性指導的經驗的特點，以區別於單純偶然的和非批判的經驗。

科學認識的對象是具有工具性的，這個概念便成爲進一步（第五章）討論的重點了。日常經驗所具有的那個特點已被哲學最有系統地忽視了，而這個特點是日常經驗爲社交溝通的結果所浸潤的飽和程度。因爲這個因素被否定了，於是有些人便不承認意義具有任何客觀的效用性，而另一些人便把意義當作是一種從自然界以外闖入的神祕的東西。然而，例如：假使承認語言乃是社會合作和共同參與的工具，那麼便在自然的事情（動物的聲音、呼叫等等）和意義的發生和發展之間建立了它們的連續性。心靈被視爲社會上交相作用的一種功能，而且被視爲是自然的事情在彼此之間達到了最廣泛和最複雜的交相作用的階段上所具有的眞正特性。具有反應意義和運用意義的能力，而不是僅僅反應物理的接觸，這便構成了人與其他動物之間的區別；它是把人類提升到平常所謂理想的和精神的領域的仲介。換言之，這種通過語言和其他工具在彼此溝通的影響下所進行的社會參與（social participation）便成爲自然主義的一個環節，它排斥了那種通常認爲必須把經驗的對象分裂成爲物理的和理想的兩個世界的說法。

我們已經明白了：意義的社會性質形成了心靈堅實的內容。第六章便從這一點過渡到把心靈作爲個體的或「主觀的」東西來加以考慮。現代思想不同於古代和中古思想的最突出的特點之一，就是它強調心靈乃是個人的，乃至是私自的，把它與自我等同起來。這個基本的但被誤解了的事實和經驗之間可以這樣連繫起來，即指出：現代文化不同於古代文化的特點，即在於它著重創導、發明和變異。因此，我們指出，心靈在它的個體方面就是對於那些附著在事物上面的意義與價值進行變更與改進的方法。這個特性又使我們回述到自然事情的特殊性、可變性、偶然性，因而它就與自然的事情銜接起來了。單就這個因素本身來講是很費解的；它是用來說明偶然事故和不合理現象的。在人類歷史上，它是長期地被這樣對待著的；心靈的個體特徵過去是被視爲對常規的叛離，被視爲社會爲了保護它自己必須加以反對的危害。因而便發生了風俗習慣的長期統治、頑固的保守主義以及仍然存在著的盲目順從的制度和思想上的標準化。在某些專門研究的領域中，當人們承認有權力利用變異來作爲新的觀察、假設和經驗的出發點時，這便是現代科學發展的開端。心靈從事於實驗的習慣，不同於它的武斷的習慣，而這種習慣的日益增長，乃是由於人們有了不斷增長的能力來利用變異，而不是抑制變異以求達到建設性的目的。

生命，作爲自然機體的一個特性，曾偶爾地與工具、語言和個體變異的發展相連繫地被討論過。而把它作爲連繫物理的自然與經驗之間的一環來加以考慮，這就形成了有關於心身關係問題的題目（第七章）。把自然和經驗彼此分裂孤立開來，這就使得思維、知識的效用性和有目的的動作的效用性，同身體之間的這個不可否認的連繫，成爲一個不能解決的祕密了。我們指出：恢復兩者之間的連續性就消除了這個心身問題。所剩下的就是一個有機體，在它裡面有著平常所謂感應的這一類的性質，而這是在那些組成無機物的事情中我們所感覺不到的；而且當有生物彼此交往而分享共同的，因而也是普遍的對象時，這個有機體就具有了顯明的心理特性。我們也指出，自然與經驗的連續性解決了許多問題，而當我們忽視這種連續性時，這些問題就只能變得更加繁難。

然後（在第八章）我們把有生物的特性同行爲和經驗的意識方面相互連繫起來，加以考慮。而所謂行爲與經驗的意識方面，乃是指當事情藉助於有機的和社會的交相作用，在經驗中實現出來時所具有的那種直覺的性質。在這裡，提出了心靈與意識的區別和連繫。在意義裡面或在運用它們之中，當有些東西變成了可疑的時候，那些組合成爲心靈的意義就變成了意識或觀念、印象等等，而這種在疑問中的意義就需要重新組織。這個原理也說明了意識本身的對象所具有的那種結集於一個焦點上而又迅速轉移的特性。一個敏感的和有生氣的心靈生活因而就有賴於不斷對於疑問和問題的察覺；當這種興趣消逝的時候，意識便壅塞不流，變成侷限而遲鈍的了。

在藝術中，我們發現了：自然的力量和自然的運行在經驗裡面達到了最完備，因而是最高度的結合（第九章）。藝術是一個生產過程，在這個過程中把原來在自然界較低層次上在一種不很規則的方式下所發生的一系列的事情加以調整，在一種企圖求得圓滿成就的計畫中使自然的材料得以重新配合。當自然過程的結局，它的最後終點，愈占有主導的地位和愈顯著地被享受著的時候，藝術的「美」的程度就愈高。由於藝術的利用技術和工具，一切藝術都是有工具性的。我們指出：正常的藝術經驗在事情的結果方面和工具方面之間求得較好的均衡，而這種較好的均衡狀態是在自然或經驗的其他任何地方都見不到的。因此，藝術既代表經驗的最高峰，也代表自然界的頂點。在這裡也連帶地批評了平常在藝術與科學之間那種截然分開的情形；我們主張：科學作爲一種方法要比科學作爲一個內容更加基本些，而科學的探討乃是一種藝術，它既是控制（事物）的工具，同時也是作爲一種純粹心靈上的享受而成爲終極的目的。

這樣我又回到關於目的，或終結完滿的後果以及對它們的願望與追求的這個題目上來，因而引起了關於價值的本質的問題（第十章）。價值是從自然主義觀點被解釋爲事情在它們所完成的結果方面所具有的內在性質。如何控制事情的發展過程以求在終結時獲得穩定的並傾向於創造其他價值的對象，這個問題便導致關於價值判斷或評價的問題。把它們總括起來，就成了所謂批評。在這裡我們又回到第一章的主題，著重指出，爲了理性地控制經驗，批評在經驗各方面所具有的決定性的意義。於是哲學便成爲關於批評的一種概括性的理論。它對於生活經驗的終極價值就在於：它不斷地準備了對於在經驗的一切方面發現的各種價值（無論是關於信仰的、制度的、行動的或生產的）進行批評的工具。把自然與經驗截然分開的傳統思想，乃是我們對於諸現有的價值進行更有效的批評的主要障礙，而本書的目的就是要用連續性的觀點來代替這個分裂自然與經驗的傳統觀點。

約翰・杜威

一九二九年一月於紐約市

第一章　經驗與哲學方法

本書題名為「經驗與自然」，就是想表明這裡所提出的哲學或者可以稱為經驗的自然主義，或者可以稱為自然主義的經驗論；如果把「經驗」按照它平常的含義來用，那麼也可以稱為自然主義的人文主義。

把人與經驗同自然界截然分開，這個思想是這樣地深入人心，有許多人認為把這兩個詞結合在一塊兒用就似乎是在講一個圓形的正方形一樣。他們說，經驗對於具有經驗的人們來說是重要的，但是它的發生是太偶然、太零散了，以致在涉及自然界的本質時它就沒有任何重要的意義了。在另一方面，他們又說，自然是完全和經驗分開的。的確，按照某些思想家的看法，這個情況甚至還要壞些：他們認為經驗不僅是從外面偶然附加在自然身上的不相干的東西，而且它是把自然界從我們眼前遮蔽起來的一個帳幕，除非人能通過某種途徑來「超越」這個帳幕。因此，某種非自然的東西，某種超經驗的東西，用理性或直覺的方式就被介紹進來了。按照另一個相反的學派的看法，經驗也有著同樣壞的遭遇，他們把自然視為完全是物質的和機械的；他們要依據自然主義來建成一個關於經驗的理論，因而也就貶低和否認了經驗所特有的高貴而理想的價值。

我不知道有任何途徑能夠用辯論來回答這些相反的意見。這些相反的意見是一些從文字上產生的聯想所引起的，而且是不能用爭辯的方式來處理的。我們只能希望在全部討論過程中把與「經驗」和「自然」有關的意義揭露出來，因而使過去附加在它上面的意義，假使幸運的話，在不知不覺中產生變化。假使我們使人們注意到：自然與經驗還在另一種關聯中和諧地存在一起，即在這種關聯中，經驗乃是達到自然、揭露自然祕密的一種方法和唯一的方法，並且在這種關聯中，經驗所揭露的自然（在自然科學中利用經驗的方法）又得以深化、豐富化，並指導著經驗進一步地發展，那麼這個變化過程也許會加速起來。

在自然科學中經驗和自然是聯合在一起的，而這種聯合並沒有被當作一件怪事；相反地，如果研究者要把他所發現的東西當作眞正科學的東西來研究，那麼他就必須利用經驗的方法。當經驗在可以明確規定的方式之下被控制著的時候，它就是導致有關自然的事實和規律的途徑，這是科學研究者視爲理所當然之事。他自由地運用推理和演算；沒有這些，他是不能進行工作的。但是他努力使這類理論的探求要以直接經驗到的材料爲出發點和歸結點。理論可以在其間夾入一段很長的推理過程，而其中大部分是離開直接經驗的東西很遠的，但是空懸著的理論的葛藤，其兩端卻都是依附在被觀察到的材料的基柱上面的。而且這種被經驗到的材料，無論對科學家而言，或對平常人而言都是一樣的。平常人如果沒專門的準備，就不能理解其間的推理過程。但是星辰、岩石、樹木和爬行的動物在科學家和平常人雙方的眼光中都同樣是經驗的材料。

當我們討論到經驗對於建立一個關於自然的哲學理論的關係時，這些很平常的話便具有了重要的意義。它們指出：假使科學的研究是合理的，那麼經驗就不是自然界的無限淺薄的一層或它的前景，而能透入自然，達到它的深處，以致還可以擴大對它的掌握；經驗向四面八方掘進，因而把原來蘊藏著的東西發掘了出來——正如礦工們把從地下掘出的寶藏高高地堆在地面上一樣。假使我們不準備否認科學研究的一切有效性的話，那麼這些事實對於這個關於自然與經驗之關係的一般理論就具有一種不能忽視的價值。

例如有時有人主張：既然經驗在我們的太陽系和地球歷史中是比較晚出的，而且既然太陽和地球在廣大的天空領域中只占有一個微小的地位，那麼經驗至多也只是自然界中的一個微不足道的偶然事件而已。沒有一個忠實於科學結論的人會否認經驗作爲一種存在，乃是只有在一種高度特殊化的條件下才發生的事情，例如它是發生於一個有高度組織的生物中，而這種生物又需要有一個特殊的環境。沒有證據證明無論在任何地方和任何時間都有經驗，但是對於科學研究的誠意尊重也迫使人們承認：當發生了經驗的時候，不管它在時間和空間上所占的地位是多麼有限，它就開始占有自然的某一部分，而且這種占有的方式，使得自然領域的其他部分也因而成爲可以接近的。

一位生活在西元一九二八年的地質學家告訴我們許多不僅是在他出生以前發生的事情，而且是在任何人類在地球上出現之前千百萬年時發生的事情。他這樣做，是根據已經成爲現有經驗材料的各種事物的。萊葉爾（Lyell）在地質學上的革命，就是由於他看出了：現在在水、火、壓力的運動過程中所經驗到的這一類事情，也正是地球在過去藉以形成它現有的結構形式的那一類事情。當一個人參觀一個自然歷史博物館時，他看見一塊岩石，再看一看標籤，就發現它被肯定說是從一棵生長在五百萬年前的樹木變化來的。一位地質學者不能從他目前所看到和所接觸到的東西跳躍到在久遠的年代發生的事情；他把所觀察到的事物和在整個地球上發現的其他許多各種各樣的事物進行對照；然後他再把他這樣對照所得到的種種結果和其他各種經驗，例如天文學家的經驗等進行比較。這就是說，他把所觀察到的同時存在的東西翻譯成爲不被觀察到的、被推論出來的種種連續的過程。最後他把他的對象放置在一系列事情中去，再推定它的年代。他用這種同樣的方法預測在某些地方還有某些尚未經驗到的事物將被觀察到，然後再努力設法把它們變成經驗範圍以內的東西。而且科學的良心是這樣敏銳地感覺到經驗的必要性，以致當它對於過去的東西進行改造時，它也不完全滿足於即使是從大量積累的不相矛盾的證據中得出的推斷；他還開始設置熱力、壓力和溼氣等條件，以求實際在實驗中再產生出他所推論出來的結果。

這些普通常識證明了經驗既是關於自然的，也是發生在自然以內的（**experience is of as well as in nature**）。被經驗到的並不是經驗而是自然——岩石、樹木、動物、疾病、健康、溫度、電力等等。在一定方式之下相互作用的許多事物就是經驗；它們就是被經驗的東西。當它們以另一些方式和另一種自然對象——人的機體——相連繫時，它們就又是事物如何被經驗到的方式。因此，經驗到達了自然的內部；它具有了深度。它也有寬度而且擴張到一個有無限伸縮性的範圍。它伸張著，這種伸張便組成了推論。

對討論中所運用的許多概念所下的定義，可能在論辯方面會有些懷疑難解之處。有人說，僅僅是自然中的一小部分的東西卻能包容廣大的自然界，這簡直是笑話。但是即使假定在邏輯上是可笑的，人們也不能不堅持它是事實。何況邏輯在這裡也沒有受到任何挫折。肯定發生了一件事情，這個事實並沒有決定它是屬於哪一類的事情；那只有通過試驗才能夠被發現出來。從經驗「就是經驗」的本身來論證它是屬於和關於哪方面的，這是不能用邏輯來得到任何證實的，雖然現代思想曾經千百次地試圖這樣做。一件赤裸裸的事情不成其爲事情；那只是發生了什麼。至於所發生的到底是怎麼一回事，那只有經過實際研究之後才能發現。對於看見一道閃光是這樣，而對於把握所謂經驗的比較長久的事情也是如此。科學存在的本身就足以證明：經驗是這樣一類發生的事情，它深入於自然而且通過它而無限制地擴張。

這些說明不是想爲了建立某種哲學主張而對經驗與自然有所證明；它們也不是想確定經驗的自然主義有些什麼價值。但是它們卻指出：在自然科學方面，我們是習慣於把經驗當作出發點，當作研究自然的方法，而且當作是揭露自然眞相的目標的。明白這個事實，至少可以削弱那些阻礙我們認清經驗的方法在哲學中的力量的種種在字面上的聯想。

同樣的意見可以用來說明業已提出的另一種反對的見解，即認爲從自然主義觀點去看經驗，就是把它歸結成爲某種唯物主義的東西，而使它失去一切理想的價值。假使經驗實際上呈現出美感的和道德的特性，那麼這些特性也可以被認爲是觸及自然內部而且是眞實地對屬於自然的事物有所證實，正如證實物理科學中賦予自然界的那種機械的結構一樣。假使有人想要利用某種一般的推理去排除這個可能性，那就是忘掉了：經驗方法的全部意義與重要性，就是在於要從事物本身出發來研究它們，以求發現當事物被經驗時所揭露出來的是什麼。經驗的材料所具有的這些特性與太陽和電子的特性是一樣眞實的。它們是被發現出來的，被經驗到的，而不是利用某種邏輯的把戲推究出來的。當它們被發現之後，它們的理想性質對於一個關於自然的哲學理論來說，是和被物理研究所發現的特性一樣合適的。

本書的目的就是想要發現被經驗的事物所具有的某些這一類的普遍特徵，並且說明它們對於建立一個關於我們生存其中的這個宇宙的哲學理論所具有的意義。從我們所採取的觀點來看，在哲學中的這個經驗方法的理論把它在專門的技術範圍內作用於各種專門科學上的東西，也在一個廣泛的範圍內作用於一般被經驗的材料。在本章內我們特別注意於方法的這個方面。

假使經驗的方法在哲學思考中已被普遍地或者甚至被一般地採用了，那就無需乎再談到經驗。科學研究者談到了特殊的、被觀察到的事情和性質，談到了關於許多特別的計算和推理，而且對於它們進行了著述。他並沒有提到經驗；要想發現這個字眼，一個人大概要在許多科學研究的報告中花費很長的時間去尋找。理由是：爲「經驗」這個字所指明的一切東西，都已經這樣恰當地融會在科學的程序和材料裡面，因而再提到經驗，那僅僅是把已經被許多明確的詞句所包括進去的東西再用一個廣泛的名詞來重複一下罷了。

然而情況在過去並不總是這樣。在經驗方法的技術發達和一般地被採用以前，也曾有過必要來明顯地申述「經驗」作爲一個起點和終點，作爲確定問題和檢驗所建議的解答的東西的重要性。按照傳統的習慣是用羅傑．培根（Roger Bacon）和法蘭西斯．培根（Francis Bacon）來說明這個問題，我們還不應滿足於這一點。牛頓（Newton）的後繼者和笛卡兒學派（Cartesian school）的後繼者，當他們把科學裡面的經驗、實驗和直覺的概念以及從它們所推論出來的理由兩相比較時，對於經驗與實驗在科學中所占有的地位，就有著明確相反的意見。笛卡兒學派把經驗放到一個次要的而且差不多是無足輕重的地位，而只有當伽利略（Galileo）—牛頓的方法取得了全部的勝利時，才沒有必要再敘述經驗的重要性。假使我們十分樂觀的話，我們可以預見到在哲學中也會有同樣的結果。但是這個日期似乎並不近在咫尺；在哲學理論方面，如果以羅傑·培根的時代與牛頓的時代相比的話，我們還是比較接近於前者的。

簡言之，經驗的方法和哲學思考中所應用的其他方法之間的對立，以及由經驗的方法所產生的結果和那些公開承認是用非經驗的方法獲得的結果之間，有著驚人的差異，這就使得我們討論關於經驗對於哲學在方法論上的重要意義，成爲適時的，而且確實是不可避免的了。

在方法方面的這種考慮，如果我們在原始經驗中的粗糙的、宏觀的和未加提煉的（內容）和反省中的精煉過的、推演出來的對象之間進行對比，這也許是一個合適的開始。這個區別乃是在作爲最少偶然反省的結果而爲我們所經驗到的東西，和由於繼續的與受調節的反省探討而被經驗到的東西之間所具有的區別。因爲推演出來的和提煉過的產物之所以被經驗到，僅僅是由於有了系統的思考參與其中的緣故。科學和哲學兩者的對象，明顯地主要屬於第二級的和精煉過的體系。但是在這一點上，我們卻在科學與哲學之間遇見了一個顯著的分歧。因爲自然科學不僅從原始經驗中吸取原料，而且它們還再把它追溯回去以求檢證。達爾文是從飼養員和園丁們的家鴿、牲畜和植物開始工作的。在他所得到的結論中有些結論和人們所接受的信仰是如此的相反，以致被讚責爲可笑的、違背常識的等等。但是科學工作者們，不管他們是否接受他的學說，曾經把他的假設當作指導觀念，在原經驗的事物中進行新的觀察和實驗——正和冶金者一樣，從原礦中提煉出精煉的金屬，用它來製造工具，然後再來控制和使用其他粗糙的原料。愛因斯坦運用高度精密複雜的反省方法從事工作，從理論上運算出來在太陽照耀下光線偏斜的某些結果。一個有技術配備的工作隊被遣往南非洲，因而通過對一件在粗糙的原始的經驗中的事物——日食——的經驗，得以把觀察和推算出來的結果進行比較，從而測驗在這個結果中暗示著的那個學說。

這些事實是十分熟悉的。提一提它們，是爲了請大家注意原始經驗的對象與次生的反省經驗的對象之間的關係。原始經驗的題材產生問題並爲構成第二級對象的反省提供第一手的材料，這是很明白的；對於後者的測驗和證實，要通過還原於粗糙的或宏觀的經驗中的事物——普通日常生活中的太陽、地球、植物和動物——才能獲得，這也是很顯然的。但在反省中所得到這些對象正起著什麼作用呢？它們是從哪兒進來的呢？它們解釋原始的對象，它們使我們能夠通過理解去掌握這些原始對象，而不是僅僅和它們有感性上的接觸。但是怎樣會如此的呢？

很好，它們確定了或開闢了一個途徑，我們是這樣通過這個途徑而回復到所經驗的事物的，即所經驗的東西的意義，它的有意義的內容，又因爲通過達到它的這個途徑或方法而獲得了一種豐富和擴大的力量。直接在當前的接觸中，它也許正和過去一樣是堅硬的、有顏色的、有氣味的等等。但是當第二級的對象，即被精煉出來的對象被用來爲接觸它們的一種方法或途徑時，這些性質就已不再是一些孤立的細節；它們已經獲得了包括在許多相關對象的一個完整體系中的意義；它們已變成與自然界其他的東西相連續的了，而且已經具有了它們現在被視爲與之相連續的這些事物所具有的意義。這些在日食中所觀察到的現象，測驗了而且在它們的範圍內已經證實了愛因斯坦（Albert Einstein）關於物體質量使光線偏斜的理論。但這還遠不是整個的故事，這些現象本身也獲得了它們以前所未曾有過的廣泛的意義。假使未曾運用過這個理論來作爲觀察它們的嚮導或道路，它們也許甚至於就會沒有爲人們所覺察。但是即使它們曾被覺察，它們也會由於視爲無關緊要而被抹殺掉，正如我們日常對於成百的爲我們所知覺的但對我們沒有理智上的用處的瑣碎細節不加注意一樣。但是這些具有細微偏斜的光線，當藉助於理論而被探討時，便具有了和導致它們被人們所經驗到的這個革命性的理論所具有的同樣巨大的意義。

這種經驗的方法，我將稱之爲**直指的**方法（the denotative method）。哲學是反省的一種方式，時常是屬於精巧的和深入的一類反省，這是不用多說的。哲學思考的非經驗的方式之所以受到指責，並不是說它依賴於理論活動，而是說它未曾利用精煉的、第二級的產物來作爲指出和回溯到原始經驗中某些東西的一個途徑。這樣所產生的缺點有三方面。

首先，沒有實證，甚至於連檢驗與核對也無從著力。第二，尤其不好的是：通常經驗的事物沒有像它們通過科學原則與推理的媒介而被探討時那樣獲得在意義方面的擴大和豐富。第三，由於缺少了這樣一種功能，便回過來在哲學題材本身產生了一種反應。這種題材，由於沒有被用來觀察它在通常經驗中所導致的結果，以及它所提供的新的意義從而經受到檢驗，於是就變成專斷的和凌空的——亦即所謂「抽象的」了，而這個字是在一種不好的意義中用來指某種完全侷限於它自己的領域而不與日常經驗的事物相接觸的東西而言。

作爲這三個缺點的惡果，我們發現有那樣一種非常的現象，表現在許多有文化修養的人們對任何形式的哲學都發生了反感。哲學中，反省的對象乃是通過一些在使用它們的人們看起來是帶有理性上的命令式的方法而獲得的，而這些反省的對象本身便被認爲是「眞實的」——而且是至高無上地眞實的。於是，爲什麼粗糙的、原始的經驗事物就應該是它們現有的這個樣子，或者乃至說，它們到底爲什麼要存在，這就成爲一個不可解決的問題了。然而，在自然科學中由反省精煉出來的對象，絕不至於在結尾時使得它們所由推演出來的題材變成一個問題；毋寧說，當它們被用來敘述一個途徑，藉以指出在原始經驗中的某些目標時，它們解決了由這種原始材料引起、而它本身卻又不能解決的許多疑難。它們變成了控制通常事物，擴大對它們的使用和應用的手段。它們也許產生新的問題，但是這些是屬於同一種類的問題，將通過進一步利用同樣的探究與實驗的方法加以處理。一句話，經驗的方法所引起的問題提供了進行更多的考察的機會，在新的和更加豐富的經驗中開花結果。但是非經驗的方法在哲學中所引起的問題卻阻礙著探究，都是一些死路；毋寧說，它們不是問題，而是一些困惑不解之謎，解決的辦法僅僅是把原始經驗的原材料稱之爲「現象的」，單純的現象，單純的印象或另一些帶有蔑視性的名稱。

因此，我認為也正在這裡提供了一個上等的標準去檢驗放在我們面前的任何哲學的價值：它在結尾時是否達成這樣的結論，即當它們被回溯到通常的生活經驗和它們的具體景況時，它們將使這些經驗變得更有意義些，對我們更明朗些，並使我們對它們的處理更有結果一些？或者說，它的結尾使通常經驗的事物變得比它們過去更加晦澀些，而且甚至於連它們以前似乎具有的意義也被剝奪，而認為「實在」是沒有的呢？當物理科學的結果運用於日常事務中時所提供給通常事物的力量，哲學使它得到了豐富和增進嗎？或者說，這些通常的事物為什麼應該是它們現在這個樣子，這已變成了一件神祕的事情；而哲學概念卻是孤立地侷限於某個它們自己的專門領域之內的嗎？我再重複一遍，事實就是這樣：許多哲學最後所得的結論，必然使它蔑視和譴責原始的經驗，以致那些主張這些哲學的人們以其距離日常生活關係的遠近來作為衡量他們在哲學上所界說的「實在」是否高貴的準繩，因而這也就使得受過一定洗練的常識瞧不起哲學。

這些一般的陳述必須再作進一步的明確。我們必須把經驗法的某些結果和非經驗的哲學引導我們達到的那些結果加以對比，從而去說明經驗法的意義。開始時我們要注意：「經驗」是一個詹姆士所謂具有兩套意義的字眼[1]。好像它的同類語生活和歷史一樣，它不僅包括人們做

【1】《極端的經驗主義論文集》（*Essays in Radical Empiricism*），第十頁。

些什麼和遭遇些什麼，他們追求些什麼，愛些什麼，相信和堅持些什麼，而且也包括人們是怎樣活動和怎樣受到反響的，他們怎樣操作和遭遇，他們怎樣渴望和享受，以及他們觀看、信仰和想像的方式——簡言之，能經驗的過程。「經驗」指開墾過的土地，種下的種子，收穫的成果以及日夜、春秋、乾溼、冷熱等變化，這些爲人們所觀察、畏懼、渴望的東西；它也指這個種植和收割、工作和欣快、希望、畏懼、計畫、求助於魔術或化學、垂頭喪氣或歡欣鼓舞的人。它之所以是具有「兩套意義」的，這是由於它在其基本的統一之中不承認在動作與材料、主觀與客觀之間有何區別，但認爲在一個不可分析的整體中包括著它們兩個方面。「事物」和「思想」，正如詹姆士在同一個有關的地方所說的，乃是「單套頭」的；它們僅指反省從原始經驗中鑑別出來的產物而言。[2]

「生活」和「歷史」具有同樣充分的未予分裂的意義，這是重要的。生活是指一種機能，一種包羅萬象的活動，在這種活動中機體與環境都包括在內。只有在反省的分析基礎上，它才分裂成爲外在條件——被呼吸的空氣、被吃的食物、被踏著的地面——和內部結構——能呼吸的肺、進行消化的胃、走路的兩條腿。「歷史」的範圍是衆所周知的：它是所做的事蹟、所經歷的悲劇；而且它也是不可避免地跟隨著來的人類的注解、記錄和解釋。在客觀上講，歷史包括有河流和山嶺、田野和森林、法律和制度；從主觀上講，它包括有目的和計畫、欲望和情

【2】然而，這並不是意圖把本書所做的解釋明確地歸之於詹姆士。

緒，而事物就是通過它們而被管理著和轉化著的。

現在經驗法是能夠公正地對待「經驗」這個兼收並蓄的統一體的唯一方法，只有它才把這個統一的整體當作是哲學思想的出發點。其他的方法是從反省的結果開始的，而反省卻業已把所經驗的對象和能經驗的活動與狀態分裂為二。於是問題就是再把業已分裂的東西結合起來——這正好像國王的人員從打碎了的雞蛋碎片開始，而試圖從這些碎片中去構成一個完整的雞蛋。從經驗法的方面講來，問題是沒有什麼不可能得到解決的。它的問題是注意整體怎樣和為什麼被區分成為主體和客體、自然和心理活動的。已經這樣辦之後，它就能夠看出這樣的區分會有什麼結果：這些被區分出來的因素在進一步控制和豐富粗糙而完整的經驗的題材中有著怎樣的功能。非經驗的方法從一個反省的產物出發，而把它當作好像是原始的，是原來所「給予」的。所以在非經驗法看來，客體和主體、心和物（或者無論所用的字眼和觀念是什麼）乃是分開的和獨立的。所以在它的手頭上便有著這類問題：認識到底怎樣是可能的；一個外部世界怎樣能夠影響一個內部心靈的；心靈的活動怎樣能夠伸張出來而把握到客體，而客體按界說是和心靈的活動處於對立的地位的。當然，它是不會找到一個答案的，因為它的前提就使得知識的事實成為既非自然的，又非經驗的了。一位思想家變成了一個形而上學的唯物主義者而否認心靈的實在；另一位變成了一個心理學的唯心主義者而主張物和力僅是偽裝起來的心理事情。解決是當作一件沒有希望的工作而被放棄了，否則便是不同的學派，把一種學理上的糾紛再堆集在另一種上面，經過了一個漫長而曲折的過程，而僅僅是達到了樸素經驗本身所業已具有的東西。

因此，在哲學中分別採用經驗法和非經驗法做出的第一個而且也許是最大的一個區別，就是在被選擇爲原始材料的東西方面的區別。在一個眞正的自然主義的經驗論者看來，在主體與客體間的關係方面足資討論的問題就是：由於物理的和心理的或心靈的東西彼此分開，在原始經驗中將產生什麼結果，對它將產生什麼作用。答案的求得是相隔不遠的。在反省中把物理的東西區分開來而把它當作臨時隔離的東西，這就開始引導到通往工具與技術、通往機械的構造、通往緊跟著科學而來的藝術的道路。這些建設使得有可能更好地管理原始經驗事務，這是明顯的。工程和醫藥，一切使生活得到擴張的服務性事業，這些就是答案。對於舊的、熟悉的事物有了較好的管理，而對於新的對象滿足需要的方式也有所發明。跟隨著在調節方面這種增加的能力而來的，乃是在事物中有了豐富的意義、價值和明晰性，增加了的深度和連續性——這一個結果較之增加了的控制力量甚至還要珍貴一些。

物理科學的發展史，就是人類在處理生活條件與行動條件的更加有效的工具方面擴大財富的一部歷史。但是當一個人忽略了這些科學對象和原始經驗的事情之間的連繫時，結果就是一幅關於一些與人類利益無關的事物的世界的圖畫，因爲它完全和經驗分開了。它還不僅僅是孤立的，而且是陷於對立的。所以當它被看成它本身就是固定的和最後的東西時，它就成了一個壓抑心靈和痲痹想像的根源。既然這幅關於物理世界的圖畫和關於物理對象特性的哲學乃是與每一個工程設計、每一個關於公共衛生的合理措施都是相矛盾的，那就似乎該來檢查一下它所依據的基礎，並找出產生這些結論的方式和原因。

對象是通過經驗而獲得的，而且它們也是在經驗中發生作用的；當對象從這種經驗中孤立出來時，經驗本身就被降低地位而變成了單純的經驗過程，而且經驗過程因此也就被當作好像它本身就是完備的了。我們便遇見了這種荒謬可笑的事情，即一個經驗過程只經驗它本身意識的狀態和過程而不經驗自然的事物。自從西元十七世紀以來，這種把經驗和主觀私自的意識等同起來的對經驗的概念，就一直和全部由物理對象構成的自然對立起來，並已大大地蹂躪了哲學，這也就是在開始時我們所提到的那種把「自然」和「經驗」當作是彼此毫不相關的事物的這種感覺所由產生的原因。

我們不妨來追究一下：當這些心理的和心靈的對象被人把它們和原始的、活生生的經驗連繫起來考察時，事情將是怎樣的。如爲我們所已經暗示的，這些對象並不是原來的、孤立的和自足的。它們代表著經驗過程與所經驗到的題材之間的鑑別分析。雖然呼吸事實上是既包括有空氣又包括有肺的操作的兩方面的一個機能，但是即使我們不能在事實上把肺的活動分隔開來，我們卻可以把它暫時分隔一下，以便進行研究。所以，當我們總是在認識、愛好、追求和反對事物，而不是在經驗觀念、情緒和心願的時候，這種態度本身就可以成爲我們注意的一個特別對象，因而形成一個顯著的反省經驗的題材，雖然不是原始經驗的一個顯著的題材。

我們基本上是觀察事物，而不是觀察「觀察」。但是觀察的動作是可以被研究的，因而就可以形成一個研究的主題，並從而變成一個被精煉出來的對象；同樣，思維活動、欲望、目的、愛慕、幻想等也可以這樣。現在只要這些態度不被區分出來和抽象出來，它們和題材就是混然結爲一體的。這是一件很明顯的事實：即一個恨人的人發覺被他所憎恨的這個人是一個可憎的和可鄙的人物；在一個愛人的心目中，那個被他所愛慕的人兒卻是充滿著內在地使人喜悅的驚人的品質。這類事實和泛靈論的事實之間的連繫是直接的。

人的自然的和原來的偏見總是傾向於客觀的；凡被經驗到的東西都被當作是獨立於自我的態度和動作之外的。它的「在那兒」，它的獨立於情緒與意志之外，使得事物的特性，不管它們是什麼，都成爲是屬於宇宙的。只有涉及虛榮、特權、所有權的時候，一個人才傾向於把那些他所特有的東西跟他生活在其中的環境和人群分隔出來。一個整個的、未經分析的世界不適於使它自己處於控制之下；相反地，它等於使人屈服於任何所發生的情況，正好像屈服於命運一樣，這是很明顯的。在某些動作及其後果顯著地涉及人類的有機體以及別的精力與效果涉及其他的機體以前，便沒有用以調節經驗進程的槓桿作用，沒有著手之處。由於人類的動作和狀態而把事物一定的性質抽象出來，這就是產生控制能力的立足點。毫無疑義，人類之所以長期停滯在一種低落的文化水準上，大部分是由於沒有把具有著他自己所特有的制約特定後果的種種活動的人類及其動作選爲一種專門的對象。

從這個意義講來，承認主體是經驗的中心，並隨著發展了「主觀主義」，這標誌著一個巨大的進步。它等於突然產生了一些動作的媒介，這些媒介具有著觀察和實驗的特別能力和足以使自然產生特定改變的情緒和欲望。因爲否則這些動作媒介便潛存於自然之中而產生了一些不能不爲人們所接受和屈從的事物的性質。承認主觀心靈，而說它配備有一套心理的能力，這乃是使自然力能夠成爲達成目的之工具而爲人所利用的一個必要因素。這個說法並不是簡單的文字遊戲。

產生個人的或「主觀的」心靈的反省分析的後果，可以有無數的例證加以說明。從這裡面，我們來引證一個事例。它是關於習慣的信仰和期望當它們在社會中出生的時候對於被經驗到的東西所發生的影響。原始經驗的事物是這樣的引人注目和具有獨占性，以致我們傾向於按照它們當前的樣子去接受它們——平扁的地面，太陽從東方向西方轉動並沉落到地球下面去。在道德、宗教和政治方面流行的信仰同樣反映著當時所呈現出來的社會條件。只有分析才顯示出來：我們信仰和期望的方式對於我們所相信和所期望的東西是具有一種驚人的影響的。最後我們已經發現，這些方法差不多是無條件地爲社會的因素、爲傳統與教育的影響所規定的。因此，我們發現了，我們之所以相信許多的東西，並不是因爲事物就是這樣的，而是因爲我們通過權威的勢力，由於模仿、特權、教誨、語言的無意識的影響等等，而已經變得習慣於這樣的信仰了。簡言之，我們知道了：凡我們視爲對象所具有的性質，應該是以我們自己經驗它們的方式爲依歸的，而我們經驗它們的方式又是由於交往和習俗的力量所導致的。這個發現標誌著一種解放；它純潔和改造了我們直接的或原始的經驗對象。習俗和傳統在科學的和道德的信仰中的力量從來未曾受到過一次嚴重的考核，直到通過分析才揭示了個人的信仰方式對於所信仰的事物的影響，以及這些方式在不知不覺中爲社會習俗與傳統所固定的廣度。雖然希臘人具有尖銳而深入的觀察力，他們的「科學」卻標誌著把習得的社會習慣的影響，和機體組織的影響一樣，直接歸諸自然事情的廣度。由於某些對象的非人格化和非社會化，它們便成為物理科學的對象，這是我們能夠由控制參與其中的態度與對象而去調節經驗的一個必要的先在條件。

這個偉大的解放和「個人主義」的興起是同時發生的，而所謂個人主義實際上就是反省地發現了具體的自我，及其動作、思考和想望的方式，在經驗中所起的作用。如果對它們曾用經驗的方法加以解釋過，這些結果就會總是有些好處的。因為這就會使得思想家們的目光經常注視到所謂「主觀的」東西產生於原始經驗的根源，並且將它導向能夠鑑別出什麼是在管理被經驗的對象中可用的東西的機能。但因為缺少這樣一種方法，並且由於經驗的根源和工具性的效用隔絕開來，心理學上探討的結果就被理解為形成了一個分隔的和孤立的心靈世界，它是自根自本，自給自足的。既然這個心理學方面的運動必然同時產生一種把物理學上的對象當做是相應地完備的和自封的東西的運動，結果便產生了心靈與物質，一個物理的世界和一個心理的世界的二元論，這個二元論自從笛卡兒（René Descartes）時代一直到現在都支配著哲學問題的有系統的陳述。

我們並不是在這裡討論二元論的問題，而只是指出：從邏輯上推論起來，它是不承認粗糙經驗之原始性與最後性的必然結果——當這種經驗是在一種未經控制的形式中給予我們時，它就是原始的；當這種經驗是在一種比較有節制和有意義的形式中（這種形式之所以可能是由於反省經驗的方法和結果）給予我們時，它就是最後的。但是在這個討論階段，我們所直接關心的乃是主觀對象的發現在產生一般的主觀主義時對於哲學所發生的結果。結果就是：在實際生活中個人的態度及其後果的發現，乃是一個偉大的解放人類的工具，而同時心理學對哲學講起來，如桑塔耶納（George Santayana）所說的，卻成了「害人精」。那就是說，心理的態度，經驗的方式，被認爲是自足的，它們本身就是完備的，好像是原始的所與，是唯一原有的，因而是不可懷疑的資料。因此，眞正的原始經驗的特性或者被認爲是一種非原來所與的、可疑的東西，它們只有當心靈，這個唯一可靠的東西，賦有了某種神祕的力量時才能夠得到，否則就根本被否認它有任何存在，僅僅是一些心理狀態、印象、感覺、體驗等的各種複合體[3]。可是在眞正的原始經驗中，自然事物卻是產生一切變化的決定因素。

在手頭的許多事例中，我提出以下的一個。這差不多是隨意挑選的，因爲它既簡單又典型。爲了說明經驗的性質，經驗實在是什麼，有一位作者寫道：「當我看著一張椅子的時候，我說我經驗著它。但是我所實際經驗到的只是組成一張椅子的因素中很少的一些因素，例如在這些特殊的光線條件之下屬於這椅子的顏色，從這個角度觀望它時所顯示出來的形狀等等。」

【3】由於這樣把心愛和原始唯一「所與」的東西等同起來的結果，如果有一位哲學家訴之於經驗，就會被許多人認爲他必然要陷入主觀主義。這說明了在本章第一段所指出的那種在自然與經驗之間的所謂矛盾，它是如此根深蒂固，以致當本書運用經驗的方法時批評者們就認爲這是一種純粹主觀哲學的重述，雖然事實上，它完全是和這種哲學相反的。

在任何這樣的陳述中都包括有兩個論點。一點就是：「經驗」被歸結到與能經驗的動作在這個事例中，即視覺的動作中，相關聯的特性。例如：某些顏色小塊，當它和一些與肌肉的緊張狀態和視覺的適應作用有關的性質相關聯的時候，就具有了一定的形狀或形式。當視覺的動作成為一個反省探究的對象，而和所看見的東西對立起來的時候，這些說明視覺動作的性質在當前或直接的經驗中因而就變成了這張椅子本身。從邏輯上講來，這張椅子不見了，代替它的是一些伴隨著視覺動作而來的感覺性質。不再有任何其他的對象，更沒有這張椅子，它是買來的、放在一間房裡、用來坐的等這一些事了。如果我們偶爾回到這個整個的椅子，它將不是直接經驗的、供人使用和享受的椅子，它將不是一個有它自己獨立的來源、歷史和經歷的東西；它僅僅是一個以直接「所與」的感覺性質為核心，加上周圍的一群在想像中所回想起來的所謂「觀念」的其他性質所組成的一個複合體而已。

另一點就是：即使在適才所引用的這樣一個簡略的敘述中，也不得不承認有一個經驗的客體，它較之被肯定為單獨被經驗的東西要無限地不同並且多得多。有這張椅子，它正被我們望著；這張椅子表現出一定的顏色，和這些顏色所藉以表現出來的光線；視覺的角度意味著有一個具有視覺器官的有機體。涉及這些事物是帶有強迫性的，因為否則這些感覺性質就不能予以任何意義——雖然如此，但這些感覺性質仍被肯定為所經驗到的唯一的資料。實際上，上面所提出的這個說法，只與現實經驗的一個選擇出來的部分有關係，即說明能經驗的動作的那個部分，而為便於進行手頭的研究起見，把所經驗到的東西有意識地省略掉了。這雖然是一件不願意承認的事實，但除此之外對於這個事實就難以找到一個更爲完善的認識了。

所舉的這個例子是作爲一種哲學主張的一切「主觀主義」中具有典型性的。對於現實經驗中的某一個因素進行了反省的分析；然後把反省分析的結果當作是原始的東西；結果，雖然在分析的每一個步驟上都要承認有現實經驗的題材，而且分析的結果是從它所推演出來的，但它卻變成可疑的和有問題的了。眞正的經驗法是從原始經驗的現實題材出發，承認反省從中區別出來一個新的因素，即視覺動作，把它變成了一個對象，然後利用那個新對象，即對光線的有機反應，在必要時去調節對業已包括在原始經驗中的題材的進一步的經驗。

適才所討論的這個題目，即物理的和心理的對象的分隔，將在本書的主要部分得到廣泛的注意[4]。不過，關於方法方面，在這裡概述一下我們的結果，是適宜的。論及普通經驗的材料所具有的原始性和最後性，這首先保證我們不致產生一些人爲的問題，使得哲學家們的精力和注意力離開現實題材所引起的眞實問題。第二，它爲哲學探究所得的結論提供了一種考核或檢驗；它經常地提醒我們：我們必須把這些作爲第二級的反省產物的結論再放回到它們所由發生的經驗中去，因而它們可以藉助於它們所介紹到經驗中來的新的條理和清晰性以及它們爲它提供了一種方法的具有新的意義的經驗對象而得到證實或改變。第三，由於認清了它們在進一步的經驗中所起的這種作用，這些哲學結果本身就獲得了經驗的價值；它們不是貼著合適的標

【4】第四章和第六章。

籤，陳列在玄學博物館裡的古玩；而是對於人的普通經驗有所貢獻的東西。

哲學採用經驗法還有另一個重要的結果；當我們把它發揮一下時，它就把我們導入下一個題目了。哲學，和一切反省分析的形式一樣，暫時使我們離開在原始經驗中為我們所具有的事物，在原始經驗中這些事物是直接地發生作用和被反作用著，被利用著和被享受著的。現在，正如哲學的進程所充分顯示出來的，哲學經常誘惑著人們把反省的結果本身看作具有優越於任何其他經驗樣式的材料所具有的眞實性。各派哲學最普通的假設；即使彼此分歧很大的哲學派別也有的共同的假設，就是把認識的對象和最後實在的客體等同起來。這個假設是十分深刻，因而它平常並不表述出來；它被視為理所當然，它是這樣基本的一回事，以致無需乎加以申述。這個觀點在笛卡兒學派——包括斯賓諾莎（Baruch Spinoza）在內——的主張中找到了一個專門的例子，他們認為情緒和感覺一樣，只是模糊的思想，當它變得清晰而明確或達到它的目標時，它就是認知（cognition）。美感經驗和道德經驗也和理性經驗一樣，眞正地揭示眞實事物的特性，而詩也和科學一樣可以具有一種形而上學的意義，這一類的說法是很少被認為是確實的，而且當它被肯定時，這句話就似乎具有某種神祕的和玄妙的意義，而不是具有一種直截了當的日常意義了。

然而，假定我們不從預有的假設出發，而只是認為：所經驗到的東西，既然它是自然的一種顯現，就可以，而且的確必須被用來證明自然事情的特性。在這個基礎上，想像和欲望對於一個關於事物之眞正本性的哲學理論來說，都是適宜的；不是在觀察中所發現的，而是在想像中所呈現出來的可能性是我們所要估計在內的東西。爲科學的或反省的經驗所得到的對象的特點是重要的，但是一切關於魔術、神話、政治、繪畫和懺悔院的現象也同樣是重要的。社會生活的現象，和邏輯的現象一樣，也是和殊相與共相之關係的問題有關的；在政治組織中各種分野和障礙，集中與越界的交往，擴張和兼併等等的存在，對於討論分隔與連續的形而上學理論講來，和從化學分析中演化出來的東西同樣是重要的。無知的存在也和智慧的存在一樣，錯誤乃至反常的存在也和眞理的存在一樣，都要估計在內。

那就是說，自然是在這樣的一種方式中被加以說明的，即所有這些事物，既然它們是實現的，就自然是可能的；它們不能被說成是與實在相反的單純的「現象」，因而予以抹殺。錯覺就是錯覺，但是錯覺的發生卻並非錯覺，而是一個眞正的實在。眞正在經驗中的東西較之在任何時候被知的東西要廣泛得多。從認識的觀點上看，對象必是分明的；它們的特徵必是明顯的；但模糊的和未曾揭示出來的東西便超出了知識界限。所以不管什麼時候，只要當這種把實在和認識的對象本身等同起來的習慣占優勢時，晦暗和模糊的東西就通過某種解釋而被抹殺掉。對於哲學理論來講，覺察到清晰和明白的東西是被珍重的以及它們爲什麼是被珍重的，這是重要的。但是留意到黑暗和模糊不明的東西是繁多的，這也是同等重要的。因爲在任何原始經驗的對象中，總有不顯明的潛在的可能性；任何外顯的對象都包含有潛伏著的可能後果；最外顯的動作也有不顯著的因素。我們可以盡量地緊張思維，但不是所有的後果都能被預見或成爲反省與決斷中的一個明顯的或已知的部分。在這些經驗事實的面前，如果認爲自然本身全部是屬於同一個類型的，都是清晰的、外顯的和明白的，沒有任何隱蔽的可能性，沒有任何新奇或矛盾，這樣的假設只有根據一種在自然與經驗之間的某一點上任意截然分開的哲學才是可能的。

在這裡，意味著哲學的重大缺點就是有一種武斷的「理智主義」（intellectualism），在這句話中絲毫也沒有責備智慧和理性的意思。作爲一個指責對象的所謂「理智主義」，就是指這樣一種學說，它認爲一切經驗過程都是認識的一種方式，而一切的題材、一切自然，在原則上，就要被縮減和轉化，一直到最後把它界說成爲等同於科學本身精煉的對象所呈現出來的特徵的東西。「理智主義」的這個假設是和原始所經驗到的事實背道而馳的，因爲事物就是爲我們所對待、使用、作用與運用、享受和保持的對象，它們甚至多於將被認知的事物。在它們是被認知的事物之前，它們便已是**被享有**的事物。

把被知的對象所特有的特性孤立起來而說成是唯一的最後實在，這就說明了爲什麼我們會否認這些特性具有使事物變成可愛的和可鄙的、美麗的和醜惡的、可敬的和可怕的東西的性質。它說明了爲什麼相信自然是一個漠不關心的、死板的機器；它說明了爲什麼在現實經驗中有價值的和被珍視的對象特性的特徵會產生一個根本上麻煩的哲學問題。承認它們是眞正的和原始的實在，這並不意味著當事物被愛惜、想望和追求時就沒有思想和知識參與其中；它的意思是說：後者是從屬的，因而眞正的問題乃是怎樣和爲什麼這樣被經驗到的事物被轉變成爲對象，而在這種對象中被認知的特性是高尚的和可愛的，而屬於意志方面的特性卻是偶然的和附屬的，以及這將產生什麼結果。

「理智主義」，作爲哲學的一種御用的方法，是和原始經驗事實這樣的相違背，以致它不僅被迫求助於非經驗的方法，而且它的結尾是使得被理解爲無處不在的知識本身也成爲不可解釋的了。如果我們從主要發生於行動與經歷的樣式中的原始經驗出發，那就容易看見知識有些什麼貢獻——即對於行動和遭遇中的因素具有有理智的管理的可能性。我們涉及某些事物，而正如俗語所說的，最好是要知道我們所涉及的是什麼。如果在行動中和在遭受（和享受）中是有理智的，那麼即使當條件不能被控制的時候，也會得到滿意。但是當有了控制的可能時，知識就是實行控制的唯一媒介。在原始經驗中給予了這種知識因素之後，就不難理解它怎樣會從一個屈從的和附庸的因素發展成爲一個主要的角色。行動和遭受，實驗和把我們自己放在這樣一個地位以致使我們的感覺和神經系統受到一定的影響而產生反省的材料，會使得原來認知和思維服從於行動與經歷的這種情境顚倒過來。而且當我們沿著這個線索追溯到認知的來源時，我們也會看見知識具有一種改善和豐富粗糙經驗題材的作用和職能。我們已經有了準備大規模地去知道我們所涉及的東西，而且要去知道即使當我們似乎是不可控制的命運的不幸的傀儡時所遭遇到的東西。但是所謂無所不在的、無所不包的和無所不能的知識，在它失去了一切的關聯時，也就失去了意義；當它被視爲高貴的和自足的東西的時候，它之所以看起來並沒有失去意義，這是因爲實際上不可能完全排斥給予所知以意義的那種非認知的、但被經驗到的題材的關聯。

這個問題在本書以後各章中將有較長的討論，而在這裡有一點值得提出來談一談。當理智的經驗及其內容被視為原始的東西時，連結經驗與自然的繩索就被割斷了。生理的有機體及其結構，無論在人類或在低級動物中，是與適應和利用材料以維護生命過程有關的，這一點是不能否認的。大腦和神經系統基本上是行動與經歷的器官；從生物學上講來，我們能夠這樣說而不至於和原始經驗屬於相應的一個類型的這個說法相抵觸。所以，如果歷史的和自然的連續性是沒有裂口的，認知的經驗必然是起源於非認知的一類經驗之內的。而且如果我們不把認知作為行動與經歷中的一個因素並以此為出發點，我們就勢必陷入這樣一個錯誤，即使是一個超自然的，否則就是一個在自然以外的媒介和原則侵入自然之內。許多自認為非超自然主義者卻是十分欣然地賦予有機體以一些在自然事情中沒有任何根據的能力；這個事實是十分奇怪的，如果不是由於傳統學派的惰性，它就會是無法解釋的。否則，要維持自然連續性的主張的唯一途徑就是承認理智的或認知的經驗是具有第二級的和派生的特性的，這就會是很明顯的了。但是在整個哲學傳統中，相反的主張是如此地根深蒂固，以致哲學家們不願意承認這件事實，因為它會迫使（那些哲學派別）在形式和內容上都有廣泛的改造翻工，這大概就不足為奇了。

我們已經談過了，接受了經驗的方法之後在主體和客體關係的問題中和在所謂認知經驗具有無所不包的性質[5]的問題中所產生的區別。這兩個問題之間是有著密切的連繫的。當實在的客體和知識對象逐一地被等同起來時，一切在情感上和意志上的對象都不可避免地被排除在「實在的」世界的外邊，而被迫到一個能經驗的主體或心靈的隱居之處去尋找它們的避難所。因此，認爲一切包羅萬象的認知經驗乃是無所不在的這個概念，通過一個必然的邏輯，結果就在能經驗的主體和被經驗到的自然之間築起了一座堅強牢固的牆壁。自我不僅變成了一個來到聖地朝覲的香客，而且成爲這個世界上的一個未曾變成自然事物而且不可能變成自然事物的外鄉人。在作爲經驗過程之中心的心靈和被經驗的自然世界之間，避免一種僵硬的隔絕的唯一途徑就只有承認：經驗活動的一切式樣都是自然界的某些眞實的特性之顯著的體現。

偏愛認知的對象及其特徵而犧牲激起欲念、指揮行動和產生情操的特性，這是在哲學中產生偏激性和片面性的所謂選擇重點原則（principle of selective emphasis）的一個特別的例子。有選擇性地強調某一方面，伴隨著對另一些方面予以刪除和拒絕，這是心靈生命的心臟跳動。

【5】爲了避免誤解起見，在後面的一點上，最好還加上一句話。我們並不否認不管任何被經驗的題材都可以變成反省的和認知考察的對象。但重點應放在「變成」上；認知永遠不是無所不包的：那就是說，當一個先在的、非認知的經驗材料是認知的對象時，它和這種認知的動作本身也被包括在一個新的和更廣泛的非認知的經驗之內——而這個情境是永遠不能超越的。只有當被經驗的事物所具有的時間性被遺忘時，說認知是整個超越經驗的這種觀念才被陳述出來。

反對這種活動就是抹殺一切思維活動。但是在日常事務中和在科學探討中，我們總是保持這樣一個意義，即所選擇的材料乃是爲了某一個目的而被選擇出來的；對於被捨棄掉的東西，並無否認之意，因爲被刪除的東西僅僅是與手頭的特殊問題和目的無關罷了。

但是在哲學中，這個有制約性的條件有時完全被忽視了。沒有注意到和記住：受偏愛的題材是爲了一個目的而被選擇出來的，而被捨棄的東西在它自己的特殊關聯中正是同樣的眞實和重要的。有傾向認爲：因爲那些在詩的語言中所描繪的品質和那些在友誼中具有中心意義的品質並沒有出現在科學的探討中，它們便不具有眞實性，至少沒有那些構成物質的數理的、機械的或電磁的特性的那種不可懷疑的眞實性。人們把那種對他們有主要價值的東西在當時當作是唯一實在的東西，這是很自然的。眞實性和高貴價值被等同起來了。在普通經驗中，這個事實沒有什麼特殊的害處；它由於轉向其他有價值的因而具有同等眞實性的事物而立即被補償起來了。但是哲學在接觸到經驗的全部對象中對一位哲學家已經變得特別親切的那個方面時，常表現出一種僵硬的剛愎性。在任何境遇之中它都是眞實的，而且只有它是眞實的；其他的事物只有在某種次要的和特殊式的意義中才是眞實的。

例如：在像我們所居住的這個充滿了不安定和危險的世界中，安定性、保險性就是有極大價值的。結果，無論任何可能具有安定性的東西就被假定構成最後的存在，而一切其餘的東西都據說僅是現象的，或者在極端的事例中是虛幻的。這樣產生的「眞實性」的武斷特徵可以從這個事實中看得出來，即不同的哲學家所選擇的對象是極不相同的。這些對象也許是數理實體，也許是意識狀態，或者是感覺所與。那就是說，任何東西，如果一位哲學家從他所迫切要解決的特殊問題的角度看來覺得它是自明的，因而是完全可靠的，就被他選來構成實在。在決定替所謂眞實的東西下一個哲學定義時，所謂高貴的和莊嚴的東西與在人世間安定的東西是具有同等地位的。經院哲學認爲「眞」和「善」以及「統一體」乃是「存在」本身的標誌。在面臨一個問題時，思維總是力求把那些原來是零碎的和分散的東西統一起來。行動在深思熟慮中追求好處；當把握住眞理時，就達到了知識。於是我們努力的目標，即在緊張與不定的條件下所提供出來的滿意和安寧的事物，就變成了唯一最後眞實的存在物，後來的機能被當作是原始的特性。

把有選擇性的偏愛對象建立爲唯一的實在，這種情況的另一方面可以從哲學家們對簡單的東西、對所謂「原素」的愛好中看出來。粗糙的經驗是充滿著紛亂和複雜的東西；所以哲學就急於離開它，去尋求某些使心靈得以安然寄託其中的某些簡單的事物，知道它沒有貯藏著任何驚人的東西，任何會引起麻煩的東西，它是擱置著的沒有任何儲備的潛能。這裡還有對數理對象的偏愛；斯賓諾莎深信一個眞的觀念就內在地蘊涵著眞理；洛克（John Locke）有他的「簡單的觀念」；休姆（David Hume）有他的「印象」；英國的新實在論者有他的最後的單元所與；美國的新實在論者有他的現成的精蘊。

這種選擇性強調的錯誤，在永恆這個概念所發生的具有催眠作用的影響中發現有另一個顯著的例子。永久的東西能使我們安定；它給予我們寧靜；可變化的和正在變化的東西是一種不斷的挑戰。在事物發生變化的地方，我們就感覺到有所危迫。它是使人煩擾不安的一個威脅。即使當變化標誌著有較好事物即將來臨的希望時，那種希望也傾向於把它的對象設想爲一種在達成後就永久停滯不前的東西。再者，我們只有藉助於穩定和恆常的東西才能夠對付這種變化和動盪的東西；「不變數」——在這時候——好像它們在數學的函數中一樣，在取得某種成就的實際中就變成了一種必要。這種有永久性的東西滿足了眞正的情緒上、實踐上和理智上的要求。但是這種要求以及對付它的反應在經驗中總是在一種特別的關聯之中的；它是由一個特殊的需要引起來的，而共同的是在求得某些可以列舉的後策。哲學，即概括的思維，沉湎於妄誕地追求一種在理智上獲得絕對概括通則的點金石，因而在機能上和爲了某一個目的而把具有永久性的東西隔絕起來，把它轉變成內在永恆的東西，或者（如亞里斯多德（Aristotle）所理解的）把它理解爲在一切時間上始終同一的東西，或者把它當作是和時間沒有關係的、超時間的東西。

這種把由於在某種特別的關聯中具有價值而被選擇出來的對象當作「眞實的」東西的偏見，在一種優越的和偏袒的意義中卻證實了一個具有重要性的經驗事實。哲學上的簡單化是由於選擇，而選擇標誌著一種道德上的興趣，所謂「道德上的」興趣就是廣泛地關心有益的東西。我們經常地和不可避免地關心興盛和衰落，成功和失敗，成就和障礙，好和壞。既然我們是具有生命而要活下去的動物，而且既然發覺我們是處於一個不安定的環境之中，我們是天生地要根據禍福上——價值上——的後果來留心事物和進行判斷的。然而承認這個事實，和哲學家們把他們所發現的好的特性（簡單、安定、高貴、永久等）轉變成爲實在存在物的固定特性，是完全不同的兩件事情。前者所提出的是某種要去完成的東西，是通過行動去爭取的東西，而在行動中就顯然要有選擇，選擇就變成了眞實的東西。後者忽視了追求較好效果與證明選擇之眞誠性的行動的這種需要；它把所需求的東西變成了實體的前提和最後的特徵，而且假定：爲了把這個實體當作眞實的存在而靜觀地去體驗它，僅僅需要邏輯上的根據就夠了。

對反省思考而言，後來的結果總是比原來的所與好一些或者壞一些。但是，如果現在把後來產生的好結果呈現出來，它可能還會產生更好一些的後果，因此，屬於有閒階級出身而無迫切需要對付環境之累的哲學家就把後來的結果轉變成爲一種存在物；即使它是不存在的，但卻有這麼一回事的。它永久性、眞實的精蘊、整體、秩序、統一體、理性、古典傳統中的眞、美、善（unum, verum et bonum），都是一些具有頌揚之意的謂詞。當我們發現這些名詞被用來說明一個哲學體系的基礎及其本身的結論時，我們就有根據懷疑這已經是把存在人爲地簡單化了。決定我們偏愛後來的好處的反省，在思辨中已做出了一個轉變實質的奇蹟。

無論什麼時候，只要有反省，有選擇性的強調和選擇就是不可避免的。這並不是一件壞事，只有當選擇的出現和進行被隱蔽起來，被僞裝起來，被否認時，才有欺騙。經驗的方法發現和指出了選擇活動，正和它發現和指出任何其他的事情一樣。因此，它保護著我們，使我們不致把後來的機能轉變成爲先有的存在：這樣一種轉變可以稱之爲最根本的哲學錯誤（the philosophic fallacy），不管這種轉變是以數理的潛存、美感的精蘊、自然界純物理的秩序或是以上帝的名義進行的，那都是一樣的。作者只是想喚醒一下我們同事的哲學家們，此外便沒有什麼更爲眞誠的心願了。他提出了一個意見，即遵循經驗法乃是保證實現眞誠意願的唯一途徑。不管在選擇中有什麼東西決定著它的需要並給它以指導，經驗的方法總是坦率地指出它是爲了什麼；而對於選擇這個事實及其活動過程和後果，經驗的方法也以同等公開的態度把它指明出來。

經驗法的採用並不保證一切與任何特殊結論有關的事物都會實際上被發覺出來，或者在發現時它們會被正確地揭示和傳達出來。但經驗法卻指出了某一個曾被明確地描述出來的事物曾經在什麼時候和什麼地方以及怎樣被達到的。它放在別人面前一幅已經旅行過的路途的地圖；如果他們願意的話，就可以按照這幅地圖重新在這條道路上旅行，親自來視察這個景色。因此，一個人的發現可以被其他一些人的發現所證實和擴充，而在人類所可能核對、擴充和證實的範圍以內具有十足的可靠性。因此，經驗法的採用使得哲學的反省獲得了類似標誌著自然科學研究特點的傾向於意見一致的那種協同合作的趨勢。科學研究者並不是憑藉著他的定義的聳人聽聞和他的論證的堅強有力去說服別人，而是把尋求、進行和到達成就的進程（某些事物已循此途徑而發現）放在他們的面前。他的請求是要別人走過一個類似的進程，藉以證明他們所發現的東西是怎樣和他的報告兩相符合的。

誠實的經驗法將說明選擇的動作是在什麼時候和什麼地方以及怎樣進行的，因而使得別人可以照樣做並檢驗它的價值。有所取捨的選擇已被指出是一件經驗的事情，它揭露了在理智上加以簡單化的根據和影響；於是它就不再是屬於自我封閉性質之類，似乎只是有關意見與爭論的事情，除了完全接受或完全拒絕之外別無其他的道路。把選擇僞裝起來或予以否認，便是在哲學信仰上產生驚人的差別的根源，這些差別嚇唬著初學者而成爲專家的遊戲品，公開承認的選擇乃是在它的優點方面進行嘗試而憑藉它的結果對它進行測驗的一種實驗。在一切所謂直接的知識，或自足的、眞實無疑的信仰，無論是在邏輯方面、美學方面或認識論方面的信仰的標題之下，總有爲了某一目的而選擇出來的東西，所以它不是簡單的，不是自明的，也不是生來就是可被頌揚的。說明這個目的，它就可以被重複加以實驗，而爲它而進行的選擇是否有價值和是否合適，就可以得到檢驗。無論是科學的或哲學的思考，其意義不在於消除選擇，而只是使它少武斷一些和更有意義一些。如果選擇具有這樣的品質和結果，以致當別人按照所指示的情況進行工作時足以引起他們的反省，那麼選擇就消失了它的武斷性；當進行選擇的理由被發現是重要的而其結果是緊要的時候，它就變得是有意義的了。當公開承認選擇時，別人就能重複這個經驗的進程；它是一個要被嘗試的實驗，而不是一個自動化的保險設計。

在此地論及這件特殊的事情，並不是爲了提出一個理論上的主張，而更多的是爲了說明經驗法的性質。眞或假依賴於當人們以戰鬥的姿態從事於觀察反省的事情的實驗時所發現的是什麼東西。否認某人發現事物是如此這般的，這不足用來證明一個經驗的發現是虛假的，但駁斥一個經驗的發現，就要指出從事一個經驗進程的方向而它的結果卻發現了相反的情況。辯明錯誤，也和導致眞理一樣，是要幫助別人看見和發現他在這以前所未曾發現和認識的東西。一切在反省和邏輯方面的機智和靈巧，都在闡明和傳達指示以求有智慧地指出一條遵循的進程中找到它活動的範圍。每一個哲學體系提出了某些這類實驗的後果。作爲是一些實驗，它們中每一個都對我們對於可經驗到的對象的事情和品質所進行的觀察提供了一些有價值的東西。有些對傳統哲學的無情批評業已被提議出來了；另一些無疑地還會跟上來。但這種批評並非針對這些實驗；它的目標是針對這種具有選擇的實驗性質的傳統哲學拒絕實驗的情況，因爲這種拒絕使它們從它們的現實關聯和機能中隔絕出來，並從而使潛在的啓示變成了生硬的斷言。

這個關於經驗法的討論曾經有過一個雙重的內容。一方面，它曾試圖從與科學研究中的經驗法的類比中弄清楚方法對於哲學有什麼意義（和沒有什麼意義）。然而，這樣一種討論會有很小的明確意義，除非指出了由於採納經驗法而在哲學中造成的區別。爲了這個理由，我們曾經考察過傳統哲學由於未曾把他們的反省結果與日常原始經驗的事務連繫起來以致誤入迷途的某些典型的方式和重要的場所。也曾經提到大錯誤的三個根源，而每一個根源中還包括比曾經暗示出來的還要多一些的從屬的類別。這三個根源是：主體與客體的完全分隔（即把被經驗的東西與它是怎樣被經驗到的這一過程分隔開來）；誇大已知對象的特點，以致犧牲關於享受和困擾、友誼和人類聚會、藝術和工業等方面的對象所具有的品質；把那些爲了各種不願告人的目的而採取的各種類型的有選擇性的簡單化的結果完全孤立起來。

這並不是說：這些已經採用了非經驗的，因而錯誤的方法的哲學體系所獲得的產物，對於一個遵循嚴格的經驗法的哲學來說，是完全沒有價值或很少有價值的。情況正相反，因爲沒有一位哲學家能夠脫離經驗，即使他想這樣做也不行。爲迷信的人民所採納的最奇怪的觀點也有某些經驗事實的根據；對於這些觀點及其形成的條件有足夠了解的人就能夠解釋它們。而哲學家們和他們的同胞們比較起來，不是更迷信一些而是迷信得少些；作爲一個階級，他們曾是非常富於反省和探究的精神的。如果在他們的產品中有一些曾經是幻想，這不是因爲他們，即使在不知不覺之中，沒有從經驗法出發；這不是完全因爲他們用無節制的想像去代替了思維。不，毛病在於他們未曾注意到產生他們的問題的經驗需要，以及未曾把提煉過的產品再回到現實經驗的關聯中去，在那兒接受考核，繼承它們意義的全部內容，並在原來發生反省的那種直接的惶惑情境中給予啓示和指導。

以後各章也同樣並不僞裝著好像過去未曾存在過哲學一樣，或者好像它們的結論從經驗上看是沒有任何價值似的，而完全重新開始哲學思考。毋寧說，後面的討論有賴於偉大哲學體系的主要成果，也許這樣做還會過分一些：指出當他們的結論被用作回到粗糙的日常經驗的題材的指導者時（正如一切反省的精緻對象必然就要被如此運用的一樣），它們有那些有力的因素和那些弱點。

我們的原始經驗，從分析和控制的目的來講，原來是沒有什麼價值的，塞滿了需要分析和控制的事物，反省本身的存在就是它的缺陷的證明。正如古代天文學和物理學因爲由於缺少實驗分析的儀器和技術而不得不從原始觀察到的事物的表面價值上去接受它們，所以沒有什麼科學的價值，同樣「常識」哲學也時常重複當時流行的風俗習慣。肯定我們要完全信賴普通經驗所給予我們的東西，這很可能只是爲了支援某些宗教迷信或掩護某些業已開始發生疑問的保守傳統的遺跡而乞靈於偏見而已。

於是，哲學結論所帶來的麻煩絲毫不是由於它們是反省和推理的結果。毋寧說，麻煩在於哲學家們從各個來源借用了一些由專門分析所得到的結論，特別是在當時占有統治地位的科學結論，既不藉助於它們所由產生的那些經驗對象，也不藉助於這些有關的結論所指向的那些經驗對象，予以考核，便直接把它們搬運到哲學裡面來了。因此，柏拉圖（Plato）和畢達哥拉斯學派的人們往來而輸入了一些數學概念；笛卡兒和斯賓諾莎採用了幾何學推理中的那些基本假設；洛克把牛頓的物理粒子輸入到心靈論中，把它們變成了原來所與的「簡單觀念」；黑格爾（Hegel）無限制地借用和概括了當時新興的歷史方法；現代英國哲學從數學中輸入了原始的、不可界說的命題這個概念，並利用在當時已經成爲心理科學交易中的資本的洛克的「簡單觀念」來充實它們的內容。

既然所借用來的東西是具有堅強的科學地位的，那麼爲什麼不可以呢？因爲在科學的探究中，精練的方法爲了進行探索開闢新的題材領域，因此就使得本身變得更爲合理；它們創造了觀察和實驗的新技術。因此，當邁克生·莫雷實驗（Michelson-Moley Experiment）在粗糙經驗中揭露了和現有物理法則的結果不相符合的事實時，物理學家們從來未曾考慮過否認在那種經驗中所發現的東西的有效性，即使它使得一整套複雜的理智的資料和體系發生問題。干涉儀（interferometer）的光帶吻合一致的情況，雖然是和牛頓的物理學不相容的，但從它的表面價値上被接受了。因爲科學研究者從它的表面價値上接受了它，他們就立即開始準備工作以重新建立他們的理論；他們懷疑他們反省的前提，而不是懷疑他們所看見的東西的全部「眞實性」。這種重新調整的工作不僅在發展一個更完備的理論的過程中迫使從事於新的推理和演算，而且也開闢了探究經驗題材的新途徑。他們一分鐘也未曾想到過由於粗糙經驗中的一個對象在邏輯上與理論不協調，而通過一種解釋去抹殺掉它的特點，——正像哲學家們經常這樣做的一樣。假使他們曾經這樣做過的話，他們也許已經把科學變得妄誕矛盾並使他們自己閉塞起來，而不再提出新問題和在題材方面獲得新的發現了。簡言之，精練的科學方法的材料和爲我們具體經驗到的現實世界的材料是互相連續著的。

但是當哲學家們把他們從科學中，無論是從邏輯、數學或物理中借用來的這種經過提煉過的結論，全部地當作最後的東西，移置到他們的理論裡面來時，這些結果並非用來揭示粗糙經驗中的新題材和闡明其中的舊題材；它們被用來詆毀粗糙的經驗和製造新的和人爲的問題，懷疑到這些粗糙經驗事物的眞實性和有效性。因此，心理學的發現，從它們自己經驗的關聯中抽出來，被用到哲學裡面，去懷疑心靈與自我之外的事物的眞實性，去懷疑到也許是普通經驗中最顯著的特徵的事物和特性。同樣，物理科學的發現和方法、質量、空間、運動的概念等也被哲學家們在這樣的方式下全盤孤立地採納下來，以致在具體經驗中的愛好、目的和享受這些事情的眞實性都變成可疑的，乃至是不可信的東西了。數學的對象，即不明顯地涉及現實存在的，而在運用數學技術的領域中卻是有效的那些關係的符號，在哲學中卻曾被用來決定精蘊對存在的先在性，並製造了這樣一個不能解決的問題，即純粹的精蘊爲什麼會下降到存在世界的這個糾纏曲折的情境中來。

經驗法所要求於哲學者有兩件事情：第一，精練的方法和產物應追溯到它們在原始經驗中在它的全部豐富和錯綜複雜的狀態中的來源；因而就要承認它們所由產生以及它們所必須滿足的需要和問題。第二，派生的方法和結論要放回到平常經驗的事物中來，在它們的粗糙和自然的狀態中，求得實證。在這種方式之下，分析的反省方法提供在哲學中構成直指法（a method of designation, denotation）的基本因素的材料。在物理學或天文學中的科學工作提供了一個由過去的觀察和實驗中派生出來的演算和推論的紀錄。但它不僅僅是一個紀錄；它也是從事進一步觀察和實驗的一個指標，一個指定的作業。如果一個科學報告沒有敘述進行實驗的儀器和所獲得的結果，那就會沒有人聽取這個報告；這並非崇拜儀器設備，而是因爲這個工作程序告訴了其他的研究者怎樣進行他們的工作，以致所獲得的結果將會在他們的經驗中和過去已經達到的結果，比較其同異，並從而核實、修改和矯正這種過去所得的結果。記載下來的科學結果實際上即是對於如何遵循使用一種方法的一個**指示**以及當特定的觀察開始時將會發現什麼結果的一個**預見**。那就是全部的哲學，或全部哲學所能做的事情。在以後的各章中，我將把若干歷史上的哲學體系中的結論、報告進行一次校正和改造，希望它們會成爲有用的方法，使得一個人可以運用這些方法回到他自己的經驗，而且由於辨別了運用這個方法而發現的東西，從而更好地了解在人類普通經驗內所已經有的東西。

哲學研究還可以擔負起一個特別的職務。從經驗方面來從事工作，它將不是一種哲學研究，而是一種藉助於哲學的對生活經驗的研究。但是這種經驗已經籠罩著和滲透著過去歷代和各個時期反省的產物。它充滿著由詭辯的思考產生的注釋、分類，它們已滲入似乎是新鮮的、樸素的經驗材料之中而與之結成一體了。要把這些已被吸收的借用品追溯到它們原始的根源，即使最聰敏的歷史學者所具有的智慧也不足以完成這個任務。假使我們暫時把這些材料稱之爲偏見（即使它們是眞的，但只要它們的來源和根據還未被知道的時候），那麼哲學就是對偏見的一種批判。這些已經和第一手經驗的眞正材料熔接在一起的與過去的反省聯合的結果，如果把它們加以審查和思考，也可以變爲增進提高的工具。假使不把它們加以審查，它們有時就起著迷惑和歪曲的作用。在把它們審查和驅逐出來之後，跟著就會得到澄清和解放；而哲學的一個偉大的目標就是去完成這個任務。

經驗哲學無論如何總是一種理智上的解脫。當我們和我們自己的時代和所處的文化同化之後，我們就染上了許多理智上的習慣，而我們就不能永遠地把我們自己從這些習慣中解脫出來。但是要智慧地去促進文化，就要求我們擺脫它們中的一部分，批判地考察它們，看它們是由什麼構成的以及我們有了這些習慣之後它們對我們有什麼影響。我們不可能恢復到原始的純樸狀態。但是可以得到一種在眼睛、耳朵和思維上被培養出來的純樸狀態，這種狀態是只有通過嚴肅的思維鍛鍊才能獲得的。如果以後各章對於培養一種人爲的天眞和簡樸能夠有所貢獻，它們便將是已達到它們的目的了。

我不願在結束本章之前不論及當我們用經驗法鑽研哲學時它所具有的那種較大的自由人文的價值，對非經驗的各種哲學所提出的最嚴重的控訴，就是說它們掩蔽了通常經驗的事物。他們不願意去矯正它們，他們全盤地不信任它們。當他們詆毀日常經驗的事物、行動和愛情和社交的事情時，他們已經產生了一種較之不予這些事情以十分需要的合理指導尤爲惡劣的結果。假使哲學曾經作爲僅僅是少數思想家的奢侈品而被保留下來的話，那沒有多大的關係。我們保留著許多的奢侈品。嚴重的問題在於：許多哲學派別曾經否認普通經驗有可能在它本身以內發展各種爲它自己取得指導方向和創立進行判斷和評價的內在標準的方法。沒有人知道：到底有多少被指爲脫避經驗之原因的這些罪惡和缺點，它們本身就是由於那些特別富於反省的人們所表現出來的那種輕視經驗的態度所造成的。除了時間和精力的浪費，除了在每一次背離具體經驗時隨之而來的這種對生活的幻滅以外，還必須加上這種可悲的、未能認識到理智的探求也能在通常經驗的事物之中顯現出來和成熟起來的價值。我不能計算在當前流行的厭世主義、漠不關心和悲觀主義中到底有多少是由於他們所引起的在智慧的偏向中的這些原因所造成的。有許多人甚至把人們想像生活乃是、或能成爲歡樂和愉快之源泉的想法當作是缺乏思考的一種標誌。對於這個結果的產生，哲學和宗教一樣是不能卸脫責任的。掩蔽日常經驗具有產生快樂和自我調節的潛能性，在這一點上，超驗的哲學家較之公開的感性主義者和唯物主義者大致曾經起過更多的影響。如果本書中所寫的東西除了引起和提高對於具體人類經驗及其潛能性的尊重之外別無其他成就，我也將感到滿意了。

第二章　存在是動盪的和穩定的

上一章曾示意說：經驗和歷史、生活、文化這些事情有同樣的意義。提及這些事情可以使我們把那些毫不猶豫地賦予經驗一詞一種具有宗派色彩和具有地域限制的內容的回憶擱置一邊。照泰勒（Tylor）的說法，文化是「那種複雜的整體，它包括著知識、信仰、藝術、道德、習俗以及任何其他作爲社會之一個成員的人所獲得的能力」。它從某種意義上講是一個整體，但它是一個錯綜複雜的，一個變化多端的整體。它分化成爲宗教、魔術、法律、美術和工藝、科學、哲學、語言、家庭關係和政治關係等等。下面是一位人種學家所講的話，雖然這些話是爲了另外的目的說的，但我們不妨考慮一下，問問它們是不是很好地明確了哲學的問題：「文化的實在既不是完全命定的，也不是完全偶然的，既不是完全心理的，也不是完全客觀的，既不是完全屬於昨天的，也不是完全屬於今天的，而是在它的存在的實在中把這一些都結合在一起了……一種改造性的綜合把在分析性的肢解過程中必然消失掉的綜合性的統一體重新建立起來。」[1]我並不是說，要把哲學吸收到一種關於文化的人種學觀點中去。但是在一種不同的關聯中和通過一種不同的方法，哲學有著這種對經驗進行分析性的肢解和綜合性的重建的工作任務；而且，這位人種學者所指出的文化現象提供了寶貴的材料，以幫助執行這個職務，這種材料較之跟一種文化論相隔絕的心理學所提供的材料更適合於哲學思考的任務。

【1】見戈登衛塞（Goldenweiser）。

爲文化現象所強調的存在有一個特點，即它是動盪不定的。宋納爾（Sumner）認爲格林（Grimm）是這句話的權威，格林曾經這樣說：日爾曼民族有上千種關於運氣的老話、諺語和格言。我們的時間不多，這個題目雖值得討論，我們也只能就這句話來談。人發現他自己生活在一個碰運氣的世界；他的存在，說得粗俗一些，包括著一場賭博。這個世界是一個冒險的地方；它不安定，不穩定，不可思議地不穩定。它的危險是不規則的、不經常的，講不出它們的時間和季節的。這些危險雖然是持續的，但是零散的，出乎意外的。它是剛要黎明之前最黑暗的時期；驕傲之後即將繼以失敗；最興盛的時期就是惡兆最多的時候，在毒眼[2]看來，就是最好的時機。災禍、饑荒、歉收、疾病、死亡、戰爭中的敗北，總是隨時可以降臨，而豐收、強力、勝利、歡宴和歌舞也是如此。運氣在它的分配中，按照諺語所云，既是好的，也是壞的。神聖的東西和被咒罵的東西是同一情境的潛能；無論是人物、字句、場所、時間、空間的方向、岩石、風向、動物、星辰等，沒有一個事物範疇不是既曾體現過神聖的東西，也曾體現過被咒罵的東西。

人種學家們曾經無可爭辯地指出了世界的這個動盪的方面在產生宗教及其儀式、禮節、信仰、神話、魔術中所起的作用；而且它曾經顯示出來這些事情普遍滲透到道德、法律、藝術和

【2】毒眼（The evil eye），按古時迷信，這種眼所具的魔力是由嫉妒心和固執心所產生，一視即可加害於人云。——譯者注

工業之中。那些和它們相關聯的信仰和性情就是哲學和世俗道德逐漸所由發展起來的背景，也是那些後來的發明、爲藝術而藝術、生意就是生意經等等再慢一些所由發展起來的背景。這個事實雖然就是有趣和有益的，但這些細緻的東西並不是我們在這裡所關心的。我們不必分心去考慮有關哲學來源的這些事實對於哲學，乃至對於今天占統治地位的學說所產生的結果。我們只要留心一件突出的事實：這個經驗事物的世界，包括著不安定的、不可預料的、無法控制的和有危險性的東西。

有一句古話說：神靈生於恐懼，這個說法最易助長一個由牢固的主觀習慣養成的誤解。我們首先賦予孤立的人類一種恐懼的本能，然後我們想像到他毫無理性地把那種恐懼投射到環境中去，把他自己的純粹個人的偈限性的果實散布出來，從而產生了迷信。但是恐懼，無論它是一種本能或是一種習得的東西：乃是環境的一個機能。人恐懼，因爲他生存在一個可怕的、恐怖的世界中，這個世界是動盪的和不安寧的，所引述的這些原始經驗便是這個事實的一個很容易得到的和顯著的證明。這些話是初民的聲音，但是，這隻手卻是屬於自然界的，這個自然界是我們今日仍然生活其中的。創造神靈的並不是對於神靈的恐懼。

因爲如果初民的生活中充滿著向神贖罪求恕的行爲，如果在他的節日宴會中所享受的東西也是愉快地與神靈們分享，這不是因爲對超自然力量有所信仰，因而產生了一種贖罪、求恕和向神獻禮的需要。每一種爲人所獲得和所占有的事物都是由於他的行動而得到的，而這些行動可以使他得到所需要和樂願的那些後果，也可以使他陷於其他可憎的後果之中。他的動作向未知的領域侵入；所以贖罪之禮，如果供奉及時，可以驅除那種甚至在興盛時候也會來臨的（或者是這時候最常來臨的）可怕後果。未知的後果既從過去追逐而至眼前，那麼未來就更屬不可知，具有更多危險性的了；按照那個事實，現在是帶有惡兆的。如果決定未來命運的那些未知力量是可以撫慰和解的，那麼那種拒不研究如何獲得它們的恩寵的人簡直是令人難以置信地輕率而無知。在現有的食物和友愛的享受中，自然傳統和社會組織曾經協調合作，以增補我們自己的努力，而我們這種努力若是沒有這種外來的增援，乃是十分微弱的。幸福並非從我們人類自己的恩寵而取得的。一個若不願用捐款來感恩地答謝支持他的助力，那他眞是一個極其吝嗇的人了。

這些事實在早期文化時代是如此，在今天也還是如此。並不是事實已經改變了，而是保障、調節和報答的方法改變了。斯賓塞（Herbert Spencer）有時用一種直接經驗的事實來粉飾他對於象徵經驗的虔誠。當他說：每一事實都有兩個相反的方面，「一個是它的近的或者可以看見的方面，而另一個是它的遠的或者看不見的方面」時，他表達了經驗中每一個對象所具有的一個永久的特點。可看見的東西就是在看不見的東西裡面；而結果，未被看見的東西決定著已被看見的東西裡面所發生的事情；可觸知的東西動盪地躺在未被觸及和未被把握到的東西上面。在事物之直接的、顯著的和中心的方面和決定著現有東西的來源與發展的那些間接的和隱蔽的因素之間，存在一種對立和潛伏著的不協調狀況，這是任何經驗所具有的一種不可磨滅的特徵。我們可以把我們祖宗對付這種對立情況的方法說成是迷信的，但是這種對立情況卻不是迷信，它是在任何經驗中的一個基本的所與（datum）。

我們曾經以巧辯代替迷信，至少在相當程度上是如此。但是巧辯時常和它所代替的迷信一樣，是不合理性的，而且常受文字的擺布。我們對付這個世界的不安定性的一個具有魔術性的護身符就是否認機遇的存在，口裡含糊其辭地嚷著普遍的和必然的法則、因果的普遍性、自然的一致性、普遍的進步以及宇宙的內在合理性等等。這些魔術似的公式從非魔術的條件下取得它們的力量。通過科學，我們已經獲得了一定程度的預見和控制的力量；通過工具、機械以及相伴隨著的技術，我們已經把這個世界變得更適合於我們的需要，變成了一個更為安全的所在了。在我們自己和這個世界的危險之間我們已經積累了一些財富和使自己安適的手段了，我們已把娛樂職業化，使它成為我們逃避和忘懷憂患的仲介。但是當這一切都說完了、做完了之後，這個世界基本的險惡性並沒有重大的改變，更別說消除盡淨了。這樣一件偶然的事情，如第一次世界大戰以及對未來戰爭的準備使我們回想到：我們容易忽視這個限度，即我們所獲得的成就只不過是設法把我們不願意承認一個事實的情況掩蔽起來，而還不是改變這個事實本身的手段。

以上所述初聽起來有點悲觀主義的色彩，但是我們所關心的不是道德問題，而是形而上學問題，那就是說，關於我們生活其中的這個存在世界的本性問題。強調好運氣、恩惠、喜出望外和不可強求的歡樂，以及我們稱為幸福的那些不期而遇的事情等等，這會是同樣容易做的事而且會是更為舒服一些。我們也許曾經求助於好運氣，作為自然界中有這種重要的機遇特徵的證據。喜劇是和悲劇一樣眞實的，但是照傳統的看法，喜劇聽起來比悲劇膚淺一些。我們更有理由把不幸和錯誤作爲世界動盪性的證據。惡的問題是一個大家都承認的問題，而我們很少或從未聽見過有一個關於善的問題。對於善，我們視爲理所當然；現在它們處於它們應該處於的境地；它們是天然的和固有的。善是對我們功績的承認。當我們把同類中的佳品抽選出來時，我們把它當作是世界上有眞實的因果秩序的證據。因此，很難把存在中的好事，像壞事那樣用來作爲自然界不安定的有力證據。我們把壞事稱爲偶然事件，而不把好事稱爲偶然事件，即使後者的偶然性也是同樣確定的。有人會問：說這些話到底是爲什麼呢？說善和惡無控制的分布情況乃是存在的動盪性、不安定性的證據，這句話是眞的，從這個意義上講來，這是老生常談，反覆重說這句話並沒有提出什麼問題來。但是這裡卻提出了這樣一個意見：正是由於穩定性和不安定性兩者不能分解地混合著，這樣一個情景便產生了哲學，而且在它的一切重複提出的問題和爭論中都把這個情景反映了出來。如果古典哲學關於統一性講得這樣多而關於不可調和的分歧性講得這樣少；關於永恆的東西講得這樣多，而關於變易講得這樣少（除非是把它當作是溶解於永恆結合物中的一種事物）；關於必然性講得這樣多而關於偶然性講得這樣少；關於包羅萬象的共相講得這樣多，而關於頑強自閉的殊相講得這樣少，這也許就是由於實在的含糊不清和模稜兩可的狀態實際上就是這樣普遍存在的。既然這些事情組成了問題，那麼這個世界所呈現出來的穩定性和保險性愈爲我們所掌握和肯定，這個問題的解決就更爲明顯一些（雖然不是更爲現實一些）。

組成了我們各個哲學派別的這些關於這個世界的報告，從它們的外表上看來，是各式各樣的，乃至達到絕對對立的極端。它們從唯靈主義到唯物主義，從絕對主義到相對的現象主義，從超經驗主義到實證主義，從唯理主義到感覺主義，從唯心主義到實在主義，從主觀主義到純客觀主義，從柏拉圖式的唯實主義到唯名主義。這個矛盾的行列是如此的顯赫動人，以致使懷疑論者認爲人的心智在從事著一種不可能的工作，或者認爲哲學家們把自己沉溺於幻想之中。然而，哲學家們中間的這些極端的衝突卻暗示我們向另一個方面去考慮問題。它們暗示著一切不同的哲學派別都具有一個共同的前提，而它們之間的分歧是由於接受了這個共同的前提。不同的哲學派別可以被視爲提供一些如何否認宇宙具有偶然性的祕訣的不同的方式，而宇宙是不可分離地具有這種偶然性的，於是對於偶然性的否認就使得從事於思維的心靈找不到一個線索，而使得後來的哲學思考唯有聽命於個人的氣質、興趣和局部的環境條件了。

因此，在各個衝突的哲學派別之間的爭吵乃是一種家庭內部的爭吵，這些爭吵是在一個很侷促的家庭範圍內進行的，只有超越這個場所而走出家門之後才能獲得解決。他們都盼望這個眞實存在的世界具有完全的、已完成了的和確切的特性，爲了達到這個結果不惜把事物分裂成爲兩個沒有連繫的部分，這樣一來，他們所需要的這個特性似乎就可以在理性或在機構之中發現；在理性的概念（如數學概念）或在粗糙的事物（如感覺所與）之中發現；在原子或在意蘊之中發現；在意識或在控制和駕馭意識的物理外在存在之中發現。

和這種把確切的、有規律的和完成了的東西和實在等同起來的作法相反，未加矯飾的經驗卻證實了一個不同的世界並指出了一個不同的形而上學。我們是生活在這樣一個世界之中，它既有充沛、完整、條理，使得預見和控制成爲可能的反覆規律性，又有獨特、模糊、不確定的可能性以及後果尚未決定的種種進程，而這兩個方面（在這個世界中）乃是深刻地和不可抗拒地摻雜在一起的。它們並不是機械地，而是有機地混合在一起，好像比喻中的小麥和稗子一樣。我們可以區別它們，但我們不能把它們分開來，因爲它們和小麥和稗子不同，它們是在同一個根上長出來的。品質有缺點，這是它們有優點的必要條件；眞理有其實用性，這是產生錯誤的原因；變化使得永恆有意義，而規律性使得新穎的東西成爲可能。一個完全都是驚險事物的世界就是一個不可能進行冒險的世界，而只有在一個有生命的世界裡面才包括有死亡。這些事實曾經被思想家們如赫拉克里特（Heracleitus）和老子所頌揚過；它們也曾受過神學家們的歡迎，把它們稱爲頒賜神恩的時機；它們也曾在相對主義之下爲各個學派所闡發，結果這個相對主義本身竟變成了終極的和絕對的東西了，這些事實曾經很少被坦白地承認是形成一個自然主義的形而上學的基本要素。

亞里斯多德也許最接近於出發走向這個方向，但是他的思想在這條道路上走得並不遠，不過還可以用來提示這條他本人並沒有走的途徑。亞里斯多德承認有偶然性，但是他從不放棄他偏袒固定的、確切的和完成了的東西的偏見。他的整個關於形式和目的的學說就是主張圓滿固定的東西是在存在中，是具有高貴性的一種學說。他的物理學就是把必然性和偶然性排列起來分成貴賤的等級，即以必然性作爲測量高貴性和衡量眞實性的準繩，而同時以偶然性和變易作爲衡量「存在」之缺陷程度的標準。關於在經驗上常碰撞的那種普遍性和特殊性和機遇性的混合情況，他是這樣去迴避的，即把空間劃分爲若干區域，而使這些特性在自然界的各個不同部分中各有它們的自然寓所。他的邏輯學就是一種關於定義和分類的邏輯，當變化著的和有偶然性的事物被歸結到低級事物之類中去而與必然的、普遍的和固定的事物區別開來之後，邏輯的任務就算完成了。機遇在思想中並不是作爲預測任何一切因素所發生的這種可以觀察得到的事件中所有概然性的一種計算法而出現，而只是作爲一種低級的三段論式的標誌而已。變動的事物和具有永久規律性的事物有著內在的區別。變易被坦率認爲是某些事物的眞正特點，但是他把變易作爲是「存在」的內在缺陷而與永不變易的「存在」相對立起來，這樣又把他所承認的這一點迴避開了。變易的事物是屬於滌罪所[3]內的東西，在這裡面它們無目的地漂流著，直到後來由於它們對於形式的最後性有所熱愛而得到救贖，於是得以升入一個充實無缺的「存在」的天堂中去。略爲誇張一些，我們可以說：亞里斯多德對於靜止和運動，完成了的和沒有完成的東西，現實的和潛存的東西下定義，加以區別，進行分類的這個徹底的辦法，較之那些走捷徑，肯定變易即是虛幻的人們，對於鞏固那種把固定的和有規律的東西和「存在」的眞實性等同起來，把變動的和危險的東西和「存在」的缺陷等同起來的傳統，或幾乎可以說是唯一高雅

【3】「Purgatory」：按天主教的教條，人死之後進入天堂之前先要在這個滌罪所內洗淨他在生前所犯一切罪惡云云。——譯者注

的傳統，所完成的任務還要多一些。

他的哲學較之大多數的近代哲學更爲接近經驗事實的地方，即在於它既不是一元論的，也不是二元論的，而是公開的多元論的。不過他的多元僅限於一個文法體系之內，對於這個文法體系的每一部分賦予了一個相應的宇宙地位。因此，他的多元論解決了如何使得魚與熊掌二者得兼的問題，因爲這種把多種多樣的不同的東西分門別類，按照一定等級次序排列起來的辦法，就絲毫也不會有像我們這個現實世界中的雜亂無章和不相協調的多種多樣的東西所具有的那種惡劣內容了。在這個把分隔加以歸類的辦法方面，他曾被許多具有不同重要性的哲學家們所追隨，雖然也許是在無意之中這樣做的。因此，康德（Kant）把一切雜亂無章的東西都歸結到一個領域，感覺領域中去，而把一切整齊和有規則的東西歸結到理性的領域中。因而，那些由於在存在中變化的東西和恆常的東西、必然的東西和不安定的東西混亂多樣的結合而產生的具體問題已經不見了，代之而起的乃是關於感覺與思維相結合的這樣一個簡單的、包羅一切的辯證的問題了。

前面曾經闡述過，一個在行動中有益的道德灼見已被轉變成爲一個先在的關於存在的形而上學，或已被轉變成爲一個普遍的知識論了。而上述的這種辦法表現出這樣一種轉變的特點。努力使得意義的穩定性勝過事情的不穩定性，這是人類的智慧活動的主要任務。但是當機能從藝術的領域中被排除出來而被視爲一定事物，不管是宇宙論的或邏輯的事物的特性時，人的智慧活動反倒成爲無用；而把厚望寄託於某一類人偶然的幸運之上，但這種幸運卻來自另一類人的勞動成果，而這些勞動成果使得生活高貴和安閒穩定。

這個論點並沒有忘了自從赫拉克利特到柏格森（Bergson）以來，關於變易的各種哲學體系或形而上學體系。人們很感謝他們，因爲他們使得爲古典的、正統的哲學所廢棄的意義仍然活著，但是這些動的哲學也顯示出對於確切和穩固的東西有著一種強烈的渴望。他們把變易變成了普遍的、有規則的、確定的東西，因而已經使得變易神化了。我這樣說並不是文字上的遊戲，請考慮一下黑格爾、柏格森和那些自稱爲主張變易的進化論哲學家們對待變易時那種全盤頌揚的神情。在黑格爾看來，變化是一個理性過程，它闡明了邏輯，雖則是一種新穎奇怪的邏輯；也闡明了一個絕對的神，雖則是一個新穎奇怪的神。在斯賓塞看來，進化只是求得一個具有和諧適應性的固定的和普遍的均衡的一個過渡過程而已。在柏格森看來，變易是神的創造性的活動，或就是神——到底是哪一個，我們也弄不清楚。變易之變易不僅是宇宙製造焰火的技術，而且還是一個神聖的、精神的力能的過程。在這裡我們是在聽受指令，而不是在聽取描述。浪漫主義乃是披著玄學外衣的信條，它爲了變易本身而歌頌變化，因而它迴避了變易所要求我們的從事於了解和控制的這種艱苦的勞動。流動變成了一種被尊敬的東西，一種深刻接近於我們內心最好的東西，意志和創造力。它不是，像它在經驗中一樣，一種努力奮鬥的號召，一種激起人們從事研究的挑戰，一種潛在的災難和死亡的厄運。

如果我們依照古典術語的用法，哲學是對於智慧的愛，而形而上學是對於存在之普遍特性的認識。按照形而上學的這個意義講來，不完全的狀況和動盪的狀況乃是一種特性，它必須賦予和已經完成了的和固定的東西同等的地位。愛智是關於尋求它對於生活行爲的含義，專門致力於尋求善果。在認識方面，問題主要是在生活的各種情境中彼此之間的比例、衡量的問題。在實踐方面，它是關於如何利用在不完全的和已完成的、動盪的和穩定的東西二者中的每一個東西，如何使每一個東西得到最好的利用的問題。人是天生具有哲學精神的，而不是傾向於形而上學的，或者說，不是具有冷靜的科學頭腦，以從事於觀察和描述的。至於明智，如果不談被尊稱爲智慧的東西的話，人類之所以天然讚賞知識，只是因爲知識在我們追求善果和避免惡果時它對於成功和失敗都有影響的緣故。這是一個關於我們機體結構的事實，而把它奉爲一個理想的眞理，這沒有什麼好處，把理智視爲對純眞理本身或純事實本身的一種內在的關係，這同樣也沒有什麼好處。第一個方法鼓勵武斷，而第二個方法是表達一種神話。爲知識而愛知識，是道德上的一種理想；它是正確地理解善果和有效地追求善果的智慧的一個必要條件。因爲針對結果而言，智慧依賴於對條件和手段的熟悉，而且假使這種熟悉是不適當的和不正確的話，那麼智慧就會變成自欺的一種，經過了昇華的愚昧了。

一方面，否認心靈，除了洞察事實或眞理在行爲中對我們所要求的是什麼以及在苦樂中所加給我們的是什麼以外，對於事實或眞理本身有什麼內在的關係；另一方面同時又肯定，忠實於事實，忠實於眞理乃是一個必要的道德要求，而這二者之間並沒有矛盾。在否認的方面是說自然界的事情，與人的選擇和企圖無關；而在肯定的一面則是有關於選擇和行動。但選擇和選擇中所包括的反省工夫本身也是這種帶偶然性的事情，而和其他事情的動盪不定是這樣密切地連繫著，以致哲學家們急不暇擇地假定，形而上學和關於事實與眞理的科學，本身就是智慧，想藉此避免從事於選擇或承認選擇的必要性。結果是把自己所默認的道德觀念或智慧變成了宇宙論，變成了關於自然的形而上學，這就是在上一章裡曾被稱爲「最基本的哲學錯誤」。它提供了一個技術的公式，思想家們就藉助於這個技巧把不安定和沒有完成的東西貶黜到惹人怨恨的不眞實的境界中去，同時卻有系統地把已確定了的和已完善的東西抬高爲眞正的「存在」。

在智慧這一方面，由於人類乃是從事物對人類行爲的連繫中去注意好的事物和壞的事物的，因此，思想家們關心於如何減少生活中的不穩定狀況，提倡中庸、節制和經濟，而當遭遇到最壞的事情時就提出安慰和補償的方法。他們考慮如何使好的事物更穩定一些，壞的事物更不穩定一些；他們留意如何可以把變易在它們所達到的後果中變成有用的事情。這個不暢通的、不完善的和模糊地充滿了可能性的世界中的種種事實，給予追求絕對體和最後體的行動以尖銳的諷刺。於是當哲學家們在思考中偶然見到一個在品質上穩定良好，所以也值得永久繼續被選的事物時，他們便裹足不前，並從這個選擇所要求的努力奮鬥中退回去：就是說，不去努力使這個事物當它被思及時，它在品質上所具有的那種穩定性，在被觀察到的存在中在一定程度上亦能具有。因此，它就變成了一個避難所，一個適宜於從事玄想的養老院，或者變成了一個理論闡發的主題，而不是激勵和指導行爲的一個理想。

既然思想家們宣布他們與其說是關心於理想，毋寧說是關心於有關存在的知識，他們就得證明這種對知識的要求是合適的。所以他們把對於這個穩定良好對象的想像中的知覺轉變成爲一個對於眞正實在的定義和描述，把它和低下的、似是而非的存在物進行對比，而且既然後者是動盪的和不完善的，因而只有它才使得我們有必要進行選擇和積極的鬥爭。因此，他們便把產生哲學思考和影響它的結論的那些特點排斥於現實存在之外。在最簡單的公式中，「實在」變成了在我們業已分析過存在物的缺陷並且業已決定用什麼來除掉這些缺陷之後我們願意存在變成的那個東西；「實在」就是存在物將會變成的樣子，如果我們的合理的愛好在自然中業已這樣完備地建立起來，以致它們包括和說明了它的全部存在因而使得尋求和鬥爭都已成爲不必要的了。所剩下來的東西（既然煩惱、鬥爭、衝突和錯誤在經驗中仍然是存在的，就確有東西被剩下來）通過定義，是被排斥在全部實在之外，於是就被安排在一個從形而上學上講來是較爲低下的存在的等級或秩序上；這個秩序，跟眞正的和實在的東西對比起來，有各式各樣的稱呼，被稱爲現象、錯覺、人心或者單純的經驗。於是形而上學的問題改變了：它不再發覺和描述存在的普遍特徵，而變成了一個調整或協調兩個分開的存在領域的企圖了。在經驗中我們現有的正是我們所由出發的東西：即動盪的和有問題的東西跟確定的和完善的東西兩相混雜的這種狀況。但是通過一個以欲望爲根據而爲反省的想像所闡發的分類辦法，把這兩個特徵分裂開來，一個被稱爲實在而另一個被稱爲現象。於是怎樣通過積極地運用那種穩定的因素以求減少和節制麻煩的因素，這個眞正的道德課題，便被置諸視野之外。而如何把這兩個概念在邏輯上調和起來這樣一個思辨的問題，便取而代之了。

在這些分類的辦法中，流行最廣、最吸引人的一種辦法就是把存在分解成爲超自然的和自然的東西。人們也許害怕神靈，但盡人皆知，神靈是沒有什麼可以使人害怕的。他們過著一種無憂無慮的寧靜生活，這種生活是使他們愉快的。在這樣劃分經驗對象的原始形式和這種在思辨上把全知、全能、永恆性和無限性視爲神靈之屬性，而相反地把有限、缺陷、限制、鬥爭和變易則視爲人類和被經驗到的自然所具有的屬性的辦法，這兩者之間有很長的一段歷史。但是在人類心理的組成中，後者的歷史乃是蘊藏在那個早期粗糙的分類辦法之中的。一個領域是具有確實的享用和占有的地方；另一個領域則是艱苦奮鬥、瞬息即逝和挫折重重的地方。在今天有多少人能理解到：他們在指出人的「有限性」，即產生愚昧、偶然的生滅、失敗和奮鬥的自然界所具有的特性之後，就算對付了愚昧、鬥爭和失望了——好像有限性，它除了表示對自然本身所具有的若干具體的、可區別的特徵加以抽象的分類之外，還別有所表示似的。人類喜歡用從事於思辨活動，指出「有限的」東西怎樣能夠和「無限的」東西共同存在或存在於「無限的」東西之中的辦法，來代替如何處理偶然性事物的問題，想通過區別它的因素並給予以稱謂來解決問題。這種做法肯定是要失敗的，但這種失敗卻又可以爲人們利用來再一次證明人的理智是有限的，是不需要的，因爲「有限的」人物軟弱無力，無法消除愚昧和殘酷的厄運。可是智慧與其說是通過對現實條件的了解而對生活事情所進行的控制工作，毋寧說是藉助於教條和迷信對暫時的、有限的和屬於人類的東西在它和這個永存的、無限的東西的關係中所進行的管理工作。

在這裡，要發現這個倒轉過來的情況，是不需要很大的智巧的。很明顯的，這個出發點就是有規則的和可靠的東西跟不安定的和不確定的東西的現存的這種混合狀態。現在已有許多方案，據說可以獲得一種對穩定的和最後的東西的代理的占有，而不必置身於理性工作的艱苦之中去爭取控制這些果實所依賴的條件。

這種情境是値得注意的因爲這個例子說明了一個關於智慧、關於對善的反省領悟的學說如何易於變成一個關於存在的描述。它對於一種形而上學的主張有著直接的影響；這種形而上學的主張不像區分成爲超自然的和自然的東西那樣通俗，但卻是專門而有學問的。哲學家對這種關於天地、神靈、自然和人類的通俗的形而上學所具有的那些粗俗形式也許是不大尊敬的，但哲學家用以進行工作的方式有時卻和產生這種通俗的形而上學的方式相類似；有些最令人喜愛的形而上學的區別似乎只是在通俗的信仰中關於超自然和自然的、神聖的和人間的這些粗俗概念，通過了一種複雜的理智上的技術後所產生的一個精緻的副本而已。我所指的是這類的事情：例如柏拉圖式的區分爲理念的模型和物理的元素、亞里斯多德式的區分爲作爲現實性的形式和作爲潛能的物質，同時要被理解爲實在等級上的一種區分；康德的本質的事物，物自身是正和作爲現象的自然事物對立的；此外，還有流行在當代絕對唯心主義者之中的本體和現象的區分。

然而這種區分並不限於傾向於唯心主義的哲學家們。柏拉圖是從德謨克里特（Democritus）那兒得到「理念」（Idea）這個名詞，來作爲對於本質的形式的一個名稱，這是有些根據的。無論事實是否如此，德謨克里特的「理念」，雖然和柏拉圖的「理念」有著極端不同的結構，卻具有把它叫作一種完美的、完善的、穩定的、全部不動盪的實在的同一作用。這兩位哲學家都渴望堅實性而都找到了它；相應於柏拉圖所說的現象的流變，便有德謨克里特所說的在流俗或普通經驗中的事物；相應於理念的形式，便有實體的、不可分割的原子。再相應於柏拉圖的理念論，有近代關於數學結構的理論，認爲只有數學結構才是獨立自在地眞實的，而由它們所引起的經驗上的印象和暗示則是柏拉圖所說的現象領域的副本。

除了唯物主義和唯心主義的學派以外，還有斯賓諾莎式的分爲屬性和形式的區分，舊式的分爲精蘊和存在的區分，及其近代的翻版，分爲潛存和存在的區分。我們不可能把羅素先生（Mr. Bertrand Russell）強行納入於傳統哲學派別的櫃子中的任何一個小格子裡去。他說：數學把我們「帶進了一個絕對必然的境界，對於這個境界不僅這個現實世界，而且每一個可能的世界都是必然要遵照的」。當他說這句話的時候，在他的形而上學中顯然具有道德或哲學意義的動機的。的確，運用他的流利的語言，他說，數學「發現了一個永久長存的寓所，在這兒我們的理想完全得到滿足而我們最好的希望也不會受到阻礙」。他還說：對於這些對象的沉思默想乃是「克服軟弱無能、缺點、被流放於惡勢力之中等這種可怕的感覺的主要手段，而這種感覺是由於我們承認外來力量之萬能而容易產生的」，這話裡顯然有道德根源夾雜在內。

沒有一位現代的思想家曾像桑塔雅那這樣動人地指出說：「理想世界的每一方面都是從自然的東西裡發生出來的」，又說「感覺、藝術、宗教、社會很豐富地表現了自然」。然而如果人們沒有誤解他的意義，他是主張：「自然只有在對於物理科學所獲得的精蘊所作的一種審美的冥想中，只有在通過一種使物質發生質化作用的思辨過程，通過一種從存在過渡到永恆的辯證法過程而達到的直覺中才眞正地呈現出來」，那麼他就使得他的那些所謂弟子們迷惑而他的批評者們混亂模糊了。再者，這條路是如此絕對以致沒有回頭路可走的。作爲自然之果實的這些穩定的理想意義，由於它們是自然的最高和最眞的果實，而被禁止在自然中散布種子，繼續結出果實來。

因此，他雖然看到了自然的動力之流轉和靜止的理想形式的永恆性之間在發生上的繼續性，但他重複了舊傳統，終於又造成了一種尖銳的區分。如果說理性的最後狀態被認爲就是觀賞自然而把它當作是一個完整的機構，而這個機構又是產生和支持著對這個機構的觀賞，這種說法也許是一個諷刺，但這個諷刺卻不是我們任意製造出來的。假使偶然性和必然性的分隔被消除了，那麼只有相信：科學，在它掌握關於自然界的有規則的和穩定的機構的同時，也是通過它本身的擴展，對於自然界在人類的交際、藝術、宗教、工業和政治中的這種更豐富而不規則的表現予以調節和充實的一種工具。此外，還有什麼呢？

沿著上面這個建議推論下去就會使我們論及一個留給我們以後考慮的主題。在這裡，我們所涉及的是這個事實：人類之所以熱愛智慧而建立哲學，乃是由於在存在中這種穩定的和動盪的東西、固定的和無法預測地新奇的東西、確定的和不定的東西的這個複雜混合的狀態所致。然而這種探求的結果，雖其專門的方式是多種多樣的，往往易於轉變成爲一種形而上學，而這種形而上學卻又否認或者雖然承認但掩飾著宣導它而使它的結論具有意義的存在所具有的這些特徵。這樣的否認最經常所採取的形式就是那種顯著的區分成爲一個高級的、眞正的存在領域和一個低級的、虛幻的、無意義的或現象的境界；這是各種不同的形而上學的體系，如柏拉圖和德謨克里特、聖多瑪（St. Thomas）[4]和斯賓諾莎、亞里斯多德和康德、笛卡兒和孔德（Comte）、海克爾（Haeckel）和愛迪夫人（Mrs. Eddy）的體系所共有的特徵。

這種既承認而又否認的混亂情況也在「絕對經驗」這個概念中發現；似乎任何經驗都比標誌著人類生活的那種經驗更能絕對地成爲經驗。這個概念構成了最近的一個設計，首先承認然後再否認世界具有這種既穩定而又不穩定的本性。它悲愁地認爲我們的經驗是有限的和暫時的，是充滿了錯誤、衝突和矛盾的，這就是承認在歷史中所表現出來的自然；構成這個自然的那些對象和連繫乃是動盪不定的。然而人類的經驗對於眞、美和秩序也有這種動人的渴望，不僅有這種渴望，還有成就的時候。經驗表現出有占有和諧的對象的能力，它表現出在一定限制以內有維護優良的對象和迴避和減少厭惡的對象的能力。僅僅是而且永遠是完善和良好的絕對經驗的這個概念首先闡明：現實經驗中的事實是具有爲人們所渴望的含義的，然後就肯定說：只有它們才是眞實的。因此，這些所經驗到的事情，如果它們是加強和適合於盼望有一個更好的世界的這種願望，這些實驗性的企圖和計畫，如果它們使得在現實經驗的對象中有可能得到

【4】現譯名爲湯瑪斯。

現實的改良，它們就排斥於眞實存在之外，而被收入現象的監獄之內了。

因此，「絕對經驗」這個概念可以用來作爲代表兩個事實的一種符號，一個事實是相對穩定的東西和相對偶然的東西在自然中有一種不可分割的聯合。把被經驗到的事物的運動和指向劃分成爲這樣兩個部分，即一部分構成和界說絕對的和永久的經驗，而另一部分構成和界說有限的經驗，這絲毫也沒有告訴我們任何有關絕對經驗的事情。它按照經驗存在的情況告訴了我們許多有關經驗的事情，例如經驗既包括有永久的和一般的參照對象，也包括有暫時的變化的事情；既有眞理也有錯誤的可能性，既有明確的對象和善果，也有一些事物，它們的重要意義和本性只有在一個尙未決定的未來中才可得到決定。如果把一堆稱之爲絕對經驗，而把另一堆稱之爲有限經驗，這除了給我們一種討論思辨上問題的快感之外，是一無所得的。既然這種關於絕對的和現象的經驗的哲學的擁護者是訴之於一個邏輯的標準，即在任何一個判斷中，無論它是怎樣的錯誤，都必須符合於一個排斥任何矛盾的一致性的標準，那麼這個學說本身所有的內在邏輯矛盾是値得注意的。

第一，最後的「絕對經驗」無論在內容上和形式上都是從現實經驗的各種特點中派生的，而且是以它們爲基礎的；這種現實經驗在這時便被至高無上的實在貶謫成爲非實在的東西，而這個至高無上的實在倒是從非實在的經驗裡派生出來的。它只有在這樣一段時間內才是「眞實的」，即只有在它提供到達最後的實在的一個跳板和提供尋求最後實在的本質內容的一個啓示的時間內，才算是眞實的，之後它便順從地變成了單純的現象了。如果我們從這樣得來的絕對經驗的立場出發，便從它的側面又重複了這種矛盾。雖然絕對的、永恆的、無所不包的、圓融無礙的一個完整體在邏輯上是這樣的完美無缺，以致其中不能有任何分隔的鑲配存在，更談不上有任何裂縫存在，但它（繼續下去）卻對自己開了一個悲劇式的玩笑（因爲此外再也沒有別人可被愚弄了），表現成爲襤褸的衣服和光耀奪目的裝飾品所組成的一種光怪陸離的結合，使自己表現在普通經驗中的這種暫時的、片面的和衝突的事物（包括精神的和物質的事物）的外表之中。我並不認爲這些論證上的矛盾具有什麼內在的重要性。但是有一派學說，它既然公開宣布它是以邏輯上的一致性爲其方法和標準的，而它的擁護者在一些專門問題上又是以在辯論上的敏銳性著稱的，結果竟陷入如此的矛盾之中，這個事實可以引用來證明：歸根到底，這個學說僅僅是從事於把自然中總是相互連接和相互滲透的事物的特徵硬加分類而已。

偶然的和穩定的東西、不完善的和重複發生的東西的這種結合，乃是我們的困難景況和問題的條件，也同樣眞正地是一切被經驗到的滿意狀態的條件。它固然是無知、錯誤和失望的根源，但同時也是滿足所帶來的愉快的根源。因爲假使中途沒有障礙，假使沒有偏差和阻力，滿足將立即可得，但在這種情況下就不會滿足什麼要求，而僅僅有那樣一個情況而已。它就會和欲望或滿意沒有連繫。再者，有了一種滿足而被斷言是好的，這時候它之所以被判斷是好的，被突出而加以肯定，就是因爲它處在危險之中，就是因爲它產生於許多漠不相關和分歧的事物之中。由於這種有規則的和不穩定的東西的混合，一個好的對象，一度經驗到之後，就獲得了理想的性質而引起了對它的需要和努力。某一個理想也許只是一個幻想，但具有理想這一件事，其自身卻不是一個幻想，它體現著存在的一些特點。雖然想像有時是幻想的，但它也是自然的一個工具；因爲它是從不定的事情轉向現在還只是可能的一些實際後果的一種合適的狀態。一個純粹穩定的世界不容許有幻想，但也就不會有理想了，它只是存在而已。「是好的」意思是「比較好一些」；而且除了在一個振動和不和諧跟相當確定的秩序相聯合著，從而有可能達到和諧的地方以外，就不可能有「比較好一些」。較好的對象，當其取得存在的時候，就不再是理想的，而是存在的東西了；只有在回顧中把它們當作是由原先的衝突所產生的結果的一種紀念物，以及在前瞻中將使它們毀滅的力量進行對比時，它們才仍然保留其理想的性質。解除口渴的水，或者解決問題的結論，只有當口渴或問題以限制結果的方式繼續存在著，它們才有理想的特性。但不是滿足需要的水，和從水管中流入蓄水池的水一樣，並沒有理想的性質；當產生疑惑、含糊和追求行爲的前提條件已經脫離了它的具體關聯時，一個對問題的解決就不是一個解決而僅僅是一種偶然的存在了。存在的動盪性的確是一切煩惱的根源，但同時它也是理想性的一個必要的條件；當它和有規則的和確切的東西結合在一起時，它就變成一個充足的條件了。

處於一個煩惱的世界之中，我們渴望有完善的東西。我們忘了：使得完善這個概念具有意義的乃是這些產生渴望的事情，而離開了這些事情，一個「完善的」世界就會意味著一個不變化的、純存在的事物。美感對象的理想意義也適用這個原則而不是例外。它們所具有的這種使人滿意的性質，在它們被激起的同時它們所具有的這種組合起來的能力，並不像實用的和科學的對象所具有的那種在理想中使人滿意的性質一樣，依賴於一定的先在的欲望和努力。它們是無代價的，不是任何努力所能收買的，這是它們特有的這種使人滿意的性質的一部分。在這個世界中大多數理想的實現都是從勞動中得來的，而在這個世界中美感對象卻超脫於這種辛苦勞動而與其他的事物有顯著的差別，同樣也和煩惱和不安有顯著的差別，這就賦予了美感對象以特有的性質。假使我們獲得一切事物都和我們獲得美感對象一樣，那麼它們就不會是美感愉快的一個源泉了。

近來哲學的某些方面，已經重視需要、欲望和滿意的問題。批評家們時常認爲其結果僅僅是一種舊的主觀經驗主義的重演，不過用情感和意志的狀態代替認識的感覺狀態罷了。但是需要和欲望乃是自然存在的指數，如果我們運用亞里斯多德的術語，它們乃是自然存在之偶然性和缺陷的現實化（actualizations）；自然本身原來就是使人渴望的和惹人哀憐的，是激動的和熱情的。假使不是這樣的話，欠缺的存在就會是一個奇蹟了。在一個世界裡面，如果一切東西都是完善的，那麼任何東西的完成都不需要其他的東西。假使在一個世界裡面事情只有經過其他暫時的事情同時的幫助才能達到完成，那麼這個世界就已經是有所需要的了；就是一個有所不足的世界，也是一個有乞丐相的世界了。如果人類經驗是表達和反映這個世界的，它必然標誌著有所需要的特點；當意識到事物的這種既充滿了需要，也被人所需要的性質時，它就必然會設計出各種滿意或完善的狀態。因爲不管滿意是否有意識的，滿意或不滿意乃是具有客觀條件的一個客觀的事物，它意味著對於客觀因素的要求得到了滿足。快樂也許標誌著人意識到了這種滿意，而且它也許就是滿意的頂點。但是滿意並不是主觀的、私自的或個人的：它是受客觀的片面性和缺陷所制約的，而且由於客觀的情境和完善而成爲眞實的。

根據同樣的邏輯，必然性就意味著動盪和偶然性。一切都是具有必然性的，世界就不會是一個必然世界，它就只會是存在而已。因爲在它的存在中，任何東西都不是任何其他東西所必需要的東西了。但是在有些事物是缺乏的地方，如果要滿足要求，別的東西就是必要的了。一個完善存在的世界就會是一個必要性在其中是沒有意義的世界；普通人之所以沒有見到這個事實乃是由於從一個語言領域（universe of discourse）迅速地轉移到了另一個語言領域的緣故。首先，我們設定有一個「存在」的完整體，然後我們轉移到一個部分；現在既然一個部分從邏輯上講來，它本身在其存在和它的特性方面都是有所依附的，它就是其他部分所必需的。但是正當我們把某些東西標明出來當作是一個部分的時候，我們已然在無意之中提出了偶然性了。如果堅守原來那個概念的邏輯含義，一個部分就已經意味著是「整體的一個部分」。部分之所以爲部分並不是這個整體或其他部分必需它如此；部分之所以爲部分也只是整體之所以爲整體的另一個名稱而已。同樣，整體和部分都只是存在之所以在那兒存在的另一個名稱而已。但是在我們能說「假使怎樣怎樣，那麼別的東西就怎樣」的地方，這就有了必然性，因爲這裡包含有片面性的意思，它不僅是「一個整體的一部分」而已。一個「假使」的世界才是一個「必須」的世界——「假使」表示眞實的差別；「必須」表示眞實的連繫。穩定的和重複發生的東西是實現可能性所需要的；疑難的東西只有在它適應於穩定的對象之後才能被安定下來。必然並不是爲了必然而必然，它是爲某些別的東西所必需的；它是爲偶然所制約的，雖然它本身是充分決定偶然的一個條件。

在哲學思想史中許多最突出的情況中的一種情況，就是把統一性、長久性（或「永恆性」）、完備性和理性的思維結合在一起，而把複雜性、變易和暫時性的、片面的、有缺陷的東西，以及感覺和欲望，放在另一方面。這樣的區分顯然又是把動盪的和不安定的東西和有規則的和確定的東西進行粗暴的割裂的又一事例。然而它有一個方面是值得注意的：思維和統一性是被連繫起來了。從經驗上講來，一切的反省都是從疑難的和混亂的情境出發的，它的目的是要求清晰明確。當思維成功的時候，它的整個進程的結果乃是把混亂的東西變成有秩序的東西，把混雜在一起的東西變得涇渭分明，把不清楚和模糊的東西變成明確無疑的東西，把割裂了的東西變成有系統的東西。從經驗上講，這是很明確的：思維的目標並非僅僅是一個理想，而是時常被人所達到的，因而努力去達到這個目標是合理的。

我以爲，在這些事實中，我們找到了這幾種哲學學說在經驗上的根據。這些學說主張，實在眞實地和眞正地是一個理性系統，是許多關係的一個融會的整體，除了藉助於理智之外是無法理解它的。反省的探究在每個特殊的事例中都是從差別移向統一；從不決定的和模糊的地位移向明白確定；從雜亂無章移向有條不紊。當思維在一個事例中已經達到了它成爲有組織的總體的目標時，已經達到了使許多位置分明的因素獲得明確關係的這個目標時，這個目標便是成爲推進經驗的現有出發點，便是推進經驗的確切題材；愚昧無知和不可調和的差別之先行的不適合的前提已經被當作是無知和曲解的一個過渡狀態而被消滅了。保留著這個目標和它所由達到的思維之間的連繫，然後再把它和眞正的實在等同起來，以區別於單純現象的東西，於是在我們的面前便有了一個關於理性的和「客觀的」唯心主義的邏輯的大綱了。思想和「存在」一樣具有兩種形式：一種是實在的，另一種是現象的。它是被迫而披上反省的形式的，它包括有懷疑、探究和假設，因爲它是從一種爲感覺所制約的題材出發的，這個事實證明了人的思想、理智並不是純潔的，而是被一個動物般的有機體所限制的，而這個有機體又只是與自然的其他部分相連繫的一個部分而已。但是反省思維的結論提供給我們一個關於思想的模型和保證，它是具有組成性的，和客觀實在的體系是一致的，這就是一切本體論的邏輯學說所具有的一種程序的大綱。

一種採用直指法或經驗法的哲學全盤接受這樣一個事實：即反省思考把混亂、模糊和矛盾轉變成明朗、確切和一致。但是它也指出思考所由發生的這個全盤關聯的情境。它留意到出發點是這個確實有問題的局面，而這個有問題的局面就寓於某種現實的和特定的情境之中。

它留意到：把可疑的變成確切的東西，以及把不完備的變成決定的東西的手段，就是利用確定的和已經建成的事物，而這些事物和不確定的東西一樣也是經驗的，也可以指出被經驗到的事物的本性的。因此，它留意到：思維跟用自然的材料和力能（例如火和工具等）來提煉、整理和構成其他自然的材料（例如礦）一樣，是沒有種類上的差別的。在這兩種情況之下，既有其現況使人不滿的原料，又有適當地處理它們和連繫它們的媒介。二者在任何地方都沒有跳出經驗的、自然的對象及其關係。思維和理性並不是特殊的力量，它們包括著這種活動程序，被有意地採用來使得令人不滿的混亂和不定狀態這一方面跟有規則的和穩定的狀態另外這一方面互相連繫起來。從這些觀察概括起來，經驗哲學感到：思維乃是在同一個被經驗到的事物世界之內在時間上不斷進行重新組織的一個連續的過程，而不是從這一個世界跳躍到另一個爲思維所一次構成的對象世界的過程。因而，它發現了理性唯心主義的經驗根據以及它在經驗上走入迷途的地點。唯心主義未曾把思想所由發生的這種不確定情境所具有的特定性或具體性估計在內；它未曾留意到促使決定和一致性成功的這種題材、動作和工具在經驗上所具有的具體性；它未曾留意到具有決定性和一致性這些特性的對象乃是後來獲得的結論，但它們本身卻和我們直接相處的情境是一樣地紛繁衆多。因此，把反省的邏輯轉變成爲一個關於理性實在的本體論，乃是由於人爲地把一個後來產生的這種連繫事物的自然功能轉變成爲一個預先存在的、產生後果的實在的緣故；而這又是由於一種想像的傾向所致，而這種想像是在這樣的一種情緒影響之下活動著的，即把連繫作用從一個現實的、客觀的和實驗的事業活動中（這種活動又僅限於需要它的那些特殊情境之中）帶到一個無拘無束、廣闊無邊的運動中去，而這個運動又是在一個包羅萬象的幻夢中結束的。

反省的發生對二元論的形而上學像對唯心主義的本體論一樣，都是具有關鍵性的。反省只發生在具有不安定的狀態、有選擇的可能、疑問、詢求、假設、測驗思維價值的暫時嘗試或實驗等性質的情境之中。一個自然主義的形而上學必須把反省本身當作是由於自然的特性而發生於自然以內的一件自然的事情。它必須精確地像科學從日月星辰、輻射作用、閃電風暴或任何其他自然事情的發生中進行推論一樣，從思維的經驗特點中進行推論。反省的特徵像這些自然事情的特徵一樣，乃是可以作爲其他事物特徵的指標或證明的。如果有人否認太陽的顯明特徵，或者否認這些特徵是這樣和其他自然事情的特徵連繫著的，以致它們能夠用來作爲證明這些其他事物本性的根據，從而建立一個關於太陽之發生和發展的本性的學說，這個學說就很難占有科學的地位。然而哲學家們，而且十分奇怪的是一些自命爲實在論者的哲學家們，都經常地主張：爲思維所特有的這些特徵，如不安定的狀態、有選擇的可能、探究、詢求、抉擇、對於外界條件進行試驗性的改造等，不像有效的知識的對象那樣，具有相同的存在特性。他們已經否認這些特性足以證明思維所由發生的這個世界的性質。作爲實在論者，他們未曾說這些特性僅僅是現象；但是他們卻時常說或暗示著說：這些東西只是個人的或心理的東西，而跟一個有客觀性的世界不同，但是經驗法和直指法的興趣跟自然主義形而上學的興趣是完全相符合的。這個世界在現實情況下必然是這樣的：它產生無知和探究、懷疑和假設、嘗試和臨時的結論；後面的這些乃是從存在中發展出來的，這些存在完全是「眞實的」，但同時卻不像它們經過重新組織之後所變成的那些東西那樣地令人滿意，那樣好，或那樣有意義。因此，在自然中眞正的混亂、偶然、不規則和不確定的狀況也在思維的發生中被發現了。使迷信的野蠻人恐怖和崇拜的那些自然存在的特性，也產生了訓練有素的文化中的科學工作程序。後者的優越性並不在於它們是以「眞實的」存在爲根據，而前者則是以一種不同於一般本性的人類本性爲依據。它的優越性在於這樣一個事實：即科學研究獲得了較好的對象，而它之所以獲得這些較好的對象乃是因爲它運用了一種控制這些對象並加強對生活本身之控制的方法，運用了減少偶然事故，化偶然爲有用之物，解放思維和其他活動形式的方法。

在自然中有疑問的特徵和確定的特徵這兩者的結合，使得每一個存在，乃至每一個觀念和人類的動作，即使不是在擬計上，也在事實上都有了一個試驗。要抱有有理智的試驗態度，就只要意識到自然條件的這種相互交叉的情況，因而從中取得利益，而不是對它唯命是從。基督教把這個世界和生活當作是一種考驗，這是對於這個情境的一種歪曲的認識，它是歪曲的，因爲它把這個觀念籠統地應用到一定範圍以內的存在，當作是原始的和最後的東西以區別於其他的存在。其實，在任何地方和任何時候能夠存在的任何事物，都要服從於四周環境所加在它身上的考驗，這環境只有一部分是合適的和可以增加的，這環境測驗它的力量和衡量它的持久性。我們只有藉助於與其他事物有關係的速度和加速度來談變動，因此，關於長久的和持續的東西的陳述只是比較而言的，我們所能講到的最穩定的事物也不能避免其他事物對它的制約。即使堅如磐石的山岩，被當作是恆定的標誌，但也和雲煙一樣，生滅無常，這是道德家和詩人的一個古老的主題。德謨克里特的原子所具有的那種固定的和不變的存在，現在據研究者說來是具有德氏所說的「不存在」的特性，而體現出一種爲了自然之調和與適應而保持的暫時的均衡狀態。一個事物可以延續，長存現世，但並不是永存的；當它超越了一定的限度時它將爲時代的齒輪所碾碎，每一存在就是一件事情。

這個事實既沒有什麼可以憤懣的，也沒有什麼可以羨慕的，它是我們應加以留意和利用的東西。假使當它被應用到好的事物上，應用到我們的朋友身上，應用到財富上和寶貴的自我身上，它是令人沮喪的[5]，但可以使人安慰的是：知道任何惡事也不是永遠持續的；知道最長最直的胡同遲早總要轉彎；知道對於逝世了的最接近的和最親愛的人的悼念會隨著時間而逐漸暗淡下去。一切存在的這種事變的特點既沒有理由把變動理想化而奉爲神靈，同樣也沒有理由把存在分派到純現象的領域中去，重要的是尺度、關係、比例、對於變化快慢的比較知識。在數學中有些變數在某些問題中乃是常數，在自然和生活中也是這樣。某些事物的變化速度是這樣的緩慢，或者說是這樣的有節奏，以致在對付變動更大的和更不規則的事情時，這些變化——如果我們對它們有足夠的認識——便具有穩定的東西所具有的一切優點。的確，假使某一個與我們有關的事物是必然要有變化的，那麼一切其他的事物也都發生變化就是幸事了。一個「絕對地」穩定不變的事物就會超越於作用與反作用、抵抗和槓桿作用以及摩擦作用等原理的範圍之外。在這種場合下，就沒有可應用性和可能性來作爲其他事變的衡量和控制。把這種較緩慢的和較有規則的有節奏事情稱之爲結構（structure）而把比較迅速些的和不規則的事情稱之爲過程（process），這種做法具有實際的意義。它表達了一個東西對於另一個東西所具有的機

【5】意指這些東西是不長久的。——譯者注

能。

但是唯靈論的唯心主義和唯物主義同樣把這種關係上的和機能上的分別當作是某種固定的和絕對的東西。一個是在理想形式的體制中發現結構，另一個是在物質中找到結構。它們都假定：結構具有某種最高的眞實性，這個假設乃是偏愛穩定的東西而輕視動盪的和不完備的東西的另一種形式。事實上任何結構都是某些東西所具有的結構；任何被界說成爲結構的東西乃是事情所具有的一個特點，而不是一種內在的和獨自存在的東西。一組的特性之所以被稱爲結構，乃是因爲它對於事情的其他特性具有限制作用的機能。一座房屋有一種結構，如果沒有這種結構就會發生解體和崩潰，和這個情況比較起來，這種結構就是固定的。然而，這個結構也並非在建築和使用這座房屋時所包括的那些變化所必須遵循的過程以外。毋寧說，它是許多變化著的事實所有的這樣一種安排，其中變化慢的特性限制著和指導著一系列快的變化而且給予它們一個秩序，而這是它們在別的情況下所得不到的。結構乃是手段的恆常性，用來達到某種結果的事物所具有的恆常性，而不是事物本身或絕對地所具有的恆常性。結構是使得架構成爲可能的因素，而且除了在某種現實的架構中以外它是不能被發現或被界說的，當然架構就是變化的一個顯明的程序。結構乃是變化所具有的一個穩定的條理，因此，如果把結構從變化中隔離開來，這將使結構變成一個神祕的東西——使它變成形而上學的（按照這個字眼的通俗意義），一種鬼影般的東西。

唯物主義者的「物質」和唯心主義者的「精神」，在缺乏想像的人們的心目中，乃是一種類似美國憲法一樣的東西。顯然，眞正的憲法乃是這個國家的公民的活動的一定的基本關係，它是這些活動過程的一種特性或一種狀態，它與這些活動是這樣連繫著的，以致影響它們變化的速度和方向。但是它時常被那些按照字面解釋憲法的人們理解爲在這些過程之外的東西；它被認爲本身是固定的，是一切變化所必須遷就的一個嚴格的體制。同樣，我們所謂物質的東西乃是自然事情所具有的那個特徵，這個特徵和相當迅速而可感知的變化這樣的連結在一起，以致給予一種獨特的有節奏的條理，亦即因果的程序。物質不是事情或過程的原因或來源；不是一個絕對的君主；不是解釋的原理；不是在變化背後或下面的實質——除非把實質用在這個意義上，即當一個人充沛地具有這個世界的許多好處，因而能在四周環境的突變中維護著他自己的平穩時，他便是一個具有人的實質的人。物質這個名字係指一個活動著的特性，而不是指一個實體。

結構，無論是屬於所謂物質的這一類，或屬於統稱爲心靈的這一類，乃是一種在關係上和在它的職能上穩定的和持久的東西，這一點可以通過另一方式來予以說明。沒有一個作用是沒有反作用的；沒有一種制約力僅僅朝著一個方向活動，沒有一種調節的樣式完全是從上到下或從裡到外或從外到裡進行著的。凡影響其他事物變化的東西其本身也是起了變化的，一個不動的推動者，一個朝著一個方向進行的一種活動——這種觀念乃是希臘物理學的一種殘餘。這觀念早已爲科學所廢棄了，但是還在繼續騷擾哲學。給予心靈和物質的這種模糊和神祕的特性，傳統思想中的心靈和物質概念的本身，就是一些地下的遊魂野鬼。在科學實踐中實際上發現的物質概念和唯物主義者所說的物質，毫無共同之處——而且差不多每一個人仍然是一個唯物主義者，他僅僅在物質上加上第二個堅固的結構，即他稱之為心靈的東西。科學中的物質乃是自然事情的一個特性，而且隨著自然事情的變動而變動；它是它們的這種有規則的和穩定的條理的特性。

自然的事情是如此地複雜和多種多樣，無怪它們具有許多不同的關於特性的描述，它們的特性是這樣的不同，以致很容易把它們當作是對立的東西。

心靈和物質乃是自然事情的兩個不同的特性，其中物質表達它們的順序條理，而心靈表達它們在邏輯的連繫和依附中的意義條理，妨礙我們這種想法的只是因為不習慣而已。過程可以有許多的機能，這些機能，如果我們把它們抽象地分開來，是處於對立的兩端的，正如生理的過程就分成了食物同化作用和分解作用兩方面。把物質和心靈當作同一事物的兩邊或「兩方面」，好像一根曲線上的凸曲線和凹曲線一樣——這樣的想法簡直是不可思議的。

一根曲線是一個可以理解的東西，而凸曲線和凹曲線乃是根據這個對象來予以界說的；它們的確只是包含在這個對象的意義中的特性的兩個名字而已。我們並不把凸凹兩曲線當作兩個獨立的東西並從此出發，然後提出一個未知的「第三方面」（tertium quid）來把這兩個不同的東西聯合起來。雖然這樣兩相比較在字面上看來是可笑的，不過我們可以把它理解成為一種傳達眞理的暗示。心靈和物質雙方面所從屬的東西乃是構成自然的那些事情的複雜體。只有當心靈和物質被當作固定的結構而不當作機能的特性時，這個複雜體才變成一個「第三方面」，一個無法說明的東西。這似乎是一個可取的預測：假使在幾十年內禁止使用如「心靈」、「物質」、「意識」等這些名詞，而我們不得不用形容詞和副詞如「有意識的」和「有意識地」、「心理的」和「心理上」、「物質的」和「物質上」等，那麼我們會發現我們很多的問題就簡單化得多了。

有許多的事例可以用來支援這個觀念：即生活和哲學的主要問題和爭論點乃是有關動盪的和確定的東西、不完備的和完滿的東西、重複的和變化的東西、安全可靠的和危險的東西之間連接的程度和樣式的問題，在各種這樣的說明中我們已經選擇了只有少數的幾個事例。如果我們信任所經驗到的事物的證據，那麼這些特性，以及它們互相作用的樣式和快慢，乃是自然存在物的基本特色。對於它們的各種不同的後果，按照它們是相對地分隔的、愉快地或是不愉快地聯合起來的情況說來，所具有的經驗便是證明：智慧以及愛智，即哲學，乃是有關如何對它們的各方面相稱的聯合進行選擇和管理的問題。結構和過程、實質和無關緊要之事、物質和能、持久和流動、一和多、連續和中斷、程序和進步、法律和自由、一致性和生長、傳統和革新、理性的意志和衝動的欲望、證明和發現、現實和可能等，都是對它們的各種聯合狀況所給的名稱，而生活的爭端就依賴於如何使這些事物相互適應配合的藝術。

形而上學可以只注意這些特性而只把它們記錄下來，但同時人在沉思中卻並不是超脫它們的。它們使人糾纏於他的惶惑和煩惱中，而且也是他的快樂和成就的根源。這個情境對人並不是漠不相關的，因爲它使人成爲一個有欲望的、刻苦奮鬥的、有思維的、有感情的動物。使人從沉思中記錄這些特點進而發生興趣去控制它們，再進而走向理智和有目的的藝術，這並不是由於自我中心主義。興趣、思維、計畫、努力、圓滿和挫折都是這些力量和條件所扮演的一場戲劇。一個特殊的選擇也許是任意武斷的；這只是說，它沒有批准自己去進行反省。但是這個世界還是沒有完成的，而且到底它將往何處去和到底做些什麼，它還沒有一貫地下定決心；在像這樣的一個宇宙中選擇並不是任意武斷的。或者說，如果我們要稱之爲任意武斷的，那麼這個任意武斷也不是屬於我們而是屬於存在本身。而把存在稱之爲任意武斷的，或者用任何有道德意義的名稱，無論是帶有蔑視意義的或帶有推崇意義的，這都是在眷顧自然。對存在採取一種屈從的態度也許是人類對於生活窘困所做的一種自然的補償，但它卻是哲學中這種僞裝的、不老實的和廉價的東西所由產生的最後根源。這種補償的處置使人忘卻了反省之存在是爲了指導選擇和努力，所以它的愛智只不過是通過思辨的方式對存在進行一種不費氣力的轉變，而不是在人類中去打開和擴大自然的途徑。一種專門致力於這種打開和擴大自然途徑的工作的眞正的智慧，便要在富於思想的觀察和實驗中去發現如何管理、控制存在的這些未完成的過程的方法，因而使脆弱的善果得以充實，鞏固的善果得以擴大，而經常伴隨著經驗事物而來的尙在動盪的善果的期許，將更自由地得以實現。

第三章　自然、終結和歷史

人類經驗，從大體講來，就其粗糙的和顯著的特點而論，在它的最突出的特點中有一個特點，就是在從事其他活動之前，先從事於直接的享受、宴會和慶祝；裝飾、舞蹈、歌唱、默劇、說評書和演故事等。和在理智和道德方面所下的工夫比較起來，經驗的這個特點並未曾得到哲學家們應有的注意。即使曾經認爲快樂是人的唯一動機而追求快樂是人的全部目的的哲學家們，對於快樂的作用和追求快樂也只作了一個嚴肅的單調的論述。功利主義者考慮到他們怎樣勤勞，怎樣紡織，但是他們從未看到人生活在歡樂的行列裡好像田野裡的百合花一樣。在他們看來，快樂乃是一種有關於計算和策劃的事情，一種在數學簿記指導下的勞動。然而人類的歷史卻顯示出來：人是善於攫取他的享受的，而且是盡可能走捷徑來取得它的。

除了那些最基本的和最緊迫的愼重措施之外，人們先有直接的占有和滿足，正如在各種科學之前先有工藝，人的身體在穿衣之前已先用花紋來裝飾了。在人類的住處還是草棚的同時，廟宇和宮殿便已是裝潢美麗的了。奢侈品比必需品流行得更爲廣泛些，除了必需品也能被用來歡宴慶祝的時候。人們的釣魚和打獵原本是一種遊戲，只有當他們無法找到低賤人，如婦女和奴隸做工的時候，才把它們變成有季節性的和有訓練的農業勞動。有用的勞動，在任何可能的時候，總是由於伴隨著儀式和禮節而改變面貌，使它從屬於產生直接享受的藝術的；否則就是在缺乏空閒時在環境的逼迫下進行的。因空閒使人們有時間忘形地從事歡樂，舉行各種儀式和談話。然而，需要的壓迫也從未完全消失過，而這種需要的感覺，使人們好像對於暫停工作良心上感到有所不安一樣，賦予遊戲和儀節以實用的效能，賦予它們以控制事情和取得事情之統治者的歡心的能力。

而且魔術活動和迷信神話的地位是有擴大的可能的。主要的興趣是在於舞臺上的演出和欣賞表演；有些故事敘述存在中的一些偶然狀況，經過種種緊張的場面之後帶著一個比四周條件有時能允許的更爲愉快的結局，人們對於這些故事具有一種牢不可破的興趣，而人類原始的興趣也在於使這種興趣有充分表現的餘地，使得人們忠誠於迷信和禮節和忠實於部落的傳統的並不是良心。只要它不是常規慣例，使得虔誠不致衰落的，就是對於人生戲劇的直接享受，而沒有生活的負擔。把禮節當作是影響事物之發展進程的手段而對它所發生的興趣，以及神話在認識上或解釋上的職能，只不過是一種裝飾而已，這種裝飾把不可避免的需要所要求於實際的那種式樣，在一種愉快的形式中重複一遍。當禮節和神話乃是自發地重演實際需要和行爲所具有的影響和發展進程時，它們也必然似乎具有實用的力量。少年們慶祝獨立節，這也許刷新了一下西元一七七六年七月四日的政治意義，但是這個效果難以說明慶祝節日的那種熱忱。任何事情都可以作爲放假的理由，而且如果在假日裡愈是用許多不像工作日受生活之壓迫而又能把平日生活的方式表演出來的事物加以點綴，那麼這個假日就愈像是一個假日。自由的幻想愈是無拘無束，假日和平日的差別就愈大。超自然的東西比自然的、習見的東西便有較大的刺激作用，假日和宗教節日是分不開的。喪事會帶來一個守屍的夜宴，而弔喪也是要饗以一桌祭肉的。

經驗的這個狀況，在經過反省之後，顯現出許多的對象，而這些對象是最終的。在欣賞它們時的態度是美感的；在生產它們時所進行的操作便是不同於工藝的美術。然而給予這些事物以一定的名稱是危險的，特別我們所談論的一種境界乃是遠遠超越於所給以名稱的這些事物之上的——即超脫了實際的憂患，對偶然的東西和有效的東西間的交相作用的直接享受。美感、美術、欣賞、戲劇帶有一種讚美的意味。我們不願意把無價值的小說稱爲藝術的，因此，我們稱之爲低級小說或者稱之爲在藝術上的一種拙劣的仿效。群衆所直接享受的大部分的源泉在有文化修養的人看來並不是藝術，而是墮落的藝術，一種沒有價值的沉溺。因此，我們就未能看到問題的癥結。一種憤怒的情感、一個夢境、辛勞後四肢的鬆弛、互相開玩笑、惡作劇、擊鼓、吹哨子、放爆竹和踩高蹺，同樣有著被尊稱爲美感的事物和動作所具有的那種直接的和移情的終極目的性。因爲人們不僅僅生活，而更多地沉湎於豐富迷人的生活之中；因而，當生活伴隨著勞動和實用的時候，對於這種生活的感覺就不是內在的，而是外鑠的，它是在那些無憂無慮的時期，即當活動帶有戲劇性的時候所派生出來的。

說這些事情只是說：人生來就比較注意於結局，而不是那麼注意於準備；當結局能夠成爲預見、發明和工業的對象之前，它們原先一定是自發地和偶然地想到的——好像嬰兒得到食物和我們大家從太陽取暖一樣。意識，只要當它不是遲鈍的疼痛和痲木的安適時，乃是一種屬於想像方面的事情。存在在想像中產生的擴展和轉變最後也會來同工作作伴，以致使得工作成爲有意義的和適意的。但是當人們原先正忙於生計的時候，他們太忙了，既無暇從事幻想，也無暇從事於反省的探究。原先，巡狩是在節期享受的，或者是在造矛、製弓箭的平靜時間享受的。只有到後來這些經驗內容才轉變成爲狩獵本身，因而即使它的危險也會成爲所喜愛的東西。勞動，通過它的結構和條理，使得遊戲具有了類似它的模式和結構；然後遊戲又回過來使得工作具有樂趣，給予它以一種開端、發展和高潮的感覺。只要想像的對象是令人滿意的時候，戲劇的邏輯，懸而不決、激動和成功的邏輯便統治著客觀事情的邏輯。關於宇宙創造的傳說都是神話式的，這不是因爲野蠻人喜歡從事於不科學的解釋，而是因爲想像的對象即使當它們是在重演自然中的危害時也是可以直接得到結果的；所獲得的圓滿結果的多少是以它們逃避自然環境威脅的多少爲轉移的。投合嗜好的東西乃是具有融貫性的東西的原始形式。

如戈登衛塞所說，如果超自然主義流傳於早期文化之中，它大部分是因爲「超自然主義的幻景有美感上的吸引力，它具有思想和形式之美以及運動之美，它充滿了許多關於邏輯融貫性的可愛的事例；而且它富於吸引創造者、組織者和明察者的魔力」。而且我們還可以進一步說：產生這種快感的原因與其說是由於邏輯經過檢驗而與事實融貫一致，毋寧說是由於邏輯的融貫性所具有的這種美感的性質。又當戈登衛塞論及禮節儀式在早期文化中的地位時，他認爲它具有一種「心理上白熱化」的特點；因爲有了這種儀式，「正在熾熱發光的體積（習俗的聚合物）不會冷淡下去，情緒不會衰退，文化的交流不會降落到純觀念連繫的動盪水準」。

現代精神病學和人種學一樣，曾經證明象徵在人類經驗中的巨大作用。然而，象徵這個詞乃是對直接現象進行反省所產生的結果，而不是對在所謂表徵發生力量時所產生的結果的描述。因爲象徵突出的特點顯然是這樣的：後來反省所稱爲表徵的這個事物並不是一個表徵，而是一個直接的道乘，一個具體的體現，一個活生生的化身。假使要找一個與它相類似的東西，我們不應把它比之於傳達消息、觀念和指示的信號旗，而應該把它比作在一位忠貞愛國之士情緒高度激動時的國旗。從這個意義來講，象徵作用不僅統治著一切早期的藝術和信仰，而且也統治著那時的社會組織。禮節、圖案、花樣都具有一種意義，這種意義在我們看來是神祕的，但在那些具有這些禮節、圖案、花樣而且在崇拜它們的人們看來，卻是即時的和直接的。不管圖騰是怎樣起源的，它並不是關於一種社會組織的一個冷冰冰的、理智的記號；它就是使得一個爲情緒所滲透的行爲中心成爲表現出來而可以看見的東西的那個組織。它和心理分析在夢中和神經病態中所揭露出來的象徵作用一樣，這類表徵並不是指示的或理智的記號；它們是現實的事物和事情的一種經過提煉的代替品；現實的事物具有迷亂、假象和不相干的狀況，而這類記號能夠較之事物本身更直接地、更豐富地體現現實的事物。意義在理智上是被歪曲和被壓抑了的，但是在直接的接觸中它們卻是被提高和被集中了的。

葉士帕生（Jesperson）以類似的話論及語言的起源。他說：許多語言學的哲學家們似乎是「按照他們自己的形象把我們原始的祖宗想像成爲具有豐富常識的、嚴肅而有良好意圖的人們。……他們留給你們這樣一個印象，似乎這些言語的首創者們乃是一些頭腦冷靜的公民，他們只對生活的一本正經的和事實的方面具有強烈興趣」。但是葉士帕生發現：在早期文化的普通語言方面只能發出短促的單音節的驚嘆詞；這種驚嘆詞是語言的最不變動的部分，而且現在停留在基本上和幾千年前相同的場地上。他做出結論說：「語言……是發生於生活的詩意的方面；言語的根源不是愁苦的嚴肅，而是快樂的遊戲和青春的歡樂。」我認爲：與其說是商業和科學，毋寧說是文學發展和鞏固了我們現在語言的富源，這是不會有人否認的。

對一個關於存在的自然主義的形而上學來說，沒有一個事實較之人類經驗的事物分裂成爲現實的但生硬的對象、可被享受的但想像的對象這樣一個事實，更能表現自然的特性，更有助益的了。人們也許會想：哲學家們在他們尋求某些具有毫無疑問的特性的事實根據時，也許曾經注意到經驗的這個直接的一面，其中對象並不是有關於感覺、觀念、信仰或知識方面的事情，而是一些直接所占有和享受的東西。所謂「自明之理」眞正能夠理解的意義乃是指現有的東西顯著明白的狀況；像人類對於遊戲和慶祝這類事情感到興趣，這些常見之事對大家來說是最爲顯著明白的了。與之比較起來，哲學家們的所謂「自明」之事都是艱深費解而專門的。

在經驗中另外一件最爲自明之事就是有用的勞動以及對它的迫切必需。直接欣賞到的享受顯示出在圓滿終結狀態中的事物，而勞動則顯現出處在互相連繫中的具有效能、生產力，起著推進、阻礙、發生和破壞作用的事物。從享受方面來講，一個事物就是它直接對我們所起的作用。從勞動方面來講，一個事物就是它將對其他的東西所發生的作用——這是唯一能夠說明一個工具或一個障礙的方式，曾經提出過一些特別的和微妙的理由來說明人類爲什麼信仰因果關係的原則。然而，勞動和使用工具似乎是一個充足的經驗理由；的確，關於這個問題，這是唯一爲我們所能夠特別指明出來的事情。在說明爲什麼人們接受因果關係的信仰這一點上，勞動和使用工具比自然界有規則的順序，或比理性範疇或所謂意志的事實等，是較爲恰當的根據。第一個思想家宣布：每一件事情都是某些事情的結果和另一些事情的原因，每一個特殊的存在既是受制約的，也是制約其他的，這時候他只是把勞動者的工作程序用文字表達出來，把一個實踐的方式變成一個公式罷了。外在的規律性乃是熟悉的、習慣的、視爲理所當然的、不被思考到的、體現在不用思維的常規順序之中的。在生產勞動中的有規則性、有條理的順序，把它自己在思維面前呈現出來，成爲一個控制原則，工藝是顯露事物順序互相連繫的這種經驗的一個典型。

反之，對於事物的享受（遭受痛苦也包括在內）就是公布這樣一個事實：即自然存在並不僅僅是通到別的通道的許多通道，以及不斷地如此連續下去以致無窮。對於美感經驗有興趣的思想家們不願意指出這個觀念的矛盾，即事物只有對於別的東西講來，才是好的或有價值的；他們卻詳細地討論著這種爲美感欣賞所特有的事實，即有的事物本身就是好的或有價值的，而不是爲了別的事物才被珍惜的。不過這些哲學家通常把這個見解僅限於與自然隔離開來的人事方面，而對於這些人事他們是完全用勞動或因果連繫來解釋的。但是在每一件事情中總有一些東西是獨立自足的，完全直接的，既不是一個關係，也不是在一個關係整體中的一個因素，而是終極的和獨一無二的。在這裡，和在許多其他別的事情方面一樣，唯物主義者和唯心主義者對於這樣一個基本形而上學都是同意的，這個形而上學爲了維護關係和關係體系，而忽視了那些不可縮減的、無限多數的、不可說明和不可形容的性質，而這些性質是一個事物爲了存在、爲了能夠成爲一個關係的主體和談論的主題所必須具有的。存在的直接性是不可言傳的，但是這種不可言傳的情況絲毫沒有任何神祕的地方；它只是表達這樣一個事實，即：關於直接的存在我們既無庸對自己說些什麼，也無法對別人說些什麼。談論只能密切這樣的一些連繫，即如果遵循這些連繫的途徑就會導致人們占有一個存在物。在直接狀況中的事物是未知的和不可知的，這並不是因爲它們相隔很遠或是在某種不透亮的觀念的感覺的簾幕背後的緣故，而是因爲知識與它們無關。因爲知識乃是關於事物呈現的條件的一個備忘錄，即關於順序、共同存在、關係的一個備忘錄。直接的事物可以用字句指點出來，但不能被描述或被界說出來。描述當它發生時，只是用來指點或指明的一個迂迴曲折的方法的一部分；一個導致直接的和不可言傳的直接存在的出發點和途徑的指針。在經驗主義的思想家看來，直接的享受和遭受有結論性地顯示和證明：自然具有最後性，正如它具有關係性一樣。

許多現代的思想家們，受了以知識爲掌握事物唯一的經驗方式這個概念的影響，假定認識作用是無所不在的，而且看到直接狀況或質的存在（qualitative existence）在確切的科學中是沒有地位的，因而他們曾經肯定說：性質總是而且僅是意識的各種狀態而已。這是一個合理的信仰：如果事情不是處在正是它們不能削減的現有存在的狀態，沒有原始的和不被制約的「如是」狀態的一面，那麼就不會有像「意識」這樣一個東西。因此，意識作爲感覺、意象和情緒乃是發生於複雜條件下的直接性的一個特殊情況而已。而且，如果沒有直接的性質，那些爲科學所研究的關係就會在存在中失去其立足之點，而思維除了它本身以外便無可咀嚼或挖掘的了。如果沒有一個在具有性質的事情中的基礎，知識所特有的題材將會是一種代數式的幽靈，一些無所關聯的關係。處理那些由於稱爲因素而結束關係的事物，就是在一個關係的和邏輯的體系中有所論述。只有當因素不僅僅是一個整體中的因素，只有當它們具有在品質方面屬於它們自己的某種東西的時候，一個關係體系才得免於全盤崩潰。

希臘人比我們樸素一些。他們的思想家們是爲經驗對象的美感特性所支配的，正像現代思想家們是受科學的和經濟的（或關係的）特性所支配一樣。因此，他們在承認性質的重要性和內在自足的或最後的事物的重要性時，沒有什麼困難。他們認爲心靈是自然存在的實現或是參與在自然存在中的一種活動。因此，他們未曾陷於這樣一個認識論的問題之中：即事物與心靈這兩個被界說爲對立的東西，怎樣能夠相互關聯起來。假使存在在其直接的狀態之中能夠說話的話，它便會宣布說：「我也許有親屬，但我卻與它們沒有關係。」在美感對象中，即在一切直接被享受的和被遭受到的事物中，在直接被占有的事物中，它們就是這樣爲他們自己說話的；希臘的思想家們聽見了它們的聲音。

然而，不幸的是，這些思想家們不願意作爲藝術家來說話；對於藝術家們，他們是輕視的。既然他們是思想家，目的在追求眞理或知識，他們就把藝術放在一個低於科學的地位上；他們發覺唯一值得嚴肅注意的享受便是對於思維對象的享受。結果，他們建立了一個主張，把美感的和理性的東西在原則上混淆起來，而且他們把這個混淆作爲一個理智的傳統遺給他們的繼承者了。亞里斯多德曾經說：「當差不多一切的必需品和使得生活安適愉快的事物都具備了的時候」，哲學便在閒暇中開始了。當他說這句話時，他已經說了一些比他自己所覺察到的更爲眞實的話。因爲這樣開始的，與其說是科學知識，毋寧說是哲學的「知識」。哲學是按照一切同性質的故事的樣式來敘說關於自然的故事的，這是一個有情節又有高潮的故事，具有這樣融貫一致的許多特性，以適合於那些要求事物能滿足邏輯規範的頭腦。

思維對象當然並不因爲其有好奇心和欣羨心作爲其鼓舞力量，有藝術作爲其表達手段而有所損失。但是當它們和敘事詩、神廟和戲劇的血肉相連的關係被否認了，而說它們具有一種獨立於虔誠、戲劇和故事之外的理性的和廣大無邊的身分時，這些對象就被歪曲了。在希臘的古典哲學中按照藝術的模型而構成的世界的這幅圖畫，總被說成是在理智上的研究所獲得的結果。本來是爲了一種細緻的享受而構成的一個故事，由於受了在談論中或在思辨中所需要的融貫一致性的安排，便變成了宇宙論和形而上學。這個故事的作者們對待藝術和祭祀禮儀的態度，是和現代的美學家對待庸俗形式的美感滿足一樣，都採取了高人一等的態度。要求在藝術活動的題材和方式中要具有一種高超的境界，這本來是合適的；但他們認爲二者是屬於不同類型的。藝術是對於在它們的自然背景之中的生活的日常或經驗的事件所做的一種誇張的模仿；哲學則是科學，是對於處在一切摹本、一切現象背後的實在的一種領悟，或對於在它們中間形成它們的有效實質的意蘊的一種掌握。伴隨著這種領悟而來的愉快被說成是由於爲理性所感知的宇宙對象所具有的最後的內在高貴品質，而不是坦率地承認這是由於爲了要增進寧靜的享受對於事物所做的一種選擇和安排。

對禮節、故事和幻想的迷戀，在它具有魔術力量的這方面乃是起源於控制偶然事物的實際欲望；但是在較爲廣泛的範圍中講來，它體現著一種伴隨著從動盪不安的狀態中獲得成功的結果的感覺而來的快樂心情。想像主要地毋寧說是帶有戲劇性的，而不是屬於抒情詩之類的，無論它所採取的形式是在舞臺上演出的戲劇，或是敘述的故事或是寧靜的獨白。不安定的狀態和麻煩之經常出現，使得情境更加深刻和尖銳化，在這樣的情景中描寫了麻煩和不安定是怎樣從屬於具有寧靜和安定的最後結果。在一種不致使它們陷入明顯的危險的條件下，重新制定生活中的變化、危機和悲劇乃是「意識」的天然作用，它受過這樣的訓練，即只有當環境迫使採取勞動的方法時才去尊重現實；如果這種訓練能從當前迫切急需之中保持若干程度的解脫，而這種解脫乃是具有戲劇性的想像所特有的，那就是幸運的了。

現代的美學批評家們曾經批評過柏拉圖和亞里斯多德的「藝術即模仿」的這個概念，但是在它的原來的陳述中，這個概念乃是對於戲劇、音樂和敘事詩所觀察到的事實所做的一種描述，而不是理論上的解釋。因為這些思想家並非如此愚笨，以致把藝術視為對於死板的事物的一種描摹；他們主張：藝術是對於人類生活境遇和命運中的自然力量在緊要關頭和在氣候劇變時所表現出來的行為的一種模仿。這樣的一種重現自然是在一個新的和自由的環境中；它容許理想化，但是這種理想化是對於自然事情的理想化。它是自足的，它本身就是一個終結，同時這些事情似乎僅是為了使得完成一個理想化的重現成為可能和恰當而存在的。人類之訴諸美感對象，乃是人類從一個痛苦和艱難的世界中自發地尋求逃避和安慰的一個方式。如果一個世界全部包括著穩定的對象，直接呈現出來而為人們所占有，這個世界就會沒有美感的品質；它就會只是存在而已，而且會缺乏滿足和啓示人們的力量。當對象把混亂和失敗轉變成為一個超越於煩惱和變化以上的結果時，它們實際上就是具有美感性質的，歡欣的慶祝和圓滿終結的快樂僅僅是屬於一個具有艱難困苦的世界以內的。

在一個不寧靜的、鬥爭的和不安定的世界中，如果人們在已完成的事情中發現了歡樂，而由於這種歡樂是在已完成的事情中發現的，因而不致使我們再陷於正在繼續前進著的事情的混亂不定的泥淖之中去。希臘的哲學，和希臘的藝術一樣，就是對於這種歡樂的一種回憶。如果沒有像希臘藝術經驗一樣的這種經驗，我們就難以理解爲什麼要求從變易過渡到安寧，從偶然的、混雜的和動盪的東西過渡到組合的和完整的東西的這種願望，會發現一個據以設計一個像柏拉圖和亞里斯多德式的宇宙的模型。形式是哲學的唯一的重點，因爲它曾經是藝術的重點；形式乃是在一個特殊的對象中被捉住了的變易。形式傳達一種關於不朽的和永恆的東西的意義，雖然形式所賴以體現的物質材料是要毀滅和具有偶然性的。因此，形式把完全在一個快樂的境界中實現出來的潛存性的這種直接感受到的狀況表達了出來；在這樣一個快樂的世界中，事件並不單純是事件，而是停頓和結束在一個永遠自足自給的活動之中的。這樣一個境界，從它本身內在地講來，乃是一個屬於安全自足的意義的境界。它所包括的那些直接享受的對象被凝固成爲超經驗的實體了。這就是希臘人的美感靜觀受了希臘人的反省影響之後所產生的轉變。

從這裡產生的形而上學的專門結構是大家所熟悉的。在宇宙中眞實的東西和已經完成的、完美的或完全成功了的東西是等同的。甚至對亞里斯多德來說，一個冷冰冰的說明「存在」之特性的學說，即所謂形而上學，變成了一種神學，一種關於最後的和永恆的實體的科學，對這種最後永恆的實體只給予一些恍恍惚惚的說明。這個宇宙包括著許多純粹的、自足自給的、自我封閉的和自我證明的形式；它包括著永恆的高潮中的自我運動或生命。形式是理想，而理想的東西就是理智所領悟了的合理的東西。關於這個觀點的資料在經驗中是在圓滿終結和最後的東西裡面發現的；而在希臘的文化中，藝術活動的這個領域曾經引起和提高了對於這類直接享受的對象的注意。從旁觀者的角度看來，藝術對象是客觀所與的；它們只需要爲人們所欣賞；在希臘的有閒階級爲了擴大閒暇的領域而進行的反省，顯然是屬於旁觀者的一種反省，而不是生產過程的參與者的一種反省。勞動、生產似乎並不創造形式，它處理材料或變化著的事物，以便提供一個使預存的形式得以在材料中體現出來的機會。在工匠們看來，形式是外鑠的、不被感知的和不被享受到的；由於他們專心從事於處理材料，他們是生活在一個交易和材料的世界之中，即使當他們的勞動在形式的顯現中結束時，也是如此。柏拉圖曾經爲那些生活在實用的、工業的和政治的世界之中的人們忽視形式而產生的後果感到苦惱，因而他苦心孤詣地制訂了一個計畫，按照這個計畫，這些人的活動要受那些超然於勞動之上而不被糾纏於變易和實用之中的、以法律形式指導勞動者的行爲習慣的人們所節制。亞里斯多德則將自然界置於藝術之上，賦予自然界一個巧妙的用途，而自然界大部分是獲得了成就或得到了完成；亞里斯多德就用這個方式來逃避這個兩難的局面。因此，人類的工匠的作用，無論是在工業或政治方面，就變得比較微不足道了，而人造的藝術品也變成一件相對地無足輕重的事情了。

亞里斯多德關於四重「原因」的概念是公開地從藝術中借用來的；這個概念，在工匠看來，是實用的和微賤的，而只有在有文化教養的、有閒的，即不需要辛苦地參與在變易和材料中的旁觀者看來，它才是「美術的」或自由的。自然是一個藝術家，它是從內部而不是從外部進行工作的。所以一切的變化或材料，乃是已經完成的對象的可能性。像其他的藝術家一樣，自然首先占有了形式，然後把它體現出來。當藝術無論是在做鞋子，造房屋或演戲中遵循固定的模型時，以及在設計中個人發明的因素被貶責爲幻滅無常的東西時，形式和終結（目的）都必然是在個人工作者以外的東西了，它們是出現在任何特殊的實現之前的。設計和計畫是普遍的，是不知出於誰之手的，而且它們也並不暗示有一個從事於設計的、有目的的心靈。模型是客觀上被給予的，而且只能是被遵從和被追隨的。因此，就不像我們今天可以感覺到的一樣，當時並不難以把實現在最後的和停止變化了的對象之中的確切而有規則的形式歸之於自然界的變化。發現於事物中的形式在一個有機體中的實現便構成了心靈，它成爲自然的終結。對於這些形式的直接占有和頌揚便構成了意識，就希臘思想中關於意識的觀念來說就是如此。

亞里斯多德的這個主張並不是武斷的推測；它是從這樣的事實中自然地流露出來的：即希臘思想家們很幸運地在手邊和在眼前就發覺有一個現成的美感對象的領域，這些對象具有條理與比例、形式和終結的特性。藝術是在許多現實的、客觀的和非個人的設計和計畫的基礎上進行的，而這些設計和計畫，與其說是個人的目的和發明的產物，毋寧說是在個人的設計和執行之前就事先存在的。材料屈從於接受和表現客觀形式這個觀念，並非希臘哲學家們憑自己的空想所創造出來的。他們在他們當代的藝術中發現了這個事實，再把它翻譯成為一個理智的公式。把具有理想的條理和比例的對象和由原先的變化過程產生的最後的和停滯的結果視爲一物，這並不是哲學家的首創。那樣的等同至少是隱含在工匠的操作之中的，認爲內心占有某些對象，在本質上，乃是一種高尙的滿足，這個觀念也不是哲學家所首創的，那個事實是他們的文明中的美育所給予他們的。哲學家們所要負責的是他們對於這些經驗事實所作出的一種特殊的片面的解釋，不過這一個解釋在希臘文化的特色中（雖然是一些不大光彩的特色）是有它的根源的。

因爲希臘的社會有一個特點，即它被嚴格地劃分成爲勞役的操作者和有閒的自由人，這就意味著在熟悉事實和沉思欣賞之間，在無智慧的實踐和不實踐的智慧之間，在變化、有效的事情（即工具性）和靜止、自足的事情（即結局）之間的區別，所以經驗並沒有提供一個關於從事實驗探究和在實踐中具有效能的反省的概念的榜樣。結果，自然的唯一可以留意的、可以理解的東西，就被認爲是寓於終結的對象之中的，因爲這些對象給變化規定了極限。變化著的事物，不可能在它們互相關係的基礎上爲人們所認識，而只能在它們對於超出變化以外的對象的關係的基礎上才爲人們所認識，因爲這些對象標誌著對於變化的限制而且是直接有價值的。終結的對象使得變化著的對象具有使它們成爲可知的東西的特性；變化著的對象所具有的這種穩定性乃是從它們所趨向的終結對象所具有的形式中演化出來的，所以它們被認爲具有一種內在的嗜好或傾向於這些終結的和靜止的對象的屬性。宇宙變化的整個體系乃是一個獲得某些結局的途徑，這些結局具有各種使它們成爲吸引一切較小事物的對象的特性，從而使得這些較小的事物動盪不寧，直等到最後達到了構成它們眞正本性的這種終結對象爲止。因此，對於在思辨上被條理化的對象所具有的一種直接沉思中的占有和享受，便被解釋成爲既說明了對自然的眞正知識，也說明了自然所具有的最高終結和最高的善。因此，一個關於道德、關於什麼是在反省的選擇中較好的東西的主張，就轉變成爲一個關於「存在」的形而上學和科學；在現代人的心目中，這個道德的方面便被這樣一個事實所隱蔽了：最高的善是從美感經驗的觀點而不是從一般支配著現代各種道德理論的社會條件中培養出來的。

有人認爲，作爲終結的對象乃是科學的固有對象，因爲它們是眞實存在的最後形式，這一學說在西元十七世紀的科學革命中遇到了它的厄運。各種意蘊和形式被認爲是神祕莫測而受到了攻擊；「最後因」或者全部被否認了，或者被逐放到神的境界中，而爲人類知識所不能及。關於自然終結的主張，爲一個關於設計、預計中的終結、獨立於自然之外而在個人心靈中建立和懷抱的有意識的目的的主張所代替了。笛卡兒、斯賓諾莎和康德在這個問題上至少是和培根、休姆和愛爾維修（Helvétius）一致的。把自然的事情認爲是具有傾向於終結的宇宙意向，把自然事情的變化認爲是要達到一個靜止的和完善的自然狀態的努力，這些想法都被指出是科學中貧乏與幻想的主要根源；和這個主張相關聯的三段論式邏輯學被認爲只是咬文嚼字的、爭辯式的、至多也只是與自然的微妙的運行不相干的；目的和偶然性同樣被貶責爲純人類的和純個人的；自然沒有品質上的不同，變成了一個性質相同的整塊，由於在性質相同的空間中所進行的性質相同的運動上的差別而被分化開來。希臘思想家認爲是純偶然的混沌統治而加以拒絕的機械關係變成了規律、一致性和條理等概念的主要基石。如果也承認終結的話，那只是在設計的名義之下承認的，而設計與其說是客觀的條理和構造的形式，毋寧說是有意識的目的。凡是現代物理學的影響所滲透的地方，這種古典的學說就變成遙遠、淡漠和紛亂的了：自然的變化乃是向著成爲它們自己的圓滿和完善狀態的對象的內在運動，因而這些對象乃是知識的眞正對象，它們提供了唯一可能藉以認知變化的形式或特性。隨著這個主張的崩潰，那種認爲宇宙具有質的差別和種類的不同的信仰也歸於淘汰，因而性質和直接的狀況就必然無處存身，被逐放於客觀自然之外，只得在個人的意識之中去避難了。

關於存在的這些古典學說的這種厄運是不可避免的嗎？對自然本身中所包括的終結的信仰必須加以捨棄嗎？或者只有通過對知識的性質所做的一種迂迴曲折的檢驗來予以敘述，而知識又是從有意識的求知意願出發，最後推論出來說：宇宙乃是一個有意識的意願的一種巨大的、非自然的實現嗎？或者說，在古代的形而上學中還有一些眞理的成分可以被抽選出來重新予以肯定的嗎？從經驗上講來，爲我們直接所掌握、所占有、所利用和所享受的對象的存在是不能否認的。從經驗上講來，事物是痛苦的、悲慘的、美麗的、幽默的、安定的、煩擾的、舒適的、惱人的、貧乏的、粗魯的、撫慰的、壯麗的、可怕的；它們本身直接就是這樣。如果我們利用「美感的」（esthetic）一詞的廣義，而不僅限於應用到美和醜的方面，那麼美感的性質，即直接的、最後的或自足的性質，毫無疑問就是在經驗中所發生的自然的情境的特徵。這些特性本身和顏色、聲音，以及在接觸、嗅覺和味覺方面的性質顯然是站在同等地位上的。任何把後者當作是最後的和「結實的」材料的準繩，如果公平地加以應用的話，對於前者也將得到同樣的結論。任何這樣的性質都是最後的；它既是起點，也是終點；它是怎樣存在的，它就正是那個樣子的。它可以涉及其他的事物，它可以被當作是一個結果或者是一個記號，但是這就包括有一種向外的推廣和運用，它使我們超越了性質本身所具有的這樣的直接性。如果經驗到的事物乃是有效的證據，那麼在它本身以內具有各種性質的自然界就具有按照字面上的意義必然被稱爲終結、終點、停頓、完整之類的東西了。

貿然地跟存在的過程連繫起來使用「終結」（ends）一詞是有危險的。護教論和神學上的爭論是圍繞著這個字進行的，而且影響了它的含義。避免了這個內涵之後，這個字有一種幾乎是牢不可破的頌揚的意味，因而如果說自然具有終結這樣一個特徵，而其中最突出的就是心靈的生活，那就似乎對於自然在從事一種頌揚的而不是經驗的說明了。然而，遠超過任何這樣的含義之外，還指著更有中立性的東西。我們經常談到事物即將臨近結束；終了了，完成了，做好了，完結了。沒有事物是永遠繼續下去的，這是一件普通的事情。我們也許是愉快，也許是憂愁，但是那完全是一件正在終結的歷史之類的事情。我們可以把終結、結束視爲由於得到了滿足和完美的成就，由於過於飽足，或由於消耗已盡，由於瓦解了，由於某些東西已經毀壞了或已到盡頭。終結也許是一種極度的狂歡，也許是事實上的圓滿結束，或者也許是一個不幸的悲劇，一個終結本身對於這些都是漠不相關的。不管在這些事物中那一個是臨終的或終點的對象，這對於作爲一個終結的這個特性來說是絲毫沒有關係的。

關於自然終結的眞正含義，如果我們從開端而不從末尾來考慮，就可以明白一些。堅持說自然之內具有各種的開端，這就是說任何一件事物都沒有一個獨一無二的、突然的開始。這只是用另一個方式來說明自然是一件關於各種事情的事情，其中無論每一個東西是怎樣和其他的東西連繫在一起的，都各自有它自己的性質。這並不意味著說：每一個開端都標誌著一種進步或改進；因爲不幸我們知道：意外之事、疾病、戰爭、說謊和犯錯誤也都有開端的。很明白地，開端這個事實和觀念是具有中立性的，而不具有頌揚的意義的；是有時間性的，而不是絕對的。而且既然在某一個東西開始的地方，另一件東西就終結了，那麼對開端來說是這樣的，對終結來說也是如此。通俗小說和劇本表現出人性具有喜歡愉快的結尾的偏見，但是由於它們是小說和劇本，它們就更爲確切地表現出來，不愉快的結尾也是自然的事情。

在習慣於對終結作一種含有頌揚意義的理解的人們看來，對於終結作剛才所提出的這樣一種中立的解釋，似乎把對於終結的主張當作是一件無所謂的事體了。如果終結僅是有時間性的事變的結尾或完結，爲什麼還要自尋煩惱去注意終結呢？至於建立一個關於終結的學說，乃至以自然目的論的名稱去推崇它，那就更不必說了。然而，心靈愈是割斷了片面的和自我中心的興趣，承認自然是一個不斷有開端和收尾的情景這種說法，就愈能成爲哲學啓蒙的源泉。它使得思想可以領會到：原因的機制和有時間性的後果乃是同一自然過程的不同時段，而不是兩相對立，各不相容的。機制是包括在一個歷史發生過程中的條理，是可以根據各種各樣的歷史相互支援的條理來加以說明的。因此，既然一個有順序的條理總是包括最後的一端，那麼它就是可以用來作爲控制任何特殊的末端的工具。

對於自然終結的傳統概念大意是說：自然並不是徒然地做一件事；對於這句話一般公認的意義是說：每一個變化都是爲了某件不變的事物而進行的，是爲了它而發生的。因此，心靈是從一套現成的良好的事物或完美的東西出發，而自然界的任務就是要去完成它們，這樣一個觀點也許在文字上就區別成爲所謂有效因的東西和所謂最後因的東西。但是實際上，這僅是在那種以發號施令爲滿足的主人的原因和實際上從事於體力操作的奴僕的效能之間的區別。這僅是把理想的和心理的東西——即主人的有指導性的條規命令——當作是最後的原因，而使它從執行命令的所謂低賤的體力勞動中解放出來的一種方法，也是避免由於在物質的領域以內夾入一個非物質的原因而產生的各種困難的一種方法。但是在一個把終結當作事物的收尾的合理解說中，一切有指揮作用的命令都是寓於這種有順序的條理之中的。它不是爲了這個終結而發生的，正像一座山不是爲了作爲山之頂點的山峰而存在的一樣。一節音樂有一個結尾，但是前一部分並不因而就是爲了這個結尾而存在的，好像到了結束的時候它就是將被拋棄掉的東西似的。同樣，一個人只有在他曾經是一個兒童之後才是一個成人，但童年卻並不是爲了成年而存在的。

從這種情況的性質看來，原因，不管怎樣去界說它，乃是包含在這個順序的條理本身之中的，雖然此外它還可以是，而且當然也會是在另一個順序的條理中的一個開端。有些「機械論者」把一個開端的項目當作彷彿具有一種原動力，而這個開始的項目把這種原動力在某種方式之下發射出來，加在它的後繼者的身上，他們所主張的——或者意味著的——這個看法，跟意味著終結裡面包括著在它以前存在的東西的這種爲目的論者所主張的看法並無二致。一件事情總是有它的歷史的，而且只有在它的歷史中才有它自己的特性的，而以上的兩個見解都把一件事情從它的歷史隔絕開來。雙方面都把一個在連續的條理中人爲地隔絕開來的位置當作是一個眞正實在的標誌，一個學說選擇了開始的一端，而另一個學說選擇了最後的一端。但是事實上，因果關係乃是這個順序條理本身的另一個名稱，而且既然這是一個有始有終的歷史順序，那麼這就沒有比那種把因果關係跟開端或末尾對立起來的辦法更爲可笑的了。

同樣的這些考慮卻容許對於動和靜的觀念作一種自然主義的解釋。每一個終結本身是靜止的；這句話乃是一個周知的眞理；一個事物正在轉變成另一個東西的時候，顯然是具有過渡性的，而不是最後的。然而一個事物是一個歷史的結束；它也總是另一個事物的開始，而從這個性能上講來，這個所涉及的事物乃是過渡的或者說是變動的。這句話也是一種同語的重複，因爲變動並不意味著具有「力量」或者能夠把它放射出去，激動其他的事物而使它們運動起來；它只是意味著在一個有連繫的事情的系列中所發生的變化。對於「力」的傳統看法必然強調一個由於是超越於事情以外因而是超經驗的東西，無論稱之爲「上帝」或「意志」或「不可知的」。同樣，對於「靜」的傳統看法也強調某種固定的和不動的東西，它是不能夠變化的，也是在事物的進程以外，因而是非經驗的了。然而，從經驗上看來，一個歷史乃是許多歷史的連續，任何一件事情既是一個進程的開始，同時又是另一個進程的結束；它既是有推動力的，也是靜止的。「事態」（state of affairs），這一個經常在我們口頭上的詞，雖然在傳統的唯心論和機械論中它是毫無意義的，卻是正確地描述了事實。沒有一個事件或一件事情之中是沒有變化的，同時也沒有一件事情是沒有界線的，因而它就顯示出來成爲一種事態或條件。當一個事態被感知時，「對於一個事態的知覺」又是一個事態。它的題材就是一件俗語所謂的事物（res），它或者是一個太陽系，一個星座，或者是一個原子，事情之間的一種多樣化的或緊密或稀鬆的相互連繫，自成一定的範圍，這些範圍相當確定，大致上可以勾畫出輪廓來。這大體上就是對於經驗的一個公正的證明，而且這實際上就是常人所能看到的近代物理學的結論。由於這個理由，而不是因爲另一種稱爲心靈的或心理的存在所具有的一種獨特的特性，每一個情境或意識場都具有創始、傾向或意向、後果或意義這樣一個特點，所獨特的並不是這些特性，而是覺察或知覺所具有的特性。由於這個特性，就能夠根據它可能的進程和後果來判斷這個創始階段。在這裡有預見，每一個連續的事情是一個系列過程中的一個階段，既是展望未來的，也是懷念過去的。比較明顯地有關於我們目前主題的是，這個終點的後果，當被預見到的時候（即當事情的推動因被感知到的時候），就變成了一個「在預見中的終結」（end-in-view），一個目標，一個目的，一個可以用來計畫如何形成一個事情進程的預測。在古典的希臘思想中，對於終結（目的）的感知只是對於自然過程所藉以完成的對象形式所具有的一種美感體驗。在大部分現代的思想中，它是受個人欲望指導的一種私人的心理活動所任意創造出來的結果，在理論上的另一種說法則是：這些終結（目的）乃是對於一個無限的心靈已經得到滿足的意願的有限摹本。在經驗的事實中，它們是對於可能的後果的籌畫；它們是預見中的終結。對於終結的預見，也和對於同時在機體外面的對象，例如對於樹木和岩石等的知覺一樣，是同樣受先在的自然條件的制約的。那就是說，自然的過程實際上一定已經結束於某些可以指出的後果之中，而這些後果便給予了這些過程以限制和特性，然後才能在內心中考慮這些終結而使它們成爲欲望所追求的對象。在以上所論述的範圍以內，我們必須站在希臘思想這一邊。但是在經驗中預見的終結，和在古典思想中所理解的終結，有兩個重要方面的區別。它們不是靜觀中的占有和使用的對象，而是理智上的和具有調節作用的手段；如果不把它們當作在事態中的計畫來加以應用，它們就會退落到回憶和夢想之中。而且當達到了這些終結時，它們所賦予活力的這些對象就成爲結論和成就，而只有當這些對象乃是先在的反省、審愼的選擇和有方向的努力所產生的後果時，它們才是成就、結論、完善、美滿。一個自然的終結，沒有人類藝術的參與，乃是一個終點，一個事實上的界線，但沒有權利來享有任何如古典的形而上學所賦予它們的所謂完善和實現這一類光榮的身分。

當我們把有意識的經驗，即爲有意識的生活所特有的對象和性質，當作一個自然的終結時，我們就勢必無偏見地把一切的對象都當作是清晰的如亞里斯多德的所謂終結（目的）。我們不能有所挑選；當我們有所挑選時，我們顯然是在和實用的終結打交道，即和一些我們認爲值得通過反省的深思熟慮的選擇加以抉擇的對象和性質打交道。如果我們注意到經驗對象和其他自然事情的連續性，這些「終結」就並不是不那麼自然的，不過它們卻不是沒有爲反省的觀測和選擇這樣一件特別事情所參與的終結。但是和希臘的傳統一致，通俗的想法是在一切的終結中挑選那些它所喜歡和推崇的終結，同時忽視和無形之中否認這個選擇的動作。像那些把一次倖免於災難的情況視爲神靈的參與，而忘了所有未曾逃脫的人的人們一樣，通俗的目的論把好的對象當作是自然的終結，而壞的對象和性質則僅是意外或偶然之事、可痛惜的機械的過剩或不足。通俗的目的論，像希臘的形而上學一樣，曾是一種護教派，爲自然的仁慈而辯護；它曾是自滿地樂觀的。

原始人類，和樸素的常識一樣，把終結性質歸之於自然——在這方面它遵循著一個健全的實在論的形而上學。但它也認爲它們是有因果決定性的，而這是爲科學所拒絕的。爲科學所拒絕不足以證明這些性質就僅是「主觀的」或「私人的」現象；它只是表示它們乃是一系列事情的終點、結束。達到和占有這些性質的事情是互相連結著的，是通過一定的仲介的，是賦予活力的，是有所指的，而且是知識的適當的材料。從科學所關心的因果秩序或條理的觀點來看，性質是多餘的、不相干的和非物質的。我們永遠不能因爲最充分熟悉那些形成知識對象本身的特性而預測它們的發生。

從後者，即具有關係性質的條理的觀點來看，終結是突如其來和驟然中止的。所以在一個以知識的題材爲唯一的和完備的東西的哲學看來——正如許多現代哲學所曾經這樣做的——這些終結就成了一個極其使人惶惑不解的問題，一個神祕的東西。因爲它們既是外來的和多餘的，而又具有這種滲透和浸潤的特性。正如我們所說，只有它們才是有趣的，而且它們是引起對其他事物發生興趣的原因。在有生命的東西看來，它們形成了關心其他事物的自然講壇，它們是直接地和間接地反應事物的基礎。和它們比較起來，其他的事物就是獲得和避免具有它們的這種情境發生的障礙和手段。當「意識」（consciousness）一詞——像有時這樣做的一樣——被用來作爲代替在現實中呈現出來的這類直接性質的總和的一個縮短的稱呼時，它就是自然事情的終結或終點。當實在是根據科學的關係對象（relational objects）來加以界說時，它本身也就是無緣無故的、多餘的和不可解釋的了。

所謂「終結」，我們也指在預見中的終結、目標、經過深思熟慮之後視爲值得獲取和足以激勵奮鬥的事物。它們是從它們的直接的和終點的性質中所採納的對象所構成的；這種對象過去曾經作爲事物的收尾而發生過，而現在卻是不存在的，而且它們不像是會再存在，除非通過一種改變環境的行動。古典的形而上學乃是終結的這兩個意義的一種混亂的結合；一個意義是指在基本上自然的終結，另一個意義是指在派生上自然的終結，或者說是實用的、道德上的終結。每一個意義本身都是可以理解的、有根據的、合法的，但是它們的混淆不清乃是哲學中許多「巨大的弊端」之一，因爲它把那些值得反省選擇和適合於反省選擇的對象當作是離開反省的自然的終結。通俗的目的論在不知不覺之中追隨著這種控制希臘思想的指導；唯靈論的、半神學的形而上學則曾有意識地採納了後者的觀點。

這種混亂的形而上學的特點有：第一，把一切罪惡的和麻煩的對象從自然終結的地位中排斥出去；第二，把選來構成自然終結的對象排列成爲一個固定的、不可變更的等級秩序。具有和輸入鬥爭、痛苦和敗北等性質的對象不被認爲是終結（目的），而被認爲是達到終結（目的）的障礙，當作是意外的和不可解釋的偏差。神學曾經歸之於一種原始罪的行爲以使得它們的發生成爲可以解釋的事情，希臘的形而上學則歸之於在自然中出現了一種頑抗的、固執的因素。除了關於自然終點的這種狹隘的見解以外，通俗的目的論還加上了一個把對象分等的辦法，按照這個辦法，有些對象比另一些對象是較爲完全地成爲終結，一直到最後到達一個對象，它成爲唯一的終結，永遠不是變動的和有時間性的——唯一的終結（目的）。這個等級制度在希臘思想中是很明顯的：第一級也是最低一層，是植物性的終結，正常的生長和再生；第二級是動物性的終結，移動和可感受性；第三級是理想的和理性的終結，其中最高的終極乃是在思維中占有一切形式的對象的一種極樂的靜觀。在這個等級的排列中，每一較低的等級是一個終結，同時也是較高一級終結的手段或先在的條件。經驗的事物，屬於工藝方面的事物是屬於第二級的，但是在和思想的偶然混合的影響之下最後也具有了工具的性質，有可能成爲在純理性中占有理想對象的生活。現代的目的論就不是這樣簡要明確，然而它們都同意於這個概念：即一列一列的低級終結爲這個唯一的終結（目的）作好準備，並登峰造極成爲這個唯一的終極（目的）。

　　這樣一種分類的工作對於那些享有特權的人們，無論他們是哲學家們，是聖賢學者和願意爲其特殊地位進行辯護的人們，自然是起著一種安慰的作用的。但是它的這種具有安慰作用的辯解不應該使我們看不見這個事實：即把對象當作是或多或少的終結是絲毫沒有意義的。它們或者具有直接的和終結的性質；或者它們並沒有這種性質：性質本身是絕對的而不是比較而言的。一件事物，當它和某些它所缺少和所需要求得的性質比較時，具有某種程度的藍色；但是它的藍色本身並不是藍得多些或藍得少些，也並不是比藍色更藍些或少藍些，同樣，終結的性質也是如此。對象也許有較大的或較少的吸收力，以及有較大的或較小的穩定性，因此相對於最後性而言便具有一定程度的強度。但是這種強度的差別，除了從屬於反省的選擇而外，並不是屬於最後性的等級或類別上的區分。這種差別可以用之於不同的牙痛，也可以用之於不同的思維對象；但是它並不內在地用之於在一種牙痛和一個理想的對象之間的差別——除非像牙痛這樣一件事情時常具有一種較爲強烈的最後結果。如果我們按照後者這個事實的線索，我們大概將得到這樣的一個結論：即尋求純粹的和完全的最後結果，就會把我們帶到一種模糊的感覺和難塡的欲海之中。因爲這些事情就是說明這種本身完備自足、旁無牽連的事物的最好的事例。

如果這時理性的意蘊或意義同通過感性的和情慾的對象所占有的東西相比乃是較好的靜觀對象，這不是因爲前者是較高的或較爲「眞實的」先在過程所產生的結果。它們不是根據現實性的多少來分別等級的，這是因爲它們對反省的讚許表現爲更值得追求的東西。而這個理性的特徵就意味著：具有較好性質的事物既有直接性和後果性，也具有變動性和工具性，它們是具有潛能的和有生產力的。它們引導到某些地方去，也許引導到其他具有爲人們所領會和深思的性質的事件去。如果思辨不是這樣在美感上爲有些人所欣賞，它就永遠不會起著把人類從感覺和衝動中解放出來的那種作用了。這就顯示出：美感對象可以是有用的，而一個有用的對象也可以是美感的，或者說，直接性和效用性[1]雖是兩個可以區別的性質，在存在上卻不是分割的。但是也沒有理由把靜觀的知識或任何其他特殊的事件當作是一切自然終結中最高的終結。原來的所與或由深思熟慮所構成的東西是不是一個較好的或較高的終結，這不是一個關於內在性質的問題，而是關於在反省中所決定的判斷的問題。正因爲某些對象直接就是好的，所以凡足以保證和擴大它們的發生的東西，在反省的選擇中它本身也許就變成了一個直接的最高善，這是可以理解的。

歷史充滿了數典忘祖之事。一切存在都不僅只是過去事物的產物；它們有它們自己的性質和獨立的生活。在一切的後裔中都有像李爾王（King Lear）的女兒那樣的一回事，這種數典

【1】爲了避免誤解，也許在這裡應該明白地說明：在此地和在其他地方應用的「效用性」（efficacy）一詞，並不意味著要按照舊的關於從事於射發力量的某種事物的學說來予以解釋。它純粹是從外延的方面來運用的；它指明在一件將有一個特定的收尾的事情的進程中的經驗地位；它的意義並不是用任何理論來說明的，而是用這類的事情來說明的，例如：要取火，就要使用火柴，而且它是用來點燃紙張或薄木片而不能用於岩石的。這些字眼，如媒介、工具性、因果條件等經常出現在本書之中，我們也要同樣地把它們翻譯過來。

忘祖之事，只有當它反過來否認自己的祖宗的時候，才是可以責備的。柏拉圖和亞里斯多德從公共的美術對象中，從希臘文化的儀式、祭祀和圓滿終結的對象中曾經借用過材料，而且也曾經把所借用的東西理想化而成爲新的藝術對象，這是應該感謝的事情。但在他們已經借貸之後，他們卻把他們的模型和規範所由派生的東西棄如敝屣，這就不是怎樣値得敬佩的事情了。這種缺乏眞誠的情況使他們看不到他們自己的建築物所具有的那種詩意的和宗教的特徵，而且在古典的西方哲學的傳統中樹立了這樣一些概念：即對於對象的直接掌握和吸取就是知識；事物按照它們能夠使得一個有修養的心靈從事這樣的掌握或進行這樣的諦視的程度而被安置在有等級的實在中的一定地位上；在「存在」中實在所具有的條理秩序是和一個預先已經決定的「終結」（目的）的等次相一致的等等。

如果我們認識到：一切在有意識的經驗中直接占有，而對它們又不作任何使用的性質，根據直接性和後果性，爲證明自然所具有的特徵而提供了證據，那麼我們就有理由毫不矯飾地把對於事物的使用和享受當作是自然的，既是屬於事物的，也是屬於我們的。事物是美的和醜的，是可愛的和可惡的，是晦暗的和光輝的，是有吸引力和排斥力的。我們內心的激動和興奮，也和長度、寬度和深度一樣，是同樣屬於它們的。即使對於事物的利用，它們被用來作爲手段和媒介的能力，也首先不是一種關係，而是一個被占有的性質；既然是被直接占有的，它和任何其他的性質一樣，也是美感的。如果勞動把一個有條理的順序變成了一個達到終結（目的）的手段，那麼這不僅把一個偶然的結尾轉變成爲一個對於目的的滿足，而且它也使得勞動具有了一種後果和圓滿終結所具有的直接的性質。藝術，甚至於美術既是一種所期望的東西，也是一個直接所享受的東西。

從控制和利用的觀點來看，把原因視爲較高的實在的這種傾向是可以解釋的。一個「原因」不僅是一個在前面的東西；它是那樣的一個先在條件，即如果爲我們所操縱，它就節制著後果的產生。這就是爲什麼把太陽當作是白天的原因條件，而不把夜晚當作是白天的原因條件的道理。由於懂得了，如果能夠具有並管理一定的條件，就自然會達成一定的後果，一種不可根除的天然的實用主義便任意從事一種簡捷的轉變，而把原因理解成爲內在地較爲基本的和必要的東西。時間是一個柔化者和讚美者，這個事實更增加了這種實用的傾向；現有的煩惱，當隔了一段時間而不再在眼前時就消失了它們的尖銳性。按照諺語說，舊的時代總是好的時代，而歷史是從一個天堂或黃金時代開始的。好是合乎胃口的，也就被認爲是正常的；而受苦則是一種偏差，產生了罪惡的問題。因此，早一些出現的東西既得到道德上的尊重，也有實用上的優越。但是在存在中，或者從形而上學上講來，原因和後果是處於同等地位的；它們乃是同一歷史過程的不同部分，各有其直接的或美感的性質，也各有其效能或一系列的連繫。既然存在是有歷史性的，那麼僅僅當每一部分被區分開來和關聯起來時它才能夠被認知。從認識上講來，「原因」和「後果」都是一個片面的和殘缺的存在。原子在時間中，由於關係的不斷複雜化而產生了藍和甜、痛和美等性質，同時在時間的橫切面它們還有廣延、品質或重量等，這一情況同樣是原子的眞實存在的一部分。

這個問題既不是屬於心理學方面的，也不是屬於認識論方面的。它是屬於形而上學方面的，屬於存在方面的。問題在於存在是否包括著事情，是否具有時間的性質，具有開始、過程和結尾的特點。如果是這樣的，那麼晚一些和早一些的事情，不管它們在特殊的實用問題上是多麼的重要，對於一個論述存在的學說來講，是一視同仁的。把原子視爲全部的眞實而犧牲了心靈和有意識的經驗，與在空間上在這裡和那裡之間作一個嚴格的分隔，是同樣的武斷。區別是眞正的，而且爲了某種目的是必要的，但是它並不是一種在實在的種類上和程度上的區別。這裡的空間和那裡的空間是連接在一起的，而那時候的事情和現在的事情也是連接在一起的；在連接的地方和有區別的地方同樣都是眞實的。爲了要控制事情的進程，就得要知道它們的條件。但是爲了要突出這些條件的特點，就必須沿著它們追溯下去，以達到某一端，一直要我們達到了某種爲我們在有意識的經驗中所享受或遭受、所占有和使用的東西時，才算完全追溯到底。有許多比較簡單的關係，按照定義被稱爲是物理的，而有生命的和有意識的事情又實現了尚未充分在這些所謂物理的簡單關係中表現出來的特性。

然而，不應該把有時間性的性質和時間秩序混爲一談。性質就是性質，是直接的、即時的和不可界說的。秩序條理是有關於關係、界說、在什麼時間、在什麼地方以及有關於描述的事情。它是在反省中被發現的，而不像有時間性的性質那樣直接占有的和被指明的。時間秩序是科學方面的事情；有時間性的性質是無論發生於意識之內或意識之外的每一事件所具有的直接的特性。每一件事情本身總是在這樣的方式之下過渡到另一件事情，即後來所發生的事情乃是現有存在所具有的特性或本性的一部分。一件「事情」，一個事物（res），無論它是有關於化學變化的，有關於生命、語言、心靈的創變的，或是有關於構成人類歷史的歷史時代的，總是處於爭鬥之中。每一件事情總是從另外別的事物而來的，而且當它來到的時候每一件事情都有它自己的首創的、不可預測的、直接的性質，也有它自己的相類似的終結的性質，後來的東西永遠不是僅僅溶解到早期存在的東西之中而已。這樣的所謂解決僅僅是關於我們所藉以調節先在東西向後來的東西過渡的這種秩序的另一種陳述而已，我們可以利用較好的關於童年的知識來解釋成年的特徵，但成年絕不是童年再加上一點什麼。

在作爲事實上收尾的終結和作爲滿足需要的終結之間加以區別，而同時又要記住後者和前者的連繫，這是不容易的。我們帶著一種想要保持和維護經驗中某些對象的意願而這樣直接地去反應它們，以致難以保持這樣一個概念，即：把一個事物當作一個完全不受深思熟慮的選擇和策劃的因素的影響的終結；當我們想到它或談論到它的時候，我們就把連繫介紹進去了。既然我們要從煩惱和受苦中逃脫，既然除了在逃避之中以外，這些事物並不是選擇和策劃的對象，那就似乎是迫不得已而把它們也稱之爲終結（目的）。這樣來稱呼它們似乎是在語言上的一種不恰當的情況。我是十分願意在語言的這一點上讓步的，如果它的含義被承認和被接受的話。因爲在這種情況之下，除了一個在深思熟慮的指導之下的事物進程以外，我們所剩下來的就只有直接地爲我們所利用、享受和遭遇的對象，但它們本身並沒有要享受終結（目的）這個稱呼的要求。在這種情況之下，健康本身並不是任何自然過程的一個終結（目的）；它本身更不是一個終結（目的）。當爲病魔所擾之後而恢復了健康時，它就是一種爲我們所享受的好處。同樣，信仰和陳述的眞理性也是一件具有好的性質的事情；但是它並不是正因爲是好的，所以就成爲一個終結（目的）；只有當它由於它具有好的性質而爲我們所追求和作爲一個結論而達到的時候，它才成爲一個終結（目的）。根據這一點看來，一切的終結（目的）都是在預見中的終結；它們是有意識的意願的對象，而不是像在希臘學說中所說的那樣，是一個作爲「存在」所具有的特性的理想。當它們在存在中被達到的時候，他們就是終結（目的），因爲這時候他們乃是通過前面的努力所達到的結論，正好像一根竹竿本身並不是一個目標，但它在對一個賽跑者和他的競賽的關係上，它就成爲一個目標一樣。我們必須一貫地堅持，終結（目的）和有意識的努力的目標是等同的，否則，我們就要承認：一切爲我們直接所占有的具有不可減縮的和自足的性質，如紅和藍、痛苦、堅實、粗糙、光滑等事物，都是自然的終結。

然而，在把終結（目的）和「在預見中的終結」完全等同起來，以及把後者和心理狀態完全等同起來的情況中，並沒有自明的乃至是清晰的東西。這樣的等同起來乃是把有意識的生活和客觀的自然隔絕開來了。曾有過一個特殊的歷史情境，產生了這個分隔。現代科學已經把它弄清楚了：自然對於壞的東西和對於好的東西是無所偏愛的；它的磨盤一視同仁地碾出了各種的糧食。假使希臘思想只是曾經陳述說：存在的一切直接狀態都有一定的最後性和後果性，一定的不可測量性和不可計算性；假使它曾經引用有意識的經驗，作爲說明自然過程對於好的和壞的終結是一視同仁的一個突出的事例，那麼現代科學對於自然終結的主張就不會對它有著毀滅性的打擊。毋寧說它會使得這個主張更能成爲豐富的源泉。如果我們明白地發現了正是在這個好的事情和那個壞的事情前面存在著什麼條件，我們就掌握了管理具有這些性質的事物之發生的手段。但是對於自然能量對產生好的收場和壞的收場這一情況乃是一視同仁的這個發現，以及對於導致不同後果的各種過程的這種相互重疊和相互混淆情況的發現，卻這樣完全推翻了這個關於終結（目的）的古典學說，乃至似乎把關於自然終結的任何概念都給廢棄了。邏輯的結果就是把「意識」作爲直接性質的集聚，和自然割斷連繫，而且創立一個關於物理的自然和心靈的二元論，這就是現代認識論上各種問題的根源。

重新考慮這個關於自然終結的學說，這在歷史的連續部分中對正確地領會有意識的生命和自然的連繫乃是必要的。「意識」，在它的許多含義的一個意義中，就等於是直接的顯現，是性質和意義的明顯而生動的呈現。如果把這些直接的顯現當作是在自然的事情和物理的事情所具有的突出特徵以外其他的什麼東西，對象本身就變成了在存在中遙遠不定的東西，只有通過意識的仲介才能達到的了。再者，性質是直接的和絕對的，同時任何特殊的性質又顯然是不穩定和流變的。直接的對象乃是變幻無常的最後定論。意識，按照適才所指出的這個意義，乃是一個流變，其中沒有一個東西是停留不動的。永久性、「實質」（substance）僅僅發現於一些不可接近的事物之中，爲了提供這個流變一個實體和軌跡，就不得不求乞於它。因此，我們就面臨著類似在認識論中所有的那樣一些惶惑不解之謎，在這時候只要留心一個問題就夠了。在直接性質的領域中包括有每一個有價值和有意義的東西，但是它是不穩定的和動盪不安的。

第一個考慮誘導著我們給予意識以高貴的讚揚；次一個考慮在我們把它和假設在它背面的事物以及它們所具有的固定性和永久性兩相比較之下，便使我們去否認它具有眞實性。既然直接的性質來去無常，沒有內在的節奏和理由，既然生命比無機物是較爲不穩定的，而有意識的生命較之生理學上所理解的生命又更加變幻無常，既然直接性質的來往只有經過了意識之外的事物的仲介才會接受節制，那麼意識就變成一個變態的東西了。「物質」作爲由許多間接的、不是直接所給予的、從某種意義上講來是不可知的事物所結合起來的一個複雜體，變成唯一眞實的和堅固的了。

如果我們忽視了在實際上傾向於有規則的和重複的東西，因而傾向於與後果對立起來的「原因」的這種偏向，那麼這種具有直接性質的事情的流變情況就只能表明：直接的狀況就是直接的狀況而已。就這個事例的性質來看，直接事物之發生乃是藉助於順序條理的。而在那種爲常識視爲實質的事物的事例中，這些特性如質量（mass）和惰性、不變的堅固性和廣延性等，則最被重視。在這裡，變動速率是慢的；它呈現爲一種既有消耗又有積累的事情；靜止的空間性質最爲突出。時間對於堅固實質的變化是比較漠不相關的；一百萬年就是一天。但是如果事物的存在依賴於許許多多獨立的變動因素之間的變相作用，那麼它就是在一種不穩定的均衡狀態之中的。它的變動速率迅速；在相續的性質之間彼此沒有明顯的連繫；任何一部的移動都可以改變整個的配合情況。因此，光和水是「實質」，而依賴於光線和水蒸氣的一種高度特殊的結合才能形成的、迅速變動的虹就僅僅是一個「現象」。這樣的直接性質，如紅和藍、甜和酸、聲調、愉快和不愉快，都是依賴於由許多有制約作用的事情所形成的一種非常的混合物和複雜體；所以它們是變幻無常的。它們從未完全一樣地重複過，因爲產生它們這樣一種終結的事情在完全相同的情況下再結合起來，這種情況從未顯明地重複過。所以它們乃至比虹更爲「現象的」；如果它們要在「實在」中占有一定的地位，它們就要作爲實質的各種「樣式」（modes）而依附於實質之上。

因此，那些最稀少的、終極的，也就是不穩定的和最容易變化的事物，便似乎和那些好的、堅實的、舊式的實質有著種類上的差別。物質變成了不像那種沒有想像力的偏見所理解的那樣成塊的和厚實的東西。但是當它跟直接性質的變動比較起來時，在任何情況之下，它又似乎是堅固和有實質的；我認爲就是這一個事實說明了：我們在「物質—實質」的類比之下，在心理的事情下面也插入了一種非物質的實質。但是當我們認識到：心理的事情乃是自然的事情高度複雜的交相作用所產生的結果時，它們的這種迅速變化的性質本身就變成可以理解的了；這就沒有根據來爭執說，它們和物理的東西有一種極端的差別，因爲物理的東西也是可以分解成爲一種爲事物變動的進程所具有的那種特性。「意識」，作爲是直接性質和意義的一種顯著而生動的呈現，是唯一具有直接價值的，於是那種不在當前直接呈現出來，而它們的內在性質又不是直接爲我們所占有的事物，從控制的角度看來，乃是基本的。因爲正是由於爲我們直接所享有的事物既是稀少的，又是變幻的，因而唯一能被我們所思及的就只有它們被我們所享有時的各種條件了。從保衛和維護對於終極性質的享有的立場來看，通常的普遍的和重複的東西就是屬於高級的東西。直接講來，除了占有、享受和遭受這些終極的性質以外我們就不能對它們有所作爲，所以反省乃是與那種制約、防止和保證這些性質之發生的條理有關的。和我們的期待相反，許多歷史的哲學體系卻把這種現實的情況完全顚倒過來了。一般的、重複發生的、廣泛的東西被視爲有價值的和屬於高級的「存在」；直接的、強烈的、流變的和具有個別特性的東西，只有當它依附於某些通常的、普遍的事物時，才能具有外延的意義。實際上，普遍的和穩定的東西之所以是重要的，乃是因爲它們具有促使產生獨特的、不穩定的、轉瞬即逝的東西的工具作用，因爲它們是後者發生的有效條件。

亞里斯多德通過拉丁基督教所遺留給現代世界的思想體系，表達了這個把具有工具性的普遍存在的東西當作最後的東西的後果。實際上，圓滿結果的對象並不是在少數幾個總類之下所排列的一系列有數的和不變的各種存在，而是無數的、變動的和個別的事情。在興盛中歌頌失望而在黑暗憂鬱之中歌頌希望的詩人卻已成爲眞正的關於自然的形而上學者了，眼前的榮耀和眼前的悲劇一定就會過去的。偶然的、不定的和不完全的東西使得圓滿結果的對象具有深度和廣度，同時那種不直接爲我們所占有的、只有通過反省的想像和理性的構築才可能接近的事物，卻是控制它們發生的條件。

一個對象所具有的終極性質愈爲豐富，這個對象就愈爲動盪不定，因爲它是依賴於許多不同的事情的。所以，充其極，控制也是片面的和帶有試驗性的。一切的預測都是抽象的和假設的，設定其他事情是穩定的，那麼在思想中所選定的一定條件就決定著一件事情（例如紅）的發生是不是可以預測的。但是既然別的條件並非始終固定不變的，現實所發生的事情絕不會恰是在思想中所產生的東西；並沒有單純「紅」的東西，而只有具有一定色度和一定深淺的紅色的東西，正在這樣一個不可重複的內容之中。因此，在任何終結的對象之中都可以發現一些不可預測的、自發的、不可陳述的和不可言喻的原因。標準化、公式、概括、原則、共相都各有它們的地位，但這種地位乃是有助於更好地獲得獨特而不可重複的事物的工具作用而已。

歌頌這個事實，我們應歸功於浪漫主義；如果一件事實不受到過分的頌揚，它就不會明顯地被充分發現和交流。反對浪漫主義這個思想體系是十分有理由的；但是即使從一個討厭的體系也可以得到一點一滴爲比較嚴肅的體系所不知的眞理。不管稱這個事實是浪漫的或某些別的更好聽一些的名字，這仍然始終是眞的：即直接的和終結的性質（無論是否稱之爲意識）形成了包括有許多直接的、變動的、衝動的、冒險的最後結果的一個不可預測和不可言傳之流，而在古典思想中被歌頌的那些普遍的和有規則的對象和原則，相對於它而言，只是具有工具作用而已。

在我們結束本章之前，最好再提醒一件事。指出某件事情是一回事，讚賞和頌揚這個事實是另一回事。當我說，凡直接所享有的圓滿結果和稀有的東西是變幻無常和獨特的時，我並不是說，這是一件美好和可貴的事情，應該永遠不要完全服從於原則和規律。不要因爲一位新聞記者報導了某種情況因而去責備他，在這裡所報告的這個事實在一位忠實的經驗主義者看來，是十分不可避免和十分顯明的，因而也就沒有必要去頌揚或貶責它。唯一的問題是準備怎樣來對付它所有的那些各種各樣的組成我們的生命和給予我們生命以悲歡離合的事例。這個問題在反省中是迫切的；在「謀求生活」這樣一個最實際的行動中，在經常迫切需要工作的情況中，它也是迫切的。用於反省中的材料甚至比用於解決飢渴的材料還要變化得迅速些，它們的新陳代謝的過程還要來得快些。眞正思考到一件事情就是去思考到我們迅速追求它們的含義時立刻想到的那些含義，在一位思想家講來這是沒有止境的，除非是在思考的過程之中。也許就是由於這個原因，思考，從總的講來，在人類的文化中一直被視同繁重的勞動，視同沉悶和憂鬱的東西。幻想跑得很快，但是在幻想中並不包括使得其中的連繫緊密而連貫的工作在內。只有在古代希臘那樣幸運的環境中從事理解的努力才能變成一種豐富的樂趣，以致他們可以把它認爲不僅是自然的一個終結，而且是它的許多終結之終結，而一切其他都是爲了它而發生的。

然而，參與在這種圓滿終結的活動之中的還僅限於少數的人。既然它被理解爲一個終結，自發地或「自然地」給予少數人的，而不是一個所要達到的實用的和反省的結論，他們便斷定說：有些人天然就是奴隸，他們唯一的職能就是供應物質資料使別人不致爲了需要求生而分心，從而可能在純理論的活動中從事思考。因此，思想乃自然之最後的和完備的終結這個概念，就變成爲一個使社會上現存的階級劃分「合理化」的手段。把人類劃分成爲沒有思想的人和從事於探究的人，被認爲是自然的內在工作；實際上它就是等於把人們劃分成爲勞動者和有閒者。哲學家們和科學研究者們是自然完善的最高極點，是最少依賴於外向行動和連繫的。

從某種意義上講來，思維和悠閒的領悟之發生是自然的；它發生在自然過程的進展之中。

它可以說是「賦予的」（「given」）。好像任何後來得到的結果一樣，它在變成一個反省選擇和尋求的對象之前，必先是被直接遇到，被未經預先的思索而達到的。但是當它一經被反省的時候，它的意義就被誤解了。把靜觀的思維本身當作是唯一的終結（目的）的這個想法，一方面是由於在實踐中不能使理性發生有效作用而作的一種補償，另一方面又是一種使社會階級的劃分永存的手段。一個具有歷史性質的局部的和暫時的政治變成了一個關於永恆存在的形而上學了。當思維達到了眞理的時候，它的確可以說是實現了自然的規律性和普遍性；成爲它們的自然的終結。但是它的在某些東西中而不在另一些東西中作爲終結（目的）而體現出來，並不共同享有普遍性。它是偶然的、意外的；只有當它的成就是政治和教育的審愼的藝術所產生的結果時，這種成就才是一種有理性的實現。

既然在自然中沒有一個東西是澈底最後的，理性（rationality）總是既是手段，也是終結（目的）。只有當那些已經實現了善的人們把它再用來改變條件，使得其他的人們也能共用此善，而善果的普遍性是在事件的進程中存在的時候，所謂理性終結（目的）的普遍性和必然性的主張才能證明是有效的。愈是肯定說思維和理解本身就是「終結（目的）」，那麼思維就愈是必須發現爲什麼它們只有在一個很小的和排外的門類之內才能實現的理由。思維的進一步的問題就是要使思維在經驗中占優勢，這裡所說的要使它在經驗中占優勢的，不僅是灌輸到別人頭腦中去的思維的結果，而且還有能動的思維過程。在古典的和有大家風範的傳統中最後的矛盾是：它使得思維成爲普遍的和必要的和終極的自然之善，但同時又使得它散布在人們之中成爲意外的、依靠於出生的、依靠於經驗的和政治的地位的一種東西。如果有一種哲學不關心於決定理性發生的條件，而卻又說理性是最後的和普遍的，那麼一貫的和合乎人情的思維就會覺察出這個可恨的矛盾。當對象的性質被發現是值得成爲後來結果的時候，這種發現就必然會產生藝術。只有在這兒，思維和認識，不僅在它們的來源方面，而且也在它們後果方面都是在自然過程之內的事情，因而充分地發揮了它們的作用。

第四章　自然、手段和知識

人們最熟悉的一個神話，講到勞動是怎樣由於人類觸犯了神權而產生的，勞動是一種給地球帶來了禍患、給人類帶來了痛苦的行動。由於這個最初對上帝的反抗，男子在憂患中做苦工，以求得一個安定的生活，而女人則在痛苦中養育兒女。這個故事是一個動人的證據，說明人類發現：自然界支援他的各種活動，這是很自然的；而連續的和痛苦的工作負擔加在他的身上，這是不自然的。歡樂是自發的，勞動就需要有一定的理由。在這個舊傳說的產生和古典政治經濟學的建成之間有一段長的距離；但是後者主張，作爲價值之源泉的勞動意味著付出高度代價，意味著沉重地犧牲當前的圓滿結果去求得後來的好處，這種主張表達了相同的人類的態度。

但是，事實上，人類所以變成神靈那樣，不僅占有和享受到善惡，而且也**認識**到它們，這不是由於享受了那個蘋果，而是由於受到了這個強迫勞動的懲罰。爲自然所提出的、爲了使工作能夠獲得成功所必須遵守的那些要求條件，乃是人們對於自然界所作所爲進行觀察和記載的根源。它們提出了這樣一種訓練，即使得豐富的幻想變成對事情運動過程的尊重，使得思維服從於一種適當的空間和時間的秩序。空間是戲劇、運動和文學辭藻產生之母，但同時需要乃是發明、發現和循序反省之母。雖然在運氣好的時刻，異常的事變是可以用儀式或者禮節來甜言蜜語地誘導或加以約束的，但是只有工作才使得家庭的、日常的事情具有一種有結果的魔力。戈矛、網罟、陷阱、機關、器皿、筐籃和布匹等物也許由於它們附屬於一定儀式的設計之內而使它們的能力更加擴大了，但是這種設計永遠不能完全代替那種需要符合於對自然材料之有效的抵抗和適應的情況。敏感、機警、發明以及知識的積累和傳遞，乃是人類在勞動中需要避免沉湎於直接的占有和享受，以便在事物活動的連繫中把它們當作手段和記號來加以考慮而產生的結果。同樣的需要也要使得那種除它本身具有刺激性以外與任何事物無關的直接情緒，轉變成爲對自然事情的運動和可能性的興趣。對於用具、工具，人們是用盡一切辦法裝飾它們，使得他們可以想起具有圓滿結果的事情，以減輕它們的負擔，但是工藝品又回過頭來爲儀式藝術提供材料、用品和圖樣。

工具、手段和媒介乃是工業中所特有的事物，這樣一句話乃是同義詞的重複。從它的本質上講，技術所涉及的乃是具有工具作用的事物和行動，而不是處於直接狀態的事物和行動。對象和事情在工作中並非作爲對於需要的滿足、實現而呈現出來的，而是作爲達到其他事物的手段和具有預示性的標記而突出的。一個工具是一個特殊的事物，但是它不只是一個特殊的事物，因爲其中還體現出一種自然的連繫、一種順序的關聯。它具有一種客觀的關係，而這種關係也就說明了它自己的特性。對它的感知以及它的實際用處，使得心靈涉及其他的事物。戈矛並不直接暗示出這種歡樂的情況，除非通過其他外在事物的媒介，例如在遊戲和狩獵之中對於盾牌的感知就激起了想像。人傾向於他自己的這種偏見，使得他單從一個工具對他自己、對他的手和眼的關係來考慮它，但是它的基本關係卻是對其他外在的事物的，例如斧頭之對於釘和犁之對土壤等。只有通過這個客觀的關聯，它才保持著對人以及他的活動的關係，一個工具就是表明對自然中的順序關聯的一種感知和承認。

古典哲學胎孕於驚奇，產生於安閒，培植於圓滿的靜觀，所以它留心到在美術中圓滿的或有後果的對象和在工藝中具有工具性的和從事於操作的對象這兩者之間的區別。然後，它運用這個區別，根據一種思辨的物理學去解釋自然。工藝之所以是可能的，是因爲事物具有可以觀察得到的效能；但是它們之所以是必要的，卻是由於欠缺、匱乏、不完備、「無有」（Non-being）。在感覺和胃口中這樣的缺陷是明顯的；原料之所以可能轉變成爲有用的形式，這是由於原料本身具有可以轉變的性質，而這種可變性的本身證明了它們也不是完美無缺的「存在」。事物之所以有潛能性或工具性，這是因爲它們還沒有存在，而毋寧說還是在變化過程中的存在。它們供給了它們本身各種足使它們滿足的活動連繫，因爲它們本身，按照一種恰當的意義講來，並不是所謂「眞實」的東西。這個觀點使希臘思想得以免於現代把工具視爲單純的主觀方便之物的這種片面性。但是這個保衛工作付出了相當的代價，它認爲自然中存在本身就具有一種分裂的情況，把它區別成爲某些事物內在地是有缺陷的、變化的、關聯的另一些事物則是內在地完善的、永久的、自足的。其他的二元論，例如在感情的欲念和理性的思維之間，在殊相和共相之間，在機械的和有目的的之間，在經驗和科學之間，在物質和心靈之間所存在的二元論，都僅是這個原始的形而上學的二元論的反映而已。

把美感的對象轉變成爲科學的對象，轉變成爲既眞且善的統一的東西，跟把活動著和轉化著的對象轉變成爲缺乏完善存在的事物是完全相符的。由於這些事物不是完善的存在，這便產生了它們這種變動的不穩定的狀況，然而這種不穩定的狀況，和工藝原料一樣，對超越於它們本身以外的終結（目的）是具有著潛存的作用的。社會之劃分成爲一個勞動階級和一個有閒階級，區分成爲工業和美感靜觀，便變成了在形而上學上區別成爲僅僅是手段的事物和作爲終結（目的）的事物。手段是卑賤的、僕從的、有奴性的；而終結（目的）則是自由的和最後的；作爲手段的事物就證明有缺陷、有依賴性的，同時終結（目的）則證明是一種獨立的和內在自足的存在。所以前者永遠不能在它們本身就被認知，而只能當它們是從屬於最後的對象時才被認知，但後者根據一種獨立自足的推理在它們本身並通過它們本身就能被認知。因此，把知識和美感的靜觀等同起來，而把嘗試、工作、對事物的操縱和管理都排除在科學之外，就構成了一個完全的循環。

藝術家們通過所創造的和諧地構成的對象爲唯心主義哲學提供了最後眞實對象在經驗中的模型，但是思想家們對於這些藝術家們則表現出一種忘恩負義的態度，而對於工匠則尤甚。農民、航海者、建築工人觀察和進行工作程序所積累的結果，提供了有關自然事情的事實資料，而且也供給了在邏輯上和在形而上學上變化從屬於直接所占有和所享受的滿足結果的一種模範。在思想家們責備工人階級和輕視勞動的同時，他們卻又從他們那兒借用了那些給予他們自己的理論以形式和實質的事實和概念。因爲離開了藝術的過程就沒有把滿足、現實這種觀念介紹到終結（目的）這類概念中去的根據，也就沒有把先在的活動解釋成爲潛能性的根據。

然而我們卻不應該也跟著表現忘恩負義。因爲如果說希臘思想家們還沒有達成科學，但他們卻已經獲得了科學的觀念，這個成就越出了藝術家和工匠的範圍之外。因爲不管他們自己對於自然事情的觀察和信仰的內容是如何堅實，那種內容乃是約束在根源和功用的機遇之中的。他們所認識的關係在時間和空間上都是限於局部範圍之內的。當題材從這種關聯中提升上去並置於一個永恆形式的領域之內，它就受到了一定的歪曲。但是關於知識的觀念便因而得到了解放，而在存在中的這種邏輯關係的體系便被奉爲探究的一個理想了。思維被揭露出來，當作一種具有它自己的對象和工作程序的事業；而這種把思維當作是一切藝術的方法之方法的發現，對於一切後來的經驗增加了一個新的幅度。如果有人試圖在由於把思維和邏輯當作是一種自由事業的這個發現所得到的收益方面和在由於把有工具性的東西和終極的東西截然劃分的後果所應付出的債務方面，兩者之間求其平衡，這會成爲一種學究式的工作。

在荷馬（Homer）和赫塞奧（Hesiod）時代和西元前五世紀之間在希臘的經驗中曾經發生過一個大的變化。在早期，表現出對生活有一種憂鬱的心情。爲命運，大部分是厄運，所支配的感覺廣泛地流行著。如下的一些引語顯示出來了這樣的心情：「因此，神靈已爲這些不快樂的生靈決定了：人們應該在痛苦中生活，而它們本身則在無憂無慮中生活。」「成千的苦難橫越過人類的住處；它們遍布於地面而充斥於海洋，夜以繼日帶來了悲痛。它們靜悄悄地就來臨了，因爲聰敏的宙斯（Zeus）[1]已經拿去了它們的聲音。」「凡爲赫卡特（Hecate）[2]所寵愛

【1】宙斯（Zeus）是希臘神話中的神王。——譯者注

【2】赫卡特（Hecate）是司月亮、地球及冥世的女神。——譯者注

的人們就不需要有知識、記憶或努力以獲得成功，因爲她是不要她的寵愛者的幫助而獨自動作的。」占卜神聖的意旨和虔誠的犧牲是人類唯一求助的手段，但這是無益的。認爲沒有人是快樂的，一直要到他死亡之後才能快樂。神靈的確也曾賜予人類一些藝術來改善他們的苦難命運，但是這種恩賜又是不確定的。終結（目的）是在神靈和命運的一邊，而命運甚至於還統治著神靈，它既不爲敬獻所賄賂，又尚未受到知識和藝術的威脅。

在詭辯學者們（Sophists）以及他們的偉大的雅典繼承者們的時代中，在心情上又有了顯著的變化。這時候已經存在有這種促使表達希臘人的寧靜心情的神話產生的條件。詭辯學者們教導說：人類通過精通藝術就能大部分控制生活的命運，柏拉圖是最明白現有的苦難的了。他認爲：既然這些苦難是由於無知和偏見，它們是可以用適當的知識去加以補救的。哲學應該以獲得一種控制社會的藝術爲其終極目的，柏拉圖的大對手教導說：命運乃是「人們所發明的一個幻影，用來掩飾他們自己的魯莽。命運不容易對抗思維，而且從絕大部分講來，一個受過教誨和有遠見的靈魂將會達到它的目標」。總之，以知識爲根據的藝術要跟自然合作而使它服從於人類的快樂。神靈已退到了黃昏的時期。神權有了一個強有力的敵手，崇拜變成了道德。醫藥、戰爭和手藝離棄了行會護神的廟宇和神壇，而發明、工具以及行動和工作的技術大大地增加了。

這個大膽擴展的時期並沒有繼續很久。它不久就讓了位；它爲茂萊（Gilbert Murray）的所謂神經衰敗所繼承而又回復到超自然的境界，哲學從一種高尚的藝術變成了一個進入超然境界的通道。然而，這個插入的事變雖是很短的，但它卻不僅僅只有歷史上的意義。它爲處在一個不安定、不完全和動盪的宇宙間的人類敞開了另外的一條道路，那就是說，除了在人的煩惱生活中所發生的那種讚美歡樂和休息的時間等方式以外，再可以有另一種方式。通過有工具性的藝術，以對自然、對具有使人滿足和好的作用的對象的研究爲根據的控制事物的藝術可以倍增和得到保證。這條道路，在差不多兩千年的晦暗和荒蕪之後，又被發現並再度被採用了；它的再發現標誌著我們所謂的現代時期。把科學當作在一個危難不安和一致、安定相混合的世界中的獲得支援的一個手段，而考慮它的意義，就成爲我們關於經驗這一章的主題了。

科學產生於藝術，物理科學產生於手藝和醫療、航海、戰爭的技術以及木工、鐵工、皮革工、亞麻和羊毛工等；心理科學則產生於政治管理的藝術，我認爲這是大家所承認的一個事實。明顯的理智態度標誌著科學探究的特徵，這種理智態度產生於人們努力去控制人和物，致使後果、收穫和成績更加穩定而可靠。當人類使用工具和用品去操縱事物，使它們對所期望的對象有所貢獻的時候，這便採取了脫離直接事物和事情之威脅的第一步。當人們不是在事物的直接性質中，而是爲了某些後來的結果而應付事物時，直接的性質便暗淡不明，而那些作爲其他事物的標記、指標的特點便突出顯明了。一個事物比較重要的意義是它將使得什麼成爲可能，而不是它直接就是什麼。認知的意義、理智的意義的概念本身就是說：事物在它們的直接狀況之中乃是從屬於它們所預示著的和指證著的東西的。一個理智的標記指明：一個事物並不是直接被接受的，而是指某些由於它而可能來臨的東西的。理智的意義本身可以被占有、享受和欣賞；但是理智的意義的特性卻是具有工具性的。所幸的是，工具和它們的功用都能直接爲我們所享受；否則，一切的工作都會成爲苦工。但是這個附加的事實並沒有改變一個工具的定義；它始終是一個用來作爲達到某些結果之媒介的東西。

在界說空間和時間性質，在把局部事物之純粹直接的性質轉變成爲種屬的關係時，人們是通過藝術來採取開始摸索的第一個步驟的。手指、腳、行走的步子曾被用來測量空間；重量的測量起源於商業交易和製作。幾何開始是一種農業藝術，進一步把空間從一種直接廣延性的局部性質中解放出來。但是古代和現代科學中所具有的極端不同的理解幾何的方式，就證明了幾何形式從其直接的或美感的特性中解放出來的這個過程也是很緩慢的。在希臘的天文學中，圖形的內在性質總是比它們在科學研究中的工具性的意義占優勢；它們乃是現象所不得不符合的形式，而不是間接測量的手段。直到今天，空間關係還沒有從美感的和道德的性質中得到解放，變成完全是理智的和關係的，變成從直接條件中抽象出來的，因而是概括到了它們的極限的。

對事物的理智的和工具性方面的認識的發展史的研究，是遠超過我們的範圍之外的，我們只能指出其中的某些純結果。無論在任何時候，只要當對象已縮小了它們作爲完全對象的身分而被當作是其他對象的標記或指標的時候，在原則上便已經開始走了第一步。如果進入這條道路，這樣的時候一定就會到來，那時適當的知識對象將喪失一切直接的和有品質的東西，一切最後的、自足的東西。這時候它就變成了一個解剖後的骨架，只包含那些具有直指的意義或工具意義的特性。抽象不是一個心理上的偶然事件；這是合理的總結對自然存在某些方面發生興趣的行動的繼續，而自然存在的這些方面是其他事物的可靠的和有效的證據；它們是用一種名詞意味著另一種名詞的表現方式來預測未來的手段。自明之理已不再是感性的或純理性的對象之基本對象所具有的特徵。基本的命題就是用一些在最簡單和最完全的方式下促使形成和考核其他命題的條件來對對象所做的一種陳述。可能有許多公理和設定的體系，而且是愈多愈好，因為由此可以發現後來可能產生的新命題。如果把由於它們本身的內在性質而受到尊重的對象就當作是知識的對象，眞正的科學是不可能的。它的完備狀態，它的內在意義，就不可能使它被用來作為有所指明和有所暗指的東西。

威廉·詹姆士（William James）曾說：「有許多東西都是理性條理的理想模型：有事物之間的目的上和美感上的連結……也有邏輯上和數理上的關係。在這些東西中最有希望的首先當然是比較豐富的東西，比較富於感情的東西。最空泛而最少有希望的東西就是數學的東西；但是數學的應用史乃是一部繼續獲得成功的歷史，而關於那些在感情上比較豐富的東西的歷史，卻是一部比較貧乏和失敗的歷史。即以最使你們人類感到興趣的那些方面論……你們的一切結果都是沒有收穫的。盡量按照你們的意願用一些感情上、道德上和美感上的名稱去稱呼自然的事物，而在這樣稱呼的後面並沒有自然的後果。……但是當你們給予事物以數學上和機械學上的名稱，而說它們是在恰恰這樣的地位中的許多堅固的東西，用恰恰這樣的速度來描述恰是這樣的通路時，那麼一切都改變了……你們的那些『東西』實現了你們所據以把它們分門別

類的那些名稱所具有的後果。」【3】

對這些含蓄語句的恰當解釋是：當從目的方面來看對象時，當最眞正的知識對象，即存在所具有的最眞實的形式被認爲是終結（目的）時，科學就不前進了。對象是被占有的和被欣賞的，但它們並不是被認知的。所謂認知，意思是說：人們已經願意放棄寶貴的所有物；爲了要去掌握那些他們在目前尚未享有的東西而願意放棄他們現有的東西。更多的和可靠的終結（目的）依賴於放棄現存的終結，而把它們變成有所指明和有所暗指的手段。對科學的最大的歷史障礙就是不願意放棄現有的東西，深恐這樣做法會使得道德的、美感的和宗教的對象受到損害。對於大群的人們來說，自然科學的這些空洞和枯燥的對象仍然是害怕的對象。機械學的或數理—邏輯學的對象乃是作爲理想的和最後的對象的對手而出現的。於是哲學通過運用了一種把物質的和機械的東西轉變成爲心靈的解釋辦法而變成了保持「宇宙之精神價値」的一種設計。藉助於對知識可能性含義的推演的一種辯證法，物理的東西就變成了某種心理的、心靈的東西——似乎心靈的存在一定是內在地比物理的東西更爲理想一些。

這種新的科學方法的純結果，就是把自然理解成爲數理的—機械學的對象。如果反映這種新科學的趨勢的現代哲學從自然中廢棄了最後因，這就是因爲關心於質的終結、關心於占有和

【3】詹姆士：《心理學原理》第二卷，第六〇五—六〇六頁。

享受現存的對象阻礙了探究、發現和控制，結果造成了關於定義和分類的一些空洞無物的思辨上的爭執。一個沒有成見的人不能否認感覺性質，如各種的顏色、潮溼和乾燥、硬和軟、輕和重，都是眞正的自然終結。在它們之中，使得身體的潛能性發生了功能，同時由於這樣而產生的身體上的活動，又回過來使得在身體以外的潛能性也得到實現。然而，主張把知識吸收到美感靜觀之中以後，最後的對象就是所占有的知識對象這個學說，曾給予科學以致命打擊的後果。一切的自然現象必須根據性質才被認知。熱和冷、溼和乾、上和下、輕和重乃是用以認知和據以認知的東西。它們是自然所具有的基本形式，積極的原則。但是伽利略及其科學的和哲學的後繼者們（如笛卡兒和霍布斯（Hobbes））卻把這個方法顚倒過來，而說這些感覺的形式乃是被認知的事物，是激起人們從事於探究的原因，是問題，而不是問題的解決，也不是解決問題的條件。這是一個一般的陳述；它促使有追求知識對象之必要。用以認知的可靠材料曾在不同的存在領域中被發現；在根據數學所界說的空間關係、地位、質量中，以及在具有方向和速度的空間變化的運動中，都曾被發現過。性質不再是直接對付的事物；它們也曾是已經完成的事物，是要求通過在數學和機械學的關係中所做的陳述和描繪來被認知的效果。唯一能夠界說、描述和解釋的世界，乃是一個在笛卡兒式座標的系統中被安排著的、在運動中的質量的世界。

當我們從經驗中觀看這種變化時，當時所發生的東西乃是在工藝中所遇見的這類東西，這時候自然的對象，如原礦，被當作是獲得其他什麼東西的原料。它們的特性不再在它們的直接性質方面，不再在它們是什麼和爲人們所直接享受的方面。現在它們的特性是具有代表性的；某些純金屬、鐵、銅等乃是它們的精蘊，那種可以提煉出來的東西才是它們的「眞正的」本質，它們的「實在」。要獲得這種「實在」，許多現存的組成部分就不得不被排除掉。從這個對象即純金屬的角度來看，這些要排除掉的東西便是「假的」、不相干的和發生障礙作用的。它們橫阻在中途；而在存在的事物中，只有指明將來的目標並且爲了達成這個目標而提供手段的那些性質，才是有重要意義的。

現代科學代表著對於這種工藝觀點的一個概括的承認和採納，因爲它的工作程序也是運用一種類似的操作技術來從事於操作和提煉的。如果沒有分隔和聯合各種工藝的用具和程序，物理科學是不可能的。在工藝中，後果就是增長了力量，倍增了直接所占有和享受的終結，並且使得用以達到終結（目的）的手段有更大更多的伸縮性和更爲經濟。金屬能夠做幾千種的用處，而原礦僅僅由於它偶爾呈現出一些美感性質而爲人所諦視，或者是在遊戲中或對著一個敵人被人整個地猛力擲去。因此，把自然存在減縮到成爲一個手段的地位，這並不和所占有和欣賞的終結有什麼內在的矛盾，而毋寧說是使得後者成爲一件更加可靠和涉及更廣的事情罷了。

那麼爲什麼在現代哲學中曾經這樣時常認爲物理科學的進步產生了一個嚴重的形而上學的問題；即作爲知識對象的一個機械的世界和終結（目的）之間的關係問題；如何在所描述和欣賞的這兩個對立的世界之間調和起來的問題？在經驗的事實上，機械科學的進展已經增加了許多的和各種各樣的終結（目的）；已經增加了需要和滿足；已經增加了許多和各種各樣的達到它們的手段。爲什麼還有這個問題呢？在答覆中可以提出兩個歷史的、經驗的理由。首先，亞里斯多德關於潛能和現實、關於自然過程終結產生的對象的形而上學，是同現在已不足憑信的天文學和物理學混淆不清地錯綜在一起的。它也和那些很快就和當代社會需要脫離關係的政治和經濟中的學說和制度混淆不清。最簡單的補救辦法就是把古典的傳統當作是科學中的約拿（Jonah）[4]而把它整個地拋入大海。這個方法是危險的和急躁的，但是它已經使得一種需要得到了滿足。通過一個簡單的手續，它就使科學探究得以避免那些阻礙著甚至麻痹著對自然進行考察的觀念，以及用許多過時的禁令去限制新的實踐的觀念。

然而光是這個原因本身頂多也只是造成一個瞬息即逝的歷史事件而已。人們之所以廢棄任何關於自然終結的理論，不僅僅是由於一種缺乏耐心的急躁姿勢，而是由於他們堅持了這個古典的認識論。希臘思想把占有、靜觀當作是科學的實質，而把後者本身當作是完全對於實在的占有，認爲它已和心靈融會一氣。當作爲一件現實事情的認識活動已經有了激烈的改變時，把知識當作是直接占有「實在」的這個概念卻仍然保留著。甚至當科學已經把實驗的追求和發現的方法包含在內的時候，知識仍然被界說爲對於眞實存在本身的領悟、掌握，而與它比較起來，其他的經驗方式是不完善的、混亂的和導入迷途的。所以這就產生了一個嚴重的問題。如

【4】約拿（Jonah）是希伯來的預言者，因違抗上帝，乘船逃遁，上帝施以颶風，致吹入海中，爲巨魚所呑食。現在特別指在乘船中帶來厄運之人。——譯者注

果科學固有的對象乃是一個數學的和機械學的世界（如科學的成就所業已證明是如此的）而且如果科學的對象說明了眞正的和完善的存在（如古典傳統的永存不朽所陳述的），那麼愛、欣賞的對象——無論是在感覺方面的或在理想方面的——和虔信的對象又怎能被包括在眞正的實在之內呢？

答覆這個問題所做的努力便構成了現代形而上學思想之大部分的專門內容，在這些前提之下，它的意義包括了幾乎從自由、理想和觀念問題到物理和心理之關係問題等方面的一切內容。關於後者，有關於它們現存關係的原因問題；也有關於一種存在的條理怎樣認識另一種存在的條理的認識問題。在這裡我們不涉及這些浩如煙海的文獻和所產生的各種（爭論和辯駁的）觀點。然而，回想一下這個問題所由產生的根源，加深下面這句話的印象卻是很恰當的：如果沒有背後這個可疑的假定，我們就不會被要求去找尋解決；當某些前提被捨棄時這些問題也就不會再是惶惑不解的了。在這裡與我們有關的前提就是：科學乃是對實在所具有的最後的、自足的形式的掌握。如果知識的固有對象具有這種為工藝的題材所具有的特性，那麼適才所提出來的這個問題便煙消雲散了。科學的對象，和藝術的直接對象一樣，乃是一系列關係的一個體系；它們是產生直接的占有和存在的工具。善果，即具有滿足的性質的對象，乃是當終結和一個順序的條理之間的連繫已被決定時發現和使用手段的自然結果。關於直接的經驗事物，它們過去一直是怎樣，它們現在就是怎樣：它們是自然歷史的結尾。物理科學並未曾建立另外一個對立的存在領域；它只是揭示了直接的和最後的性質發生時所必須依賴的那種狀態或條理。它使得終結不僅是一種偶然為我們所占有的東西，而且使我們具有一種調節它們產生的時間、地點和方法的能力。斷言有條理的關係的這個條件是屬於數學方面的或機械學方面的這個說法，從根本上講來，是同語的反覆；那就是說，對任何事物的知覺和使用使得我們能夠控制後果或達到終結的性質，這種事物的意義就是一種數理的、機械學的或者也可以說是邏輯的條理。在審慎地計畫和執行計畫的前提下，如果我們沒有發現我們所業已發覺的東西，我們就應該去尋找其他的東西。

如果科學是完善地掌握和領會存在的東西，而且如果科學是以一個「數理的—機械的」世界為終結，那麼，第二，我們就要面臨著關於實在和現象的那些問題。在古代思想中，這個問題是以一種最簡單的形式出現的。有高級形式的知識和低級形式的知識；但是一切等級的知識同樣都是「存在」在某一層次上的實現，因而與實在相對立的現象僅僅是程度較低的「存在」，是不完善的，沒有完全現實的。在現代科學中，它的自然世界乃是屬於同一性質的，因而這種完善的和欠缺的「存在」的對立就變得沒有意義了。它是一種關於知識或錯誤的問題，而不是在認識上所具有的和不同層次的「存在」逐一相適應的差別問題。在古代的見解中，感覺和信仰在它們的地位上都是良好的認識形式；它們所知道的東西，它們的地位，只是一種低級的「存在」而已。在現代人的心目中，如果它們未曾和科學的意見一致的話，它們就不是任何事物的知識。心靈是眞正的實在，而物質是心靈的現象嗎？或者說，物理的東西是最後的實在，而心理的東西只是物理的東西的現象嗎？或者說，它們兩者都是另外某些最後的實在的現象嗎？

在把知識解說爲直接的掌握和領會的前提之下，這些問題既是必要的，而又是不可解答的。如果科學的固有對象乃是具有工具性的自然，那麼這些問題便消失了。於是，任何一個直接對象，從探究方面講來，都變成某種被知的東西，都變成一個現象了。稱之爲「現象」，乃是指在動能上的一個地位而言，而不是指一種存在。任何一個性質，在它的直接狀態之中，乃是一個有著雙重意義的現象。第一，它是顯現出來的；它是明顯的、顯著的、突出的，再重複我們所已經用過的語言；它是被占有的。一個事物顯現出來，這意思是說，一個光亮的對象在黑暗中顯現出來，而其他的東西則隱晦不見，這件事情乃是視覺和聽覺等在物理方面和生理方面的限度問題。我們看見許多島嶼似乎是浮在海面上，我們稱它們爲孤島，因爲它們顯然和它們直接四周的環境缺乏連續性。但是它們是我們在上面行走的同一個土地的隆起部分；這個連繫的環節平常並不呈現出來；它們在那兒，不過未曾爲我們所占有。在這樣顯現和不顯現之間的差別是有著巨大的實際上和理論上的意義的，它迫使我們有進行推理的必要；然而，如果事物的全部連繫都呈現在我們的面前，而不是由於可感知性的限制而有了截然劃分界線的情況，這種意義便不存在了。但是這種差別的基地，正和在固體、液體和氣體之間差別的基地一樣，是物理的。有機的事情，如視、聽等，它們的收尾，在短時間內或即在眼前，乃是一切自然事情的歷史的收尾。在一個較長的事情進展過程之中和在一個包括範圍較廣的事態以內，要在許多歷史之間重新建立一個連繫，這就要求我們進行挖掘，探查和利用超越於外現的東西以外的技巧來擴大我們的視野。藉助於不直接外現出來的東西，來使得與直接地和顯然地爲我們所占有的東西互相連結起來，並因此而創造具有新的起始和新的收尾的新的歷史的連續過程，這又回過頭來要依賴於這個形成科學本身的固有對象的這些「數學的和機械學的」體系之體系。

因此，外現的和不外現的東西之間的區別在經驗上的基礎就在於具有推論的需要。當我們拿特別明白的東西作爲證據時，它的地位乃是從屬於未被知覺的事物的地位的。在這個時候，從作爲探究的對象而論，它是建立某種較它本身尤爲基本的事物的一個方式。如果我們把這個直接外現事物的世界當作是除了它們的顛峰或終端以外都淹沒在水中的許多大山山峰的出現，當作是一個開始向上攀登的世界，其以後的進展只是隨時隨地突出到表面上來；如果我們注意到這個事實：即無論怎樣的控制能力總是依賴於把這些不同的現象結合成爲一個連續的歷史的能力；然後對於這樣一個事實給以應有的注意：即只有藉助於一個恆常關係的體系（物理學中數理的──邏輯的──機械學的對象所符合的這個條件）才能夠連繫成爲一個連續的歷史；那麼我們就不難看出，何以我們所由出發的直接事物會使它們自己成爲解釋物理學之對象的標記或現象；同時我們也認識到，我們之所以能夠說物理學的對象是比較「眞實」些，那是指構成這樣的連繫的功能而言。在它們發生功能的整個情境中，它們乃是把原來不連繫的一些開始和末尾編織成爲一個連續的歷史的手段。從這個意義講來，在下面的「實在」和在表面的「現象」便具有了爲探究的功能所固定下來的一種意義，而不是一種內在的、形而上學的意義。

所以把科學對象──實際上就是物理學的對象──當作是一種完全的和自足的認識對象或

認識的終結，這只是使我們自己負擔一個不必要的和不能解決的問題。它一方面使我們不能不承認有一個直接外現事物的領域，所謂知覺的條理，這只是出於好意稱爲一種條理，而在另一方面又不能不承認有一個推論出來的、在邏輯上構成的眞實對象的領域，這兩個領域乃是彼此敵對的。如果知識就是占有或掌握，那麼就有兩類不相容的知識，一類是感覺的，另一類是理性的。哪一個是眞貨，哪一個是贋品呢？如果我們說感覺的知識是眞正的，那麼我們就勢必陷於一種相當混亂的現象主義之中，除非我們追隨柏克萊（Berkeley）之後，求助於神靈，把這些直接的事物結合起來。

假使我們說理性的知識是眞貨，那麼，按照不同的修養和稟賦，眞正的實在就變成了唯物主義的、或邏輯實在論的、或客觀唯心主義的實在。跟隨經驗的線索，就是要看出所謂感覺世界乃是一個直接有始有終的世界；它並不是關於知識的許多事例，而是許多具有一定性質的事情的一個連續過程；同時所謂概念的條理則被認爲是科學的眞正的對象，因爲它構成了一個恆常關係的體系，藉助於這個體系，薄弱的、零散的和偶然的事情結合起來組成一個有連繫的歷史。這些突現的直接的事情始終是知識的開端和終結；但是既然它們的發生跟它們爲人們在感覺上、情緒上和欣賞上所占有是一回事情，那麼它們本身就不是被知的事物。當這些直接顯現的事物爲「物理學的對象」所結合起來，即藉助於物理學的數理和機械學的對象連繫起來時，它們的性質和特徵就大大地改變了，這個事實和鐘錶中的鋼絲彈簧乃是原鐵礦的一種改變這一事實是性質相同的。物理學的對象是潛存著的，它之所以潛存著，乃是明顯地爲了產生這樣一種變化——即把偶然的終結改變成為在一個條理的系列中的滿足和結論，並從而去發展其中所包含的意義。

實際上，一切認識論上的討論都依據於一個從直接占有的領域到語言談論的領域來回的突然的不知不覺的變換。在開始時，通常經驗的事情如桌椅、岩石、棍棒等都被稱為物理的對象——當這個名詞是這樣應用時，它很明顯是屬於理論解釋方面的一個名詞，使自己完全受到形而上學的束縛。於是物理的對象便被界說為物理學的對象，而我認為這是唯一正確的一個稱呼的方式。但是這樣的一些對象和植物、燈、椅、雷、電、岩石等原先所謂物理的對象顯然是十分不同的事物。於是在畫景中另一個轉變幻影登臺出場了。原來的「物理的事物」，通常的經驗對象，因為不是物理學的對象，就變成了非物理的，而是心理的了。然後來了一個偉大場面的溶解高潮，這時候，物理學的對象被顯示出它們是附著於經驗對象的，而經驗對象又是心理的，因而它們本身也就是心理的了。

現在一切的東西都是心理的了，而這個名詞已經消失了它原來所具有的那種對立的或有區別性的意義，於是一個新的和不同的變換景象的系列又顯露出來了。直接經驗的事物分解成為堅硬的感覺所與（sensory data），它們被稱為眞正的物理的事物，而物理科學的對象被視為一種邏輯的結構；剩餘下來構成心理的存在的東西就只有影像和感觸了。至於其他的一些轉換和結合的情況，乃是為研究知識可能性的學說的學者們所熟悉的，就無需再說了。上述事例就說明了當我們對直接對象，無論是可感覺的、可愛的或可欣賞的對象的直接占有被當作是一種式樣的知識時所產生的這一類的事情。

如果有色的、有聲的、有味的、為人們所接觸的、所喜愛的、所痛恨的、所享受的、所敬佩的對象，有吸引力的、有排斥性的、令人興奮的、漠不相干的和使人鬱悶的無數不同式樣的對象，乃是複雜自然事件的開始和終結，而且如果物理的對象（即被界說為物理科學的對象）乃是為數理的——機械的條理所構成的；那麼物理的對象就不會使我們陷於那種在兩種對立的而各自認為是真實的東西之間勢必有所選擇的窘境，而明顯地具有著作為獲得和逃避直接對象之有效手段時所應有的特徵。我們可以注意其中的四個特徵。首先，直接的事物來去無常；事情是在直接看見、聽見、觸到、喜愛、享受的方式之中的，而其餘的東西則是在迅速變化之中的；每一個題材都各自有其一定的獨特性，不可重複性。可以用數理的公式陳述出來的空間——時間的條理，對比起來是恆常不變的。它們表現出有穩定性，有高度優勢的重複可能性。質的事情，如紅和藍，雖然它們本身是各不相似的，但可以根據物理學的對象來加以比較；在與順序條理連繫的基礎上，一個定性光譜或標度就變成了一個具有共同單位的數量差異的體系。

跟隨這個特點而來的便有科學對象的第二個特徵，控制任何事情發生的可能性是以建立代替物的可能性為轉移的。藉助於後者，一個在我們掌握範圍以內的事物就能夠用來代替另一個不為我們直接所占有的事物，或超出我們控制範圍以外的事物。為現代科學所特有的方程式和其他函數的專門手法，從其發生上講來，就是一個澈底進行代替的方法，它就是互相交換和互相轉換進行到其極限的一個體系。[5]它在認知方面的結果便是現代科學中的這個性質完全相同的自然世界，它是和古代科學的那個在質量上錯綜複雜的世界相對立的；後者是由於內在的種類不同，運動的性質不同，如上下、橫向的和圓的等，以及時間上遲早不同的各種事物所構成的，但這些事物由於可以相互替代而變成了易於轉換的東西。

第三，把知識的對象當作是一種手段，這就說明了原素或數量上的離散單位所具有的重要性。通過中間的手段去控制開始和終結，這只有當我們把個體、獨特的東西當作是為許多順序的分化和統一所構成的各個部分的一個組成部分時才是可能的[6]。一個直接的事物，在它本身的統一之中，就正如它存在的那個樣子而存在著；它停留著或者過去了；它是被享受著或者是被遭遇著。所能說的，只此而已。但是當它被認為是許許多多基本而獨立的變數、點、矩、數值單位、質量和能的質點，或更為基本的「空時」單位（它們雖然是獨立的，但在它們之間仍

【5】現代數學把無限視為相應於部分和整體的概念，似乎是在它的概括的形式之中來表現這種功能。

【6】萊布尼茲（他的單子論是這個概念的第一個在哲學上的體現和分析的實在論或外在關係論的原型。）根據了「每一組成部分都包含著原素」這個理由來肯定單子（monads）的存在。確然，但是他未曾留意到：從形而上學上講來，當一件事情，無論它在構造上是多麼的複雜，被視為組成部分時，這種情況就立即陷於丐辭的錯誤。成為一個組成部分是一回事情；通過一定的測量方式而能夠歸結到一個組成部分，這是另外一回事。

然是可以逐一互相符合的）所進行的一種複雜的複合或結合所產生的結果時，這個情境就改變了。這種單體或原素其實就是控制條件時所須憑藉的最後依據；所謂最後的，係指在當前的設備所容許的範圍以內而言。

傾向於運用基本單位的這種情況，既是物理和化學中的特點，也是邏輯學、生物學和心理學中的特點。有時，它的結果似乎曾經以單純思辨上的實體代替過現實的單式原素；但是這並不是在邏輯上必然如此，這樣一個結果僅僅意味著未曾找到正確的單位。當人們遺忘了原素的工具性時，就引起了嚴重的反對；而且它們就被當作是獨立自在的、終極的東西了；當人們把它們當作是形而上學上的最後體時，就產生了許多無法解決的認識論上的問題。無論任何被指爲原素的東西，不管是在邏輯方面的、在數理方面的、在物理方面的或在心理方面的，都特別依賴於直接的、在質上統一的對象的存在。尋求原素是從這類已有的經驗對象出發的，因此，感覺所與，不管它們被指爲心理的或物理的，都不是出發點，而只是分析的產物。否認直接的經驗對象是根本的實在，在邏輯上推論下去的結果勢必也要否認原素的眞實性；因爲感覺所與乃是分析這些原始事物所獲得的剩餘物。再者，分析的每一步驟都依賴於繼續不斷地涉及這些經驗對象。如果稍有片刻在我們心目中放棄它們，我們就失去了任何尋求原素的線索。如果不承認有宏觀的事物，細胞、電子、邏輯的原素都變成了沒有意義的東西。後者之有意義，乃是因爲它們是屬於某些事物的原素。例如：既然只有命題才有含義，那麼命題就不僅僅是許多名詞的結合；當名詞沒有含義時，由它們所形成的命題也就沒有意義。名詞必然具有一種意義，而且既然它們只有在一個命題中才具有意義，那麼它們就要依賴於某些先在的統一體。同樣，一個純粹的單獨的物理原素會是沒有實效的；它既不能作用於其他的事物，也不能爲其他事物所作用。

我們這裡引用一位精神病學作者的一段話，他所講的是在他自己的那個部門中它本身所特有的一個特殊問題。當他涉及心理變態學說發展的一個階段時，墨葉爾博士（Dr. Adolph Meyer）說道，「隨著最近關於大腦結構的許多發現，曾有人在尋求心靈的原素以及它們之間的直接相互關係。中樞說和細胞與神經細胞的學說似乎是一些非此不可的觀點，今天我們已經爲這樣一種片面的、沒有充足功能的唯物主義而感到害羞了。……原素總是有一個地位的，但是正如我們所見到的這些關於人生的重大事實也是一定有一個地位的。……心理病學者必須要學會不僅僅做一個所謂『原素主義者』，因爲原素主義者總是退回到原素和最小單位，然後躲避了試圖解決有較大複雜性的具體問題的責任。精神病學者必須要把個體和集體當作完整的東西來研究，把他們當作是一些複雜的單位，如『你』或『他』或『她』或『他們』，這些人是我們必須和他們合作的。我們承認：在全部自然中我們必須面對單位形成這個一般原則，以及這個事實，即新的單位不必是各組成部分之單純的總和，而能夠是一個實際上新的實體，它是不能完全從這些組成部分預測出來的，而只有通過和這個特定的產物發生實際經驗才被認知的」[7]。

最後，知識對象的工具性說明了規律和關係的中心地位，它們是對於在理智上和其他方式上管理直接顯現的事物所依賴的規則性的簡要陳述。在數理科學中，原素的可變性是似是而非的；原素是彼此獨立而發生變化的，但並不是脫離了對其他事物的關係獨立而變化的，關係或規律乃是變數中之常數。這是一個自明之理：數學乃是一種方法，藉助於這種方法，我們能夠把原素說成是在常定關係中的一些項目，而且是從屬於等式和其他變換和代替的函數的。一個原素總是由一個數學變數適當地代表著；因爲既然任何一個變數都在某一個等式之內，它就被視爲其他變數的一個常定的函數。在需要時，就時常從可變性重複地轉移到常定性。因此，只有從形式上（pro forma）看，變數才是可變的。假使說，獨特的、個體的存在物是可變的，那麼從這個意義講來，變數就不是可變的。不可避免的後果就是要使得變異的個體或獨特的方式從屬於外在的關係，從屬於一致性的規律（laws of uniformity）；那就是說，要排除個性。如果我們留心到原素關係的工具性，那麼取消個性僅僅是爲了注意個體所藉以顯現的條件所做的一種暫時的忽視——一種抽繹出來的看法。如果把知識的對象轉變成爲眞實事物本身，個體也就變成了反常的或不眞實的東西；從科學上講來，它們不是許多的個體，而只是某些在種屬

【7】墨葉爾（Adolph Meyer）：《一個精神病學的里程碑》（*A Psychiatric Milestone*），第三十二頁、第三十八頁。

上的關係或規律的事例、情況、樣本而已。

按照這種情況去研究道德問題，這顯然是有困難的，唯一能夠「補救」的辦法就是假定另有一種不同於自然科學所涉及的存在的「存在」。歷史和人種學也意味著處於類似的窘況，前者的題材不僅是個人，而且是不重複的情境和事件。爲了企圖逃避這個兩難論式而乞援於一致的和成直線的順序規律或「進化」規律，這是不合適的；它跟它所假定的前提是矛盾的，而且也不是從事實中得出來的，當代的人種學家們已經弄清楚了他們所研究的這種現象的歷史性質。文化在許多方面講來是個別的或獨特的，而它們的顯現便用彼此間的相關作用由於偶然接觸而來的模擬來「加以解釋」。它們變化的主要的、即使不是唯一的法則，就是從其他個別文化傳遞的法則。

無怪歷史主義（Historismus）已成爲整個學派的思想家們所從事鑽研的問題，其中許多思想家至今主張對歷史情境和歷史人物所能採取的唯一的態度就是非理智的，只是一種美感的欣賞或者起共鳴的藝術更新。把知識跟諦視或掌握自足的對象等同起來的學說，當用它來處理和物理學相對立的歷史科學時便達到了一個絕境。文德班（Windelband）公正地得到這樣一個結論：即「存在」和知識勢必走到「信仰主義」，有些問題不可避免地迫使我們尋找解決，但是一切尋找解決的努力都是無望的[8]。

在經驗中，個體的對象，獨特的事件存在著。但是它們是變幻的、不穩定的。當它們剛出現時，它們便已接近於消逝的邊緣。工藝證明，在一定限度以內，忽視其獨特性而注意於共同的、重複的、與時間無關係的東西，這就促使和保持著其中某些獨特事物的發生。沒有時間性的法則，單就其本身而言，和一切的共相一樣，表達出一種思辨上的意願，而絲毫也不表達任何事實上存在的事情。但是它們終極的含義是在於應用；它們乃是方法，而且當它們被當作方法而加以應用時，它們就調節著獨特情境的這種動盪著的流變狀況。自然科學的對象並不是歷史事情在形而上學上的對手；前者是指導後者的一種手段。事情是變化著的；一個個體讓位於另一個個體。但是具有個別性質的事物卻具有一些普遍的、共同的、穩定的性質。一個特殊的有時間性的性質是與它們不相干的；從這個意義上來講，這些性質是超越於時間之外的。假使有人由於把它們稱爲是永恆的而感覺到痛快些，那麼就把它們稱之爲永恆的吧。但是在這裡卻不要把「永恆的」一詞理解爲一種絕對持久的存在，它只是指它所指的東西，和具有時間性

【8】「爲什麼沒有時間性的實在需要在有時間性的事情進程中實現出來，或者爲什麼它要在它本身中和一個在時間進程中具有某些性質不同的東西的事情進行協調，這始終是一個沒有解決的問題。我們不懂得爲什麼既已存在的東西還必須要發生；更不懂得爲什麼從那個在其本身沒有時間性的東西中會產生一些不同的東西。」見《哲學概論》（*Introduction to Philosophy*），英譯本，第二九九頁。

的存在是不相干的。這些時間性的、數學的或邏輯的性質是可能抽象的，是可能轉變成爲關係，成爲有時間性的、有數量的和有空間性的**條理**的[9]。它們本身是屬於思辨方面的，是不存在的。但是它們本身又是工具，是具有可以用來說明調節歷史事情之進程的工具性的。

全部這些討論只有簡單的一點。它的目的就是要指出：組成現代的認識論，以及它所包括的這些敵對的、唯物主義的、唯心主義的、二元論的主張；以及這些敵對的實在論的、唯心主義的、代表論的學說；以及那些敵對的關於心物關係的主義，如機遇論、預存的調和論、平行論、泛靈論等的問題，只有一個簡單的來源，即不承認實在之本身也有時間性的這個武斷看法。這樣一種學說勢必把解釋成爲原因的事物當作是優越於結果和後果的東西；因爲後者依賴於時間的情況是不能掩蓋的，而「原因」從表面上看來，似乎能夠轉變成爲獨立的存在物、法

【9】爲了得到一個具有說服力的討論，請參閱布朗（Brown）的文章，「智慧和數理」（Intelligence and Mathematics），載《創造的智慧》一書中，特別是關於「事物、關係和數量」的這個題目。「不把性質歸結爲關係的辦法，而把關係理解爲對待一般性質的一些抽象的方式，把關係理解爲當它們在兩個過去曾被認爲分隔的事物的實在之間發生溝通和過渡的功能時所思及的性質，這在我看來似乎是一個高明得多的看法。」（第一五九頁）因此，「項目（因素）和關係」都是（第一六〇頁）對於性質不同的實在所做的這樣一種抽象的代替，即「象徵著它們在特殊方面的效用性」。「效用」一詞突出了本書和這個觀點的一致性，而關於這個觀點我是十分感激布朗博士的。

則或其他沒有時間性的形式。正如以上所曾經指出的，這個否認眞正存在也有變化的看法，乃是起源於人們對靜觀享受之對象的偏愛以及把這種對象當作是科學的恰當題材的那個理論。

這種偏愛是自然的而且是合適的，但伴隨它而來的關於知識和實在的理論卻是一種歪曲。這種對於有價值的欣賞對象的偏愛具有一種合適的含義，即它意味著藝術的必要性，或控制這些對象所依賴的這種順序條理的必要性；而這種必要性的本身又具有進一步的含義，即意味著通過探究而可以被發現的、通過實驗行動可以被證實的條理，乃是知識的適當對象。然而，承認這一點就會退一步承認有閒階級的靜觀功能乃是依賴於工匠——也包括一切藝術家在內——的用具和技術的。而且既然在舊時代藝術的實踐大部分是呆板的，爲習俗和既存的式樣所固定的，那麼承認這一點就勢必需要轉變藝術本身，致使所產生的終結不是一個偶然的意外之事，而是一個眞正的滿足，一個（目的的）實現。最後，要把具有發明性的思想介紹到藝術中去，而且使得工藝階段的人民在公民權利上獲得解放，這才能使這樣的一個轉變成爲可能。

當人們在探究中採用了已經變得更爲精密的技術用具時，當透鏡、垂擺、磁針、槓桿被利用來作爲認知事物的工具時，以及當人們把它們的功能當作是解釋物理現象時所應遵循的典範時，科學便不再是對於高貴和理想的對象的欣賞靜觀，而從從屬於美感的完美狀況之下解脫出來，變成一個在智慧管理之下有時間和有歷史的事件了，終結在後果中不再是受物理的偶然事情和社會的傳統習俗決定的了。無論任何一種東西，只要是能夠找到達到它的手段的，就是一個爲人們所逃避或所追求的終結。從固定的終結（目的）的體系中解放出來才使得現代科學成爲可能。在一般的事情中，實踐是在觀察和陳述之可能性的前面；在心靈有任何觀察的事物之前先要把實踐的結果積累起來。所以，難怪在科學的對象已不僅是它本身存在的東西而早已變成工具之後，舊的學說還繼續存在著，而哲學還花費許多工夫去努力在把知識當作直接占有的傳統學說同新的實踐方法所產生的條件和所獲得的結果之間求取調和了。

由於哲學所具有的這種不可避免的在道德方面的偏見特點，以及現代思想的主觀轉向，許多批評家認爲「工具的」認識論意味著：認識的價值乃是對於認識者具有工具的作用。在特殊的情況之下也許是這麼一回事；但是在許多情況中，科學的追求，好像其他的娛樂一樣，當然是爲了它本身的滿足而進行的一種娛樂。但是「工具主義」並不是關於個人在認識中的傾向和滿足的理論，而是關於科學適當的對象的理論，而所謂「適當的」乃是按照物理學的界說而言的。

在工具（或在客觀狀態中的事物）和由於使用工具而獲得滿足的產物之間的區別，說明了在一方面是所知的對象和另一方面是欣賞愛好的對象二者之間的區別。但是這種區別在基本上是有關於對象本身的；其次才應用到態度、意向、動機方面。製造和使用工具本身就內在地使人感到愉快，在爲了大量生產而運用機器和爲了利潤而銷售商品之前，用具本身時常就是藝術作品，在美感上使人感覺到滿意。然而，這個事實並不是說明這些藝術品就是用具；它並未授予它們以特有的特性。同樣，對於知識的追求時常是一件直接使人愉快的事情；它所獲得的產物具有比例、條理和勻稱的美感性質。但是這些性質並未標明或說明科學所特有的和合適的對象。這種對象的特性正像一個工具（例如一個槓桿）的特性一樣；它是決定著一定順序變化的一個條理，以某一個預見的後果爲終點。

我們就被引導到關於方法的問題上來了，在古代科學中科學的精蘊就是證明：現代科學的生命根源便是發明。在前者中，反省的探究是爲了求得一種穩定的題材而存在著的；在後者中，系統的知識在實踐中是爲了刺激、指導和考核進一步的探究而存在著的。在古代科學中，「學習」是屬於低級存在的領域，屬於轉化、變易的領域的；它是變動的，而且在最後的和固定的對象的實現中它就不再存在了。有人用師徒關係的類比來考慮它：老師已經占有了眞理，而學生只是去取得老師倉庫裡已有的東西。在現代科學中，學習是尋求前人所未知的東西。它乃是一種交易，其中自然界是老師，而且只有通過這個探究的學生的學習，才能使這位老師接近知識和眞理。

因此，伴隨著在邏輯中所特有的差別而來的，便是那種以最後的事情爲題材的「知識」轉變成爲對付具有工具性的對象的知識。當知識的對象被當作是自然界之最後的、完善的、完全的、在形而上學上的滿足時，適當的方法便包括界說和歸類；學習的結局就是證明界說和歸類在理性上的必然性。證明就是把對象所具有的永久的、普遍的、最後的和固定的本性揭露出來。考察僅僅指材料的積累而言，這種材料是用來塡補在一個先在的現成的種屬等級中所存在的裂縫。發現僅僅就是感知到：某些在以前尚未爲學者所歸類的特殊材料已被列入已知的某一個普遍的形式之下。普遍的共相之所以已被認知，這是因爲它是直接給予思想的；而特殊的殊相之所以已被認知，這是因爲它是直接給予知覺的；學習只是把兩個所給予的形式結合起來，因而所「發現」的東西就是把特殊的東西歸類在它的普遍形式之下。

除了他們的這些理論以外，或者說雖有這些理論，希臘人還具有一種生動的好奇心，而且他們的實踐比他們的邏輯要好一些。在中古基督教時期，便是從字面上去了解邏輯的。啓示、聖經、教會的神父以及其他可靠的來源增加了已有的普遍眞理的數量，而且也增加了已有的特殊事實和事情的數量。主人——老師就是上帝，他不僅通過理性思維這種晦澀的工具進行教誨，而且直接通過官方的代表來進行教誨。領會眞理的形式仍然是證明的三段論式；普遍眞理的庫存又爲神靈啓示的恩賜所補充，而在小前提方面的資源則爲神靈安排的歷史事實所擴充了。眞理是直接賜予理性和信仰的；而人類心靈的作用就是使它自己低首下心，唯命是聽，唯命是從。

這個綱領體系在邏輯上是完備的；它是在新的環境之下來貫徹這個舊的觀念：即人的最終結和最高善就是對於「實有」的認知，而這種知識，按照它所占有的程度，使得心靈同化於這個已知的實在之中。在舊的理論前提之外，它還加上了這樣一些爲使它們發生實際效果時所必需的制度和習慣，因而在人類中最卑賤的人們至少也可以開始出發去尋求那種知識，有了這種知識就可以得救和得福。比較起來，大多數現代的理論乃是一種矛盾的混合物；在思辨方面，現代學者是容易爲傳統學者所俘虜的；他在他的理智的行裝中裝載了許多傳統的概念，以致他是很容易被人家所駁倒的。使他前進的是他的實踐，而不是他的理論。他所公開承認的邏輯仍然大部分是先在的眞理、證明和確信的邏輯；他的實踐則是懷疑，形成假設，進行實驗。當他放棄了在理性方面的先在眞理時，那常常只是爲了接受在感覺方面的先在眞理。因而，約翰・密爾（John Stuart Mill）創造了一種歸納邏輯，而在這種邏輯中，一定的規則和對事實的探究之間所發生的關係，跟三段論式的法則和古典的「演繹」證明或思辨之間所發生的關係是完全相同的。他承認科學乃是一種有關於推論的事情，但是他和亞里斯多德同樣地明確，推論是建築在某些爲人們直接所占有的眞理的基礎之上的，所不同者僅在於我們占有它們時所使用的工具。

但是在科學的實踐中，知識是一件有關於**弄明白**事物的事情，而不是有關於掌握原來已有的確切事物的事情。已知的東西，作爲眞理而被接受的東西，是具有巨大的重要性的；沒有它，探究工作就不能前進一步。但是它要服從於使用而且要依賴於使它成爲可能的那些發現。它必須適應於後者，而不是後者來適應它。當事物被界說爲工具時，它們的價值和有效性在於由它們產生的東西；後果，而不是先在條件，提供了意義和眞實性。已有的眞理可以具有實踐上或道德上的確切性，但是在邏輯上它們從沒有喪失過一種假設的性質。它們是眞正的假如：假如某些其他事物後來呈現出來；而且當後來的這些事物發生時，它們又進一步提示出更多的可能性；「懷疑—探究—發現」這個操作過程是重複發生著的。雖然科學在實踐中所關心的乃是偶然的事情，而它的方法乃是形成假設，然後在現實的物理條件的實驗變化之中進行嘗試，但它的傳統的陳述方式卻是賴藉必然的和固定的對象而持續下來的。因而各種不融貫的情況就發生了。愈是頑固地堅持這個傳統的陳述方式，這些不融貫的情況就變得愈爲嚴重。

當李奧納多（Leonardo）說眞正的知識起源於意見時，他實際上已經宣布了現代科學方法的誕生。這種說法包括有一種變革在內，再沒有其他的說法能夠這樣地使得傳統的邏輯發生振動。並不是說，意見的本身還有比意見更多的什麼東西，或還有超越於一個未證實的和未證明的臆測的什麼東西；而是說，這樣的臆測是可以被利用的；當它被用來作爲假設時，它們就推動了實驗工作。於是它們就成爲眞理的先行者，而心靈從先在信仰的束縛中得到解放。意見，按照古典的理解，乃是有關於內在偶然和變異的東西，如可能性和蓋然性；反之，知識則是有關於內在必然和永存不變的東西的。所以正如科學在它自己的範圍內是最後的和無可置疑的一樣，它在其本身適用的範圍內也是最後的和無可置疑的。但是意見，作爲是一種冒險的事情，作爲「在我看來，似乎大致如此」，乃是從事於新觀察的一個機會，從事於研究的一個刺激，在審愼的發現中一個不可缺少的工具。按照這樣的理解，意見乃是新歷史的源泉，獲得新結論的操作活動的開端。它的價値既不在它本身，也不在它能爲我們所運用的一個特殊的對象領域，而是在於它所推動的這個探究的方向。它是一個出發點，而且和任何歷史的任何開始一樣，在由它開端的歷史中它被改變著和移置著。

有時候，發現也可以被當作是對於它所實際顯現出來的東西的反面的證明。它被視爲證明：知識的對象乃是羽翼豐滿、原已存在的東西，而我們只是偶然與它相遇而已；我們發現它，好像覓寶物的人發現了一箱子埋藏的金子一樣。在尋索和發現之前先有存在，這當然是承認的；但是如果說它本身就是已有的知識的對象，而且除了探究的歷史事情在它跟其他歷史的連繫中所得的結論之外，還另有所指，這是我們所不承認的。據說北歐人已經發現了美洲，但是從什麼意義上來講？他們在暴風雨中航行之後登上了它的海岸；他們到達了一個從來沒有歐洲人走過的大陸，從這個意義上講來，這是一個發現。但是如果這個新發現和新看見的對象並未用來改變舊的信仰，變更舊地圖的意義，從任何有內容的理智的意義上講來，那就不能算是一個發現，而只是和黑暗中跌倒在一張椅子上一樣，只有當它用來作爲根據，來推論出跟這次的跌倒有連繫的一系列的意義時它才算是一種發現。美洲的發現包括著把這個新接觸到的大陸插入世界地圖中去這樣一回事情。再者，這樣的插入不是簡單地增加了一點什麼，而是在原先的一個世界地圖上，地面以及地面的安排都有了變動。有人也許回覆說：不是這個世界變動了，而只是這幅地圖變動了。對於這一點，有一個明顯的反駁：即地圖究竟也是這個世界的一部分，而不是在它以外的什麼東西，而且它的意義和影響是這樣的重要，以致在地圖上的一個變動就包括有其他的和更爲重要的客觀變動。

當美洲在實際上被發現了的時候，發生變化的並不單純是人的頭腦裡的意識狀態或觀念；這個變更乃是對於這個作爲人們公共活動場所的世界的公共意義起了變化。把這種意義和世界割斷開來，這就會使我們處於這樣一個情境，即無論在這個世界上發生了什麼變化，那都會沒有什麼區別了；在一個泥水潭裡面，多一個波浪或少一個波浪都沒有什麼關係。改變了這個世界的意義就產生了一個在存在上的改變，世界地圖不僅僅是掛在牆上的一塊布。如果在舊的世界中沒有深刻的變動，一個新的世界就不會呈現出來；一個被發現的美洲乃是跟歐洲和亞洲交相發生作用的一個因素，產生了以前所不可能產生的後果。進一步勘探和發現的可能對象這時候早已在歐洲本身就存在著；一個黃金的礦源；一個探險的機會；一個人口衆多的最下層人民的出路，一個被放逐和被藐視的人們的住處，一個精力和發明能力的用武之地：總之，是一個國內國外的人們創造新事物和新成果的仲介。每一個眞正的發現，在自然的意義和存在兩方面都在某種程度上產生了這樣的變動。

現代唯心主義的認識論已經表達出來一些關於科學方法和目標的意義，他們已經領會到這個事實，即知識的對象意味著：科學的正當題材乃是被發現的東西，而不是所給予的東西。由於他們承認在這種發現中智慧所起的作用，他們便建立一種理論，論及心靈在決定眞實對象中所具有這種從事於組織活動的功能。但是在唯心主義已經獲得了一種關於智慧具有這種建設性工具職能的啓示的同時，它卻誤解了這個發現。由於它追隨於舊傳統之後，把知識之對象和實在完全等同起來，把眞理和實在等同起來，它就勢必絕對地和籠統地而不是相對地和具體地來對待思想的功能。那就是說，它把重新組織當作是組織；把重建當作是創建。由於它接受了所獲得的知識對象和「實在」等同的前提，唯心主義就看不見思想乃是在某些經驗的對象和其他的經驗對象之間的仲介，所以一個變動的職能就變成了一個原始的和最後的創造行動。把現實的直接對象轉變成爲較好的，轉變成爲較爲安全而有重要意義的對象這一番工夫，被當作是一種從單純外顯的和現象的「存在」向著眞正的「實在」的移動。簡言之，唯心主義犯了一個毛病，它忽視了思想和知識都是一些歷史。

把在構成對象中的思維活動稱爲直接的，這就等於是說它是一種神奇之事，因爲它不是像唯心主義所界說的那種具有重建功能的思想。只有行動，相互作用，才能改變或改造對象。關於熟練藝術家的那個比擬仍然有用。他的智慧乃是形成標誌著一種滿足作用的新對象的一個因素，但是這是因爲智慧體現在外現的行動之中，利用事物作爲影響其他事物的手段。「思想」、理性、智慧，無論我們選用一個什麼字眼，從存在上講來，是一個形容詞（或者最好說是一個副詞），而不是一個名詞。它是活動的意向，是那種預見存在事情的後果並把所預見的東西作爲管理事情的手段和方法的行爲所具有的一種性質。

這個理論，從外表上看來，是把思想當作一個科學條件的理論，而實際上也是關於自然的一種理論。它包括賦予自然三個明顯特徵的屬性。首先，它意味著：有些自然的事情是一些或爲人們所享受的或爲人們所厭惡的收尾，離開了反省的選擇和藝術，它們只是沒有控制地、偶然地發生著的。其次，它意味著：事情，由於它們是事情而不是死板的和粗糙的實質，乃是繼續前進的，所以它們本身就是未完成的、不完備的、未決定的。結果，它們就具有這樣一種可能性，即它們能被人們所管理和駕馭，以致使得終結不僅僅是一個終點，結果不僅是一個了結，而變成了一種（對於某種需要的）滿足。懸慮、懷疑、假設以及在各種選擇之間進行的實驗，都是自然在這個狀況中的組成因素。第三，爲了擇定的後果，對於在進行中的和不完備的過程予以調節，這就意味著：其中包括有順序和同時存在的條理；當這些條理和關係被確定下來的時候，它們就成了一種智慧上的手段，使得我們能夠利用事物，把它們當作指導事情進程以期預見結論的具體手段。有人相信：這些關係的條理既是科學之正當對象，所以就是唯一最後「眞實的」對象，這個信仰就是傳統的唯物主義和唯心主義主張有一個對稱的、十分貼合的和完備的宇宙這種說法的根源了。這個信仰是由於忽視了這樣一個事實：即這類的關係總是在繼續進行中的事情所具有的關係，而這類關係的特徵就是有開始，也有收尾，這些特徵把它們劃分開來，成為不穩定的個體了。然而，這個被忽視了的因素在經驗中是這樣的普遍和顯著，因而人們不能不在某種形式之下來承認它；有時用一種曖昧的方式來承認這個事實——而且這個方式使得後來的反省混淆不清——即把一切跟按照這樣界說的自然不相融貫的性質都歸之於「有限的」心靈，以便解釋無知、懷疑、錯誤以及推論和探究的需要。

如果自然是像這些學派所曾說明的那樣是已經完成的，那麼在自然中就沒有這樣一個心靈的地位；它以及據說它所有的特性，事實上都是超自然的或者至少是在自然以外的了。

一位實在論者也許否認這個特殊的假設：即從存在上講來，心靈係指指導自然變化的一個有工具性的方法而言。但是由於他的實在論，他卻不能這樣做；在爭論中的這個問題就是問這個眞實的東西是什麼。如果自然的存在在性質上是個體化的或眞正是多數的，同時也是重複的，而且如果事物是既有時間性，也有重複性或一致性的，那麼知識愈是實在的，它將愈會豐富地反映和闡明這些特性。科學抓住了任何這樣一致的東西，以致使自然的變化成為有節奏的，因而也是可以預測的。但是自然界的偶然狀況，使得以一種預測的眼光去發現這樣一些有一致性的情況成爲必要的和可能的了。沒有一致的情況，科學就將是不可能的。但是如果只有這樣一致的情況存在，那麼思想和知識就會是不可能的和沒有意義的，不完備的和不安定的東西才使有規則的關係和條理的確定有了立足之點和應用之處。這些關係本身都是假設的，而且當它們脫離應用而孤立起來時，它們就是數學的題材（從一種非存在的意義上說），所以科學的終極對象乃是在指導之下的變化過程。

有時「眞理」一詞的用處僅限於指稱命題的邏輯特性；但是如果我們擴大它的意義，使它也指存在方面所涉及的特性而言，那麼眞理的意義如下：變化的過程是在這樣的指導之下，以致它們達到了一個所希望的圓滿終結。有工具性的東西只有在使用中實際上才是這樣的；當這些有工具性的東西在發生作用時，一個在預見中的終結便正在實現的過程之中。手段只有在它的終結（目的）中才能成爲一個十足的手段，有工具性的科學對象，只有與它們指導著自然的變化傾向於一個可以得到預期的圓滿結果的對象時才完全成爲具有工具性的對象。因此，說科學的終結（目的）是知識，意思是說知識不僅是科學而是它的成果，這句話是可理解的，而不是簡單的同語反覆。

知識這個字具有各種不同的意義，從字源上講來，「科學」的意思可以是指知識之經過考驗和證實的例子而言，但是知識也有著更自由和更帶有人情味的意義。它的意思是指被理解的事情，這些事情是如此爲思想所滲透，因而實際上心靈也就十分了解它們。它的意思是指包容含蓄，或通盤的合理的一致同意。於是有時被稱爲「實用的」科學也許比那種在習慣上稱爲

「純粹的」科學是更爲眞正的科學。因爲它所直接涉及的不只是有工具性的東西，而是爲了達到在反省中所擇定的結果，使用這些有工具性的東西去改變存在。按照這樣的理解，知識所具有的獨特的題材就包括有許多可以得到預期的圓滿結果的對象，這些對象由於它們是需要的滿足，乃是跟它們所特有的一個歷史過程相連繫著的。按照這樣的理解，知識較之它在數學和物理學中，是更爲恰當地存在在工程學、醫學和社會藝術之中。按照這樣的理解，如果用一般公式來招架的大堆的報導並不是科學的，那麼歷史和人種學就是科學的。

「應用」對許多的人來說，是一個難以接受的字眼。它暗示著這樣一種意思：即有某種外在的工具，它是現成的和完備的，然後派給它一些用途，而這些用途又是在它的本質以外的。於是把藝術稱爲科學之應用，就是把某種外來的東西介紹到科學中來，而科學就漠然地和偶然地爲這個東西服務。既然應用是屬於人類的使用、便利、享受和改進的範圍之內的，那麼這種把應用當作是一種外在的和隨便的事情的看法，就反映了和強化了那些把人類跟自然隔離開來，用哲學的語言來講，那些把主觀和客觀對立起來的學說。但是如果我們擺脫了先入爲主的偏見，那麼「科學」的應用也是意味著應用**於一定範圍之中**（application in），而不是說應用**於某事物之上**（application to）。應用於某些事物之中的意思就是指自然事情彼此之間所有的一種更爲廣泛的交相作用而言，是指消除距離和障礙而言；提供交相作用的機會，以揭示過去所隱蔽著的潛能，而產生具有新的開始和新的收尾的新歷史。工程、醫學和社會藝術實現著過去在現實存在中所未曾實現的各種關係。當然，我們在它們的新的連繫中去理解和知道這些關係時，它們也並不是孤立隔絕的。反對抽象的東西，而把它當作是遙遠的和專門的東西的這種偏見，往往是不理智的；但是認爲在抽象的東西中缺少了一些東西而應該予以恢復的這個信念，卻是有它的意義的。對於「應用」科學的嚴重的反對，正像對私人利益和階級利益的嚴重反對一樣，乃是在於它限制了應用的範圍。

「純粹的」科學必然是屬於關係方面的而且是抽象的：當它被包括在具體事情的進程之內時，它就充實了它的意義而且獲得了全部的眞理。「純粹的」科學是屬於非存在物方面的，這個命題就是默認說，只有「應用」科學才是屬於存在物方面的。如果我們把「純粹」當作是衡量科學的最後標準，那麼除了歷史和人種學以外，任何東西都會失去科學的地位；這就是說，一切關於存在事情的科學都不是科學。在當代對於科學的評價中反映出對於科學具有一種迷信似的畏懼，如果我們能使自己擺脫這種自卑的情緒，那就會十分清楚：任何命題之所以成爲科學的命題，就是由於它有一種力量，使得事情具有融貫的和證實的意義，藉以在跟任何存在事態的連繫中，產生理解、領悟、理智上的熟練。歷史的事例是典型的和基本的，按照流行的看法，討論能否有像歷史科學這樣一個東西，這是浪費時間。歷史和科學按其定義來說，就是處於相反的兩個極端的。然而，如果一切自然的存在都是歷史，那麼把歷史和作爲純粹科學之適當對象的邏輯數理體系分隔開來，就產生了這樣一個結論：即沒有關於存在的科學，沒有關於存在的適當的知識。除了數學以外，一切知識都是歷史的；化學、地質學、生理學和人種學，以及那些我們平常妄自尊大地認爲唯一配稱爲歷史的人類事情等都是如此。只有當科學被看成是在人類對連續進展的歷史過程進行理智的控制當中成長起來和自覺起來的時候，人類才能被認爲是在自然之內的，而不是一個超自然的推定。正因爲自然就是它現有的東西，它就比數學的和物理的對象能更眞地被認知——被理解，在理性上被覺察到。不管我們能做些什麼工作，在後者（即數學的和物理的對象——譯者）中始終總有一些晦澀和隔閡的東西，一直要到它們從它們被扣押的地方釋放出來，回復到事情的進程之中爲止。使科學通情達理，對於人類的生活是有貢獻的，同時，就科學本身而論，爲了使它可以成爲可理解的、簡單的和清楚的，爲了使它可以如眞知識所宣稱的那樣，具有與實在相吻合的性質，這一點尤其需要。

科學研究者們有一種偏見，反對一切科學最後都是實用的這個觀念，對於激起這種偏見的情感，人們是能夠理解的。從它所嚮往的這個意義上來講，它是有理由的；因爲它是指向著兩個有害的概念而言的，但這兩個概念和我們在此地所採取的立場是不相干的，其中有一個概念認爲探究者的關切或個人動機在每一次特殊探究中應該是爲了某種實際上的特殊應用，偶然也正有這樣的情況。無疑地，許多重要的科學發現都曾經是這樣被激勵起來的，但是與其說這是科學探究本身的，毋寧說是人類歷史的一件偶然的事情。而且，總的講來，或者如果這種激動的興趣變成了一般的情況，那麼眞實的效果就限制了探究，因而結果限制了應用的範圍。這標誌著主張有一種固定的預定終結的這種武斷說法的復活，而從這種武斷說法之下獲得解放，卻曾是現代科學方法所做的主要貢獻。

第二個概念認爲應用就等於是「商業化」的用處，這就更增加了因此所產生的惡果。應用科學曾經這樣大部分變成了爲了達到私有的和經濟的階級目的和特權而利用的東西，這是人類歷史上的一件偶然的事情，一個毋寧說是驚人的偶然事件。當探究被這種動機或興趣所限制時，其在這種情況下所產生的後果對於科學和對於人生都是有害的。但是這種限制既不是從我們適才所提出的「應用」這個概念所產生的，也不是跟它連繫著的。它是在制度及其對個人意向的影響中體現出來的，是從道德上的缺點和淪落中產生出來的。有人也許會問：從科學完全只涉及一個與人類所關心的事情脫離關係的對象領域的這個意義來說，科學是純粹的，但這個概念是否也曾協同加強了這個道德上的缺陷。因爲實際上它已經形成了另一種階級興趣——即學者和高高在上的專家們的興趣。而且任何階級興趣的本質就是去產生和證實其他的階級興趣，因爲在一個連續的世界中的分隔總是互相往返的。代表一種興趣的制度，如果孤立地稱爲理想的和理想主義的，它就必然傾向於激起和加強其他缺乏理想性質的興趣。只有擴大應用這個觀念，使它包括人類經驗的解放和豐富的一切方面在內，才能滿足「純粹」科學的眞正興趣。

第五章　自然、溝通和意義

在一切的事情中，溝通是最爲奇特的了。事物能夠從在外部推和拉的水準過渡到把它們本身揭露在人的面前，因而也揭露在它們本身前面的水準，而且溝通之果實會成爲共同參與，共同享受，這是一個奇蹟，而變質在它的旁邊爲之失色。當發生了溝通的時候，一切自然的事情都需要重新考慮和重新修訂；它們要被重新改作，以適應於交談的要求；無論它是公開的交談或是那種所謂思考的初步談話，都是如此。事情變成了對象；事物具有了意義。當它們並不存在的時候，它們可以被涉及，並且在一種新的媒介中，通過一種代表它的東西而呈現出來，因而可以在許多空間和時間上相隔很遠的事物之中發生作用。純樸物質的效能和默然無語的終結，當它們能爲人們所道及時，就立即從局部的和偶然的具體關聯中解放出來，而急於要求在世界上任何不隔絕的相互溝通的部分中歸化入籍。當事情一有了稱謂時，它們就過著一個獨立的和有雙重意義的生活。除了它們原有的存在以外，它們還屬於理想的實驗工作範圍以內：它們的意義可以在想像中無限地被連結起來和被重新安排，而這種內部實驗——即思想——的結果，又可以在跟原始的或粗糙的事情的交相作用中產生出來。意義已經從狂風急浪的事情河流之中折入了一個平靜的和可通行的運河，跟主流又會合在一起，而且使得這個主流的進程染上了新的色彩，受到了調劑，而它們本身也就成了它的組成部分。在有相互溝通的地方，事物就得到了意義，因而也就有了代表、代理、記號和含義，而後者較之在原始狀態中的事情就更加無限量地服從於人類的管理，更加持久和更加適用了。

同樣，質的直接狀況就不再是一種默然無語的暗自銷魂，不再是一種獨專的直接占有，不再是一種潛藏的聚集組合：即不再是在感覺和情慾中所發現的種種情況了。它們變成了能夠為我們所探討、思索以及在理想中或邏輯上加以闡發的東西；當我們對於性質能夠說些什麼的時候，它們就成了進行教導的承擔者。於是便有了學習和教誨，而沒有一件事情是不可以產生知識的。一個直接享受的事物加上了意義，因而享受便被理想化了。甚至於自己身上暗自感覺到的一種劇痛，當它能被指點出來和加以敘述時，就成為一種有意義的存在；它不再是僅僅使人難受的東西，而且成為重要的東西了；它具有了重要性，因為它變成了有代表性的東西；它具有了一個公職所具有的尊嚴。

由於這樣一些增添和轉變，這就難怪在形式和意蘊的名義之下，意義時常被認為是超越於空時存在之外的、不為變化所影響的一種「實有」的樣式了；而且思維既是對於意義的占有，那麼把思維當作是一種非自然的精神力，而與一切經驗的東西毫無關聯，這也就沒有什麼奇怪的了。但還有一個自然的橋梁，它溝通著存在和意蘊之間的這道鴻溝，即溝通、語言、談論。如果我們不承認在溝通的形式之下這種自然的交相作用，那就會在存在和意蘊之間造成一道鴻溝，而那道鴻溝乃是人為的和沒有必要的。

哲學家們對於範圍比較廣泛些和普遍些的這類經驗對象是不大尊重的，即使自認為是經驗主義者們也是如此，這一點在以下的這個事實中表現得很明顯：即他們對於許多題目都曾經談論得頭頭是道，但是對於談論的本身卻很少談論。人種學家們、語言學家們和心理學家們曾經對說話的問題講得最多。不過，要知道，說話的發生使得啞巴動物——這是我們這樣有意義地稱呼它們的名詞——變成了有思維和有知識的動物，並從而建立了意義的領域，這是一件十分明白的事實。波亞士（Franz Boas）曾經從人種學的立場說過：「動物和人的心靈之間的區別在兩個外部的特點中表現出來；這兩個特點是有組織的、有清晰聲音的語言的存在和對於各種應用的用具的使用。」[1]在這以前，這種唯一外在的區別標誌大概還不僅僅是外在的；它們和這些內在的區別如宗教、藝術和科學、工業和政治等有著密切的連繫。在上一章曾經把「用具」跟工藝和知識連繫起來加以討論，而它們和科學不可避免的關係也曾被指出。但是在每一點上，器具和應用、用具和使用總是跟指導、提議和記錄連繫著的，而指導、提議和記錄之所以可能是由於有了語言；凡爲人們所談過的有關於工具作用的東西，都要服從語言所提供的一個條件；語言是工具的工具。

語言使野獸和人類有了區別，對於這個事實，大體來講，自認爲超驗主義者較之自認爲經驗主義者更爲清楚一些。毛病在於這些超驗主義者對於語言的來源和地位缺乏自然主義的概念。言語（logos）曾被正確地跟心靈等同起來；但是言語，因而心靈，卻被理解成爲超自然的東西了。因而邏輯（logic）便被認爲是建築在超過人類行爲和關係的那種東西的基礎之上了，而結果，物理的和理性的東西的分隔，現實的和理想的東西的分隔，便得到它的那種傳統

【1】《初民的心理》（*The Mind of Primitive Man*），第九十八頁。

公式的陳述了。

爲了反駁這個觀點，經驗主義者在關於語言的討論中僅僅只涉及到關於大腦構造的某些特點，或者某些心理的特點，例如「內在」狀態具有一個「向外表現」的傾向等。社會交往和制度曾被當作是一個自足的個人所具有的一種現成的特別的生理上或心理上的稟賦所產生的結果，而語言卻只是扮演著一個機械地傳送原先業已獨立存在的觀察結果和觀念的通訊員的角色。因此，言語就被當作是一種在實踐上的便利，而沒有根本的在理智上的重要意義。它包括有許多單純的「字眼」、聲音，它們是偶然地跟知覺、感情和思想發生了連繫，而這種知覺、感情和思想都是在語言之前就已經是完全的了。因此，語言「表達」思想，正像水管傳導自來水一樣，而且如果把它跟一個造酒的壓榨器「壓出」葡萄汁來對比一下，它甚至還只有更少的轉變事物的作用。在創建反省、預見和回憶的過程中，記號的職能被忽略了。結果，觀念的發生變成了跟物理的發生平行的一個神祕的附加物，既無共同之點，彼此之間也沒有溝通的橋梁。

不妨說，心理的事情並不僅僅是動物所做的一種可以感受痛苦和散布安樂的各種反應而已，它們還須有語言來作爲它們存在的條件之一。每當休姆反躬自省時，他就發覺「觀念」是在恆常流變之中；這些在流變中的「觀念」就很像是一連串默念的字句。當然，在這些事情的基本上，有一個有機的心理—物理動作的實體（substratum）。但是這些心理—物理的動作之所以能夠成爲可以認識的對象，成爲具有一種可感性的事情，這是由於它們在談論中已被具體化了。當內省主義者以爲他已退縮到一種爲心靈原料所造成的、在種類上不同於其他事情的、完全私有的事情領域之內時，他只是把自己的注意力轉向到他自己的自言自語罷了。而自言自語乃是跟別人交談的結果和反映；社會交際卻並非自言自語的結果。假使我們從未和別人交談過，而別人也未曾和我們談過話，那麼我們就絕不會對自己講話和跟自己講話。由於有了彼此的交談，社交上的取予、各種機體上的姿態就成爲人們之間的一種集合，這些人們交談著、彼此商量著、交換著不同的經驗，互相傾聽對方的意見，竊聽許多不中聽的話，埋怨別人以及爲自己作辯解。通過語言，一個人好像扮演戲劇一樣，似乎自己正在從事於一些可能的活動和事業；他扮演許多不同的角色；他不是在生命的連續階段上，而是在同時扮演的戲劇中這樣做的，因此便有了心靈的產生。

當希臘和現代的不同哲學都發現了談論時，他們卻予以完全不同的解釋，希臘和現代經驗在這方面的差別是具有重要意義的。現代的思想家們把語言變成了一個跟空間和物質存在相分隔的世界，一個由感覺、影像和情操構成的分隔的和私有的世界。希臘人卻比較近乎覺察到：他們所發現的乃是語言（談論）。但是他們認爲語言的結構就是事物的結構，而未曾把它們當作是事物在社會合作和交換的壓力和機會之下所勢必接受的各種形式。他們忽視了這個事實：即作爲思想對象的意義之所以配稱爲完備的和最後的，僅僅是因爲它們是由一個複雜的歷史造成的一個幸運的後果，而並非原來如此的。他們卻把它們當作是事物所具有的原始的和獨立的形式，內在地調節著變易的過程。他們把一種社會藝術的作品當作是獨立存在於人類之外的自然。他們忽視了這個事實：即邏輯的和理性的意蘊的重要性，乃是在戰鬥、歡樂和工作中社會的交往、伴侶、互助、指導和一致行動所產生的後果。所以他們把理想的意義當作是事物最後的體制，而在這樣的一個體制之中，一個實質和特性的體系和所講出的命題的主詞和賓詞乃是兩相符合的。事物和品詞（parts of speech）是自然地和確切地相符的，有些事物內在地乃是名詞，即固有名詞和普通名詞的內容；有些事物是動詞的內容，這些動詞表達自我活動，但其他則表示形容詞和副詞的變化，這是由於事物本身有缺點，所以才表現出這些變化來。還有些事物是實質彼此之間的外部關係，它們便是前置詞的內容。

其結果便形成了一個學說，認爲有實質、基本特性、偶然性質和關係，並且把「有」（Being）（藉助於連繫詞「is」）和動詞的各個時態等同起來（因而「最高的有」過去曾經是有的，現在仍是有的，將來永遠是有的，相反的，存在卻只是此時此地，偶然際遇的，它或者已經完全過去了，或者只是恰巧剛剛現有，或者將來在某些瞬息即逝的時間上是可能有的）。這個學說控制著整個物理學和形而上學體系，形成了歐洲的全部哲學傳統。這是領會到事物、意義和字句互相吻合的這種情況之後所產生的一個自然的後果。

這個領會卻爲這樣一個概念所歪曲了：即認爲事物和意義之相符乃是先於語言和社交而有的。所以每一個眞的肯定就是說在自然中兩個對象具有一種固定的彼此從屬的狀態；而每一個眞的否定就是說兩個對象具有一種內在地相互排斥的狀態。其後果便是相信有一些理想的意蘊，它們是各自完備的，但又是在一種必然的從屬和依附關係的體系中連繫在一起的。在對於這些意蘊的安排中，關於它們的關係、定義、歸類、分類等方面的思辨便構成了關於自然之核心組織的科學眞理。因此，原是人類的一個最大的簡單發現，使人類有可能占有條理和獲得解放，但是這樣一個發現卻變成了一個人爲的自然物理學的根源，變成了把宇宙當作是按照語言的模型構成的具體文法條理的這樣一種科學、哲學和神學的根據。

現代思想家發現了內心的經驗，一個純個人的事情的領域，而這些個人的事情總是在個人的掌握之中的，而且在尋找避難所、追求安慰和刺激時，這些個人的事情完全是屬於他一個人所有的，並且又不需付出什麼代價的。現代的這個發現也是一個偉大的和使人類獲得解放的發現。它意味著尊重人類個性所具有的一種新的價值和意義；它意味著一個人不單純是自然的一種特性，按照獨立於人類之外的一種體系被安排在一定的地位之上的，正像一件物品被放置在櫃中一定地位上一樣，而是對於自然有所增添的，它標誌著一種貢獻。這個發現和現代科學的這種有試驗的和假設的突出特點是相呼應的；所以一個關於發現的邏輯便有發揮個人氣質、天才和促進個人發明的機會。它也是跟現代的政治、藝術、宗教和工業有呼應的，在這些領域中給予了個性以活動地位，而相反的，古代的經驗體系則把個人嚴格限制在一定的一個條理以內，服從於它的結構和模式。但是這裡也夾入了歪曲。由於不承認這個內在經驗世界依賴於語言的擴展，而語言是一種社會的產物和社會的活動，在現代思想中便產生了主觀主義的、唯我主義的、自我中心主義的趨向。如果說古典思想家按照思辨的模型創造了一個宇宙，給予理性上的特性以組合和調節的能力，那麼現代思想家們便是按照個人自言自語的方式組成了自然界。

把語言理解成爲一件所經驗到的事情，就使得我們能夠解釋：當古人發現理性的語言和邏輯和現代人發現「內在」經驗及其興趣時，所眞正發生的是怎樣一回事。語言是人類交際的自然功能；而它的後果反作用於其他的事情，物理的和人文的，給予它們以意義或含義。作爲對象或具有含義的事情是存在在一個具體的關聯之中的，在這兒它們獲得了各種新的活動方式和新的特性。語詞就好像錢幣一樣。在這兒，金、銀以及作爲信用的各種工具，在它們成爲錢幣以前，首先是一些具有它們本身的直接和最後性質的物理事物。但是當它們作爲錢幣時，它們就是體現著各種關係的代替品、代表物和代理者。當錢幣是一種代替品時，它不僅僅便利了在使用它以前就業已存在的這些貨物的交換，而且它也使得一切貨物的生產和消費都起了改革，因爲它產生了新的交往，形成了新的歷史和事件。交易並不是一件能夠被隔絕開來的事情，它標誌著生產和消費進入了一個新的媒介和關聯，在這裡它們獲得了新的特性。

同樣，語言不僅是人類交往中節省精力的一個手段。它是參與在這種交往中的精力的鬆弛和擴張，授予這些精力以附加的意義性質。這樣附加的意義性質便現實地和潛在地從聲音、姿態和標記向著自然界中一切其他事物擴展和轉移。自然的事情，便正和唱歌、小說、講演、告誡和教誨等一樣，變成了可以爲人們所享受和管理的音訊。因此，事情便具有了特性；它們被劃分開來，而爲人所注意了。因爲特性既是一般的，也是突出的。

當事物具有了可以溝通的意義時，它們便具有了標誌、記號的作用（notations），而且就能夠成爲「暗示的意義」（con-notation）和「直指的意義」（de-notation）。它們不僅是單純發生的事故，它們是具有含義的了。事物因爲它們已被牽連在人類的結合之中而有所表述，因而推論和推理就成爲可能的了，因爲這些推論和推理的活動就是把這些事情所表述出來的內容誦讀出來而已。當亞里斯多德在對於我們看來比較顯著的——爲我們所應知的——感性事物和就其本身而言比較顯著的——爲它們自己所認知的——理性事情之間加以區別時，實際上他乃是在活動於局部的、有限制的語言領域內的事物和業已進入一個無限擴張的和多種多樣的語言領域的事物之間加以區別。

人類的交相作用，即結社，就其來源而言，和其他方式的交相作用並沒有什麼差別。個人怎樣變成了有社會性的？如果按照字面上來看這個問題，其中便有一種奇特矛盾之處。人類和其他事物一樣，同樣也表明了既有直接的獨特性，也有連繫、關係的特性。在人類的這種情況中，正和在原子和物質品質的情況中一樣，直接的狀況就是全部的存在，所以它既是在受其他事物的影響中的一個障礙，也是在影響其他事物中的一個障礙。每一個存在的東西，只要它是被認知的和可知的，它就是在和其他事物的交相作用之中了。它是孤獨的、單個的，也是結合在一起的。因此，個人結合在一起，這並不是一件新鮮的和前所未有的事實；它是存在所具有的一種普遍情況的顯現。所以含義並不在結合這個單純的事實之中，而在從人類的結合所具有的明顯的格局所產生的後果之中。事物的集合，由於把以前封閉著的精力解放出來，賦予了這種集合及其組成部分以新的特性，在這個事實中也沒有什麼新鮮和前所未有的東西。重要的意義在於有機的人類集合把順序和同時存在的東西轉變成爲共同的參與了。

姿態和呼號原來並不是具有表達和溝通的性質的。它們正和移動、攫取和咀嚼之聲等一樣，也是有機體的一些行爲方式。語言、記號和含義的產生，不是由於誰的意旨和心願，而是由於姿態和聲音的擴展是它們的副產品。關於語言的故事就是關於如何利用這些事情的故事；而利用這些事情，既是其他事物所產生的後果，它本身又會產生豐富的後果。關於語言的來源曾有過許多不同的解釋，它們有「bow-wow」論、「pooh-pooh」論和「ding-dong」論等的綽號稱呼；但是這些解釋事實上並不是有關語言來源的學說。它們只是說明怎樣和爲什麼某些聲音而不是別的聲音被選來作爲對象、動作和情境的記號，而這些說明也頗有幾分可取之處。假使單純就是這一類聲音的存在便構成了語言，那麼下等動物也許就會比人類更爲靈巧地和流利地互相交談。但是只有當這類聲音在一種互助和指導的具體關聯之中被運用時，它們才變成了語言。當我們考慮有機的姿態和呼號怎樣轉變成爲名稱、具有含義的事物或語言的來源時，只有這種互助和指導的具體關聯才是最爲重要的。

關於動物經驗的可以觀察得到的事實提供給了我們一個出發之點。「動物反應一定的刺激……乃是藉助於一定肌肉的收縮作用，而這種肌肉的收縮對於這個動物本身並沒有什麼直接的後果，但由於刺激其他動物，引起它們的動作，從而影響它們。……我們不妨把這一類稱爲信號反射。螢蟲的閃光、烏賊液囊中射放出一種黑色液體、雄雞的啼鳴……孔雀羽尾的開屏等，這些是少數幾個但卻是很不相同的信號反射的例子。這些反射活動藉助於刺激其他的動物而去影響它們……如果沒有別的動物在面前，或者這些別的動物並沒有用它們自己的反射去反應它們，前者的反射活動就完全是白費的。」[2]

因此，下等動物便是在這樣的方式下活動著的，即這些動作對於這些動物本身並沒有有用的**直接**後果，但它們卻在其他動物中喚起了一些獨特的反應，如性反應、保護反應、覓食反應（例如母雞對牠的雛雞所做的那種咯咯之聲）。在某些情況中，在其他動物中所引起的這種動作又回過來對於第一個動物發生重要的後果，一個性的動作或一種聯合的反抗危險的保護動作便有著進一步的相互作用了。在別的一些事例中，行爲的結果對物種有用，對於一個數量未定的群體，甚至包括尚未出生的個體都是有用的。信號動作顯然形成了語言的基本**材料**，類似的活動在人類中無意地發生著；因此，一個嬰兒的啼哭引起了成人的注意，而且激起了一種對於嬰兒有用的反應，雖然這個啼哭本身乃是有機體的一種無意的流露。同樣，一個人的姿勢和面部變化可以向別人指明這個人自己想隱諱起來的東西，因而他「把他自己洩露出來了」。在這些情況中，「表達」或記號與意義的溝通，並不是爲執行者本身而存在的，而卻是爲他的觀察者而存在的。

信號動作是語言的一個物質條件，但同時它們卻並非語言，也不是語言的**充足**條件。只有

【2】梅葉爾（Max Meyer）：《別人的心理》（*The Psychology of the Other One*），一九二二年，第一九五頁；這是行爲主義心理學的一種陳述，但它未曾引起它內在地所應引起的注意。

從一個外在的立足點上看來，這個原來的動作才是一個信號；別的動物對它所做的反應並不是對一個記號所做的反應，而是通過某種行爲機制對一個直接刺激所做的反應。當農人發出一種咯咯之聲時，或當這些母雞聽見了盤中穀粒沙沙發響時，這些母雞乃是由於習慣、由於條件反射而奔向這個農人。當這農人伸手拋擲穀粒時，這些母雞便四散飛開；只有當這種動作停止時牠們才回來。它們似乎是由於受驚而有所動作；因此農人的動作就不是食物的記號；它是一個激起逃避的刺激。但是一個嬰兒便知道藐視這類動作；對於這些動作感到興趣，因爲它們成了達到一個所嚮往的結果的準備動作；他學會了把它們當作是另外一個事情的記號，因而他的反應乃是對它們的意義所做的反應，他把它們當作是達到後果的手段。母雞的活動是自我中心的；人類的活動卻是共同參與的。後者把他自己放在這樣一個情境的立足點上，即在這個情境中有兩方面共同參與。這是語言或記號的本質特點。

甲指著某一個東西，譬如一朵花，請乙把它拿給他。這裡有一個原來的機制，乙藉助於這個機制可以反應甲指物的這個動作。但是本來這樣一個反應是對這個動作的反應，而不是對這個「**指**」，不是對這個所指的對象的反應。但是乙知道這個動作**就是**一個指物的動作；他並非反應這個動作本身，而是把它當作另外一件東西的一個指標。他的反應是從甲的直接運動轉移到了甲所指的這個**對象**。因此，他不僅僅在做一些由這個動作本身所激起的觀看或把握的自然動作。甲的運動吸引著他注視這個所指的東西；於是，他不僅是把他的反應從甲的動作轉移到他會對這個刺激物作的一種天然的反應，他所用的一種反應方式乃是甲對於那事物之現實的和潛在的關係的一個作用。關於乙之理解甲的動作和聲音的突出特點，就是在於他是從甲的立足點去反應這個東西的。他感知這個東西，似乎它是在甲的經驗中發生作用一樣，而不僅是以自我爲中心去感知它的。同樣，當甲在作此請求時，他不僅按照這個東西對他自己的直接關係去理解它，而是把它當作是一個能爲乙所掌握的東西，他看見這個東西時也正似它可以在乙的經驗中發生作用一樣。這就是溝通、記號和意義的意蘊和重要意義，實際上至少在兩個不同的行爲中心之中有一些事物已成爲共有的東西。互相了解就是共同預期達到一個什麼結果，它是一種互相參照；當人們這樣進行參照時，他們便是共同參與在一個共同的事業之中。

再談得詳細一些：在聽了甲的話之後，乙的眼睛、手部、腿部針對甲的占有的終極動作做出準備性的反應；他便開始去拿取這朵花，帶過去交給甲。同時，甲對於乙的終極動作，即奉獻這個花朵的動作，做了一個準備性的反應，因此，甲所發出的聲音，他指物的姿勢，以及對於所指事物的看見，都不是引起乙的動作的機緣和刺激物；這個刺激物乃是乙對於一種有雙方參與的交往所產生的結局所預期的那種同共分享的情況。語言的要點並不是對於某些原先存在的事物的「表達」，更不是關於某些原先就有的思想的表達。它就是溝通；它是在一種有許多夥伴參加的活動中所建立起來的協同合作，而在這個活動之中每一個參加者的活動都由於參與其中而有了改變和受到了調節。互相不了解就是在行動上沒有取得一致；彼此誤解就是由於不同的目的而有了相左的行動。無論你怎樣根據行爲主義的觀點去對待言語，乃至把一切私有的心理狀態都排除掉，但這仍然是眞的：即它顯然不同於動物的信號動作。的確，意義並不是一種心靈的存在；它基本上是行爲所具有的一種特性，其次才是一個對象所具有的特性。但是具有意義這樣一種性質的行爲乃是一種特殊的行爲；它之所以具有協同合作的性質，乃是因爲對別人的動作的反應包括著對一個進入別人行爲中的事物所做的同時的反應，而這個反應又影響到雙方面。至於其中所包括的確切的生理機制，很難敘述。但關於這個事實，則毫無懷疑，它使得動作和事物成了可以理解的東西。具有參與這種活動的能力便是智慧，智慧和意義就是人類的交相作用有時所採取的這種特殊形式所產生的自然後果。

意義基本上就是意旨（intent），而意旨並不是個人的，即並不是私有的，與別人無關的。甲企圖通過乙的行爲的仲介或途徑以求終究占有這朵花；乙則在滿足甲的企圖中企圖協同合作——或進行相反的動作。其次，意義乃是由於事物具有能使分享的合作成爲可能和產生結果時這些事物所獲得的含義。首先，是甲的*動作和聲音*具有意義或成爲記號。同樣，乙的動作對乙來講乃是直接的東西，但同時對甲來講卻是乙與他合作或拒絕與他合作的一個記號。但是其次，爲甲所指出的這個*事物*獲得了意義。在這時候，它不再只是它當時本來的存在，而已被當作是達到更遠一些的後果的手段：人所反應的乃是它的潛能性。例如：所指的這朵花是可以攜帶的，但是如果沒有語言，這種攜帶的可能性就是一個原始的偶然狀況，等待著在一定條件之下得到實現。但是當甲估計到乙的了解和合作以及乙對於甲的意旨作了反應的時候，這朵花在當時*就是*可攜帶的了，雖然這時候在實際上還沒有採取動作。它的潛能性，或產生後果的制約性，乃是一件直接所認識和占有的特性；這朵花就不是簡單地是可攜帶的，而具有了可攜帶性的意義。泛靈論把沒有生命的東西說成是有願望和意旨的東西，這並非神祕地把心靈特性投射到事物身上，而是對於這樣一件自然的事實所做的一種曲解，這個事實就是：有意義的事物乃是實際上跟具有共用的或社會的目的和行動的情境相連繫的事物。

泛靈論的邏輯很簡單。既然詞間接地或者作爲一個記號影響事物，而且既然詞表達事物有意義的後果（即事物所具有的這些特性，人們就是由於它們具有這些特性才利用它們的），那麼爲什麼詞就不應該直接地影響事物以充分發揮它們的潛在力量呢？既然我們用它們的名字來「呼喚」它們，爲什麼它們就不應該回答呢？而且如果當我們乞援於它們時它們像朋友一樣的幫助我們，這不就足以證明它們已爲一種友愛的意旨所推動嗎？或者，如果它們阻礙著我們，那不就證明它們充滿著那些鼓舞我們敵人的特性嗎？因此，泛靈論就是一個社會情境的特性直接轉變成爲自然事物對一個人的一種直接關係時所產生的後果。它的合適的和經常的形式就是詩，在詩裡面，事和物也在說話而且直接跟我們溝通著。

如果我們考慮到意義和了解所發生的情境的形式或輪廓，我們就會發現直接性和效用性、外顯現實性和潛在可能性、終極的東西和具有工具性的東西，在這些情境中乃是同時出現而且是相互參照的。當甲向乙提出這個請求時，同時他也在作一種開端的和準備的反應，去接受乙手裡的東西；他是有準備地從事著這種具有終極性的動作。乙懂得甲所說的話的意義，而不是單純地反應聲音，這乃是對於一個後果所做的一種預期，但是同時它也是在取得這朵花而把它交給甲時眼、腳和手的一種直接的活動。這朵花是一個直接存在的事物，同時它也是達到一個結果的手段，所有這一切都直接包括在可理解的言語的存在之中。在純粹物理的事物中——即在一個互相溝通的情境中可能出現的東西被抽象出來的時候——最後性和仲介性就不可能同時出現。既然我們發現一切事物都有其潛在的可溝通性的一面，那就是說，既然我們發現任何可理解的事物都可以進入語言的範圍，我們自然會回過頭來把意義和邏輯關係說成是純事物本身所具有的；這沒有什麼害處，除非這種歸諉是武斷的和字面上的。一個物理的事物直接是什麼，以及它能夠做什麼或有怎樣的關係，這些都是它所特有的和不可用同一單位較量的。但是當一件事情具有了意義時，它的許多潛在的後果就變成了它的主要的和基本的特點了。當這些潛在的後果是重要的而且被重複的時候，它們就使一個事物的本質和意蘊形成爲說明它的範圍、指示它的內容、突出它的特點的一種形式。認知這個事物就是去把握它的界說，因此，我們就能夠去知覺事物，而不僅僅感觸到和占有到它們。知覺就是承認尚未達到的可能性，它是把現在歸因於後果，把透視歸因於最後的結果，並且從而按照事情間的連繫來行動。作爲一種態度來說，知覺或察覺就是預測的期望和留意。既然潛在的後果也標誌著這個事物的本身並成爲它的本質，那麼這樣標誌出來的事情也就成爲一個靜觀的對象了；未來的後果，既然也是意義，就已是屬於這個事物的一部分。這種致力於使它們成爲這個世界上存在的東西的動作，也可以成爲在美感上對於形式的享受占有。

我曾間接提到過意蘊只是意義的一種顯明的事例；採取片面的態度，以及把某一種意義說成是一個事物所具有的唯一的意義，這只是表明人類擺脫不了偏見。既然後果本身所產生的後果是不同的，因而它們的重要性也是不同的，那麼，這種片面的偏袒也許是有實際的好處的，因爲人們當作意蘊所採用的意義可以指出許多廣泛和重複發生的後果。因此，在意蘊和存在之間既有區別又有連繫的這種似乎矛盾的情況就得到了解釋。意蘊永遠不是存在，但它仍不失爲存在所具有的意蘊，即被提煉出來的重要意義；它是關於存在的一種具有重要意義的東西，是存在在理智上的證明人，是推理和推廣轉移的手段，而且是美感直覺的對象。在意蘊中，感觸和理解是合而爲一的；一件事物的意義就是它所意味的東西。

既然爲人們所喜歡的某些後果會被他們所強調，那麼無怪有許多其他的後果，即使認爲不可避免的，也會被當作似乎是偶然的和疏遠的了。因此，一個事物的意蘊就是在恰當的條件下這個事物所具有的那些圓滿終結的後果。因此，使得這個事物，成爲現在這樣狀況的，不可變動的和具有組合性的意蘊，乃是從隨著不同的條件和不同的意旨而變化的各種不同的意義中突創出來的。如果說意蘊在這時候被認爲包含有存在，正如完善的東西包括有不完善的東西在內一樣，這乃是因爲在實踐中，對於實在按其重要性而作的一種適當的措施，卻被不正確地改變成爲一種理論上的措施了。

語言本身既是具有工具性的，也是具有圓滿終結性的。互相溝通乃是取得所缺少的東西的一種交易；它包含有一種要求、訴願、命令、指示或請求在內，它以少於個人勞動所付出的代價使需要得到滿足，因爲它取得了別人的合作協助。互相溝通也是生活的一種直接提高，爲它本身的利益而進行的一種享受。舞蹈有歌唱相伴奏，而變成了戲劇；當一些危險的和勝利的情景展現出來時，它們最使人感到興趣。慶祝帶著它所預定的那些禮節變成了儀式大典。語言總是行動的一種形式，而且當它被當作工具使用時，它總是爲了達到一個目的而進行的協作行動的一種手段，但同時它本身又具有它一切可能後果所具有的好處，因爲沒有一種行動方式像協作行動那樣具有完滿結果和報酬的性質的，它帶有一種分享和融會一體的意義。語言的形式能產生這種感覺，它在這方面是無與倫比的了，這首先通過聽衆方面直接的參與；然後，當文學形式發展時，通過想像中的設身處地。希臘思想家們在希臘文藝中細緻地利用語言方面，曾做出出色的榜樣，而他們所發現的對於溝通所必不可少的意義又曾被當作是在自然本身中最後的和終極的東西，意蘊便被化爲一切存在所具有的原始的和本質的形式了。

這裡所提出的關於意義和語言的連繫的觀念，不要跟傳統的唯名主義混淆不清。它並不意味著說：意義和意蘊是外來的和隨意附加的。唯名主義的缺點在於它實際上否認了交相作用和互相結合，它不把詞當作是用以實現互相結合的一種社會行動的方式，而把它當作是一個現成的、完全個體的心理狀態的一種表達；感覺、心像或感觸既然是一種存在，就必然是特殊的。因爲包括在語言中的聲音、姿勢或書面的記號乃是一種特殊的存在。但是它本身並不是一個詞，而且也並不是由於宣布一種心理的存在，它就變成了一個詞；它是由於獲得意義而變成了一個詞的；而當一個眞正的共同行動由於使用它而被穩定下來時，它就獲得了意義。交相作用的情況，即行動上的關係，跟特殊的情況和直接的狀況一樣，也同樣是關於事情的一種事實。語言及其後果乃是在特定的組織條件下自然的交相作用和自然的連結所具有的特徵。唯名主義忽視了組織，因此把意義變成無意義的東西。

具體講來，語言是至少在兩個人之間交相作用的一個方式：一個言者和一個聽者；它要預先承認一個組織起來的群體，而這兩個人是屬於這個群體之內的，而且他們兩人是從這個群體中獲得他們的言語習慣的。所以它是一種關係，而不是一個特殊的事情，僅考慮這一點就足以貶責傳統的唯名主義。再者，記號的意義總是包括人和一個對象之間所共同具有的東西。當我們把意義說成是言者所具有的屬性，而把它當作是他的意旨時，我們就把共同執行這個意旨的另一個人以及這個意旨所由實現的、獨立於有關的人以外的那些東西都視爲理所當然。人和事物必須同樣成爲在一個共用的後果中的手段，這種共同的參與就是意義。

在使意義固定下來的過程中，工具的發明和使用曾經起著很大的作用，因爲工具就是用來當作達到後果的手段，而人們不是直接地和從物理上去對待它的。它在內在上就是具有關係性的、期望性的、預測性的。如果不涉及到當前不在的東西，或者說，如果沒有「先在」（transcendence），那麼就沒有一種東西是工具。說動物不「思考」的最有說服力的證據就是在這個事實中發現的：即它們沒有工具，而只是依靠它們自己比較固定的機體結構去產生結果。由於這種依靠的情況，它們就無法把任何事物的當前存在跟它可能的效用區別開來，無法對其後果進行推測來說明本質或意蘊。任何被用來作爲工具的東西都表現出既有區別性，也有一致性。從存在上講，火就是燃燒的；但當火被用來燒飯和取暖時，特別是在其他的事情以後，如鑽木取火之後，火就成爲一種具有意義和潛在意蘊的存在了。火燒和恐懼或不安已不再是全部的故事了；一件發生的事故這時候成爲一個對象了；而且，如果（如唯心論實際所主張的那樣）主張說，一個存在物的意義就是這個存在物的實質，這是荒謬的，但同時不承認既已發生的事故所具有的這種完全轉化的重要意義，這也同樣是荒謬的。

既然作爲一個工具或被用來作爲求得後果的手段就是具有和賦予意義，那麼作爲工具之工具的語言就是撫育一切意義的母親。因爲其他用爲工具和媒介的東西，即平常認爲是用品、代用品和設備等等的事物，只有在社會集體中才能產生和發展，而社會集體是有了語言才可能形成的。在儀式中和在制度中事物變成了工具。原始用具及其附屬的象徵符號具有一種頑固的習俗性和傳統性，這就證明了這個事實。再者，工具和代用品總是被發現跟分工相連繫著的，而分工又依賴於一定的溝通方式，這句話能在一個較爲理論一些的方式之下予以證明。直接狀況本身是轉瞬即逝、近乎幻滅的狀況，而在事物能夠有意識地爲人們所利用之前，就須要通過在有機體控制範圍以內的某種容易恢復和重複的動作，如姿勢和言語聲音等，把這種直接的流變狀況固定下來。一個人也許偶然用火使他自己得到溫暖，或者偶然用一根棍子撥鬆了泥土，因而促進了糧食植物的成長。但是從存在方面來講，火滅了的時候，那種安適的效果也就停止了；一根棍子，即使曾經一度做過槓桿，仍會回到單純就是一根棍子的地位，除非使它和它的後果間的關係情況得以突出，並保持下來。只有語言，或某種形式的人爲的記號，才可以用來把這種關係情況保持下來而且使它在其他特殊存在的具體關聯中更有豐富的後果。矛、瓶、籃、網等也許就是偶然在自然事情的某些具有圓滿終結的後果中發生的，但是只有通過共同一致的行動予以重複，才會使它們制定成爲工具，而這種行動的協調一致又依賴於記載和溝通。要使得別人覺察到某一種用處或客觀關係的可能性，就是要把偶然成爲一種替代物的東西持續下來。彼此溝通是意識的先決條件。

因此，每一個意義都是共同的或普遍的，它是在言者、聽者以及言語所涉的事物之間共同的一個東西。作爲一個概括的手段而言，它也是普遍的。因此，一個意義是一種行動方法，一種把事物用來作爲達到一個共用的圓滿終結的手段的使用方式，而方法是一般性的，雖然它所運用的事物是特殊的，例如：輕便性的意義乃是兩個人和一個對象所共用的一種東西。但是在輕便性一度被領會到之後，它就變成了一種對待其他事物的方式；它就被廣泛地推廣了。當這樣一有機會時，它就會被應用；只有當一個事物拒絕以這種方式對待它時，應用才會停止。而且即使這樣拒絕也可能只是向人們提出的一個挑戰，要求進一步發展「輕便性」的意義，直到這個事物能被運走爲止。意義乃是使用和解釋事物的一些規則；解釋總是說事物具有一種達到某種後果的可能性。

有一個學說主張：一般觀念或意義起源於對於許多特殊事物進行比較，直到後來認識到某種爲它們全部所共有的東西。難以想像有任何主張比這個學說更爲荒謬可笑的了，但是我們不妨把這種比較用來考核一個規則能否如所提議的那樣加以廣泛應用。不過，人們從事概括乃是一種自發的活動；只要條件允許的話，他們總是要進行概括；有時甚至實際上不應該概括的地方，他們也去廣泛地予以概括。人們總是強行把一個新獲得的意義推廣應用到一切並不顯然拒絕應用它的事物身上，好像一個兒童只要當他一有機會的時候就想運用他新學會的一個新詞或者像他玩弄一個新的玩具一樣，意義就會自己向新的情況轉移。結果，條件強使這種自發的傾向受到鍛鍊，應用的範圍和限制是在應用的過程中通過實驗來確定的。科學的歷史，就足以指出要使這種不合理的概括傾向服從於經驗的鍛鍊是多麼困難，至於通俗的信仰就更不必說了。把它稱爲「先驗的」（a priori），就是表明一件事實；但是把意義的概括力量所具有的這種「先驗」特性歸之於**理性**（reason），這是顚倒事實。當這個傾向根據觀察和通過審慎實驗的證實而變成了愼重的概括時，便得到了理性。

意義是普遍的也是客觀的。它開始是使用或享受事物的一種共同的或聯合的方法，所以意義就是指一種可能的交相作用，而不是指一個分隔孤獨的事物而言。正像吹口哨並不是實際上預示將有大風，而祈雨時灑水法也不是指明即將下雨，一個意義當然可以沒有所賦予它的這種特殊的客觀性。但是這樣使外在所涉及的東西賦有這種魔力，就證明了意義本身的客觀性。意義自然總是某些事物的意義；困難在於把這個正確的事物鑑別出來。要知道：某些意義，無論它們是可喜的或可怕的，都是在社會共同的歡樂和控制的過程中所共同發展起來的意義，而並不是代表任何個別集團利益的，它們並不是與社會藝術無干的一些自然的方式和手段；要知道這一點，我們就需要受過系統的和嚴格的從事實驗工作的訓練。當對象不是根據它們在社會的交相作用和討論中它們所產生的後果來予以說明，而是根據它們所產生的許多後果彼此之間的關係來予以說明時，在美感的和情感的意義上便添加上了科學的意義。這個區別可以使得美感的和情感的對象不致成為具有魔力的東西，因為這些對象之所以被認為是具有魔力的東西，乃是由於人們把它們在集團所傳遞下來的文化中所產生的後果當作是它們在自然狀態下所產生的後果。

然而古典哲學賦予意義、意蘊、觀念以客觀性的眞理仍是顚撲不破的，把意義理解為私有的、朦朧的心理存在所具有的一種特性，這是一種異端邪說。柏克萊按照他的唯名主義的觀點，認為觀念雖然在存在中是特殊的，但在作用和職能中卻是一般的。他認為觀念之所以能在行為中發生效用，是由於上帝預先建立了一種秩序，雖然他表明在溝通或社會的交相作用中不能感知它們的自然根源，這個說法較之那些保持他的心理學而排除他的神學的人們所顯示的結果，更有力地體現出了意義具有客觀性的這個意義。感覺論者在對極端懷疑主義表示躊躇的同時，又設定說某些觀念間的聯想跟事物間的結合是兩相符合的，這種自相矛盾的情況也是無可奈何地證明了：雖然在理論上不承認意義的客觀性，但意義的客觀性的暗示卻經常出現在他們的心靈中。

意義是客觀的，因為它們是自然交相作用的一些樣式；是這樣的一種交相作用，即雖然基本上是有機物之間的交相作用，但是也包括有生物以外的事物和能在內。法律上的意義所具有的調節力量可以提供給我們一個便利的事例，一位交通警察舉起他的手來或者吹警笛，他的動作所起的作用就是作為指揮動作的一個標誌。但是它不僅僅是一個偶然的刺激物，它體現著有關社會行為的一種規則。它較近的意義就是它在協調人們和車輛的行動中所產生的當前後果，它的較遠的和永久的意義——即意蘊——就是它在獲得社會治安的方式中所產生的後果。如果人們不遵守這個信號，就逮捕、罰款或收押。在員警的警笛中所體現出來的意蘊，並不是附加在一個感性的或物理的流變之上的一個什麼神祕的實體和賦予在它身上的一個形式；它不是似乎隱居在心靈裡面的一個神祕的潛存物。它的意蘊就是社會交通的規則，標準化了的習慣，它是一般人都可以理解的而且是持續有效的，而且只是爲了它，才使用警笛的。形成警笛這樣一個特殊聲音的意蘊的模式和模型，就是通過社會的同意，在許多行人和車輛的交通之中建立起一種有秩序的安排作爲其後果。這種意義是獨立於心理的景象、感覺和印象、員警和其他事物以外的。但是也不能因此而把它當作是一個沒有時間性的精靈鬼怪，或脫離事情的一種無聲無色的邏輯潛存物。

關於任何非人類的事情，如重量、效力或脊椎動物等的意蘊的情況也是如此。事物交相作用所產生的一些後果是與我們有關的；這些後果就不單純是物理的；最後它們參與了人類的行爲和命運。火燃燒著，而火燒是具有重要意義的。它進入了經驗以內：觀看熊熊的火焰是有趣的，逃避它的危險和利用它的有利的潛能是重要的。當我們叫出一件事情的名字，如稱它是火時，我們是在預言著什麼；我們不是在稱呼一件當前的事情，那是不可能的。我們運用著一種語言的名詞；我們激起了一種意義，這就是說，我們在祈求存在所可能產生的後果。這位交通警察所發出的聲音的最終意義，就是後來所產生的社會行爲的整個體系，其中藉助於聲音使得個人服從於社會的協調，其較近的意義就是在鄰近區域內和直接影響下的行人車輛的行動獲得協調。同樣，所謂火的最終意義或意蘊，也就是一定的自然事情在人類活動的範圍以內、在社交的經驗中、在火爐邊、在家壇前、在共用的安樂中、在金屬熔煉中、在特快運輸中，以及在其他這類的事件中所產生的後果。「從科學上來講」，我們忽視了這些較遠的意義。而這是十分適當的，因爲當變化的順序條理已爲人們所決定時，在直接享受和欣賞中的這種最後意義是能夠被人們所控制的了。

古典思想及其在後來的唯心主義的殘餘思想認爲：較遠的人類意義，即在言談中直接交往的意義，乃是與它們在語言中的地位無干的各種的自然形式，而現代思想則在根據事物因果關係所決定的意義和根據人類交往所決定的意義之間劃出了一道嚴格的分隔線。結果，它把後者當作是無關輕重的或純粹私有的，絕不是自然事情所具有的意義。它把較近的意義當作是唯一有效的意義，而抽象關係變成了一個偶像。在科學中忽視自然界交相作用的後果對於人類的意義，這是適宜的；的確，這也是不可逃避的。把意義在社會的或共用的情境中抽繹出來而加以肯定和陳述，這是對後者能夠理智地予以修改、擴展和變更的唯一途徑。數理符號跟獨特的人類情境和後果只有最少的連繫；而離開美感和道德含義去發現這樣的名稱，乃是這種專門技術的一個必要部分。的確，這樣減除掉較遠的意義也許爲數理關係提供了一個盡可能好的經驗定義，它們是不直接涉及人類行爲的意義。因此，意蘊就變成了完全是「理智的」或科學的，而沒有任何在圓滿終結上的含義了。它表達出那種純粹具有工具性的東西，而不涉及有關事物作爲其手段的那些對象。於是它就成爲反省的出發點，而其結果可以產生以前所未曾經驗到的人類的遭受和享受。從任何特殊的後果中抽象出來（這就是說一般地去對待具有工具性的東西），爲求得新的用處和後果開闢了途徑。

當專家或政府官員把交通警察的信號所具有的意義從它的具體關聯中隔離開來，而且把它變成一種書面的和印刷的文字，作爲一個獨立考慮的題目時，便有上述情況的發生。由於把它放在另一些意義的關聯中（從理論上和科學上去進行討論），它就從先前使用的偶然狀況中被解放了出來。結果就可以發現一種改進的、新的信號制度，更有效地來管理人類的交通。然而從一切較遠的人類的用處和後果中深思熟慮地進行抽繹，這在關於一種信號系統的討論情況中似乎是難以發生的。在物理科學中，這種抽繹或解放是完全的。事物是用符號來界說的，而這些符號僅僅表達它們彼此之間的後果。在日常經驗中，「水」是指有關人類生活中產生熟悉影響和用處的某些東西所具有的意蘊而言，例如它是可以飲的，可以用來洗滌衣物，撲滅火燭等。但是一氧化二氫（H_2O）卻隔斷了這些連繫，而在其意蘊中僅僅體現出獨立於人類事務以外的事物所具有的工具性的效能。

古典的思想不僅僅是把終結、享受、使用當作是自然事情的眞實終點（它們也確是這樣），而且也當作是獨立於人類經驗以外的事物的意蘊和形式。跟這種思想相類似的有一個現代的哲學派別，它把實在當作是純機械的東西，而把事物在人類經驗中所產生的後果當作是偶然的或現象的副產品。其實，從人類經驗中抽象出來，只等於是從熟悉的和特殊的享受中解放出來，它提供了一種手段去探索至今尚未被嘗試過的後果，去發明和創造新的需要，以及好和壞的新樣式。從關於意蘊這個概念所有的最適當的意義上講來，這些人類的後果就是自然事情所具有的意蘊。當水變成了H_2O這種意蘊時，它仍然具有日常經驗中的水所具有的意義，否則，H_2O也會完全是沒有意義的了，不是一個可理解的名字，而只是一個單純的聲音了。

意義，在言語中作爲意蘊而被固定下來以後，就可以在想像中被管理著、操縱著、實驗著。正像我們公然操縱事物，進行新的劃分，從事新的結合，從而把事物介紹到新的關聯和環境中去一樣，同樣，我們在言語中把許多邏輯的共相連結起來，在這兒構成和產生新的意義。思辨（或者如現代人所謂的演繹）產生新的對象，用康德的語言來講，它不是單純地說明已經具有的東西，而它是「綜合的」（synthetic），在這個事實中並沒有什麼奇怪的東西。一切的言語，口頭的或書面的，不僅是一種機械的發音習慣的展開，而是說了一些使這個說話的人感到新奇的事情，的確，有時它使他較之任何其他的人更覺驚奇。系統的邏輯語言或推理（ratiocination），是按照嚴格的規則進行的同樣的事情。即使在嚴格規則的條件之下，新意義的突創也較之習俗所假定的更爲類似在舒暢的談話中所發生的情況。關於邏輯條理和一致性的規則，乃是有關於如何使得在產生新意義中所進行的聯合和分隔更爲經濟而有效，而不是有關於意義本身，它們是有關於進行某一類實驗的規則。在嘗試著把許多意義進行新的連結中碰上了新意義所產生的令人滿意的結果，然後就可以把它們在一個體系中排列起來。從事於思想工作的專家就是有本領善於從事實驗，把舊的意義介紹到各種不同的情境中去，而且他有一種敏感的耳朵，可以發現結果所將形成的和聲和不和諧的聲音。在現實所發生的情境中最具有

「演繹性」的思維，乃是一系列的嘗試、觀察和選擇。按照「直覺」（intuition）這個模糊字眼的一種意義講來，它就是一「系列的直覺」，而邏輯就是從事後追溯既往的觀點上看來所表達出來的一種如何經濟地把曾經顯現出來的許多一致性和不一致性以一種簡明的公式陳述出來的機智。任何自始就是如此的三段論式，由一架自動操縱符號的機器來進行，較之任何「思想家」都會進行得好些。

意蘊能隨時進入任何數量的新的聯合之中，並從而產生更多的比它們所由產生的那些意義尤爲深刻和廣泛的意義。這就使得意蘊在表面上似乎具有一種獨立的生命和經歷，而這樣一種貌似的情況便使得某些思想家們把意蘊提升到一個與存在領域相分隔的而又優越於它的領域之中。試考慮一下曾經根據這些意蘊，如4、+、$\sqrt{-1}$（四、加、負一的平方根）做出的那些解釋。當這些意蘊和其他意蘊結合起來時，它們所產生的後果既是這樣易於操縱，而又是這樣豐富多產，以致基本上對於它們的作業感到興趣的人們就把它們不當作是語言中的一些重要的專案，而當作是獨立於人類的發明和使用以外的許多實體所形成的一種條理。我們能夠注視著它們並且能夠把它們結合在一起時所發生的事情記載下來，而所發生的這些事情，正和一次地理的勘察所發現的東西一樣，是獨立於我們的意願和期望以外的。這種事實乃被用來作爲證據，證明意蘊構成了具有潛存實有的實體，它們不僅是獨立於我們以外的，而且是獨立於任何一切自然事情之外的。

我們把選擇理解得太狹隘了，因爲意義和意蘊並不是心靈的狀態，由於它們和物理的事物一樣是獨立於直接的感覺和想像以外的，但又因爲它們不是物理的事物，於是就假定它們是一種特別的事物，被稱爲形而上學的或「邏輯的」事物，正像把邏輯區別於自然一樣。其實，還有許多其他的東西，它們既不是物理的存在，也不是心理的存在，而它們卻可以證明是依賴於人類的結合和交相作用的。而且這些事物還具有解放和調節人類以後互相溝通的機能；它們的意蘊就是它們在如何使得那樣的互相溝通更有意義和更爲直接地獲得效果方面所做的貢獻。再以在交通管理方面的那類事情爲例，一個警笛的聲音乃是一個特殊存在的事情，在數量上和別的東西是有分別的，它具有它自己所特有的空間和時間上的地位。至於社會合作的交相作用中體現這種交相作用而使它發生效用的規則或方法，情況也許不能這樣說。一個連續進行的有組織的動作方法並不是一個特殊的存在，所以就不是一個物理的或心理的存在。然而，運用這個方法去調節運動使它們不致彼此干擾，則其後果既有其物理的一面，也有其心理的一面。在物理方面講來，空間的變化有了一些在另一種情況下也會發生的改變。從心理方面講來，有一些在另一種情況下不會發生的享受和苦惱，但是這些偶然事件中的任何一件或者它們全部結合起來都不足以形成警笛聲音的意蘊或其較遠的意義；它們是一個比較安全的人類的協同活動所具有的一些特徵，而這種協同活動，作爲體現在警笛中的一個法律命令所產生的後果，便形成了它的意義。

關於意義和意蘊的討論已經走上了這樣一條絕路，而且已經糾纏於這樣的困惑之中，以致還值得進一步建議把法律上的實體當作是一條指明避免意蘊和存在脫節的途徑。什麼是一個法團（Corporation），一個營業特權（Franchise）？法團既不是一個心理狀態，也不是一個特殊的在空間和時間中的物理事情。然而它卻是一個客觀的實在，而不是一個理想的「實有領域」（Realm of Being）。它是一個客觀的實在，它具有許許多多物理的和心理的後果。它是一種可以加以研究的東西，正如我們可以研究電子一樣；它和電子一樣，顯示出一些意料不到的特性，而且當人們把它介紹到新的情境中時，它的活動具有新的反應。它正和一條河流一樣，是可以被開導的、疏浚的和阻塞的。然而，離開了人類彼此的交相作用之外，它就既不會存在，也不會具有任何意義和力量；而在這種交相作用中它意味著另有外在事物。法團作為法律上的意蘊，或作為協同調節交相作用的一個方法，有它自己的生命，而且也有它自己發展的經歷。

司法規則又意味著有司法管轄範圍的問題，在一定的領土以內它應用到特殊的一群人們的身上。一個行動在法律上的意義依賴於它所發生的地點，然而一個行動乃是一種交相作用，一種彼此交易，而不是孤立的、自足的。一個行動的開始階段和在其間決定這個動作的意義的最後結果，無論在空間上和在時間上也許都是相隔很遠的。那麼這個行動在哪兒呢？它的場所在哪兒？最快的回答就是按照這個行動的開端而做出的。當這個行動發生時這個行動者的身體在哪兒，哪兒就在做這個行動。然而，假定在發現之前，這個動作者是在幹一件犯罪的勾當，後來他改變了他的居處而居住在另一個司法區域的範圍以內。由於安全的需要便產生了一個新的概念或意蘊，即引渡、司法交誼（comity of jurisdictions）的概念，與司法權的概念聯合起來。於是便發展了一些新的程序以及一些相應的專門概念或意蘊，透過這些程序一個被控犯罪的人就可以被要求引渡而轉移過來。司法權的概念，跟安全、公正等概念聯合起來，通過演繹又產生了許多其他的概念。

這個過程並不到此爲止，有一個行動者便意味著還有一個受害者。假定有一人在紐約州向新澤西州那邊開了一槍，而在那邊打死了某一個人；或者他郵寄了一包有毒的糖果給加利福尼亞州的某一個人，而這個人因吃了這包糖果而致死亡。這個罪是在哪個地方犯的呢？這個犯罪的人並不在發生了死亡的這個州的司法範圍以內；所以從定義上講來，他的罪並不是在發生了死亡的那個州裡犯的。但是死亡不是在他本人在場的地方所發生的，所以在那個司法範圍內便沒有罪案，因爲犯罪的地點是要根據行動者的居處來確定的。引渡這個概念就不能應用，因爲在那裡並沒有發生作爲引渡他的理由的罪行。簡言之，按照所公認的司法權的意義講來，任何地方都未曾犯過這個罪案。這樣一個結果對於人類的結合和交往顯然都是有害的。因此，在一個行動中彼此交往（transaction）的因素便被注意到了：在某一司法區域內所開始的一個行動，當它有罪的後果發生於這個區域以外時便已成爲一種罪行了。這時候，行動的地點已擴大到從紐約到加利福尼亞的整個路途之中了。因此，兩個能夠直接觀察得到的、獨立的、特殊的事情，以及在它們之間不能直接觀察得到的、而是被推論出來的一個連結的過程，一同都被包括在如行動之地點這樣一個簡單的意義之中了。用傳統的哲學語言來講，這個意蘊在這時候乃是理念的、理性的、不可感覺的。再說，爲了在各個不同的意義之間求得一致或達到一個邏輯的秩序而進行了修改，這便進一步發展了一個法律意義的體系。因而意義便對於導致它們所由產生的事情便具有了更大的獨立性；它們可以作爲一個邏輯體系來被傳授著和闡發著，而其中的各部分乃是通過演繹而彼此被連繫了起來。

然而，在民事案件中，即使像這樣擴大了的、關於場所的概念也未能照顧到一切的後果，而這些後果由於涉及各類行動的權利和義務而發現需要制訂一些管理規程。一項事件可以涉及到在直接有關雙方的任何一方所在的司法區域以外的一個不同的司法區域內的權益或基金，它的後果包括有居住在第三個司法區域內的人們。最後的結果在某種情況下有回復到早期的概念的趨勢，即回復到比較直接從物理的（或受空間限制的）方面理解的關於地方的司法權的概念。司法權就成爲對一定的特別事件「具有按法律處理之權」的意思，而不是指「行動所發生的一個區域」而言：那就是說，區域是由行動的權力確定的，而行動的權力又是按照被發現爲人們所需求的那些後果來決定的，而原來是關於固定區域的一個概念已被用來確定法律行爲的權力。如果有人問，一個事件發生的地點是「在什麼地方」，那麼，根據法律的程序，在許多的案件中，唯一可能的答案就是：它的後果在哪兒被認爲從社會的重要性上講來是需要予以管理的，它的地點就在哪兒[3]。

【3】在這方面，實際的法律傾向（雖不總是成爲一種理論公式）要比流行在哲學家們中的觀點有更進一步的發展。不妨比較一下關於錯覺在何處或關於過去經驗的處所何在，或關於未實現的可能性是在何處存在著等

法律制度無論在什麼地方都是意蘊的具體體現，而這些意蘊跟個人的意見、情緒和感覺對照起來，卻是和物理的對象一樣，是客觀的和具有強制性的；這些意蘊是一般的，能獨立地檢驗的；它們彼此之間有著豐富的連繫，而且可以擴展到以前和它們無關的一些具體現象上去。同時，如果我們把這些意義跟社會的交相作用及其所產生的各種後果連繫起來考慮的話，這類意義的起源和本質是能夠從經驗方面來加以描述的。如果我們對於交相作用的行動者的各種不同的動作能夠在當前確定一個互相參照的辦法，這些意義就成爲調節後果的手段。如果我們還記得我們能把這樣一個具有調節作用的方法轉移到另一個新的和以前沒有關聯的語言領域，那麼一個斑點可以指一個解剖上的結構，水銀柱的體積的變化可以指一種氣壓的變化，因而意味著大概將會下雨，這個事實就沒有什麼奇怪的了。所以，在符號中所表達的意義可以產生一個巨大的和繼續成長的數學體系這個事實，也沒有什麼足以奇怪的了。一個意蘊就是一個程序方法，它能夠和其他的程序方法結合起來，從而產生許多新的方法，引起對舊方法的修正，而且形成一個有系統的和有秩序的整體——這一切都無需乎涉及任何方法對任何特殊的一套具體存在物所做的任何應用，而且是完全從任何具體的、爲這些方法或邏輯的共相所制約的後果中抽

問題的討論情況。有些作者，雖然也否認心是有空間性的，但又滿意於把它們置於心靈之內。然後，由於他們明白了，安置這些事情的心靈存在物本身也是一個現有的特殊存在物，因而他們感覺到需要把一個「意蘊」或意義安置在心靈狀態的皮囊之內。

象出來的。從數學方面來講，它們和一位動物學家所處理的材料一樣，同樣是獨立的對象。把這個和機器，如一架自動的收割機或一個電話系統對比一下，是有益處的。機器並不存在於經驗之前，也不是獨立於經驗之外，而是在人類經驗中演化著的。但是就現有的物理的和心理的過程而言，它們是客觀的和帶有強制性的；它們是達到後果的一般方法；它們是以前存在的物理存在物之間的交相作用。再者，從它們的效能上講，它們依賴於其他的和獨立的自然存在物；只有當它們同限制和檢驗它們的活動的其他存在物結合起來被使用時，它們才產生後果。當機器已經達到了一定的發展階段時，工程師就可以無需乎再特別顧到具體的使用和應用，而專心致志地去創造新的機器和改善舊的機器。那就是說，發明家們是受現存機器的內在邏輯指導的，受對於機器各部分間彼此的關係以及它們對整個機器的配合的關係的一致性的觀察所指導的。因此，一個發明可以從純數學的演算中產生出來。不過，機器仍然是一架機器，是爲了調節涉及到後果的交相作用而設計的一個工具。

當機器的這個「概念」，它的意義，它在符號中所體現出來的意蘊，通過演繹而產生了一些新機器的平面圖時，意蘊是具有後果的，因爲它原先就是爲了一個目的而設計的。所以它後來在滿足這個目的時，在取得這個所需求的後果時的成功或失敗，以及對於這個原因所進行的反省，便提供了一個對有關的這個意蘊進行修正、擴充和改變的根據；因此，它有它自己的成長過程和它自己的後果。如果我們遵循爲經驗所能證實的事例所指出的途徑，那就會顯示出來，數學上的和道德上的意蘊都可以是在思辨上具有後果的，因爲像其他的機器一樣，它們是爲了以最少的浪費和最大的經濟和效能去達到一定後果的目的而建造起來的。

溝通既具有圓滿終結的性質，也具有工具的作用，它是建立合作、統治和秩序的一個手段，分享的經驗是人類最大的好處。在溝通中，如動物所特有的這種交合和接觸的情況變成了能夠無限地理想化的一些表達愛慕的標誌，它們變成了自然界最高峰的符號。「上帝就是愛」較之「神聖就是權力」乃是一種更爲有價值的理想化。由於愛，至其極就帶來了光明和智慧，這個意義便和「神聖就是智慧」是同樣有價值的了。一個人參與另一個人的快樂、憂愁、情操和目的時所表現出來的各種不同的情況，乃是從共同所具有的對象的廣度和深度而分別開來的，從一種暫時的撫愛到繼續不斷的領會和忠誠。當一位心理學者，如倍恩（Bain），把一些「柔和的情緒」歸結爲觸覺時，他指出了一個自然的有機的基礎。但是他甚至沒有把機體的接觸和它的生命機能、類化和有後果的聯合連繫起來；而且（尤其重要的）他沒有留意到，當這個生理的機能所產生的後果，在爲人們所留意之後，變成一個客觀意義，被包括在一個自然的生理事件以內而成爲它的意蘊時，這個生理的機能所經歷的變化。

如果說科學的語言在機能上是具有工具作用的，那麼它也能夠變成一個與它有關的那些人所享受的對象。大體來講，人類的歷史顯示出：思維，由於它是抽象的、遙遠的和專門的，是一件痛苦的工作；或者至少說，達到這種思維的過程對於大多數人來說，由於社會環境而變成痛苦的了。因爲這種活動及其對象的重要性，當它變成了一種內在的樂趣時它就成爲一個無價的收穫。如果哲學的討論沒有它本身固有的誘惑力，很少人會去從事於哲學思考。然而，這種活動所具有的這種使人感到滿意的狀況不足以說明科學或哲學；科學或哲學的定義乃是來自題材的結構和機能。如果說，知識作爲理智的討論所產生的果實，本身就是一個終結（目的），那麼這就是說，它對某些人來說是美感上和道德上眞的東西，但是這絲毫也沒有論及知識的結構；而且它甚至沒有暗示說：它的對象並不具有工具作用。這些問題，只有通過對於有關的事物的檢驗才能得到解決。無所偏袒的和沒有個人利害關係的思維活動，即根據經過詳細研究過的、實證的和相關的意義而進行的討論，乃是一種美術，但是它還只是比較不多的人所能接受的一種藝術。文學、詩詞、歌賦、戲劇、小說、歷史、傳記，以及參與按時專供祀神之用的、爲萬民所分享的各種豐富的禮節儀式等等，也是各種樣式的交談，由於它們跟協助和合作活動所產生的直接具有工具作用的後果是分開的，因而對大多數人講來，它們就是目的。在上述這些方面，交談既是具有工具性的，也是最後的。當人們由於相互溝通而有可能共同參與在這種情境之中時，他們就不會始終不變，在未來仍有同樣的效果。後來的結果可以是好的，也可以是壞的，但它們卻總是存在的。智慧的作用並不是由於直接經驗的內在價值而去否認這個因果事實。它是把這種直接使人滿意的對象變成，也將是最爲豐富的對象。

安諾德（Mathew Arnold）曾經說過，詩是對生活的批評。這句話在一些具有強烈美感傾向的人聽來很刺耳；它似乎給予了詩一種道德上的和工具的性能。但是詩雖不是一種有意的對生活的批評，實際上它確是這樣，而且一切藝術都是這樣。因爲藝術把那些享受和欣賞的標準固定下來了，而這些標準又是對其他事物進行比較的依據，它選擇未來希求的對象；它刺激人們的努力。某一個特殊的人在一些對象中發現了他的直接的或美感上的價值，這對於那些對象來說是如此，對於集體的人來說，情況也是如此。在一個社會中所流行的文學、詩歌、儀式、娛樂和消遣等藝術，供給了那個社會以主要的享受對象，它們的水準和風格對於當時這個社會的思想和行爲的方向，比任何其他方面都起著較大的決定作用。它們提供了據以判斷、考慮和批評生活的意義。從一個旁觀者看來，它們爲對那個社會所過的生活進行批評性的評價提供了材料。

互相溝通是具有獨特的工具性和獨特的終極性的，它是具有工具性的，因爲它使我們從沉重的事務壓力之下解放出來，使我們能夠生活在一個有意義的事物世界之中。它是終極的，因爲它是對於爲整個社會所珍貴的對象和藝術的一種分享，由於這樣的分享，意義從相互溝通上來講，就被充實了、加深了和鞏固了。由於它這種特有的仲介性和終極性，互相溝通及其共同的對象就成爲最後值得敬畏、欽佩和忠實欣賞的對象了。它們是值得成爲一種手段的，因爲它們是使得生活具有豐富而多彩的意義的唯一手段。它們是值得成爲一種終結（目的）的，因爲在這樣的終結（目的）中，人類從他們直接孤單的狀況被提升起來而參與在一種意義交流之中。在這裡，也和在許多其他的事物中一樣，最大的缺點在於把工具性的功能和終極性的功能兩相分隔開來了。智慧是片面的和專門的，因爲互相溝通和共同參與受到了限制，是宗派性的、區域性的，侷限於階級、黨派和職業團體的。根據同樣的特徵，對於某些人講來，對終極的享受我們是奢侈的和腐化的；對於另一些人講來，是粗俗的和平常的；從自由和充分溝通的生活中排除出來，就是使這兩方面同樣不能充分掌握經驗中事物的意義。當溝通的工具性的和終極性的功能共同在經驗中活動著的時候，便有了智慧，而智慧乃是共同生活的方法和結果，而且也就有了社會，而社會則是具有指導愛慕、景仰和忠誠的價值的[4]。

【4】自從我原來寫完了上面一段以後，我發現了在奧格登（Ogden）和李查茲（Richards）的《意義之意義》一書中馬林諾夫斯基（Malinowski）所講的以下一段話：「一個字，在指一件重要的用具時，是在行動中被運用的，而不是對它的本質作什麼解釋或對它的特性作什麼反省；但只是使它呈現出來，交給這個說話的人，或者指導別人怎樣去正確地使用它。事物的意義是由它的實際用處的經驗而不是由理智的冥思構成的。……對於一個土著來說，一個字意指它所代表的這個事物所具有的一種固有的用處，正如一個器具，當它能被使用時就具有所意指，而當手頭沒有主動的經驗時它就無所意指。同樣，一個動詞，一個代表動作的詞，由於主動地參與在這個行動中而獲得其意義。當一個字能產生一種行動時它就被人所使用，而不是描述一個動作，更不是翻譯思想。」（第四四八—四四九頁）語言基本上是一種行動的樣式，被用來去影響一些其他的與這個發言者有關的人們的行爲。關於語言，我不知道有什麼陳述能夠以同樣的明晰和欣賞的態度把這個事實的力量揭示出來。正如他所說的，「當我正在寫這些字時，我在這時使用語言的方式，一本書、一張寫在草稿紙上的手稿或石刻碑帖的作者所使用語言的方式，乃是語言的一種很不自然的和派生出來的功能。在其原始的使用中，語言的功能乃是人類一致活動的一種連繫物，乃是一種人類的行爲。」（第四七四頁）他指出：要懂得野蠻人的語言意義，我們就必須能夠回復到當時整個的社會關聯，只有在這種社會關聯的背景中才能提供給我們這種意義。當他列舉在行動中的言語以及敘述的和儀式上的語言時，他指出在這些語言中貫穿著同樣這個原則。「當在一群聽眾談論著或討論著某些事故時，首先在

那時候要有由這些人所具有的在社交上的、在理智上的和在情緒上個別的態度所形成的一個情境。在這個情境之內，敘述由於文字所引起的情緒上的共鳴而產生了新的連結和情操。在每一事例中，敘述的語言基本上乃是一種社會行動的樣式，而不是單純思想的反映。」（第四七五頁）然後便「在不受拘束的、無目的的社交中」使用語言。「在討論單純在社交中的語言功能時，我們便到達了人性在社會中的基礎方面。在所有的人類中都熟知有這樣一種結合在一起而彼此結伴的傾向。……沉默寡言不僅意味著不友好的態度，而且直接就是一種壞品德。打破沉默，言語交流，是建立友誼連繫的第一步行動。」（第四七六—四七七頁）在這裡，言語既有使人安心的工具作用，同時也具有對於在一個共同整體中作為一個成員的這種快感所具有的這種圓滿終結的好處。因此彼此溝通不僅是達到共同終結（目的）的一個手段，而且也是一種社交的感覺，現實了的神交。馬林諾夫斯基結論說：「語言很少受思維的影響，但是，相反的，思維由於不得不從行動中借用它的工具——語言，從而大大地受到它的影響。」對於哲學家們來講，沒有比馬林諾夫斯基博士所曾經寫過的這個結論更為重要的東西，值得去傾聽的了。總括起來，我們能夠說：「一切人類語言普遍所具有的、根本的文法範疇，只有在涉及初民的實用主義世界觀時才是能夠理解的，而且通過語言的使用，野蠻的、原始的範疇必然曾經深刻地為後人的哲學所影響。」（第四九八頁）他繼續指出它在構成實質的範疇（名詞），圍繞著對象這個中心而活動的行動的範疇（動詞）以及空間關係——前置側方面所發生的影響。而且當他結束時他提出了一個明顯的警告反對「舊的實在論的謬誤，即認為一個便證實了或者包含著它的意義的眞實性。由於根基被移置到了不適當的地方，意義變成了實體，而成為想像中的實在，因而曾經給予了它一種為它本身所特有的實質。因為既然早期的經驗證實了在原始實質的範疇以內所發現的任何東西是具有一種帶實體性的存在，而且後來語言上的游移又在那兒加入了這樣一些語根，如『行動』、『靜止』、『運動』等等，明顯的推論就是：這些抽象的實在或觀念便生活在它們本身的一個世界之中。」（第五〇九頁）在這裡我們便找到了古典哲學中把意蘊實體化的根源，在本書中就被描述成為這是由於把事物的重要意義從它們在人類交相作用中的具體關聯中隔離開來的緣故。

第六章　自然、心靈和主觀

人格、自我、主觀性乃是伴隨著複雜地組織起來的交相作用，即有機的和社會的交相作用而發生的一些後來的功能，個人的個性的基礎和條件是比較簡單的事情。當植物和非人動物動作時，它們所關心的似乎是怎樣使它們的活動、它們所特有的可感受性和反應，得以繼續維持下去。即使以原子和分子而論，當它們暴露在其他事情面前時，它們在它們所具有的一種漠不相干的狀況中也顯示出一種有所選擇的偏向、吸引力和排拒力。對於某些東西它們是渴望的，乃至達到貪婪的地步；但在另一些東西的面前，它們卻又是呆鈍和冷淡的。樸素的科學認爲一切自然的過程都是期望著去達到它們本身圓滿終結的後果的，而斯賓諾莎認爲慣性和動量就是事物要保持它們本身的存在，並達到它們所具有的完善的一種固有的傾向，這就不足爲奇了。從一種眞正的意義講來，雖不是從一種心理的意義來講，自然的存在物都顯現出偏向性和集中性。

關於個體的本質，正如在許許多多其他的方面一樣，古典的和現代的哲學是背道而馳的。在希臘思想中，愛完善或自我圓滿乃是「實有」的屬性。這種沒有缺陷的自足狀態便構成了個體，而重要的變化便被認爲是變成這樣一個整體的過程。結果，因爲如現代人平常稱爲個體的這些特殊的存在是顯然不穩定的，一個在時間上不變的、具有形式的類（species）乃是眞正的個體。現代人所謂個體乃是一些殊相，乃是這個眞正個體的一些變動的、片面的和不完善的樣品。人類和這個人或那個人比較起來，乃是一個更爲眞正的個體。雖然亞里斯多德曾經批評過他的老師，不該把脫離了殊相的共相或種當作「實有」，但他從未懷疑過：類是一個眞實的實體，一個形而上學上的或存在上的整體，它包含著一切的殊相並表彰著它們的全部特徵。一個「類型－形式」（type-form）並不是單獨存在的；但是，由於它是體現在殊相之中的，它就使得這些殊相變成一個內在地統一起來的、被標明出來的類，而作為一個類，它就是不生不滅，完善無缺的。

現代科學曾經把這個概念變得很奇怪，然而它乃是對於在通常經驗中所發現的事物所做的一種自然的解釋。如果不留意到，具有這些質的特性的事物是屬於一類的，那麼就不能夠認識到這些事物所具有的直接在性質上的差別。家族比它的成員是較為持久些、重要些和眞實些；家族授予它的組成者以他們的地位和特徵，因而那些沒有家族的人們就是無家可歸者和流浪者，這是大多數人類文化形式中一種值得注意的情境。在這樣一個文化系統中，那些構成我們（個人）個性的特殊差別，僅是從這個家族類型中所發生的一些偶然的變異。這種標誌著種類的形式使得一個特殊的人能夠被放在一定的地位上，被認識、被說明。如果家族和公社乃是一種結實的實體，那麼在現代思想中習慣於把自我、「我」、心靈和精神等字眼替換使用的情況就是不可理解的了。在希臘人看來，一個種類就是一個組織起來的體系，在這個體系中，一個理想的形式把各個變化的殊相結合成為一個眞正的整體，給予它們以明確而可辨別的特性，在事物中呈現出種類形式就能使它們成為可知的東西。心靈只是所有構成種類的一切特性所組成的一個有條理的體系，因人而有所不同，按照有機構成的差別而有所不同。按照這種看法，主觀性、心靈的個性乃是一種反常的狀態，由於物質構造具有頑固的抗拒性的原因，恆常的族不能在其上面打下烙印，以致客觀形式不能使它自己實現。爲現代人所讚揚的所謂個人，只是產生無知、意見和錯誤的缺陷而已。

對個性地位的評價有這樣一個顯著的差別，這就證明在古代和現代文化的經驗內容之間是有所不同的。在原始文化中，經驗是被當代的一個法國學派所稱爲共同參與和組合的這些範疇所支配的。生命和存在，從一種重要的意義上講來，是屬於部族和家庭的；特殊的個人只是一個統一整體的成員。社會事務的這種狀態就構成了一種模式，而一切自然事情都是按照這種模式來予以解釋的。人們可以承認在早期文化中集體性所占有的優越地位，感知它對於早期的信仰和思想方式所產生的影響，而無需贊同這個法國學派主張的全部細節，乃至無需接受其一般的原理。一個人是一個集團整體的一個成員，在這個作爲一個集體之成員的狀況中差不多已經包括了他一切的成就和可能性。從出生起，他就爲集團的傳統習俗所類化和感染，對他個人的衡量就視其成爲體現這些傳統習俗之工具的程度如何而定。私人的信仰和發明是一種偏差，一種危險的怪癖，不忠誠的性情的標誌。私有的東西就等於是違法的東西；而一切的革新和脫離習俗都是違法的——這就證明這個事實：即兒童必須受教育並被引導到傳統習俗中來。再者，需要教育以及需要保持傳統以反對乖離，就會使得本來沒有意識到的習俗被意識到，並使得對於這些習俗之意識成爲敏銳的和富有情感的[1]。因而，習俗就不僅是外現的行動方式；傳統不僅僅是對於在外部行爲中所發現的東西所做的一種外部的模仿和重現。習俗乃是法則（Nomos），乃是一切之主，一切之王，乃是情緒、信仰、意見、思想乃至事情的主宰。

然而，心靈在一種個體化的樣式中有時也起一種建設性的作用。每一種發明，每一種藝術，無論是技術方面的、軍事方面的和政治方面的藝術的改進，都是起源於一個特殊的革新者的觀察和才能。一切的用具、捕獸機、工具、武器、故事等都證明有某一個人在某一時候宣導著離開習慣的模子和標準。意外事故是有它的作用的；但是在一個新的工具和習俗創出之前，必先有某一個人觀察到和利用著這種意外的變化。人們不是完完全全地和單純地服從於習俗的要求，即使當革新被視爲對集團利益的威脅、對神靈的蔑視時也是如此。

如戈登衛塞（Goldenweiser）曾經說過：「無論是在製造一個罐子、籃子或毛毯，或是在耕耘土地，或是在獵取一隻野獸——在這一切的情境中，人總是面臨著一個個別的、專門的任務，在所有這一切的方向中都有著發展和表達技巧的餘地。在工業和狩獵中，在航海中，在一場戰鬥中，事情能夠做得好一些和做得差一些。……只要在個人努力之間有互相比較的機會

【1】見波亞士：《初民的心理》。此書第八章在我看來似乎提出了法國學派觀點中正確的地方，而沒有其誇大之處。

時，就有競爭。」[2]由於這種個人競爭的結果，便需要步調一致，占了優勢的那些人便樹立了一個別人應該遵守的標準；他們提供了一種能爲別人所採納的技術模範，直到後來他們逐漸地或突然地宣導了一個新的習俗。即使在最傾向於再生的文化中，也總是通過特別的變異，即通過個人而產生一些有創造性的產物。因此，從消極方面講來，個性意味著某些應被克服的東西，但同時，從積極方面講來，它又指在制度和習俗中的變化源泉而言。這個消極的一面是最爲人所意識到和肯定的東西，但同時積極的一面卻在那兒，而且是被利用著的，不過在暗中和在隱蔽的形式中罷了。大體講來，個別技術員和藝術家的想像和努力是掩蔽著的，主張具有固定模型的固定整體的學說是普遍地侵蝕在觀念之中的。我們還可以聽一聽戈登衛塞進一步的一些陳述，「當傳統成爲口頭語言的傳說時，年齡的一面便占有了優勢。年長者是占統治地位的」，因爲他是最有經驗而且是最善於體現全盤集體經驗的人。集團很小，可以成爲一致的。革新乃是顯著的和集中招致怨恨的東西；再者，習慣的活動陷入拘泥儀式而具有了超自然的強制性；變異的東西，當其一度被採納時，就變成了自動的集團習慣，它們持續下去，並非因爲它們是觀念或因爲對於原理有所領悟，而只是因爲它們是一些「運動性的習慣，而這些運動性習慣代表著由於習慣而變成機械的知識和專門經驗」；個人的「意識和推理很快就被融會於客

【2】《早期文明》（*Early Civilization*），第四〇七—四〇八頁。

觀的結果中，而當思維已經停止時，這些客觀結果則遺留下來了；發明便成了行爲的技術裝備部分，而不是思維和理解的技術裝備部分」。在這樣的環境中，思想的個別變異始終是個人的幻想，或者通過許多不可感知的變異的逐漸積累而立即轉變成爲客觀的確定的制度。有創造性的個性的這個非常特殊的特性在人們把工業的和政治的藝術的起源歸諸神靈和半神靈的英雄人物的情況中被反映了出來。

因此，藝術家和工匠，如我們在另一個地方所留意過的，僅僅遵循現成的模型和樣式，而且毫無疑問地按照以前所建立的程序進行工作。模式和方法已被承認是屬於事物的客觀性質，在它們跟個人的欲望和思想之間是沒有任何連繫的。如果我們硬說其間具有這樣一種連繫，這就會顯示出一種極端毀滅性的精神。在這兒所提出來的這個觀點和推動著現代心理學和哲學的那個觀點之間有著很大的距離，以致這個觀點並不是很容易就可以恢復過來的；然而即使在今天我們也不難找到一個類似的概念，對於行動和信仰具有調節作用的概念。如果一位技師既是頭腦清楚而又知道別人還有什麼發明，他在生產標準化的物品時完全遵照藍圖以及他的機器所規定的程序進行工作，這時候他就會說同樣的話。法律上的墨守成規有意識地採用了在政治和道德中類似的實在論的概念，而且發現了他們在科學和工業中視爲理所當然的這種精神在比較不很專門的領域中卻顯現出無政府的狀態和具有破壞作用。在他們看來，標準和模樣似乎是在事物的本性中所客觀給予的；而宣導和發明的干預，個性的干預，則被認爲既與忠誠相對立的，也是跟理性相對立的。

如果經驗是這樣的，一個單個工人或造物者就只有遵循和服從。他只是盡量包含在一個固定整體中的一個事例，所剩餘下來的僅是數量上和偶然的東西了。柏拉圖在藝術中發現了固定的模型的實例，這種模型由於它們是衡量特殊的變易過程的尺度和比例，因而管理著它們；所以變化，只要它們是可知的，總是預先從屬於幾何學的思辨的。如在斐裡布篇（the Philebus）中所云，首先是尺度；然後是被衡量的，勻稱的和美麗的東西；有意識的心靈和智慧，從前面所確定的尺度和被衡量的東西方面看來，則是屬於第三級的了。同樣，亞里斯多德能夠從對工匠工作程序的分析中得到關於自然的這四種基本事情的解釋，無疑的，他因而使他的形而上學從屬於一種對自然的擬人觀；把個人的領悟和技巧的變異所積累起來的貯藏內容用來作爲衡量自然的尺度，指責這些思想家，說他們把心理狀態和過程實在化了，那是不適當的。既然他們自己的經驗已經顯示出這種使個體化了的心靈從屬於過去已經建立的、現成的和完備的對象、操作、模樣和終結的情況，那麼他們的形而上學和邏輯也就成爲他們所發現的東西的一個眞實的報告。希臘哲學並沒有把心理的條件轉變成爲宇宙的實在，而是把積極的在制度方面的事情變成了宇宙的實在。只有在經驗業已把這樣的一種變化登記下來以後，即認識到個體化了的心靈具有可以產生客觀的成就因而也是可以在外部被觀察到的這種功能以後，把概括、目的等等當作是個人心理過程的這種觀念才開始產生。

當這種情況發生時，便產生了一個非常的革命。對於個體的概念完全改變了，個體不再是完全的、完善的、已完成的、爲一個完整的形式的烙印所結合起來的各個部分所組成的一個整體。所尊稱爲個性的東西，這時候便是一種運動著的、變化著的、分散著的，而且尤其是首創的東西，而不是一個最後的東西。如果殊相脫離已經建立的秩序的偏差即指無秩序而言，那麼把部分從屬於一個預先形成的整體所具有的形式的這種形而上學和邏輯便是有理由的。只有當心靈的變異具有社會性，用來產生更大的社會安全和更豐富的社會生活時，個體化了的心靈才能夠不從一種輕蔑的意義上來被認識。這只有當社會的關係是錯綜複雜的和繼續擴張的時候，只有當對於宣導、發明和變異的要求超過了對於贊助和順從的要求時，才是可能的。即使是具有全副熱忱追求固定的、被組織起來的整體的柏拉圖，除了通過某一個在愉快狀態下組成的和占有幸運地位的個體所做的努力以外，便不能想像這樣一個組織整體是怎樣產生出來的，這個事實是值得注意的。社會的複雜性並不獨自提高爲了獲得社會所需求的後果而要求變異的這樣一種功能作用，因而也不能構成一個客觀的和爲社會所承認的個性。它只可以意味著說：對於一個爲先在歷史所積累和保持下來的後果所具有的那種虔誠的皈依已經被破壞了。但是假定有這樣一個情境，其中秩序和統一的傳統仍然是強有力的，而同時現實的事態卻處於一種變異和矛盾之中，而且有這樣一個情境，在其中勢必要依靠於個體。即使個體的職能本來認爲只是具有恢復的作用，例如義大利的思想家們要回復到希臘羅馬的文化，早期的新教徒要回復到原始的基督教，但希望和依靠仍是寄託在個人的活動上而不是寄託在集體傳統的活動上。在這樣的條件下，個別化了的宣導和精力中心便爲人所珍惜，因爲它們從當時力量的全部作用中獲得解放，能夠自由地把變化指向新的客觀後果。

對於在現代生活中的個人主義，人們曾經有過各種不同的理解。在那些保持古典傳統的人們看來，它是無紀律的野蠻人的一種反抗，要回復到自發的、感情用事的童年所具有的那種自我中心主義；對於這個基本觀念的另一種解釋，則認爲它是不再生的人性對於神權的反抗，而這種神權乃是人們爲了得救而在人們當中建立起來的。在另一些人看來，它是解放，是自由意志的成熟；它是在打破一切枷鎖和限制中、在肯定每一個人本身就是目的的陳述中表現出來的一種勇敢的獨立性。其實，它就是把過去表示種類、種族、共相的那些具有頌揚意義的賓詞（predicates）轉變成爲一個一個有意識的單位。無論如何，一個個人已不再只是一個特殊的東西，一個脫離了整體便會失去意義的部分，而是一個主體、自我、一個明顯的欲望中心、思維中心和靈感中心。

一個信服經驗直指法的人，既不能接受那種把主觀心靈當作是一種離叛的觀點，也不能接受那種把它變成一個獨立的創造源泉的觀點。從經驗上講來，它是對於一個既存的秩序進行新的重建的承擔者。對於在現代歐洲國家形成時期的政治理論史的批評，可以把這個觀點和古典共相主義（universalism）以及極端的現代主觀主義的觀點之間的差別展現在我們面前。舊的理論曾經肯定說，國家是自然存在的。現代人則宣稱，它是許多意願建立國家秩序的個人之間取得了同意之後才存在的。我們可以想像到西元十七世紀的改良主義者們會說：他們在他們周圍所發現的國家的確是自然存在的——那明明白白是他們所見到的事情。因爲它們是自然的產物，它們乃是力量、機遇、欺詐、暴虐的產物。所以自然而然它們就是國內國外戰爭的場所，奴役和不平等的場所，陰謀和暴力壓迫的場所——一個巨大的、偶然的歷史事件。一個公平的和良好的國家是通過志願的協議而產生的；通過交換諾言和彼此承擔義務而產生的。一個良好的國家不是自然就存在的，而是由於許多個人自己為了滿足他們的需要千方百計進行活動而存在的。它意味著藝術，而不是意味著自然；個人清楚地感知到他們所需要的東西以及他們的需要能夠得到滿足的條件。詳細說來，思想家們分成兩個對立的學派。有些人主張：個人就天性而論是非社會的；當他們受到人為的和制定的法律的制約而服從於紀律時，他們就變成了具有社會性的；對於這種法律，他們是天生反對的。另一些人則認為自然的個人具有一定程度的友愛的和同情的傾向。這兩個學派都同意：公正的政治秩序，合法的權威和從屬，乃是個人間志願結合的結果，而個人就天性而論是不受民法的普遍性的制約的。

社會契約所代表的真理就是：當社會制度存在時，它們只有通過那些已經把他們的心靈從現存的秩序標準中解放出來的人們審慎的干涉，才能得到改善。在這兒所隱蔽著的事實就是感知到在社會組織方面有一種改變，有一種變得好一些的可能性。據傳說，在原始時代，許許多多意志有一次舉行了一個有決定性的聚會（大家制定了契約——譯者），而這個神話掩蓋和歪曲了這種感知的重要意義，這個事實作為一種錯誤來講是具有教訓的意義的，但是這個神話卻不應該隱匿這個意義和後果。社會條件是變換著的，因而便有了發明和設計的活動的需要，也有了這樣的機會；這些發明和設計的活動是從一種革新的思想開始的，而且只有當這個倡導的心靈獲得了其他個人的同情附和時才能得到執行，以達到結論。

我說個人的心靈（individual mind），而不是具有心靈的個人（individuals with minds），這兩個觀念之間的差別是極端的。思想家們曾有一條捷徑，藉以避免必然去面臨一個眞正的問題。它從自我出發，這個自我或者是一個有機體，或者是一個精神的，但爲了目前的目的，我們說它是非物質的，然後賦予自我以心靈，或把這個自我和心靈等同起來，心靈是從事於領會、設計和信仰時所具有的一種形式上的才能。在這個假定的基礎上，任何心靈便公開接待任何思想或信仰。在這裡，沒有從傳統習俗的引力中鬆弛下來的問題，沒有倡導觀察和反省，形成設計和計畫，在假設的基礎上從事實驗，跟當前公認的主張和傳統分道而馳等等的問題。或者當人們已經看到這種分離的情況是不常發生而且是不容易發生的時候，只要模模糊糊地追溯到某種天才和創見就算解決了這個問題。但是整個的科學、藝術和道德史證明在個人中所呈現出來的心靈，其本身並不就是個人的心靈。前者[3]本身乃是一個關於信仰、認識和無知的體系；一個關於接受和拒絕、期望和讚許這些在傳統習俗影響下建立起來的意義的體系。

要從當前流行的和根深蒂固的這些對世界進行的歸類和解釋中擺脫出來，這不是容易的事。但是如果人們以爲它終究是心靈所應該擺脫的一個錯誤，而且如果人們以爲只要直接訴之於自然，即對於純粹的對象進行純粹的觀察和反省，它就能夠達到這一點，那麼在這一方面的

【3】前者即指在個人中的心靈（mind in the individual）。——譯者注

困難也就可以減輕了。但這種想法當然是虛構的，因爲知識的對象並不是界說分明、分門別類、標籤清楚、一格一格準備好了交給我們的。即使在從事最簡單的觀察中，我們也帶有複雜的一整套的習慣、一整套公認的意義和技術。否則，觀察只是最空洞的一種凝視，而自然的對象只是白痴所講的一個故事，只是一堆聲音和姿態而已。至於社會的事物和規範、制度和設施，我們倒沒有受到那種虛構的說法的影響，而認爲可以通過透明的頭腦直接訴之於自然而加以校正。在物理的對象和我們所相信的對象之間是有差別的，雖然在我們觀察它們時我們所相信的對象乃是一個不可缺少的媒介。在現存的社會制度和標準中，我們在哪兒能找到這樣一個差別呢？這個差別不能好像在對於物理存在的知識的情況中一樣，乃是在一個有缺點的或錯誤的信仰和一個眞實存在之間的差別；它只是在一個現實的存在同追求某些更好的但尚未存在的東西的一種信仰、欲念和奢望之間的差別。

這些事實說明了一個具有心靈的有機自我或心理自我跟作爲個體的心靈（mind as individual）之間是有區別的。如果比較良好的社會對象並不是一個向壁虛構的幻想，那麼個人的思想和欲望便是指一種明顯而獨特的存在樣式、一個對象而言，而這個對象是在原已分解的狀態中保持著的，然後發生變化，最後便成了一個固定而公認的對象。在這裡談一下想像的問題是合適的，但是人們卻經常利用關於想像問題的討論去隱蔽和避免承認這個主要的事實以及其中所包括的問題。想像作爲一種單純的幻想是一個事物，一個本身就是完全的、自然的和附加的事情，它是一個終結的對象，也許是豐富而令人安慰的，也許是微不足道和可笑的。由於想像的結果，客觀秩序有了改變，建成了一個新的對象，這樣的想像就不僅僅是一個附加的事情了。它包括有一個在一種媒介中分解舊對象和形成新對象的過程；這個媒介既已超過了舊的對象而又尚未在新的對象之中，因而能被確切地稱爲主觀的。

關於強調社會生活中個人欲望和思想的作用這一點，業已部分地被指出來了。它指明了主觀的心靈所具有的眞正的中間地位；它證明了它是自然存在的一個樣式，在這裡面對象經歷著定向的改造。論及個人思想在政治的理論和實踐中的地位，這還有另一種價值。如果主觀的意旨和思想並不歸結於與建設性行動無關的生動的烏托邦或教條，那麼它們就要服從客觀的要求和驗證。即使在最粗淺形式的契約說中，人們也要有所作爲。他們至少要聚集在一塊兒，求得同意，提供保證，並按照所達到的同意來管理他們後來的行爲，否則就要受到實際的懲罰。思維和欲望，不管它們是怎樣主觀的，乃是行動的一個初步的、暫時的和剛開始的樣式。它們是在建設過程中一種溝通的公開形式的「外顯的」行爲，而行爲包括有對象的變化，而這種對象的變化檢驗著推動行爲的一些意義。

在這個準備的中間階段上，有一種特別的內在私有和不可溝通的狀況。如果舊的意蘊或意義已在分解的過程中而新的意義又還沒有形成，即使一個假設的輪廓也還沒有，那麼這個中間一段的存在是相當流動的和沒有形式的，以致還不能公布出來，即使對於本人也是如此，它的存在本身就是一個不停的轉變。在出發點上和終點上的限制是客觀的、共同的、可陳述的；而在這兩端之間所發生的事情就不是這樣的。這個流動而難以言喻的過程對於任何主觀的和個人的思想來講，都是內在的。它指出了「意識」這個赤裸裸的事情，把一種認識和一個概念稱爲主觀的或心理的，是矛盾可笑的，因爲它是通過一個在物理上或在社會上有著數量區別的存在物而產生的。根據這樣的邏輯，一所房子，當它變爲我的房子時就從這個空間的和物質的世界中消逝了；甚至一個物理的運動，從粒子方面講來，也就會變成主觀的了。

認識一個對象，理解一個意義，在某一特別時間內可以是屬於我的事情而不是你的；可以是屬於你的事情而不是他的；但是這個事實是跟我或你有關的，而不是跟可感知和所理解的這個對象和意蘊有關的。然而，一面承認這個事實，一面仍然可以相信：如果在某一段時間以內沒有極端個體化了的事情參與其間，那也會終究感知不到什麼對象，理解不到什麼意義。在處理已有的對象和意蘊而從它們的關係和含義中推演出新的對象的思維，跟產生一種觀察它們和把它們分類的新的方法的思維之間，是有著類別上的區別的，它好像和爲了使它更爲合用而重新裝配一輛馬車的各個部分跟新發明蒸汽機這兩者之間的區別是一樣的。一個是形式上的和附加的區別；另一個是性質上的和發生了變化的區別。如果有人認爲思想自由是傳統習俗、檢查制度和不容許異端的教條發生了動搖之後才得到的，我們可以說這位先生是無知的。這種動搖的情況提供了機會，不過這雖是一個必要的條件，但不是一個充足的條件。思想的自由是指思考的自由而言：即特有的懷疑、探究、懸念、提出和發展暫時的假設、嘗試或從事於實驗，而這些實驗工作並不保證是有效果的，而且其中還冒有浪費、損失和錯誤的危險。我們不妨暫時承認保守者的看法：如果我們一旦開始思考，除了許多的對象、目的和制度必然要遭到毀滅以外，誰也不能保證我們將達到什麼結果。每一個從事思考的人總是把一個顯然穩定的世界的某一部分置於危害之中，而誰也不能完全預測，代之而起的將是什麼東西。

在現代哲學中發現有些誇大個人心靈的說法，它們被稱爲主觀主義，而其中大部分是唯心主義。爲了便於對這些說法進行探討，我們再回到古代思想，這也許是有益的。在那個名稱之下[4]，當時並沒有提出客觀和主觀的關係這個問題。「自然的」和「實證的」（the positive）東西之間的關係問題至少包括有同一範圍的一部分，而且在某一種方式之下較之許多現代哲學所採取的路線更爲接近於經驗一些。「實證的」一詞用來包括在語言、習俗、慣例、法典、法律、政治中一切顯然爲人類所制定的東西。爭論之點在於：自然是制定這些東西的規範呢，還是它們應該爲自然所遵循呢？古典的答覆是前者的意思。但是也有一些人認爲自然是原始的、粗獷的和野蠻的，而以人及其行動作爲自然的準繩和尺度。

前一個概念，在神學的認可和解釋下，已被採納到中世紀對於自然法的概念中去了，而且在沒有神靈啓示來補充時就變成在道德和政治中具有絕對控制作用的了，而自然法後來就成爲一個高級的啓示了。根據自然和制度之間的連繫來提出這個問題，較之現代哲學把自我孤立起來的辦法要好些。它承認有一個社會因素，即使當人們在某些特殊人物的意志、法令和條例中

【4】指主觀主義（subjectivism）這個名稱。——譯者注

去找尋這種制定的東西的來源時，這些特殊人物也被視爲具有一種社會代表性的職能，例如他們是一些英雄人物、立法者等，而不是孤立的個人心靈。

在中世紀對於古典理論的解釋中把實證的東西完全從屬於自然的法則，這一點，當人們又重新對人性而不是對神性發生興趣時，便使得現代思想陷於一種特別苦惱的境況之中。人們想要改變一些制度，想要用另一些制度去代替它們，或者想要再加上另一些有關世俗的制度，但原來的這些制度是和神權連繫著的，是和具有權威的自然的和啓示的法則連繫著的。不可能把這類制度本身和自然對立起來，因爲按照當時所接受的理論講來，現存的制度主要是自然法則的表現。當時所提供出來的辦法，就是把個人的心靈和自然及制度兩者對立起來。這個歷史事實，加上中世紀把個人的靈魂認爲是得救或受罰的終極目的和終極主體這個明顯的說法的支持，在我看來似乎就在一切受到新科學或新教義影響的哲學中爲使自我、使思維著的自我孤立起來提供了背景和根源。笛卡兒和柏克萊一樣，把「自我」用來當作是「心靈」的同義語，而且他是自然而然這樣做的，視爲理所當然，沒有試圖給予任何論證和理由。如果現有的自然科學和現有的規定制度表達了武斷的偏見、不智的習俗和偶然的機遇，那麼除了在個人獨立自倡的活動中以外，還有什麼地方能夠找到或應該找到心靈？籠統的反抗傳統就會引起幻想，同樣籠統地把心靈孤立起來，把它當作是完全屬於個人的東西。反抗的和改革的思想家們如笛卡兒等人很少留意到，即使在他們本人的抗議和改革中，他們究竟重複著和保持著多少傳統的因素。

在現代哲學中，由於它把自我從社會習俗中孤立開來而又把社會習俗從物理世界孤立開來，結果便誇大了自我的作用，這是有它的經驗歷史原因的，在我看來，如果我們適當地認識到這一點，那就似乎不必再去批評它所採用的形式了。思想家們可以在開始時樸素地假定心靈是跟分隔的個人連繫著的。但是進一步推論下去就立即顯示出來：這樣的「心靈」，如果去擔負創造科學和客觀制度如家庭和國家等工作，是不合適的。結果會表現出懷疑、分裂、敵意。援救這種後果的合乎邏輯的辦法，就是找一個超驗的，即超乎經驗的自我，使得人類的或「有限的」自我成爲顯現它的媒介。當個人的才能所具有的在科學、藝術、工業和政治中被解放出來而予以使用的價值成爲一種在經驗中被證明的事實時；而且當個性在這時候不被理解爲歷史的、仲介的、在時間上相對的和具有工具性的東西，而被理解爲原有的、永恆的和絕對的東西時，這樣一個概念就是一個不可避免的結論了。當自然對象和社會對象的具體改造被認爲是一種單獨的和具有構成作用的行動時，它們就必然變成超自然的或超驗的東西。當這個運動最後達到了一個如羅依斯（Josiah Royce）的哲學中所指出的所謂「許多自我之間的會合」（community of selves）時，我們又回復到了它曾經恰當地據以出發的這個經驗事實；但是在這中間夾入一個超驗的自我，這卻始終仍然是瑕疵。它把這個自我之間的會合和自然存在分隔開來了，而且爲了要使得自然和心靈再連繫起來，又不得不把這個自我之間的會合歸結成爲一個由許多的意志、情感和思想組成的體系。

還須提到另一個歷史因素，它可以幫助我們說明爲什麼主觀主義在藝術和文學中這樣流行；而藝術和文學乃是使得主觀主義多少成爲普通信仰的途徑。孔德有幾次回頭講到這個觀念，即：白痴代表一種過分的客觀主義，把感情和印象都從屬於現有的客體，而瘋狂則標誌著過分的主觀主義。尤其重要的是他所附加的一個說明：瘋狂應從歷史上和社會學上來予以解釋。在原始的條件下，一切關於自然的那些偉大的觀念都是爲了情緒而建成的幻想。神話乃是空想，但它們卻並不是瘋狂，因爲它們是在當時存在的工具所允許的條件下對於自然的挑戰所做的唯一可能的答覆。但是在今天陳述類似的觀念卻是瘋狂；因爲在手邊可用的理智的資源和工具可以從事不同的調整而且強烈地需要有不同的調整。過去自發地和一般地發生過的空想，到今天還保持著它和相信它，這是一個失敗的標記，一個在心理上失去均衡的標記。如果不能運用在一定時間，手邊所有的可以利用的各種形成和核對信仰的方法，不管這種無能的根源是什麼，它就構成了一種喪失了定向的狀態。我們提出這些考慮並不是要造成這樣一個帶有攻擊性的暗示，即：哲學的主觀主義是一種瘋狂，而哲學的實在主義是一種白痴。目的在於表明：愛好幻想，或理智上的夢遊的傾向是普遍的，但對於幻想——它可以大致代表心靈中的主觀因素——的利用卻有賴於當時的條件。在一種情境中，空想產生了故事，而這些故事跟人們的欲望是一致的，而且是引人注意的。它們是和儀式相連繫的，這些故事除了它們的直接好處之外，就是對於這些儀式也具有外在的效用。它們變成了觀察和觀念不斷地聚集攏來的核心，它們是在情緒上和心理上系統化的中心。神話的長久流行，就不足爲奇了。當工業和試驗探究的發展證明了現實世界將不會接受它們也不會支持它們時，它們動人的噴泉仍然豐滿有力，而幻想的河水繼續流動不息。它可以在被人這樣認識的虛構故事本身中，在人們欣賞但不相信其對象的小說、戲劇和詩歌中，找到一種公開的或可以相互溝通的形式。否則，它們就始終是私有的，而且伴隨著產生它們的欲望和情誼的奔放，構成了一個爲人們所直接享受的新世界——「內在的生命」。

在主觀主義中有一個通俗的因素，它使得哲學的主觀主義成爲可理解的東西而不致被人視爲單純的幻想，而這個通俗的因素似乎是兩種思想的一種混淆不清的結合。一方面，爲情勢所迫，承認作爲個體的心靈具有一種創造的能力，它具有一種在工業、藝術和政治的對象中重新創造的功能。在另一方面，又發現和開闢了這個內在的生命，一個新的、隨時可以達到的而且能輕易享有的美感領域。有些故事講出來將沒有人會相信，而且也不能用十分藝術的形式講出來以吸引別人的注意，然而這些故事仍然可以講給自己聽，並使自己得到寬解、安慰和刺激。由於知識的進展，那種不能被人信爲客觀事情的報告的空想的結果，乃是空中樓閣，但是這些空中樓閣卻是難以攻克的一種在內心的避難之所。

一個人對心理學家和認識論者所討論的那種感覺或感覺所與（sensa）雖是一無所知的，然而卻能覺察到對象不僅僅是信仰所必須符合的赤裸裸的事物。他覺察到：當事物逸出他的控制力量以外時，它們仍然產生著「印象」，而這些印象他仍能以各種可喜的和可惱的態度加以接納。如果他不能夠在實際運用對象的情況中來控制行爲，這個印象的世界就會成爲一個他所樂於居住的世界。它的原料是易於處理的，並且又不要求擔負什麼責任。至於那些理論家們把對象歸納成爲結合攏來的感覺和影像的這種情況，他也許是毫無所知的；說這張桌子大部分是由許多影像構成的這個概念，在他看來，將是一個與常識矛盾的荒唐的幻想。但是他知道得很清楚：生活中的一些偶然事故可以使他產生許多幻想，而這些幻想卻比那些偶然事故本身更爲令人興奮和更爲使人感覺到撫慰。當我們既無能力放棄幻想而又無能力在客觀的體現中運用它時，我們即使無法爲它而援引專門事實和運用思辨，然而也具備了一種條件，其中土壤和空氣都已準備好了，使得主觀唯心主義的精神成爲適合人們胃口的東西。

然而，從「內在生命」的全部範圍講來，我們所陳述的這些話是片面的。它裡面所包含的，既是一些虛構之物和虛無縹緲的東西，又是高貴的有時可以得到滿足的願望和理想。它可以充滿無限的幽默和悲痛，它供給人們一個境界，其中國王和宮廷弄臣、太子和窮漢都是同等待遇的。它是失敗者和渴望者的題材，也是哲學家的題材。不妨回憶一下羅依斯在西元十七世紀占統治地位的外在主義和西元十八世紀的精神之間所曾經作過的那種對比。「不管你是一位哲學家，寫作關於『人類知識原理』之類的論文，或者你是一位西元十八世紀小說中的女主角，向一個朋友寫情書，你是參與在同一種運動之中。這個精神不滿意於數學條理，而且感覺到在十七世紀思想的永恆物之間的不友好狀態。這個精神需要深切了解它自己，在領會自己內心的過程時獲得很好的幫助。它喜歡在傾心交談中是知己的，在它的分析中是敏銳的，在它對待生活的態度上是厚道的。」

人們曾把主觀主義的起源推溯到笛卡兒以及他的把「思維」（penseé）當作是不可懷疑的

確定性的主張，或者推溯到洛克以及他把簡單的觀念當作是直接對象的主張。從專門學術上來講，或者從後來思辨的發展上看來，這樣的推溯是十分正確的。但是從歷史上講來，它是錯誤的。笛卡兒的思想是被迫內向的古典傳統的「理性」（nous），因為物理科學已經把它從它的對象中排擠出來了。它的內在性是企圖調和舊傳統和新科學的一種合乎邏輯的必然結果，而不是一個具有內在的重要性的東西。同樣，洛克的簡單觀念就是古典的理念、形式、種屬，後者被從自然中放逐出來而被迫轉向心靈中來避難。在洛克看來，它是為外在存在所壓制著的，而且在後來理智的操作中繼續是受到壓抑的。主觀的東西本身跟洛克的思維方法是不相容的，他整個的偏見就是反對主觀的東西而偏袒在自然中有所根據的東西的，而自然本身則為業經確定的關係的問題。所謂「簡單的觀念」僅僅是人類和客觀秩序唯一可能接觸之點，而它的全盤意義就寓於這樣的一種接觸之中。

然而從「內在生命」的角度看來，簡單的觀念變成了一種感覺，那就是說，一種感觸，一種心理狀態，一件具有它自己重要成長過程的、它本身就引人注意的事情。如果對於這樣一種粗淺的東西，如藍或軟說來，這是真的，那麼對於想像和情緒說來，那就更是真的了。對自然的人講來，內心的幻想和享受就構成了自由。其餘的地方，無論是在研究中、在科學中、在家庭生活中、在工業中或在政府中，到處都是約束。逃避到內在生命中以求得自由，這並不是一個現代的發現——在哲學上的浪漫主義中被陳述出來以前，野蠻人、被壓迫者、兒童們，遠在它就採用過了。不過，概括地覺察到這個事實，這是新近的事情，而且它在典型的現代經驗之上還附加了一個新的次元。它創造了新的藝術形式和新的美學理論，而後者有時卻是爲一些輕視哲學理論本身的文藝家們所宣揚的。桑塔耶納先生是一位無論在意願上或根基上都是和古典思想一致的思想家。但是如果我們留意到在他的思想中「內向景致」所具有的重要性，我們就可以衡量得出來那種爲浪漫主義可視爲經驗之全部眞理的經驗所具有的廣泛影響了。

個體化了的心靈在推進經驗、發明和有指導的改造事情中所具有的功能，以及對於情操和空想之對象，雖不在空間和時間上的事情秩序以內，但仍然可以構成一個內心私有的領域的內容這一事實的發現，在經驗（experiencing）這一概念中，在把經驗區分爲各種不同的狀態和過程中，得到了它的適當的表達。在希臘人看來，經驗乃是逐漸構成木匠、皮匠、領港者、農民、將軍和政治家之技巧的各種實際行動、遭受和感知所積累起來的結果。在經驗裡沒有什麼個人的或主觀的成分。它就是由許多特殊的自然事件，在自然的影響之下，結合起來，成爲這些通常如此，往往如此，大體如此，但非必然如此，永遠如此的東西所具有的各種形式的實現。從這一類的事物方面講來，經驗是恰當的和最後的，因爲它是這類事物的高度實現，正如理性思想乃是必然如此的那些事物所具有的各種形式的實現一樣。在亞里斯多德看來，連繫詞是一個眞正的動詞，它總是受時間的影響的。事務是全部和完全一樣的，曾經是一樣的，將要是一樣的，而且現在也正是一樣的；它們的材料完全爲形式所統治的。關於這些事物，我們能夠指明確切地說「是」[5]：這類的事物雖然是最高的善，但是很少，而且它們是科學的對象。關於另一些事物，我們只能說，它們曾經是如此，而現在卻並不正是如此，或者只能說，它們雖然現在並不存在，但在某一未定的未來時間是可以存在的。關於這類的事物，因爲它們是服從於機遇的，我們只能說也許「是」或大概「是」。在這些事物中，材料並不完全從屬於形式。經驗就正是這類事情通過一個有機體實現出來的。經驗並不是屬於某一個人所有的；它是屬於自然的，侷限在一個身體之內，而那個身體卻是自然存在的。

如導言一章所說明的，人們不能按照哲學的語言來使用「經驗」一詞，但一位批評者卻站起來詢問說：「誰的經驗？」這個問題是在反對的批評中提出來的。它意味著說：經驗按其本質而論乃是爲某一個人所有的；而這裡所謂爲某一個人所有，意思就是說：一切有關於經驗的事情總是受一種私有的和排外的性質所影響的，這個含義是矛盾可笑的。這一點可以從這個事實中推論出來：房屋通常是爲人們所有的，它們是我所有的、你所有的和他所有的，而這種所有權的涉及是如此地滲透在成爲一所房屋的特性之中，以致對於這所房屋就不能夠做出任何可理解的敘述了。然而，只有當一所房屋在沒有爲人們所有以前就有了它自己的存在和特性時，它才能夠爲人們所有，這是很明顯的。屬於某一個人所有，這個性質並不是一個吸收一切事物

【5】「is」或譯「它總是如此」。——譯者注

的消化器，因而一些獨立存在的特性和關係在這個消化器中就會消逝掉而被消化變成自我狀態。它是附加的；它標誌著建立了一種新的關係，由於這種關係的後果，這所房屋，這所普通的、平常的房屋獲得了一些新的特性。它需要納稅；所有者有權不准別人入內；他享受著有關它這方面的一些權利和特權，而且他也負有一定的負擔和義務。

只要以「經驗」代替「房屋」就行，無需更改什麼其他的字眼。當經驗發生時，它是同樣依賴於客觀的自然事情、物理的和社會的事情，正如一所房屋的發生一樣。它有它自己客觀的和顯著的特徵；而我們能夠描述這些特徵而無需涉及一個自我，正如一所房屋是由磚瓦造成，有八個房間等，而不管它是屬於誰所有的。不過，正如為了某種目的和從某些後果而言，留意不動產屬於個人所有權的這個所附加的性質，這是十分重要的，對經驗來講，也是如此。從第一個事例和意義講來，如果說「我經驗」或「我思考」，這是既不正確，也不合適的。「它」經驗或被經驗，「它」思考或被思考著，這是一個比較公正的詞句。經驗，即具有它們自己所特有的特性和關係的一系列的事件進程，發生著、遭遇著和存在著。所謂自我的那些事情就在這些事件之間和這些事件之內，而不是在它們之外或在它們之後。在某些特定的方面和從某些特定的後果而論，這些自我是可以在客觀上被指出的，正如棍子、石頭和星辰一樣，它們在經驗中也接受一定的對象和行動所具有的照顧和管理。正如房屋這個例子一樣，由於附加了所有權這樣一個性質，它便帶有了更多的義務和權利、負擔和享受。

在一種有意義的方式之下，說「我思考、相信、嚮往，以代替赤裸裸的它被思考著、被信仰著、被嚮往著」，這就是接受和肯定一種責任並提出了一定的要求。它並不是說，自我是思想和感情的源泉或創造者，也不是它唯一的所在地。它只意味著說，自我，作爲許多精力所集中的一個組織，把它自己（從接受它們後果的意義方面來講）當作是對於獨立的和外在的起點的一種信仰或情操。如果我們想用任何其他的概念來考查一下這樣一些用「我不相信」或「我不喜歡」等語句指明的事件，那就會顯得是矛盾可笑的了；在這樣的事件中，顯然是包括著兩個分別指明的對象之間所具有的一種各不相容的關係。

資格和義務是從兩個不同的方向來看的，一個是看到過去，另一個是看到未來。自然事情——也包括社會習慣——產生思想和感情。說「我思考、希望和喜愛」，其實就是說，根源並不是最後的定論；人們不把信仰、愛情和期望的過失和功勞歸之於自然，歸之於他們的家庭、教會或國家，而宣稱他們自己從來就是其中的參與者。一條議決的法令公布之後，人們就有權要求未來好處的利益，而且也有承擔有關事件在將來所產生的惡果的義務。即使在「個人主義」色彩最濃厚的社會中，有些財產仍是公有的；而許多的東西，如地球的核心和海洋的深淵，則既不爲任何集團所有，也不爲個人所有。爲私有財產制辯護的最有力的理由就是說，在生產和管理獨立存在於財產關係之外的商品和資源時，它提高了人們的機敏性、責任心、才能和安全感。同樣，並非一切的思想和情緒都是成爲社會所有或爲個人所有的；而且這兩種占有的方式都必須根據明確的後果來予以證明。

分析的反省顯示出：通常把原因視爲屬於某一個事物所具有的一種特性的這個概念，乃是責任這個觀念的顛倒。說某一個東西，或任何兩個或三個東西乃是某一件事情所由發生的唯一原因，這個觀念實際上是應用功或過這個觀念——如希臘文所謂原因（或理由）。在自然中，沒有任何東西是絕對地和完全地屬於任何其他東西所有的。「屬於……所有」總是指參考對照和分配派定而言，如果在任何特殊事例中它產生良好的效果，它就被證明是合適的。希臘的形而上學和邏輯是由內在所有和排斥外物這個觀念統治著的；這是素樸地閱讀用適合於人類結合的語言寫的關於自然的故事的另一事例。現代科學已經把物理的事情從這些內在所有和排斥外物的概念的統治下解放了出來，但是在心理的事情方面，它仍以一種強烈的熱忱保持著這個觀念。把這個範疇從物理學中排除出去而在心理學中保持下來，爲區別心理學和物理學，因而爲現代哲學的自我中心主義提供了一個似乎是科學的根據。許多的主觀主義，只是對這種主張心理現象爲一個自我壟斷所有的學說的邏輯後果所做的陳述；或者在一個潛在的精神實質的觀念發生動搖之後，它就是對這種主張自我的全部內容，就是爲心理的事情本身所組成的學說的邏輯後果所作的一種陳述而已。因爲僅就因果和屬有的私有性、壟斷性和排外性而言，當後一個觀念用於宇宙的本質時，它在哲學上的含義就和舊教條的那些哲學上的含義是相類似的。

然而，在消極的方面，這已談得足夠了。積極的後果就是理解到從著重於被經驗的、客觀的題材「**是什麼**」而轉向到著重於能動的經驗過程、其進程的方法，即「它是**怎樣**」變化的。只要是發生怎樣控制後果之產生的問題時，就發生這樣的一個轉變。當人們滿意於享受和遭受火的發生時，火就正是一種客觀如是的存在。人們曾把它當作神靈來崇拜和供奉，這就足以證明它「是什麼」就是它的全部存在。但是當人們開始取火的時候，火就不是一個意蘊，而是自然現象的一個樣式，變化中的條理，一個歷史順序的「怎樣進行」。從享受和遭受中的直接使用所發生的變化，就等於是認識到一種工作程序的方法，也等於認識到在領悟的方法和控制的可能性之間的結合情況。

把經驗當作是一個明晰的操作過程的這個概念的發展過程，很像從對火的直接經驗中取火的這個觀念的成長過程。火就是火，內在地它就只是它自己；但取火乃是具有一定關係的。它使得思想離開火而轉向其他足以促進和阻礙火的發生的事情。從被經驗到的事物的意義上來講，經驗也是如此；事物就是事物。但是當事物作爲被經驗到的事物而發生時，這些事物的發生就肯定依賴於態度和性向，它們發生的情況是被一個有機的個體的習慣影響著的。既然神話和科學所論及的是在同一自然世界、日月星辰中的同一些對象，那麼它們之間的區別就不能完全根據這些自然對象來決定，必須在不同的經驗自然對象的方法中去發現一個特異形態。我們知道，人既是一個進行觀察和推理的動物，而且也是一個有情感和有想像力的動物，而且不同的經驗方式就影響著被經驗的題材的地位。區別科學中的日月和神話、迷信中所描繪的日月的能力，依賴於區別這個主體所具有的不同的態度和性向的能力。當記憶、想像和理想化的情緒都被考慮在內時，就能夠把傳說和詩歌中的英雄和歷史上的人物加以鑑別了。我們又發現，某些對象的好處是和某一種經驗的樣式，即我們的嗜好相連繫著的，而另一些對象之所以能夠獲得良好的結果，則有賴於反省活動。結果，雖然好壞作爲一種意蘊並沒有改變，但是被經驗到的對象卻按照它們的好壞而被分化出來了。

經驗的樣式對於控制被經驗的對象的重要性可以從經濟學說方面得到說明，我們可以對於各種不同的經濟意蘊或概念進行研究——對這一些意義如價值、效用、地租、交換、利潤、工資等下定義，歸類以及在彼此之間進行思辨上的參照。我們也可以用一種實證主義態度對現存的經濟制度進行一種實際的研究，結果能對它們的結構和操作情況做出描述。如果我們不管其中的性向和態度以及它們所發生的作用，那麼以上這兩個方面就可以說是包括了全部的探究領域。然而，在政治體制的問題中，在經濟事務的管理中，既沒有對客觀意蘊的研究，也沒有對客觀存在的研究。當加入了「心理的」因素，例如對一定的經驗方式，如誘因、欲望、疲勞、單調、習慣、浪費、不安全、特權、集體工作、時樣、團體精神以及許多類似的因素的效果所進行的研究時，情況就變了。在控制範圍以內的諸因素被確切地指出來了，而且在更大程度上對事情進行審慎的管理就成爲可能的了。事情的客觀性仍是和它過去一樣，但是由於我們發現了個人性向在制約這些事情之發生中所起的作用，我們就有可能在新的方式中去解釋和連繫它們，這些方式較之其他的方式可以容許更大的調節作用。當我們肯定在銀行、商店、工廠的起源中心理的因素是起著作用的時候，銀行、商店、工廠並沒有變成心理的東西，它們仍然和過去一樣是在這個有機體和一個特殊的心靈之外的，它們和風水星辰一樣，是被經驗到的事物。但是當我們把對現成事情的描述和現成概念的思辨關係變成是對一種事情發生的方式所做的一個說明時，我們對這些事物便獲得了一種新的手段，在理智上和在實踐上的手段，因爲一個被感知的變化方式總是隨時可以被轉變成爲一種生產和指導的方法的。

既然現代的自然科學所曾經關心的是發現生產的條件，被用來作爲達到後果的手段，那麼對個人主體的態度發生興趣——即在心理方面的興趣，這只是科學通常職責的擴充而已。對所經驗到的對象之所由發生的條件的認識是不完全的，除非我們既已包括了機體以外的條件在內，又已包括了有機的條件在內。對於機體以外的條件的知識可以在抽象中說明一件發生的事情，但是並不會說明具體的或被經驗到的所發生的事情。對於性向和態度的一般的知識可以和掌握了物理的常數一樣，無論在理智方面和實踐方面都同樣能爲我們服務。毛病在於我們目前心理學的知識還不充分，而且大概就是由於這個缺陷，使得如我們所具有的這種心理學的知識，不可能用來獲得技術上的控制，再加上對「內在」生命的自發興趣，於是就把心理學的題材裝扮得像一個獨立的存在世界，而不是去發現這些包括在這個普通經驗世界之內的態度和性向。實際上，態度、性向和它們的同類，雖然可以被區別開來，成爲具體的在理智上的對象，但從來就不是一種獨立的存在物。它們總是屬於情境和事物所有的，是由情境和事物產生的，是傾向於情境和事物的（of, from, toward, situations and things）。當我們研究它們時，我們可以盡量少去注意到它們所指向的事物和它們所由離開的事物，和它們有關的事物，爲了研究的目的是可以用一個空白、一個符號去代表的，而當時機需要的時候它是可以照樣塡補起來的。但是這些態度、性向之類的東西除了是尋求事物，轉離事物，占有、處理事物的方式之外，是既沒有存在，也沒有任何意義的。

每一類型的文化都曾經遭遇過抵抗和阻礙。這些事情就是按照統治著一個特殊類型的文化的偏見來加以解釋的。在現代歐洲人的心目中，它們就曾被解釋成爲由於主體和客體兩種獨立的「實有」的形式對立存在而產生的結果。這個概念在傳統中直到現在是如此根深蒂固，以致在許多思想家們看來，它們就似乎是一個基本事實，而不是一個具有解釋性質的歸類。但是東方的印度人曾把同樣的現象領會成爲是在一個虛幻世界和一個眞實世界之間對立的證明；這個虛幻世界是爲情慾所統治著的，而這個眞實世界則是由於擺脫了情慾通過苦修默念而達到的。希臘人曾經根據有和變、形式和材料在宇宙中的矛盾，把同樣的經驗解釋成爲存在對於變成一種完全而透澈的意義媒介的抵抗。絕對地看來，這種根據主體和客體的對立而作的解釋並不優越於其他的主張；它是一個局部的和有地域性的解釋。內在地或絕對地看來，它還有一個爲其他主張所沒有的矛盾可笑之處；因爲主體和客體，既然按定義講來是對立的，那麼從邏輯上講來，在彼此之間就不能夠有任何的交往。如果我們把它當作是從事於克服阻力和減輕障礙的一個因素，按照主客的區分所做的陳述是可以理解的，而且較之其他的陳述方式具有更大的價值。如吉德斯里夫（Basil Gildersleeve）所說，對象就是反對著的東西，就是阻礙所由產生的東西。但是它也是具有客觀性質的，是後來所得的圓滿終結，是一種統一的、安定的、獨立的事態。主體就是有所遭受的東西，爲其他事物所從屬的，而且是忍受著阻力和障礙的；它也是試圖降服敵對條件的東西；它也是採取直接的創導步驟來重新再造現有情境的東西。主觀的和客觀的，這兩者被區別開來，作爲是在一種改變周圍世界的有節制的努力中的一些因素，它們具有一種可理解的意義。主觀主義成爲一種「主義」之後，就把這個歷史的、相對的和具有工具性的職能和功能轉變成爲一些固定的和絕對的東西了；而純粹的「客觀主義」只是一種宿命論的主張而已。

今天，客觀主義，乃至外在主義（externalism）的復活有了顯著的跡象。這個物理科學的世界不再是新奇的了，現在許多人對它是很熟悉的了；至於許多對它還不是親自熟悉的人們也是根據權威的意見把它視爲理所當然的了。它的題材在很大的程度上替代了舊有信念的題材，它已成爲現成的東西，要求大家不加懷疑地予以信任和被動地接受。在認識中主客對立的主張正在消逝，變成回憶中的舊事，隨著緊張的感覺的逐漸消逝而來的，是一套信仰過渡到另一套完全不同的信仰。只有在政治和經濟中，主體和制度化的客體間的對立還是尖銳的。而且即使在這些領域中，無論在激進的和保守的方面，都在不斷加強對集體的、非個人的客體的興趣。保守者回復到既有制度的客觀主義，把這些制度理想化，而成爲具有內在穩定性的東西；激進者則希望著一個客觀的和必然的經濟演變的成果。個人主義的口號，如私有的創導、自願的克己、個人的勤儉努力等等，儘管多麼引人注意，但以目前而論，如果個人眞正創造性的努力即將消失，這較之回復到早期的個人主義會有更大的危險，每一樣東西都是趨向於集團的。當論及私有財產時，已不再是指個人勞動的產物而言，它只是一種法律上所支持的制度。資本已不再是有意的個人犧牲的後果，而變成了有龐大的政治和社會勢力的企業公司和財團了。爲了採取某種安全的行動，可以使用舊有的字眼；但是現在所引起的恐懼和希望並不是眞正跟個人的思想和努力的自由連繫著的，而是跟社會的客觀基礎、現有的「法律和秩序」連繫著的。

傾向於忽視從事於創導和改造工作的欲望和想像的這種客觀主義，結果只能加強主觀主義的另一個方面，即逃避到對於內心境界的享受中去。當人們在合法地實現他們的主觀性中受到挫折時，當人們被迫把激動的需要和觀念的策劃侷限於工業和政治生活的專業方式方面，侷限於理智活動的專門的或「科學的」領域時，他們就將在他們內心意識之內尋求安慰以爲補償。在數學、物理科學和既定的社會秩序方面有一種哲學，即實在論的哲學；在個人生活事務方面又有另一種相反的哲學。反對二元論並不僅僅因爲它是二元論，而且因爲它迫使我們在陳述和解釋方面接受對立的、不相容的原則。如果在自然和經驗間是完全分裂的，那麼當然沒有任何妙法能夠否認它，人們必須接受它。但是如果實際上並不存在著這樣嚴格的劃分，那麼由於假定有這樣嚴格的劃分而產生的惡果，就不限於哲學理論之內了。在哲學本身以內的後果是沒有多大重要意義的。但是哲學上的二元論卻是通過簡明的陳述承認生活中有一種進退兩難的局面；承認在相互作用中的軟弱無力；承認沒有產生有效的轉變的能力；承認調節和理解力的侷限性。以個人欲念高漲爲根據的、反覆無常的實用主義；以即使從外觀的悲劇中也能求取靜觀享受爲根據的、使人慰藉的美感主義；以使得思想愈在具體事件中不發生效用則它就愈成爲萬能爲根據的、逃避現實的唯心主義——這些主觀主義的形式只是說明當人們遇見阻礙自我積極參與事物前進過程的障礙時所表現出來的一種消極承受的情況。只有當人們把障礙物當作是要求重新改變個人的欲念和思想，以致使後者跟自然的運動統一起來並通過共同的參與而指導著它的後果時，對立性和二元性才正確地為我們所理解。

從存在上講來，一個人是偏見和偏愛的閉塞不通，和需要和愛好的變易通達這兩者的結合。一種特性傾向於孤立、隔離；另一種特性則傾向於連繫、繼續。這樣兩種相反的傾向相結合的特點是起源於自然，自然的事情有它們自己獨特的各不相干的狀態、抗拒性、任意閉塞和不相調和，而且也有它們特別的開通、溫暖的反應性、貪婪的追求和變形的聯合。自然界中古怪的偶然性和有條不紊的一致性兩者的結合，就是事情的這兩個特徵所產生的結果。它們到達人類這一個層次，繼續保持著，而且作為終極的特性而成為不可磨滅的。界線、劃分、中斷以及各個分界線的伸張重疊的狀況，公正地和聯合地標誌著人生的每一個方面。

從個人的偏見閉塞方面講來，他就命定要走到一種盲目孤僻的境地。他使自己堅決地處於孤立，並且為了存在的統一性本身而向揭露、相互溝通的取與作鬥爭。即使是可以溝通的意義也略帶有不相溝通的色彩；在任何公開的東西中總有一種保留的性質。對於這個不可歸結的獨特性，可以任所欲為，但不能捨棄它，這種獨特之感可以使經驗增加一種痛苦的孤寂。它可以導致人們不停地、無度地抓住每一個外在的工作和放縱的機會，使自己沉溺其中以求逃避這種孤寂。它可以被撫育、培養、發展成為一種與人生俗事相隔絕的自慰之道，終於錯誤地認為私有的內心生活高於一切，或人類眞能與世界和社會隔斷連繫而在其純內心中使自己獲得解脫。它可以使它自己在各種屬於自我憐惜的這類錯綜複雜的體系之中表現出來而終於公然反抗地宣稱：我在此堅守不移。它可以導致無理性的效忠於某些似乎已經喪失的原由和無望的希望——

而事情有時也許會證明這種信仰是對的。

浪漫主義對於這種私有的和不可溝通的東西的發現，曾經加以很好的利用，也曾經利用得很糟，它把經驗所具有一種廣泛而不可缺少的色彩和情調變成了經驗的實質。由於它把這種不可克服的獨特性、這種終極的單獨性理解成爲自己的全部內容，它就從主觀性這一事實中創造出一種巨大的和夢遊式的自我中心主義。因爲每一個存在物，除了它的品質的和內在的分界線以外，還有主動地尋求連繫和親密結合的傾向。它是一種吸引力、伸張力和增補力。社會生活的各種連繫和結合乃是關於人類自我的這一個方面的各種自然的、無意的顯現，正如氫和氧的結合是自然的和無意的一樣。社交性、相互溝通和內心意識的私有性質一樣，也是具體的個人所具有的直接特性。把一個人的自我侷限於封閉著的限制以內，然後使這個自我在外延的行動中加以鍛鍊，而那些行動後來不可避免地終於會破壞這個封閉著的自我，這些也同樣是自然的和不可避免的動作，這裡便是共相和個體的最後的「辯證」。當一個人建立他私有的和主觀的自我時，他同時就要求別人認識和承認這個自我，即使他必須虛構一群想像的聽衆或一個絕對的自我來滿足這個要求。而且沒有一個受過經驗教訓的人未曾作過這樣的想法：即不管他爲他自己做了多少事情，能持久的卻只是他爲別人曾做過的事情，然而當這個想法被利用來把完全爲自己的行爲說成是爲他人服務的行爲時，這個想法是最爲使人感到安適的了。

在某種形式中，在自我跟人與物的世界之間所造成的二元論，就是表明由於自我的這種模稜兩可的本性而產生的問題還未曾得到解決，它是以一種簡明的陳述方式承認了在屈服於外部世界與肯定內在世界之間搖擺不定的狀態。在科學和藝術中，特別是在交際的藝術中，已經有了眞正的解決。私有的偏見在科學和藝術中把自己表現成爲各種改變現有對象和制度而結果促進相互溝通和相互了解的革新和叛變。因而，最後的和有效的東西，有限制性的和有擴張性的東西，便達到了它們在其他自然事情中所沒有的一種協調和諧的狀態。

因此，一個個體的存在有一種雙重的地位和意義。這個個體屬於一個由許多連繫著的事情所組成的連續的體系；這些事情支持著它的活動並且形成一個爲它所寄寓的世界，它們和它自己的偏愛是一致的，是滿足它的要求的。這樣一個個體在它的世界中作爲一個成員，只要這個變動著的均衡狀態（這個個體是屬於其中的一部分）予以支持的話，總是繼續向外擴張的。它是一個自然的終結，不過不是一個突然的和立即的終止，而是一種圓滿終結。然後這個個體發現在它所特有的偏見和它的需要唯一能夠藉以得到滿足的事物活動之間有著一道裂縫，它是分裂的，因爲它和它的環境是衝突的。它或者是屈服、順從，並且爲了維持和平，變爲一個寄生的從屬物，在以自我爲中心的孤寂中恣意放縱，否則它的活動就要從欲望出發，改造條件。在後者的過程中便產生了智慧——不是占有和享受整體而爲整體之一部分的心靈，而是個體化了的、有倡導性的、冒險的、試驗的、在分解中的心靈。它所具有的力量，它與這個世界所達成的聯合，現在都被歸結爲一些不確定的媒介，在嘗試的壓力和張力之中被鍛鍊成爲有效的、具有工具性的東西了。

如果一個個體、一個自我，集中於一個安定的世界中，這個世界承認和支持著它，同時反過來它又承認和享受著這個世界，那麼這個個體、這個自我就是已經完成、已經結束了的。在一切的探究和發現中總是包括著繳出已有的東西，不承認在安全寧靜中予人以支持的東西；探究和發現總是涉及一個將被造成的個體，其中也意味著一切的冒險性。因爲達成新的眞理和見解就是要有所改變。舊的自我被排斥而新的自我正在形成之中，而它最後所獲得的形式，則將有賴於從事一次冒險後所產生的這種不可預見的結果。如果一個人不放棄舊的世界，他就不會發現一個新的世界；如果一個人對於將來要產生的新世界是個什麼樣子要求事先得到保證，或者關於這個新世界在出現後將對他產生什麼影響，使從事發現的工作受到拘束，他就不會發現一個新的世界。這就是主觀主義的誇張之中所含有的眞理。只有在把自己跟改造現有對象的過程等同起來時，我們才會從自足的客觀主義中挽救出來。如果人們不向前進取而甘冒伴隨著新對象的形成和新自我的成長而俱來的危險，他們就勢必要隨著這個業已變成他們自己的安定完備的世界不可避免的變化而變化著。把自我的偏見和偏愛跟理智的改造過程等同起來，這就在具有工具性的東西和最後的東西之間達成了一個不可毀滅的結合。因爲無論其他的欲望和企圖受到了怎樣的阻礙，這個偏見是能夠得到滿足的。

在每一個所經驗到的情境的起源中，無論這個情境是一個對象或是一種活動，一個具有某種樣式和某種程度之組織統一性的個體總是參與其間的，這是明顯的。這個個體所採取的方式是影響著所經驗的情境的性質的，這也是明顯的。它所採取的方式所產生的後果不僅改變了環境而且也反過來改變了這個主動的行動者；較高級的有機體中每一種生命的形式經常保持著它以前經驗的一些後果，這也是明顯的。自我作爲一個決定因素乃是經常地和普遍地以它的動作呈現在一切情境之中的，這就是我們之所以很少注意到它的主要原因；它在經驗中比我們所呼吸的空氣還要密切些、普遍些。只有在病態的情況中，在幻覺、反常和社會癖俗中我們才隨時察覺到它；即使在這樣的一些情況之中，也需要長期訓練來迫使我們回過來注意觀察自我。把這些事物說成是由於外來的侵蝕和占有，如精靈、鬼怪等，這比較容易些。然而，當我們尙未了解成爲工具之工具的自我所從事的各種操作，尙未了解自我是一切使用手段的手段，詳細地指明它所有的各種分別的活動對於所經驗到的東西所具有的各種變化著的性質將產生怎樣不同的後果時，科學還是不完全的，而且對科學的使用也是服從於一個未知的因素的，因而終極的和重要的後果在這樣的情況之下仍只是一種偶然之事。意願和努力產生了跟意願和努力相反的東西，而結果是混亂和災難。因此，我們就要進而考慮個別的行動中心所具有的精神物理的機制和機能。

第七章　自然、生命和身心

一系列的文化經驗揭示出一系列關於心靈對自然的一般關係、對機體特殊的關係的各種不同的概念。希臘的經驗中具有使自由人無憂無慮從事靜觀冥索的條件；他們享有一種豐富的公民生活，而且也同樣地適應於自然環境。這樣的一種生活，對於那些充分享受它的人們看來，大體上似乎是自然界的崇高頂點；而有機體是到達這個頂點所通過的媒介。既然任何被創造出來的東西都是服從於自然的偶然性的，死就不是一個問題了；一個被創造出來的人雖也可以享有心靈和永久的形式，但旋即順服地又消逝於過去創造他的力量之中。但是生命並不總是在這樣愉快的均衡狀態之中存在著的：它是繁重的和具有毀滅性的，公民生活是腐敗的和粗俗的。在這樣的條件之下，一個精靈雖然相信它自己是按照一個永生的神聖精靈的影像而創造出來的，因而它也適當地享有它所具有的永生不朽的性質，但它發現它自己是在一個奇怪和墮落的世界中的異鄉人和旅客。它之所以出現於那個世界中而寓住在一個作爲那個世界之一部分的物質的身體之內，那是一個令人不解之謎。場面又變換了，自然被設想爲完全機械的。在自然中而且作爲自然之一部分而存在的身體，具有生命，體現思想，享有意識，這是一件神祕的事情。

這一系列的經驗以及與它們相應的哲學顯示出關於生命和心靈跟身體的關係問題中所特有的一些因素。在希臘人看來，凡生命都是靈魂，因爲它是自動的而只有靈魂才自己移動著。在一個有上下、往來、循環的運動的世界中也會有自我運動，這確是有趣的，但卻不是什麼奇怪的或不幸的事情。關於自我運動這個事情在知覺中就直接得到了證據；即使植物也顯現出有一定程度的自我運動，所以它有靈魂，這種靈魂雖僅是植物性的，但它是動物靈魂和理性心靈的一個自然條件。在存在的等級中有機體占有一個顯明的地位：它是自然之物理的潛能性的最高現實性，而它又是心靈的潛能性。希臘思想和希臘宗教、希臘雕刻和遊藝一樣，對於人體是集中注意的。

在聖保羅的基督教義以及其後繼者中，肉體是塵俗的、情慾的、貪婪的、激情的；精神則是神聖的、永生的；肉體是可以朽壞的，而精神是不朽的，人們用一種帶有超自然宗教的色彩的道德上的蔑視眼光來理解肉體。既然身體是物質的，那麼凡物質的東西便都是罪惡的了。柏拉圖和亞里斯多德在形而上學上對於物質的貶值，在禁欲主義的思想中就變成了一種在道德上和本質上的貶值。罪惡的根源在意志之中，但罪惡的機遇卻來自肉體上的貪婪；欲望起源於肉體，由於忽略了精神的事物，於是便產生了肉慾、憤怒、驕橫、愛財、奢侈、世俗野心等。從專門理論上講來，亞里斯多德思想的體系爲經院學派所保留下來；聖湯瑪斯・阿奎那斯（St. Thomas Aquinas）關於生命和身體方面幾乎逐字逐句重複了他的公式。但是在實際上和實質上，這個形式上的關係已經受到了歪曲和破壞，因爲精神受到了肉體的誘惑，而這表現在由於亞當犯罪而使人和自然都被墮入俗世。除了在道德上有一種對於肉慾的恐懼以外，還有爲了追求外在的幸福或逃避災難，而渴望在來世中得到復活，因而在精神和物質之間便呈現出一個充分的對立。然而，儘管存在著這樣一個對立，它們卻在人的身體中結合在一起了。精神是簡單的、唯一的、永恆的和不可分解的；物質是多樣的、變化的、可以分解的。這樣兩個相反的東西怎麼可能結合在一起呢？這便成爲一個問題了。永生這個概念意味著將來將永遠消磨在一種不可言說的幸福或苦難之中，而這個最後的命運是依賴於現實生活的，因爲在這樣的一種生活中肉慾以及與之相伴隨著的野心和驕傲自負乃是一個經常誘人致罪的原因，因而也就成爲一個將來永受天譴的原因。如果上述問題不是由於永生這個概念具有這樣具體的意義的話，它就會只是一個遙遠的、專門的問題，對於這個問題除了少數從事於玄想的思想家以外，一般人是不感興趣的。

只要亞里斯多德的形而上學主張繼續堅持說，自然乃是從低級到高級的潛能性和現實性的一個有秩序的系列，那麼就可能把有機體理解爲通常在物理的系列中的最高項而在心理的系列中的最低項。它恰好占有那樣一個中間的地位，在那個地位，身體是物理性質潛能性的現實，而且也是體現這些性質在理想中的現實的潛能性。在中古思想中除了道德上和宗教上的問題以外，就沒有什麼特別關於心身關係的問題。它只是把潛能性當作是理想的現實性的實體這個普遍原理的一個事例而已，但是當這樣一個時刻來臨時，即當精神、靈魂和身體在道德和宗教上的聯想還十分強有力地繼續著，而關於潛能和現實的古典的形而上學卻已聲名狼藉的時候，關於身體、自然和人的關係問題，關於心靈、精神和物質的關係問題的全部負擔都集中在關於身體和靈魂的關係這個特殊的問題上面了。當人們已不再根據潛能性和現實性來解釋和說明事實而又回復到用因果關係來說明問題時，心靈和物質便處於彼此絕不相似的對立地位，在那兒便沒有了使身體的黑色逐漸轉變爲精神的白色的這樣一些中間狀態了。

再者，古典的和中古的思想雖然在理論上有著不同的基礎，但是它們對於這個新的概念都在經驗上起了有力的推動作用。當古代在植物性的、動物性的和理性的靈魂之間的區別被應用到人身上時，這種區別乃是希臘社會中的階級劃分的一種公式化和理論化。生活在營養和食慾水準上的奴隸和機械的工匠爲了一些實踐上的目的，是以身體作爲其標誌的——他們是實現理想目的的障礙並且是跟行動相連繫而與理性相對立的。在和平時期和在戰爭中的良好公民是以靈魂本身作爲其標誌的，它服從於理性，從事於思維，但終究卻把它的活動限於世俗的事務，受著物質的侵蝕。只有科學研究家們和哲學家們才是純理性的實例，爲了純理性而以理想的形式從事於活動。這個階級宣稱他們具有內在的優越性，用「理性」（nous）、純粹的非物質的心靈來作爲代表他們的符號。在希臘思想中，這種三重的區分變成了身體、心靈或靈魂和精神三者的區分；精神是超越於一切俗事和行動之上，乃至超越於道德的關懷之上，因此享有純「精神的」（非物質的）和宗教的對象。這個主張又遇到了基督教中爲了實際的道德上的目的在肉體和精神之間、罪惡和得救之間、反抗和服從之間所做的嚴格的分別。因此，這個抽象的和專門的笛卡兒式的二元論便發現了一個爲它準備好了的豐富的經驗領域，和它拌雜起來並且爲這個二元論本來空洞的形式主義供給了具體的意義和實質。

然而在這些用來「解決」這個問題的理論中，這個問題的形式主義和不眞實性卻仍然是存在著的。這些理論從霍布斯的唯物主義，笛卡兒的靈魂的工具、松果腺、動物的精神，直到相互作用論、預先安排的協調、際遇論、平行論、泛靈的精神論、副現象論以及所謂「生命之力」（élan vital）——這一系列可怕的陳列物。這些在解決上的分歧，再加上每一種主張在思辨上的特性，使它不能接受經驗方面的探討，這就暗示說：毛病主要不在於這些解決的方面，而在於決定這個問題提法的因素方面。如果是這樣的話，那麼避免糾纏在這些解決之中的辦法，就是對於這個問題所藉以存在的那些概念重新加以考慮。而這些概念原來和心身的問題是沒有什麼關係的；與它們有關的乃是在它背後的一些形而上學的爭論——一般的講來，即否認自然事情具有性質；特殊的講來，就是忽視了時間的性質和武斷地肯定「原因」具有優越的眞實性。

從經驗方面講來，在有生命的和無生命的東西之間最明顯的區別乃是：前者的活動具有需要、主動要求滿足需要的努力和需要得到滿足等的特徵。在講這句話時，需要、努力和滿足等名詞基本上是按照生物學上的意義來運用的。需要是指精力的這樣一種緊張的分配狀態，以致機體處於一種不安或不穩定的均衡狀態之中。要求或努力是指這個事實而言：這種狀態表現在行動之中，這些行動在這樣的一些方式之下改變著周圍的物體，以致使它們又反作用於這個機體，而最後又使得它所特有的那種主動的均衡狀態的樣式得到恢復。所謂滿足，係指這種恢復均衡狀態的樣式而言，而這又是環境和機體的主動要求相互作用時所發生的變化所產生的後果。

一個植物需要水分、二氧化碳，有時它需要結子。需要既不是附加在物質之上的一種非物質的心靈力量，也不僅僅是在比較了盈虛這兩種不同的機體狀態之後由思想所提出的一種在理解上或概念上的區別。它是指一種具體的事情狀態，在能量分配中的一種緊張狀態，在這種緊張狀態中包括有從高電位點到低電位點的壓力，結果它產生了顯著的變化，以致改變了和環境的連繫，因而它對環境發生不同的作用而它從環境中所得的影響也不相同。僅就這個事實而論，在植物和無機體的理化作用之間並沒有什麼區別。無機物也是受失調的內在均衡狀態制約的，這種狀態對周圍事物發生作用，而在一圈的變化之後達到了一個終點——稱爲飽和點，這相應於有機體中的滿足狀態。

在有機的植物和無機的鐵分子之間的差別，不在於前者在理化能量以外還附加了一些什麼東西；而在於理化能量互相連繫和活動的**方式**不同，從而所產生的不同的**後果**分別地標誌著無生物和生物的活動。因爲在有機體方面，均衡樣式的還原或恢復也是符合於這種複雜的統一過程或歷史的。在無機體本身，「飽和點」的發生是無關緊要的，它並不傾向於維持一個暫時的活動的格局。一個植物各個不同的組成部分卻是如此地交相作用著，以致傾向於繼續一種特殊地組織起來的活動；它們傾向於利用過去的活動所保持著的後果，致使後來的變化得以適合於它們所屬的這個完整體系的需要。組織是一個事實，不過它並不是一種原有的組織力。鐵本身顯示出具有偏向或有選擇性反應的特徵，但是它沒有顯示出有傾向於繼續保持一個簡單鐵塊的偏向，它很快就已經變成了所謂氧化鐵。在它和水相互作用時，它沒有顯示出有傾向於改變這個交相作用的狀態以致其結果將會使得純鐵的特徵繼續保持下去。如果這樣的話，它就具有了一個生物的標誌，而該被稱爲有機物了。鐵也是一個**有組織**的物體的一個眞正的構成部分，它在這樣狀態下的動作就要傾向於維持它所從屬的這個有機體的活動形式。

如果我們，如俗語所說的，認為這種物理的東西乃是無機的，那麼我們就需要另外一個字眼來指明這種有機體的活動。精神物理是一個合適的名詞，在這裡所運用的「精神物理」一詞係指「需要—要求—滿足」在活動中聯合出現的情況而言，而這些名詞是按照我上面所界說的那種意義來運用的。在這複合詞中，這個字首「精神」是指明說：物理的活動已經獲得了一些附加的特性，即能從周圍的環境中取得一種特殊的交相作用的支援以滿足需要。有精神物理的東西並不是說廢棄了理化的東西；也不是指由某些物理的東西和某些心靈的東西所混合起來的一個古怪的東西（如半人半馬的怪物一樣）；它是指具有無生物所未表現出來過的一些性質和效能而言。

按照這樣的理解，那就沒有所謂在物理的和精神的之間的關係這樣的問題了。在這裡只有一些可以指認得出來的經驗事情，具有特殊性質和效能的特徵。在這兒首先是組織問題以及因此而包含的一切問題，在這裡所包括的問題是關於如何明確地在事實上從事探究的問題。恰恰在怎樣的條件之下就發生了組織，而它的各種不同的樣式和這些樣式的組織所產生的後果又恰恰是什麼？我們也許不能圓滿地答覆這些問題；但是困難並不是因為它們是屬於一種哲學的祕密，而是因為這種探究必須涉及極其複雜的事情。無論關於組織的一些學說是如何的玄妙和可疑，特別是不管關於組織的某些曾經風行一時的主張——即那些把組織解釋成為證明有一種稱為生命或靈魂的特別力或是實體的學說——是如何的錯誤，組織卻是某些事情所有的一個經驗的特性。組織是某些事情在其順序的連接之中突出其本質的一個特徵，因而如果有些學說要想忽視或否認其眞實存在，那就不能還有比這些學說更爲玄妙而可笑的了。否認從來就不是以經驗的證據爲依據的，而只是一種在思辨上的結論，這個結論是從這樣一個先入的偏見中得來的：即凡在時間上出現較晚的東西，從形而上學上講來，跟發現較早的東西比較起來就一定是不眞實的，或者從這樣一個先入的偏見中得來的：即既然複雜的東西是被較爲簡單的東西所制約的，那麼後者就是比較「眞實的」。

當一個有組織的活動式樣中的各個組成部分的活動具有一種傾向於保持原有樣式活動的性質時，便有了感覺性（sensitivity）的基礎。一個有機體的每一個「部分」本身是組織起來的，而這一部分的各個「部分」也是組織起來的。所以在它和周圍事物的交相作用中它所具有的這樣有選擇性的偏向既是爲了繼續維持它本身的存在，同時也是爲了維持它所屬的整體的存在。一個植物的根鬚和土壤中的化學性質乃是在這樣一種方式之下交相作用著的，即爲了維持整個有組織的生命活動，並從有機體的其他部分提取它們本身所需要的營養。整體這樣普遍地出現於部分之中而制約著各個部分，而部分又這樣普遍地出現於整體之中而制約著整體，這便構成了易感性（susceptibility）——即感觸的能力（the capacity of feeling）——不管這種可能性是否在植物生命中得到實現，它是確實存在的。反映爲了某種結果不僅是有選擇性的，而且是具有區別作用的，這種區別作用就是感覺性的意蘊。因此，偏向在組織之中就變成了興趣，而滿足就變成了一種善或價値，而不僅是對於匱乏的充實或對於缺陷的彌補而已。

不管它在植物和低級動物中的情況怎樣，在具有動作和具有距離感受器（distance-receptors）的動物中，感覺性和興趣乃是在感觸（feeling）的形式中實現出來的，即使只是一種模糊的和堅實的不安、舒適，精壯和疲乏的感覺而已。一個固著的有機體不需要預覺到將會發生什麼，也不需要把已經發生過的事情積累地體現出來。一個具有行動的有機體在生存上既與鄰近的東西連繫著，也是和遠離的東西連繫著的。當運動器官再加上距離感受器時，對於空間上距離較遠的東西的反應就變得愈來愈占優勢，而且實際上也等於是對於時間上未來的東西的反應。對於遠的東西的反應其實就是對於一個後來的接觸所做的一種期望或預測。活動便分化成爲準備性的或預期性質的，以及具有滿足作用或圓滿終結性質的。所產生的結果是一個特別的緊張狀態，在這個狀態之中，每一個直接的準備性的反應都充滿著這種在性慾、食慾或安全方面圓滿終結的情調，這種準備性的反應就是爲了幫助達到這些方面的滿足。感覺性，這種能力，於是便實現而成爲感觸：對於環境中有用的和有害的東西的易感性便變成了有預覺性的，成爲在生活中產生後果的起因。

在另一方面，一個圓滿終結或滿足又繼續在一種聯合的和增援的形式下從事準備性的或預期性的活動。滿足不只是準備性活動所達到的一個頂點，而且是由它們積累起來的一個統一的整體，一個儲備起來的貯藏。舒適或不舒適，疲勞或輕快，暗中彙集成爲一串歷史，因而無形中提供了一種手段，使我們能夠（當其他的條件呈現出來時）用來把過去的東西突出和顯現出來。因爲感觸具有這樣一個特點：即它雖然可以在一種沒有形式的情況下或在沒有形態的區分中存在下去，但同時它卻能夠繼續不斷地接受和產生區分。隨著對於環境中不同的能量在感受上所做的有區別的反應逐漸增多（有了感覺器官、外感受器和中感受器的分化）以及隨著運動的範圍和複雜程度的增加（運動器官有了發展，相應地有了內部的分泌腺液的器官，能使能量得到一個所需要的新的分布狀態），感觸無論在品質上和強度上都有了愈來愈多的變化。

所以複雜的和有主動性的動物，隨著活動的不同方向和階段——開端、中間、滿足或挫折——在跟環境事物不同的連繫中，**具有**在品質上有著豐富變化的感觸。它們**有著**這些感觸，但是它們卻並不知道自己具有它們。活動是精神物理的，但不是「心理的」，那就是說，它並不覺察到意義。正如生命是事情在一種特殊的組織狀態之下所具有的特點，而「感觸」是以複雜地運動著的和有區別的反應爲特徵的「生命—形式」的一種性質一樣，「心靈」也是一個有感觸的動物所具有的一個附加的特性，這時候，它已經達到有了語言、有了互相溝通那樣一種與其他有生命的動物交相作用的組織狀態。於是感觸所具有的各種性質就變成對外在事物的客觀區別、對過去和未來的事故都有著重要意義的了。事物有著這樣一種狀態，在這種狀態之下，有著質的差別的各種感觸不僅僅爲機體所享有，而且對於客觀的差別也有著重要的意義；事物的這種狀態就是心靈。感觸不再只是被感觸到，它們具有**意義**而且產生**意義**；它記錄過去和預測未來。

那就是說，當行動在（感觸）品質上的差別被用來作爲是業已從事過和將要從事的行動的指標時，這些動作在品質（感觸）上的差別具有了某種**意義**。這些品質（感觸）上的差別直接地具有這個意義；意義是依照這些差別所具有的特性而被享有著的。感觸產生意義，當它們是事情和對象的直接意義時，它們就是感覺（sensation），或者比較適當地說是感覺所與（sensa）。如果沒有語言，機體行動所具有的性質，即所謂感觸，僅僅是潛在的和帶有預示性的痛苦、愉快、氣味、顏色、雜音、聲調等。有了語言之後，它們就被區分開來和被指認出來了。於是它們就「客觀化」了；它們成爲事物所具有的直接特性了。這種「客觀化」並不是從這個有機體或靈魂神祕地向著外在事物有所投射，也不是虛幻地把一些心理的實質賦予物理的事物。這些性質從來也不是在有機體之內的；它們總是機體外的事物和有機體共同參與的各種交相作用的情況所具有的各種性質。當它們有了名稱時，它們就使得這個機體能夠認識和區別事物，從而成爲包含更廣的交相作用進一步發展過程中的一個手段。所以它們既是有機體所具有的性質，同時也是有關的這些事物所具有的性質。爲了控制的便利起見，我們可以說它們是這個事物所特有的，或這個有機體所特有的，或這個機體的一個特定結構所特有的。因此，當顏色不成爲外在事情的一個可靠的記號時，它就變成了一個例如說在視覺器官上有缺陷的記號。有人認爲感覺上的性質可以離開語言而使它們自己區別出來和指認出來，例如它們是顏色和聲音等等，因而事實上就構成了某些基本的認識方式，即使它只是對它們本身存在的認識。這種說法本身是十分矛盾可笑的，因而如果不是有人對於心靈和認識問題具有偏見，那就絕不會有人做出這樣的主張。感覺性本身是非理性的，它的存在是和任何直接的性質的存在一樣的，不過它卻是任何理性的機能所不可缺少的一個手段。

因爲當感覺性質通過語言而被用來當作是一個記號的系統時，例如當機體和環境之間的積極關係所具有的一種性質被稱爲飢餓時，它就被視爲有機體尋求一個體外對象的一種要求了。把一種性質稱爲「飢餓」，給它一個名稱，就是涉及一個對象，涉及食物，涉及將會滿足這個要求的那個東西，即這個積極的情境所傾向的東西。同樣，把另一個性質稱爲「紅的」，就是把一種在一個機體和一個事物間的交相作用的情況指向某一個足以滿足這個情境的需要或要求的對象。我們只需略微觀察一下一個兒童的心理成長就可以看出：那些爲感覺器官所制約的性質，包括那些爲特別的感覺器官所制約的性質在內，只有當它們被用來指明對象時才被區別出來，例如紅乃是一件衣裳或一個玩具的特性。如果我們要去指認那些爲內感受器所制約的動作性質，這是有極大的困難的，它們是滲透在一般的情境中的。如果它們也參與在互相溝通之中，作爲達到社會後果的一些共同的手段，那麼它們也將會和那些爲外感受器所制約的性質一樣獲得同樣的客觀的獨特性。在另一方面，這些爲外感受器所制約的性質，在未曾在語言中被用來作爲達到共同目的的共同的或分享的手段之前，它們也只是情境的一般情況所具有的一些陰影而已。後來，它們才被指認出來，成爲對象的特性。兒童必須通過社交才知道：一定的行動性質意味著貪婪、憤怒、恐懼或粗野；而那些被認爲是紅色，是樂音，是一種臭氣的性質也不例外。臭氣也許曾經引起過嘔吐，而「紅」色也許曾經引起過不安的心境（有人看見血就會暈倒）；但是把這個使人作嘔的對象區別出來而說它是臭氣，以及把這種刺激當作是紅色而區別出來，這只有當人們把它們叫作記號時才會發生的。

有機體和周圍條件在各種情境中交相作用，而當這些情境所具有的性質被區別出來的時候，它就產生了感知（sense）。感知不同於感觸，因爲它在認識中是有所指的；它不只是一種混然不清的性質或情調，而是某種東西在質上所特有的特徵。感知也不同於含義，後者包括著使用一種性質來作爲另外某一個東西的記號或標誌，例如一個燈光的紅色表示危險和使一輛正在行動著的機車停頓下來的需要。在另一方面，對於一個事物的感知乃是一種直接的和內在的意義，它是爲它本身所享有或直接所感受到的意義。當我們爲一些困擾的情況所挫折，後來找到了一個線索，而使一切事物都能各得其所的時候，我們對於整個的事情就感知到它的意義。在這樣一個情境中，這個線索就是具有含義的，因爲它是一個指示，一個解釋的指導。但是爲我們所領會的整個情境所具有的意義乃是感知，「感知」一詞的這種習慣用法，比在心理學的文獻中通常把它限於用來指明一個被認知的簡單的性質如甜和紅的用法，要比較接近經驗的事實，在心理學中它僅僅指明一種只有最少感知的情況，這是爲了在理智上的安全起見而加上的一個限制。只要當一個情境具有了意義的這種雙重功能時，即具有含義和感知兩者時，心靈、理智就明確地呈現出來了。

因此，物理的、精神物理的和心理的之間的差別乃是自然事情的交相作用不斷增長地複雜化和緊密化的一種在程度上的差別。認爲物質、生命和心靈是代表三種分別的「實有」的觀點，正如許多其他哲學上的謬誤所由起源一樣，乃是把後來產生的機能實體化之後所產生的一種主張。這個謬誤把事情的交相作用的結果變成了這些後果之所以發生的原因——這樣一種反覆顚倒，從這種機能的重要性方面來講，是有意義的，但是這卻無可救藥地混淆了我們對這種機能的理解。「物質」或物理的東西，乃是當事情發生在一定的交相作用的水準上時所具有的一種特性。它本身並不是一件事情或存在，把「心靈」當作是指意蘊而言，而把「物質」當作是指存在而言的這個見解乃是迷信。它不僅是一個單純的意蘊，因爲它是屬於許多事情交相作用所形成的一個特殊的場所具有的一個特性。但是當它在科學中呈現出來的時候，它正和加速度和負一的二次方一樣，是一個意蘊；在這裡，意義也表達在交相作用中的事情所具有的派生出來的特性。結果，我們主張生命、感觸和思想永遠不是離開物理的事情而獨立存在的這個學說，也許會被貶責爲唯物主義，但同時它也可以被認爲恰恰是相反的。因爲我們有理由相信：關於自然存在所具有的基本特性，只有當它的特性最完全地被揭示出來的時候，它才能夠最恰當地給予界說——而這一個條件的能否滿足，乃是以所實現的交相作用的範圍和密切程度爲轉移的。

無論在任何情況之下，對形而上學的唯物主義的眞正的反對既不在道德方面，也不在美感方面。從歷史上講來，唯物主義和機械論的形而上學——它們是不同於機械科學的——是指這樣一種主張而言：即認爲物質是生命和心靈的有效原因，而「原因」，從眞實性方面講來，比「結果」占有較爲優越的地位，這句話的兩部分都是與事實相反的。如果我們眞要應用因果這個概念的話，產生生命和心靈的「原因」不是物質而是具有物質的自然事情，而物質乃是自然事情的一個特徵。而「結果」，既然它們標誌著潛能性的舒展，則較之「原因」更爲恰當地指明自然的本質。如果要對複雜的東西加以控制，這就要依賴於把它分析成爲比較基本的東西；因此，生命、感覺性和心靈之依賴於「物質」，乃是具有實踐性或工具性的。較小的、更加外在的交相作用的場所，比較大的、較爲緊密的交相作用的場所是更容易管理的，而且只有通過對前者的管理，我們才能控制後者的發生。因此，只有藉助於所謂物質這個事情特性，精神物理的和理智的事情才能夠分別地加以決定。所以我們每多一次新發現生命和心靈是怎樣具體地依賴於物理的事情的，我們就增加一些理由。如果生命和心靈沒有任何機制，那麼教育、有意的變更、修正、防止以及有建設性的控制就都是不可能的。由於崇尙精神而貶責「物質」，這只是崇尙終結（目的）而輕視爲終結所依賴的手段這個舊習慣的再版而已。

在本章開始時，我們曾經說過：關於心身問題的「解決」，要求重新修訂這個問題所由產生的那個關於存在的初步假定，以上所述就說明了我們這個導言的重要意義。如我們所業已看到的，當研究者們爲了尋求「基本的」，即有所意味的性質而忽視直接的性質，即忽視事情所具有的「感知」，如溼和乾、熱和冷、輕和重、上和下的時候，而且當他們把這些「基本的」即有所意味的性質並不當作是性質的本身（雖然它們被稱爲性質）而當作是關係的時候，具有豐富結果的自然科學便開始了，這個措施使得我們有可能從事於一種完全不同的思辨工作，古典的科學是根據早已依附於感知和習俗的具有不同性質的現象的特性進行工作的，所以它只能夠通過一種改變了的詞彙來重複敘述這些現象而已——這是關於感知的形式和力量方面的詞彙，而這些形式和力量不是別的，只是重複事物業已具有的意義而已，但是新的思辨工作乃是從事於有關數學的等式和函數方面的工作。它是從忽略現象的明顯的特性或意義的意義出發的，所以它能夠產生極其新穎的關係和概括——不僅在細節內容上是新穎的，而且在種類上也是新穎的。一種顏色已不再是僅僅和另外一些顏色，而是和一切包括有節奏的變化率的事情連繫起來或進行歸類。因此，過去原來是分散的事情便在包括一切的陳述和預言的原理之下被結合起來了。有時間性的性質便說成是空間上的移動速度，因而可以直接應用在空間地位、方向和距離的數學函數，就使得人們可能把事情的順序歸結成爲可以計算的事項。忽視有時間性的性質本身，使得人們的思想集中於連續的秩序，而這一種秩序是可以轉變成爲一種同時存在的秩序的。

其實，所有這一切就等於是把事情的關係當作是知識的眞正對象。不把直接的性質，無論是感覺的和具有意義的性質，當作科學的對象和當作歸類和理解的適當形式，這實際上只是把這些性質按照它們本來的樣子擱置一邊而已。既然它們已爲人所具有，這就無需乎去認識它們。但是正如我們時常有機會注意到的那樣，主張知識的對象就是最好的實在的，這個傳統看法就導致這樣一個結論：即科學的眞正對象就是在形而上學上極其眞實的東西，所以直接的性質，由於被排斥於科學對象之外，便和「眞實的」對象割裂開來，憑空地懸著。既然它們的存在是不能否認的，它們便聚集攏來，構成了一個心理的存在領域，而與物理學的對象站在對立的地位。在這個前提之下，跟著而來的必然就是關於心物關係、心理的和身體的東西間的關係的一切問題。如果改變這個形而上學的前提，那就是說，把直接的性質恢復到它們正當的地位上去，而成爲屬於一些包含一切的情境所具有的性質，那麼有關的這些問題就不再是認識論上的問題了。它們就變成了一些可以說明的科學問題；那就是說，關於具有怎樣性質的怎樣一件事情實際上怎樣發生的這些問題了。

希臘科學認爲性質如溼和乾、熱和冷、重和輕等以及這些在運動中的質的差別如上下、往來、繞圈等都是具有效果性的。這個世界便是根據這些性質所具有的這種能夠產生結果的原因的效力來予以陳述和說明的。西元十七世紀的科學革命是以否認這些性質以及其他一切直接性質的因果效用（所以也否認了它們對於科學的重要意義）爲出發點的。然而，由於把這個關於科學程序的事實變成了否認在心靈和意識之外有性質的存在，心物的和心理的機能就變成了不可解釋的反常狀態了，按照這個字的字面上講來，是超自然的了。希臘科學的錯誤不在於把性質當作是自然的存在，而在於誤解了它們的效用性所應有的地位。它認爲性質離開有機的行動而具有這樣一些的效能，而實際上性質只有通過生命和心靈的一種有組織的活動的媒介才具有這些效能。當我們承認生命和心靈乃是事情之高度複雜和廣泛的交相作用的特徵時，我們就可能把性質當作是自然存在而不致陷於希臘科學的錯誤。我們可以承認精神物理的現象和高級的心理現象乃是各有其充分的眞實性的，而無需乞援於在歷史的、存在的連續中二元論的分裂。

當認知無生物時，性質本身是不妨予以忽視的。它們表現出來成爲運動的強度和矢向，它們是可以根據數學的術語來加以陳述的。因此，它們的直接個性就被迴避開了，直接個性對於科學來講是不相干的，因爲科學所涉及的是關係。關於無生物界的性質，最多我們只能說：它們標誌著歷史事件接觸的限制，它們是突然的終結或結束，是開端和結尾的界線，在這兒某一個特殊的交相作用停止了。它們好像是一條浪花，標誌著從各個不同的運動方向而來的波浪的相互衝擊。爲了使探究的領域有所限制，我們不得不留意到這些性質，但是它們卻並不是作爲一些研究的因素或項目而被包括在這個研究的範圍以內的。

在生命和心靈中，這種性質起著一個積極的作用，在這個水準上它們所構成的界限或個體化的狀態並不是在事情以外的。這個界限同時也就是一種組織，這個組織滲透在這些性質之中，而且由於滲透在它們之中而把先前能量的強度和方向的限制轉變成爲實際的和內在的性質，或成爲在感覺性上的差別。因爲在感觸中，一個性質不僅僅是交相作用的一個突然的、分隔的、獨特的界限，而且成爲一個性質了。從物理科學的目的上講來，紅不同於綠，因爲它對於應用在振動上的兩套數目或對於光譜上兩個不同的地段線給予了特別的意義。這個差別是預期的在質量上的差別，它是指有關的這些事情中的一個獨特的在潛能性上的差別。但是就便於計算和預測而論，這些差別始終是可以用數目和形式這類非品質上的指數來說明的。但是在一個感光靈敏的有機物中，這些潛能性上的差別可以實現而成爲直接感覺性方面的差別。說它們**被感觸**到，就是說：它們已經具有了它們自己獨立的和內在的存在。這個命題並不是說：感觸是外加在別的事物上的東西，也並不是說：對一個純物理的東西的一個外在的認識方式是從外面闖進一個物理事物的世界的。當一些原先發生在物理水準上的事情發生了更爲廣泛和更爲複雜的交相作用的關係時，這些事情就獲得了一種新實現的性質，這種新實現的性質，一般地被稱爲「感觸」（feeling）。說得更明確一點，這個名稱是指事情中使它們彼此分開而成爲分隔狀態的那些終極的差別正在開始形成的情況而言，這些差別在物理的水準上只能在預期後來的現實中，用不同的數學公式或不同的時空位置和接觸爲人們所論述。

因此，感覺所特有的性質乃是宇宙的事情所具有的性質。只是因爲它們是這樣的性質，才有可能像自然科學一樣在數量、空間地位的系列和感覺性質的系列和光譜這兩方面之間建立一對一的符合關係。把宇宙分裂成爲兩個分開的、不相連繫的存在領域，一個是心理的領域而另一個是物理的領域，而這兩個領域，雖然是完全分離的，但又是明確地和精確地彼此符合一致——例如按照數目系列排列起來的一個振動秩序和對通過稜鏡光譜的光景直接感觸到的性質乃是彼此吻合一致的——這個見解達到了難以置信的最高峰。這種一對一的吻合一致的見解只有把它當作是在同一個世界中多種特性和關係之間的符合一致時，才是可以理解的；不過首先我們是從一個較窄和外在的交相作用的水準上來看待這個世界，然後則是從一個包括較廣而比較嚴密的交相作用的水準上去看待它。如果我們是從這樣兩個水準上去看待自然事情而在它們之間建立一對一的符合關係（或「平行狀態」），我們就會使得更爲豐富和更爲複雜的特性表現服從於我們預測和深思熟慮的指導，當我們回想到這一點的時候，我們對於這個程序的可理解性就會有具體的體會。

因此，現代科學否認，例如：紅或乾在所描述的這個事情的序列中具有直接的效果和地位，這是正確的；但希臘科學最早的樸素的假定說性質具有高度的重要性，這一點也是正確的。的確，我們拋開感覺和生命，也能充分地描述一件事情的進程而不涉及到它具有紅這樣一個特性——但即使在這種情況之下，當我們要對造成數學機械的陳述的現象確定界限時，這也需要依賴於一個外現的或實現了的紅的性質，因爲描述乃是只有通過心理的事情才會發生的一件事情。然而，在心物的情境中，性質實際上變得特別有效。在有動物的感受性存在的地方，一個紅色或一個氣味或聲音就可以激起一定方式的行動。在維持能量組織的一定格局時，它具有選擇性的力量。這個事實是如此地突出，以致我們甚至可以說，一個有生命的和精神物理的物體對於性質有所反應，而一個無生物則對於性質不作反應，藉以說明一個無生命的物體和一個有生命的物體之間的差別。在這種反應中，性質成了可以產生結果的東西，所以它是具有潛在的重要含義的。那就是說，在這些性質達成效果時，它們便跟後果連繫了起來，所以就能夠具有意義，這種意義如果不是已知的，也是可知的。這就說明這樣一個事實：即我們雖然被迫指出在物理的水準上事情是具有性質的，但是在這個水準上我們卻不能認知它們；如果嚴格地把它們分配到這個水準的話，那麼它們是沒有後果的。但是通過有生物的媒介，它們產生了影響，而這些影響，當人們利用性質來作爲產生它們的手段時，便是所產生的後果。因此，性質就變成了可理解的和可知的了。

在較高級的有機體中，在那些具有耳和眼以及在較少程度上具有嗅覺等距離感受器的有機體中，性質又進一步產生了一種差別，而這種差別乃是區分爲準備階段和終結階段的活動的物質基礎或實質。「終結」並非必然是滿足或圓滿的終結，它們可以是單純的結束、突然的停頓，正像一條鐵路線由於外在條件的力量可以達到一個終結一樣，但這個終結卻並不達成先行的活動。同樣，事物也有其出發點、開端，而這些開端卻並不是爲了什麼而作的準備，毋寧說，它們只是一些破壞和干擾而已。物理型的事情具有這樣的終結和開端，它們從性質上和從個體上把這些事情劃分開來。但是它們本身，從任何眞實的意義上講來，都不具有工具作用或滿足作用的特徵。它們既不有所創導，也不有所完成。但是當這些性質通過有機的行動實現出來，而引起了使用和適應的動作（對性質作反應）時，它們就成功了一個系列，其中有些行動是有準備作用的而另一些是具有圓滿終結的作用的。一個原來直接接觸的活動（包括著機體內部的干擾或需要）使得距離感受器接受刺激；在後果中所做的反應將會在終結時產生進一步的直接接觸的活動，而在這個接觸的活動中，原來的需要得到了滿足。

當社會的交往和語言附帶發生的時候，這個系列就形成了思維的直接材料。開端不僅是一個系列（一個系列不同於一個簡單的前後連續）中的創始部分，而且它還具有以後傾向於某一後果的活動的意義，而這個開端乃是屬於這個後果的第一個組成部分。這個結束的部分把整個準備過程的意義都保持在它本身之中。因而，原來直接的接觸和有距離的活動這兩者的地位便被顚倒過來了。當活動是傾向於有距離的事物時，直接接觸的活動就必須被抑制下去或被約束住。它們變成了有工具性的，只有當它們被用來指導爲距離所制約的活動時它們才起作用。這個結果是具有革命性的，有機的活動被解放出來了，它已不再侷限於在空間和時間上最接近手邊的東西了。人是被領導著或拖引著的，而不是從背後被推進的。對於已經發生的事情和將要發生的事情而言，直接的東西是有意義的，在這裡便爲記憶往事和預期未來提供了有機的基礎。使直接接觸的活動服從於有距離的活動，就等於有了從淹沒於單純的現有中解放出來的可能性，就等於有了抽象、概括、推理的可能性。它既確定了爲其他事情鋪平道路的事情和最後直接占有的事情之間的差別，也確定了這兩者之間的連繫：它爲有所意指的和被意指的事物間的關係（the relation of thing signifying and thing signified）提供了材料——這一個關係是有了語言後才實現出來的。當事情之間達到了這樣一種結合的時候，便有了前面所講過的這種在感知和意義之間的區別。後者係指直接占有和享受的事情具有一種在後來達到某種目的的可能性而言。但是在這同時還有一種感覺性，我們必須使它依附於爲距離所制約的活動而發生變化；如果這種感覺性沒有這樣的轉變，它就是虛空的、含混的，它需要有意義但沒有意義。在這同時，這些爲距離所制約的活動又把它們所有的原先獲得滿足的後果變成了它們本身性質的一個統一的部分。相對於它們的後果而言，它們具有了意義；但是它們對於它們自己而言，卻是具有明白而融貫的感知。因此，它們便成了最後的，而直接接觸的活動所具有的這些性質便成爲有工具性的了。簡言之，聽覺和視覺顯然既是理智上的感知，也是美感上的感知——這是一件不可否認的事實。有些在價值論方面的理論家們企圖在他們對於價值的定義中把思維和可享受的愛好彼此分隔開來，而且在這個前提之下他們又十分邏輯地嚴格把價值區別爲輔助的和內在的兩種，但上述這一不可否認的事實有助於說明這些理論家的主張。

以上的討論是太專門了，但同時又不夠充分地專門，不能使人獲得一個恰當的理解。我們可以說，它是企圖對建立一個所謂心靈的「突創」論有所貢獻。但是我們在這裡所能利用的每一個詞，例如有機體、感觸、精神物理的、感覺和感知，乃至「突創」一詞的本身，都受著舊學說的聯想的影響，而它們的意義卻和我們此地所說的意義是相反的。不過，我們可以重複概括地說：在自然中並沒有孤立無關的事情，但同時彼此的交相作用和連繫又不是籠統的和完全相同的。在交相作用的事情之間有比較緊密的結合，也有比較鬆弛的結合，而這些結合就規定了它們具有一定的開端和結尾，因而也使它們跟交相作用的其他場地劃分開來。這些比較封閉的場地有時結合在一起，彼此變相作用，而產生一種具有關鍵性的變動，形成了一個新的較大的場地，因而放射出新的能量，具有新的性質。規則、有意識的指導和科學都意味著我們有能力排除這些粗糙的關節，而且通過更換和代替構成一種性質相同的媒介。然而這些機能並不取消或否認性質上的差別和不同的場地或運動的範圍，從原子到太陽系都是如此。它們正是起了它們預定要起的作用：即促進和保證利用比較簡單而易於控制的場地去預測和改變比較完備和高度組織起來的場地的發展進程。

一般講來，我們可以把這些場地區分成爲三個層次。第一層是物理的，這是一個比較狹窄和比較外在的場地，在性質上它本身具有很大的差異；它的突出的特性就是物理學所發現的數理—機械學的體系所具有的那些特性，它把物質說成是一個一般的特性。第二層是屬於生命的，在這裡，性質上的差別，如植物和動物的差別、下等動物和高等動物形式的差別等，在這裡甚至更爲顯著一些；但是不管它們有怎樣的變異，它們卻具有共同的性質，這種性質可以使它們被界說成爲精神物理的東西。第三層是屬於結合、溝通和共同參與的，在這裡有著進一步內在的分歧，包括有許許多多的個體。然而，它卻有一些共同的特性貫串在這些個別的差異之中，這些共同的特性把心靈界說成爲理智，既具有意義，也對意義有反應。

這三層中的每一層次都具有其本身獨特的經驗特徵，也就有它自己的範疇。不過，它們是有關於描述方面的範疇，它們是敘述有關事實時所需要的概念。它們不是具有「解釋性質」的範疇，這裡所謂解釋是按照我們有時可理解的意義而言的；那就是說，它們並沒有把力量的運用叫作「原因」，它們固執著注釋和指明各個不同的交相作用的層次所特有的特性和後果的經驗事實。從這個觀點看來，傳統的「機械」論和「目的」論都陷於一個共同的錯誤，即它們都是企圖用舊的、非歷史的因果關係的意義來進行解釋。一個理論是用物質去解釋心靈的存在；另一個理論則認爲在心靈出現以前所發生的那些事情，乃是爲心靈的發展做好準備，也就是說，這些先在事物之所以發生乃是爲了準備心靈的發展。

機械論的形而上學使我們注意到這個事實：即後來所發生的事情，如果沒有以前所發生的事情，就不可能產生；如果前面的事情發生了，那麼後面的事情就必然會發生。唯心主義的形而上學使我們注意這個事實：即前面的、物質的事情爲生命的和理想的事情準備好了途徑，誘導它們，提高它們。從描述方面講來，這兩種說法都同樣是眞的，如果從給予它們的那種具有解釋性的和形而上學的意義講來，這兩種說法都不是眞的。

在這兩種見解中所包含的關於因果解釋的概念意味著：在歷史的連續過程中是具有裂痕

的；於是便需要通過力的發射或移轉來溝通這一道人爲的鴻溝。如果一個人在出發時就假定心物是兩個分隔的東西，而事實證據又迫使他看到它們是連繫在一起的，那麼他就只好說這是由於一種力量使它們連繫起來的，這個力量從一方面轉移到另一方面，或者是轉移到兩個有關的事物中的任何一方面。於是挑選出來的這一方面就是「原因」，它就用來說明另外一方面之所以存在。一個人遇見了這一類的事情，例如當一根火柴被擦燃而在鄰近的地方有一張紙的時候，這一張紙就會著火，不管任何人是否願意或希望有這樣的事情發生。他感覺到前面的這個事情對於後來的這個事情發出了一種帶強制性的力量；如果擦燃了一根火柴而在鄰近的地方有一張紙，那麼這張紙就必然著火燃燒起來。另一個人又遇見另外一類的事實，即火柴和紙張之所以存在，僅僅是因爲有人利用它們；先有了利用它們的意願和目的，然後才有火柴和紙張。因而他便斷定說：思維、目的促使放射和轉移一道力量，它爲了達到這個思想的對象而產生某些事物。或者，如果一個人少用人事方面的比擬，他會看到自然界這種精密的連續性，一個東西很明顯地導致另一個東西，而後者又很精緻地保持和利用以前所曾經發生過的事情，而且因爲他看到後來的東西是比較複雜些和更爲重要些，他便確定說：以前所發生的事情乃是爲了後來的東西才發生的。後來的東西似乎從一開始就早已「隱蔽地」、「潛在地」存在著，而由於在每一個階段中利用了物質的條件，便具有足夠的效能使得它自己實現出來。

如果我們從任何一個爲我們所承認的歷史過程——例如：從嬰兒到成年的成長或是一個音樂主題的發展——出發，我們就可以看出這兩個假定都是毫無理由的。有些人認爲童年僅僅爲達到這種高貴莊嚴的成年做好準備；也有些人似乎十分肯定說，成年人的生活僅是在童年中所發現的這種「原因」力量通過它所具有的機械效能而舒展開來。這種學說把幼年當作是達到一個目標的一個初步的而它本身又是無關重要的旅程；另一種學說把成年當作是把一個在過去放在幻燈機裡面的，有關童年或有關出生前的情況或有關遺傳，或任何有關固定的和原先存在的條件所在的情況的這樣一種幻燈片在一個臨時的螢幕上所做的一種放映而已。我認爲這個關於生長的概念可以使我們很容易找出在這兩個觀點之中的錯誤：即它們都把一個歷史變遷的連續過程分裂成爲兩個分隔的部分，但由於分裂爲二之後跟著又必須找一種辦法把它們兩者再結合起來。

眞實的東西就是這個成長過程本身；童年和成年乃是一個連續體的兩個方面，而在這個連續體中，正因爲它是一個歷史過程，如果前面的不存在，後面的就不能夠存在（這便是「機械唯物主義」的種子）；而且在這個連續體中，後來的又利用著前者所保持和積累下來的結果——或者比較嚴格地說，後面的東西就是對前面的東西的利用（這便是「唯心主義的目的論」的種子）。眞實的存在就是這個整個的歷史，歷史本身就是這樣。這個把歷史割裂成爲兩段，然後乞援於一種原動力，再把它們結合起來的手續，既是主觀武斷的，也是毫無實據的。童年乃是屬於某一系列的變化過程所具有的童年，而且也是在其中的童年，而這個變化過程的本身就是如此存在的，成年也是如此。如果說這兩個方面的任何一個方面的特性乃是一種獨立存在的東西，然後利用所選定的這個形式來解釋或說明這個過程的其餘部分，這只是一個愚蠢的贅述：這是一個贅述，因爲我們所有的這兩個部分本來就是同一原始歷史過程的各個部分；這是愚蠢的，因爲我們幻想著以爲我們根據任意選擇的歷史的一部分已經說明了這個歷史的本身。

用一個比較廣泛的自然歷史來代替這個成長過程，並把它叫作心靈從物質演化的過程，其結論也沒有什麼不同。一隻鹿因爲有細長的腿，所以跑得很快呢？還是因爲要跑得快所以牠才有細長的腿呢？在這個古老的爭論中，雙方面都忽視了這個自然描繪的陳述，即這隻鹿有細長的腿，而牠們既具有腿，於是就會跑路，這是這個世界上一件自然的事情。當人們說心靈是掩蔽在、包括在、隱藏在或潛伏在物質之內，而後來所發生的變化乃是使它顯現、演化、體現和實現的過程時，其實，這只是首先任意地和無意地把一個自然歷史分割成爲兩截，然後再有意地和任意地把這個分割掩藏起來。如果我們不從玩弄這套把戲開始，事情就比較簡單一些了。

以上的討論是爲了幫助大家了解自然、生命和心靈之間彼此適應的情況。客觀的自然使人可能獲得一種安適、秩序和美麗的感覺；或者從另一個語言領域來說，客觀的自然是十分屈服於心理活動之下的，因而它能爲人所認知，這個事實曾時常被人們當作是一種神祕的事情。或者還可以從另外的一端來理解這個祕密：何以人類會具有一種秩序、美麗和正義的感覺？何以他會具有一種思維和認識的能力，以致人類遠超於自然之上而居於天仙之列？這似乎是很奇怪的。但是這種神祕和奇怪也似乎等於在懷疑和奇怪到底爲什麼會有自然，會有存在的事物，而且它們既然存在著，又爲什麼就是它們現在的這個樣子。這種奇怪應該被轉移到整個事物的進程上去，只是因爲我們任意地把這個世界加以分裂，首先把它理解成爲一個和它實際所表現出來的情況完全不同的世界，於是我們就會覺得非常奇怪，究竟爲什麼它要表現成爲這個樣子。這個世界就是認識的題材，因爲心靈就是在那個世界裡面發展出來的；身心的結構就是按照它存在其中的這個世界的結構發展出來的，所以身心就會很自然地發現它的某些結構部分和自然是吻合的、一致的，而且也發現自然的某些方面和它本身是吻合的、一致的。自然的某些方面是美麗的和合適的，而另一些方面是醜惡的和不合適的。既然心靈除了在一個有組織的過程中以外是不能夠演化的，而在一個有組織的過程中，過去所獲得的圓滿結果總是被保存下來而予以運用的，那麼在心靈演化時它就要留心於過去和未來，而且它就要利用生物適應環境時的生理機構而作爲它自己唯一的活動器官，這就不足爲奇了。在最後的分析中，爲什麼心靈要利用身體，或者說爲什麼一個身體會具有一個心靈，如果有人覺得這是一件神祕的事情，那就好像他會奇怪一個種樹的人爲什麼要利用土壤，或者說這種生長植物的土壤爲什麼使得那些適應於它自己的生化特性和關係的東西生長出來。

對於以上所作的這個說明，我們將從一個比較更有分析性的觀點，根據明顯的經驗上的理由出發，再重述一遍。我們發現我們在經驗上熟悉的每一個「心靈」總是和某一個有機體連繫著的。每一個這樣的有機體總是在一個自然的環境中存在著，而它和這個環境總是保持著某種相適應的連繫的：例如植物之對於空氣、水分和太陽，以及動物之對於這些東西和植物。沒有這些連繫，動物就會死去；沒有它們，最「純粹的」心靈也不會繼續下去。一個動物，只有當牠從牠的環境中汲取營養，在那兒找到防禦的手段，把本身的多餘的廢物排泄出去的時候，才能夠生存下去。既然沒有一個特殊的有機體是永存不朽的，那麼一般講來，只有當有機體能使自己再生時生命才會繼續下去；而唯一它能夠使自己再生的地方就是在環境之內。在一切高級的形式中，再生是兩性的，那就是說，它包括有兩種形式的交合。因此，這個環境就包括有類似的和連接的形式。在每一點和每一階段上，一個有生命的有機體及其生命過程，相應地，包括有一個世界或自然界，而這個世界或自然界對這個有機體本身而言，無論在時間上和空間上都是「外在的」，但就其功能而言，又是「內在的」。

重敘這些周知的事實的唯一理由，就是因爲傳統的學說已經把生命和自然分開，把心靈和有機的生命分開，並因而造成了一些神祕的情況。在恢復了這種連繫之後，一個心靈怎麼能夠認知外界，或者乃至於怎麼能夠知道有這樣一回事情的存在，這個問題就無異於問一個動物，它怎麼會吃它本身以外的東西；這類問題之所以發生，只是由於人們把一隻冬眠的熊靠牠自己儲備的食料過冬的情況當作是正常的程序，而忽視了這隻熊是從哪兒獲得牠所儲備的食料的這個問題。當我們眞正認知心靈和生命的關係時，如果有人問：一個人怎麼會知道別人的存在，那麼他就好像在問：既然別的動物不是這個動物，那麼這一個動物怎麼能夠跟別的動物會合在一塊兒？一個在一種交合中產生的生物，總是依賴其他的生物，才能延續牠的存在（至少一切高級形式的生物是如此），而且在牠自己的結構中就具有牠跟其他生物緊密連繫的器官和標誌。如果這個生物知道牠自己，那麼牠就會知道別的生物。既然在生命的功能中既包括有無生的環境，也包括有人類的環境，那麼如果這些功能演化到思維的地步，而思維跟生物的功能是構成一個自然的系列的，這個環境中的各種事情和連繫就不可避免地會成爲思維的材料，乃至其錯誤想像的材料。而且如果動物能夠利用它的思維的任何部分，而把它作爲保持它所具有的那些功能的手段，那些思想也會具有知識所具有的特徵。

這些形式比較複雜的有機體，和下等有機體不同，具有一些距離感受器，而且它們還具有一種結構，在這種結構中，活化質和效應器對於距離較之對於接觸感受器具有尤爲廣泛的連繫。對於鄰近事物所做的反應和對於距離很遠的事物所做的反應乃是十分緊密地結合著的，因而一個高等的有機體乃是把一個廣泛的環境當作一個單一的情況而加以反應的。在所有這一切高等的有機體中，我們也發現了它們的活動乃是爲以前的活動後果所制約的；我們發現了學習或習慣的養成這個事實。結果，一個有機體，在它動作時，是把一連串在時間上延續的事情，或一系列的事情，當作一個單元而予以反應的，正如它對於一個統一的在空間上的多樣性所做的反應一樣。因此，在當前的行爲中就立即意味著有一個廣延的和持續的環境。從活動的功能方面講來，遙遠的和過去的東西都在行爲「之中」，構成了行爲當前的狀況。所謂「有機的」行動不僅僅是屬於內部結構的行動，它是機體和環境互相連繫的一個統一的過程。爲什麼會有思維，這也許是一個祕密，但是如果有了思維的話，那麼在當前的現況中它就包含有在空間和在時間上遙遠的事情，乃至遠溯至地質年代，未來的日食以及遙遠的星球體系，這是沒有什麼祕密的。這裡的問題只是：在它的實際經驗之中的東西在怎樣的範圍之內就會突現出來而成爲一個集中的焦點。

動物在一些比較廣泛的行爲範圍之內，彼此之間藉助於一些信號動作而聯合起來，結果，在信號作用所助成的聯合動作發生之前，有一些動作和後果就被暫時擱置起來。在人類，這種功能就變成了語言、相互溝通、言談，藉助於語言的媒介，某一種生命形式的經驗所具有的各種後果都在別人的行爲中被結合起來了。隨著記載語言的發展，這種結合的可能性便無限地擴大了——在原則上，在一個特殊的有機體的行爲之內，這種在客觀上的結合統一的情況已經完成了一個循環的週期。在它的行爲中不僅包括有它自己的這個外在的空時世界，而且也包括有它的同伴們的這個世界。當某些對某人講來是已經經驗到的和已經過去的後果，通過了相互的溝通，而成爲另一個人所未曾經驗到的和尚未到來的後果時，機體上的靈巧便變成了有意識的期望，而未來的事情變成了當前活生生的現實。因而由於人類的學習和習慣的養成而表現出來的這一種在機體和環境間連繫的統一情況，乃遠遠超過了沒有語言的動物所具有的那些結合統一的情況，以致它的經驗似乎是超生物的。

跟著還有另外一個經驗事實。嚴格的重複和再現，同新奇的東西比起來，是相對地減少了。離開了互相溝通，習慣的形成就成爲人的常例；行爲總是侷限於由過去的行爲建成的路徑中。這時的趨勢傾向於單調的規則性。學習活動本身就替它自己確定了一個限制，而使得後來的學習更加困難些。但是這僅就一個習慣而言，一個孤立的習慣，一個不相溝通的習慣而言。互相溝通不僅增加了習慣的數量和種類，而且傾向於使它們精巧地結合起來，而且到後來將會使得習慣的形成在一種特殊的情況之下導致這樣一種習慣，即習慣於認識到：新的交合的方式將會對這種習慣要求有一種新的用處。因此，習慣是按照未來可能的變化而形成的，而不是這樣容易僵化的。當一個兒童隱瞞著一種習慣而不在別人面前表現出來時，這立即就證明了：他實際上已經覺察到他形成了一種習慣，而進一步他將形成一些什麼習慣，他需要符合於別人的要求。

一個動物，如能形成習慣，就具有了不斷增加的需要以及與牠四周世界的新的關係。每一種習慣的訓練都需要適當的條件，而且當習慣是繁多的和複雜的時候，如人類有機體所具有的習慣那樣，在發現這些條件的過程中還包含探索和試驗，這個有機體勢必產生許多的變化，而且容易陷於錯誤和失望之中。形成習慣的力量愈增加，可接受性、感受性、反應性也愈增加，這似乎是矛盾的，但卻是事實。因此，即使我們認爲習慣乃是許多常規，這種獲得多種多樣常規的力量即指高度的可感受性、可爆發性而言。因而一個舊的習慣，一個固定的常規，如果有人願意誇張一點的話，妨礙著形成一個新習慣的過程，但同時形成一個新習慣的傾向又突破了某些舊的習慣。於是便產生了不穩定性、新穎性，以及出乎意料的和不可預測的各種結合情況的突創。一個有機體學習得愈多——所謂愈多，即指在一個歷史過程中前面各項在目前的階段上愈多地被保持下來和統一起來——爲了使它本身繼續下去就愈需要學習，否則，它就會死亡和毀滅。如果心靈是生命中一個進一步的過程，是記載、保持以及利用所保持的東西的一個進一步的過程，那麼它必然具有它在經驗中所具有的那些特性：它是一條流水，一種經常的變化，不過它是有軸心、有方向的，它是既有創始、遲疑和結論的，又有連結和交合的。

需要記住的主要的東西是：作爲一件經驗的事情，生活並不是一種在有機體的表皮下面所進行著的東西：它總是一種包含很廣的事情，它包括有這個有機體以內的東西跟空間和時間上外在的東西之間的連繫與變相作用，以及和外邊更遠些的高等有機體的連繫與交相作用。由於這個原因，有機的動作就是心靈的一個先行的動作；它們看起來似乎是深思熟慮的和具有意識智慧的，因爲有智慧的動作在利用有機的動作所提供的機制時，必然也會具有有機動作的模樣。人們往往引用了這個證據來證明動物，沒有語言的動物，也有思想。這個證據，在檢驗之下，便成爲一個證據用來證明：人類，即具有社會交往的有機體，在思維的時候，它們是通過爲下等動物所利用的適應器官來進行思維的，因此，它們大部分是在想像中重複著外現的動物行動的圖式。但是，根據這個事實來證明動物是有思想的，那就好像是說，因爲每一個工具，例如一個犁，是產生於某種原已預先存在的自然產物，例如一根彎曲的樹根或一個叉形的樹枝，所以後者便內在地和先在地在從事於耕種。其間的連繫是存在的，但這個連繫應該顛倒過來。

生命是在事物之間和在事物之中進行著的，而有機體只是這些事物中的一種事物。我們之所以再三提到這個事實，乃是因爲傳統的學說十分忽視而且實際上否認了這個事實。我們不妨把斯賓塞對於生命和心靈所下的定義拿來考慮一下：即一個內在的秩序和一個外在的秩序是兩相符合的。它意味著有一個內在的秩序和一個外在的秩序，而且也意味著說：所謂兩相符合即指這樣一個事實，即在一個秩序中的各個成分彼此關聯的方式和在另一個秩序中的各個成分彼此關聯的方式是一樣的。這種互相吻合的情況好像幾張留聲機唱片之間彼此相符的情況一樣；但是生命和心靈跟自然之間互相符合的情況卻好像是兩個人之間的互通音信，這個人藉助於音信的傳遞得知另一個人的每一個動作、觀念和意願以改進他自己的意願、觀念和動作，並使他自己參與在一個共同的和內包的情況之中，而不再從事於個別的和獨立的活動。如果這個有機體只是在它自己一系列的自我封閉的動作中重複外界業已存在的這個秩序，那麼死亡很快就會結束它的生命。例如：火燒掉了肌肉組織，那是在外在秩序中的一個順序。被燒死，這是與這個外在秩序相符的「內在」事情的秩序。這個有機體的實際動作只是去改變它對環境的關係；而且當有機體變得更加複雜而成爲人類的有機體時，這種關係的改變也使得環境的秩序捲入更爲廣泛的和更爲延續的變化之中。目的並不是要描繪一條在外在事物和有機事物之間的平行線，而是要構成一個事物的新圖式，對於這個新的圖式，有機的和環境的關係雙方面都有其貢獻，而且它們雙方面是共同參與其間的。斯賓塞首先假定有一個分裂的狀態，而實際上卻是沒有這種分裂存在的，然後再想出一個辦法來恢復其間的連繫，而這個連繫卻又是已被他故意破壞了的。然而，一切心物平行論、傳統的符合眞理論等等，其實都只是把斯賓塞的這些同樣的假定加以闡發而已。

如果有機的生命系指一個歷史階段而言，而在這個階段上自然的事情已經達到了出現特殊的新特性的地步，而且由於過去沒有連繫的各場地被統一起來的緣故而產生了新的動作方式，那麼我們把所知道的關於先前的「物理」系列的東西用來解釋和指導生命現象，這一個事實就似乎沒有什麼特別了。而且這種應用關於物理系列的知識來解釋和指導生命現象的結果，既沒有盡舉生命現象的一切特徵，也不足以描述它們的全部內容，這個事實也似乎沒有什麼特別的了。如果沒有計算和測量，我們就不能指導一個交相作用的進程；但是這個交相作用的狀況卻不僅是數目、空間和速度。進行解釋就是運用一種東西對另一種東西進行闡明，使之更爲清晰，把它放在一個比較廣泛的關聯之中，因而也就是把它放在一個較好的秩序之中。因此，它是從屬於那種應用於具有空間和時間性的事情的一種比較合適的語言方式的，它採取著敘述和描繪的形式。從修辭學中熟悉的術語來講，解說和辯論總是從屬於一種具有描繪性的敘述，而前者的存在是爲了使得後者更爲清晰、更爲融貫和更有意義。

「身—心」是指一種具有它自己的特性的事情，在關於這個問題的討論中大部分的困難——一般說來除了一些細節的問題之外，也許就是全部的困難——乃是由於詞彙所致。有一些學說曾經把身體和心靈彼此分隔開來，把它們當作是兩個存在的領域，而我們的語言卻如此地深受這些學說後果的影響，以致我們缺少適當的字眼來指稱這個實際存在的事實。我們被迫採取的委婉曲折的說法——如以上的討論中所表述出來的——因此便誘導我們把比擬中的分開當作是在自然中實際存在的東西，而這種比擬的分隔又只有通過一些錯綜複雜的、委婉曲折的安排才能迴避得掉。但所謂「身心」僅僅是指一個有機體跟語言、互相溝通和共同參與的情境有連帶關係時實際所發生的情況而言。在「身心」這個複合詞中，所謂「身」係指跟自然其餘部分，其中既包括有生物，也包括有無生物，連接一氣的各種因素所具有的這種被繼承下來的、被保持下來的、被遺留下來的和積累起來的效果而言；而所謂「心」係指當「身體」被涉及到一個比較廣泛、比較複雜而又相互依賴的情境時所突創的一些獨特的特徵和後果而言。

正如人們開始談話時他們必須使用一些在有言語之前就已存在的聲音和姿勢一樣，而且也正如他們開始獵取動物、捕捉魚類或編製竹籃時，他們必須運用一些在從事於這些工作之前就已存在的材料和過程一樣，當人們開始觀察和思維的時候，他們必須運用原先獨立地存在的神經系以及其他有機的結構。人們對於原已存在的材料加以使用時也重新改造了這些材料，使它們更有效地和更自由地適應於對它們的使用，這並不是一個需要解決的問題；它只是表述這樣一個普通的事實：即任何事物都是按照它所參與的這個交相作用的場地而變化著的。當聲音變成了有聲的言語時，聲音仍然不失其爲聲音；不過它們具有了新的特點和安排，正如人們利用材料造成工具和器械時，這些材料本身仍是它們先前那樣的材料。因此，這些外在的或環境中的事情，始則跟有機的過程發生關係，後來又跟語言發生關係，在它們獲得意義而成爲心靈之對象時產生了一些變化，然而它們仍然和原先一樣是「物理的」。

如果有生命的組織不是屬於原先存在的自然事情所具有的組織，那麼生物就不會具有各種自然的連繫；它既不會是和它的環境相干的，而它的環境也不是和它有關的；環境就不會是可爲生物所用的東西，不會是滋養和保護生物的材料。同樣，如果「心靈」，就其在存在中的發生情況而言，不是屬於生理的或有生命的事情所具有的組織，而且如果它的功能不是從有機行爲的模式中發展出來的，那麼它就會跟自然不相干，而自然界既不會是心靈從事發明和計畫的適當場所，也不會是心靈所具有的知識的題材。如果我們用一種不可能的辦法或一種奇蹟，假定把一顆單獨的心靈突然塞入自然界來，那麼它的活動就會是完全在思辨方面的，而所謂思辨的意思不僅是指暫時不存在的東西，而且指是永遠不存在的東西；那就是說，思辨是完全不可能涉及存在的。由於傳統的關係，我們既習慣於把心靈跟世界分開，而又習慣於察覺到它的活動和後果是跟這個世界的畸形有關的——失常和變態只有在其有關事情方面才能發生——因而我們覺得解決這個問題比較容易的辦法，只是考慮如何把兩個矛盾的前提設法結合在一起，而不去重新考慮我們的前提本身。

至於純粹的思辨，從物質上講來，它既不是眞的，也不是假的，而只是融貫一致或者是自相矛盾的，這是一件很明白的事情。如果沒有物質偏見，即偏愛於某種存在而不喜歡另一種存在的偏見所產生的歪曲影響，如果沒有一種希望別人相信我們所相信的東西或接受我們的結論的這種欲望，那麼推理和演算根本就不至於會陷於矛盾。某種純邏輯的推演，即使純粹在邏輯方面的，也是比其他的一些邏輯推演要好些，因爲它們的範圍較爲廣泛，可以產生的效果也大一些，但是沒有一種邏輯推演比其他任何一種邏輯推演更爲眞實些或更爲正確些。純粹形式上的錯誤是不可能的，然而純粹形式上的謬誤卻是可能的。從來沒有一個人這樣推論過：馬是四腳獸，牛是四腳獸，所以馬就是牛。如果在某種情況之下，似乎在形式上的推理中產生了這類的謬誤，理由就是因爲其中夾入了一些物質的原因而又忽視了這些物質原因所發生的作用。思辨上的關係就是在思辨方面的，而不是在存在方面的，因而也就沒有原因推動的力量，在這裡面沒有什麼會產生誤解的東西。思辨的原則乃是同一性；它的反面不是矛盾，更不是虛僞；它的反面是無意義。如果我們說思辨本身是沒有錯誤的，這只是等於說它是自明的。

不過，邏輯或在一種思辨的方式之下對於意義的使用，實際上確會陷於各種各樣的錯誤，因爲思辨（推理）的每一事例本身也是存在的。意義是爲人所採用的，它們，正像其他的材料一樣，是爲了某一個目的而被採用的；它們被聯合起來和被分拆開來。由於有了這種採用的動作，才會促使思辨存在或發生，而採用的動作則是會有錯誤的。使用意義是一種特殊的動作，在這種動作裡面有各種推動的因素，這些因素有生理方面的，有社會方面的，也有道德方面的。最完善的結構可以運用到它所不適用的目的上去，如果目的是正確的，但運用錯了，它就會走彎路或行不通。因此，在思辨中，推理也許因爲疲勞而鬆弛下去，它可以由於機體上的失調所產生的反常的感應而把某一個意義誤認爲是另一個意義了；雖然一個意義本身既不是清晰的，也不是晦澀的，但也許由於缺乏抑制力而粗心大意的緣故，把一個從原來使用它的目的方面看來很模糊或含糊的意義卻反而當作是清楚明白的了；一種想表現自己或想打倒對方的欲望也可以導致自相矛盾或講到題外不相干的地方去。意義本身是顯然不會有錯誤的，但是當它們被用來達到某一個目的或做出某一個結論時，千千萬萬的事物都可以產生謬誤。自相矛盾肯定是會發生的，但它是屬於內容方面的和主動方面的，而不是屬於形式方面和存在方面的。我們自相矛盾，正和我們和別人發生矛盾一樣，而且大部分是由於相同的理由。

因此，意義或心靈是屬於自然所有的；意義乃是屬於什麼東西的意義。事實上，一切的意義都內在地涉及自然的事情。錯誤的存在並非對這一事實的否證而是對它的證明，唯心主義者利用錯誤以及對於錯誤的發現和可能的糾正來證明存在或一個預先存在的眞理，而錯誤以它們全部的關係而論是包括在這個眞理之內的，所以它們並不是錯誤而只是眞理的一些組成部分。我們認爲唯心主義者是正確的，因爲他堅持說，錯誤也須涉及客觀世界。但是同樣地，有消化就必須有食料；然而這並不證明預先存在著有一個模範的消化過程，而食物在這個消化過程中十分完善地被吸收進去了。錯誤包含有發現和糾正的可能性，這是因爲它涉及事物，但是這個可能性乃是涉及某一個未來的後果而不是回頭追溯到過去的原因，它是指有採取各種動作的可能性而言。有人認爲有一種完善的判斷，而在這種判斷中，錯誤乃是一個完善的眞理中被糾正了的一個組成部分，這種完善的判斷的概念，好像判斷一架機器的完善效能的標準一樣，乃是從事試驗和發明的藝術的一部分。作用和反作用是相等的，而且是百分之百的相等的；但是這個「形式上」的規律並不保證在任何一個特殊的作用和反作用的體系中都包括有最完善的效能在內。同樣，意義是完全涉及到客觀世界的，這是百分之百的一件事情；但是在這個百分之百的比較中既包含有眞理，也包含有錯誤，正好像在作用和反作用的完全相等的狀態中既包含有效能，也包含有耗費。

我們把對於意義的某些用法劃分出來作爲是幻想，以便於更好地控制其他的意義在認識上的參照作用（cognitive reference）。同樣，我們也把某些意義當作是純理性的或觀念的，當作是屬於思辨方面的而不是屬於存在方面的，以便於更好地控制事情存在上的參照作用（an eventual existential reference）。意義可以變成是純美感的，它可以在直接享有中被占有和被享受。這裡也包括有控制在內；它是爲了暫時停止在認識上的參照作用，[1]而採用這些意義的一種方式，這種停頓乃是一種習得的藝術。認識詩詞而不把它當作是一個歷史、教訓和預測，這是需要長時期的訓練的。有人以爲意義原來是流動的和美感的，而後來通過一些幸運的偶然事情的結合而變成了理智的，或實用的和屬於認識方面的，這個看法可以說是先後顛倒了。其中，眞實的因素是在享有一個意義和使用一個意義之間有著確切的區別；而其錯誤的因素是假定意義、觀念是先被享有，然後才被使用的。要認識到這個區別，需要有長期的經驗，因爲任何被享有的意義原來總是在使用它的過程中和爲了要使用它才被享有的。在靜觀中和在美感中享有一個觀念，這在人類的文明中是一個比較晚近的成就。

【1】這句話並不意味著把兩種含義不同的對象混淆不清，一種是把對象當作是產生意義的原因條件，而另一種是指在認識上所意指的對象。這是一個重要的區別，不容輕視的。前者的連繫是先在條件，而後者則是後來的結果，但是意義或心靈同時都有這兩類的連繫。例如希臘的神話在存在方面是被適當地制約著的；但是它們也有一種診斷的作用。當它們不被當作是神靈行爲的意義時，它們就被當作是希臘生活的意義，正如一個幻想的鬼魂，當不被當作是精靈出現時就被指爲另一件事情的意義，即是一種在神經上受到的震驚。具有一個意義並不有所涉及，但是每一個所享有的意義既被享有，也被利用。「思辨」是指在一定的方式之下利用意義。

有機的和精神物理的活動以及它們的性質，乃是在可能有心靈、有意義與觀念出現和發生作用之前就必須事先存在的條件。它們使得心靈在自然中站穩腳跟而和它發生連繫；它們使得意義具有它們在存在方面的原料。但是當意義、觀念發生時，它們又是事物間一個新的變相作用所具有的特徵；當這些特徵和感覺結合在一起時，它們就使得有機的行爲發生變化，具有了新的特性。每一個思想和意義都在某種有機的動作，如吸收或排泄、尋求或逃避、破壞或護養、發出信號或從事反應等之中具有它的實質。它在生理行爲的某些確切的動作中有其根源；我們用物理方面的名稱來稱呼心理的動作，如明白、掌握、尋思、承認、默從、不理睬、理解、感情、情緒等，這不僅僅是「比喻」而已[2]。但是一個被火燙的孩子可以從火焰邊退縮回來，正如一隻狗看見一根棍子而畏縮一樣，但同時，在有關的條件已經成爲可以言談的事物和成爲觀念時，這個孩子除了見了火光畏縮以外，還會在遊戲的、試探的、好奇的和探詢的方式之下去反應這個火光。他用一根棍去撥火，或把一張紙放到火裡面去；他對待火光和它的那種使人痛苦的和燙傷的後果，不僅是要想逃避它，而且是要想利用它來滿足他的需要，而又不至

【2】「seeing（明白）」又作看見解；「grasping（掌握）」又作抓住解；「searching（尋思）」又作探索解；「affirming（承認）」又作肯定解；「acquiescing（默從）」又作靜默解；「spurning（不理睬）」又作一腳踢出解；「comprehending（理解）」又作包羅解；「affection（感情）」又作障礙解；「emotion（情緒）」又作感動解。這些字眼既可用以指物理方面的狀態，也可用以指心理方面的狀態。——譯者注

於被火燒著。生物的動作繼續地保持著，但是它們既有了感情和情調，也有了感知和意義。突然的退縮原來僅是消極的、保護性的後果，現在變成了有意義的和有結果的進取和操縱。人類把許多的意義如火、近、遠、溫暖、安適、美好、痛苦、擴張、柔和等聯合起來，因而使得火加入了一個新的交相作用之中而產生了新的後果。人類把動物的一些對自然事情所做的片面的反應，以及把自己在交際和互相溝通中所習得的其他反應所進行的反應和互相反應在有機體的內部從事演習，而事先在有機體還沒有不可避免地被陷入物理的後果之前把手段和後果間的關係試驗一下。換言之，思維、深思熟慮、在客觀上有所指向的想像，乃是自然的事情所具有的一個附加的有效的功能，所以它也會產生新的後果。因爲影像並不是由心理的原料製造出來的，它們是片面的有機行爲所具有的一些性質，而這些有機的行爲乃是它們的「原料」。這些有機的行爲是片面的，因爲它們還沒有完全跟外部感受器和肌肉活動搭配起來，所以它們是不完全的和還沒有顯現出來的。

有些思想家由於受到空間觀念的支配，以致會詢問：心靈在何處。我們準備把意識行爲保留在下一章再去討論，並且暫時接受這個詢問者的觀點（它忽視語言、制度和社會藝術的地位），而把這個問題僅限於有機的個體，於是我們可以說：心靈的「位置」或場所——即其靜止的狀態——就是有機行動的性質，不過這些性質乃是爲語言及其後果所制約的。有些人在被人盤問到心靈在何處而又不願答覆說心靈是在一個非空間的獨立的存在領域之中時，會退而一般地乞援於神經系統，特別是乞援於大腦或它的皮層，把它當作是心靈的「位置」。但是有機體不僅是一個結構，它是一種獨特的交相作用的方式，這種交相作用的活動並不是同時發生的，而是成系列的。如果沒有結構做它的活動機構，它就不可能成爲一種活動方式，但是它不同於結構，正好像走路不同於腿或呼吸不同於肺一樣。在有互相溝通之先，這種行動所具有的這些性質就是我們所謂精神物理的東西，它們還不是「心理的」。參與在互相溝通中的後果使得有機的動作方式發生了改變，而後者便獲得了一些新的性質。

當我們想到「朋友」和「敵人」等這類意義時，我們涉及到一些外在的和後來將產生的後果。但是這樣的名稱並不包括有什麼神奇的「間隔作用」在內。在有機的行動中就有足以代表所意味著的那些相隔較遠的事物的東西。這些字眼既可引起直接的感知，同時又具有意義。這種在有機行動中就有的東西，並不僅是喉部和發音器官的活動。當通過語言而採取的捷徑僅限於這個發音器官時，文字僅是自動使用著的籌碼而已，語言便消逝了。所謂「朋友」和「敵人」這些觀念，乃是有機結構的各個部分——大概是指中感受器和器官感受器以及一切與它們有連繫的腺液方面和肌肉方面的各種機構——在有關的實際情境中跟機體外部的朋友們和敵人們發生各種錯綜複雜關係時所獲得的各種性質，這些性質使得語言器官的活動具有了內容和原料。發音器官的這些性質，再通過神經機構跟這些其他方面事情的性質結合起來所構成的這個完整統一的系統，便構成了友誼和仇敵的直接感知。發音活動跟對於朋友們和敵人們的全部有機的性向愈是緊密地連繫在一起時，對於這些字眼的直接感知就愈廣泛。神經系並不是這個觀念的「位置」，它是連繫或統一動作的機構。

「蘇格拉底是會死的」，這只是邏輯課本中的一個記號；用「S是M」也是一樣的——或者更好一些。但是對於那些剛聽見宣判蘇格拉底死刑的蘇格拉底的弟子們看來，情況卻並不是如此的。在那時候，這個聽覺動作跟全部的機體的反應所發生的連繫是完全的。在某些語言的情境中，強調著感知的這種直接存在的情況，於是語言便是具有詩意的了。爲了另一些目的，我們盡量減少這種直接感知的作用。這種態度是具有散文意味的；數學的符號對於這種態度最有幫助，數學的符號並不是意味著某些已經形成的東西，而只是一些設計，心靈便利用它們，嚴格地從事於跟一些具有工具性的對象有關的工作，而人爲地把直接的和具有圓滿終結的性質抑制下去，因爲後者會使我們分心而不去注意到正在進行中的活動。然而，這個最後圓滿終結的階段是不能夠被抑壓下去或減除的，從門口扔出去的自然又從窗子裡回來了。而今天它回來的普通方式乃是人們以一種崇拜或懼恐的心情拜倒在數學—機械學的對象之前。

總之，我們可以說，當「靈魂」一詞避免了傳統的唯物主義泛靈論的一切痕跡時，它就是指那些已經組織成爲一個統一整體的精神物理活動的性質而言。有些物體明顯地具有靈魂，正如有些物體顯然具有香味、顏色和堅固性一樣。我們作這樣的陳述並不是要輸入一種神祕的、非自然的實體或力量，而只是使大家注意到這些物體所特有的特性而已。如果在實際存在中沒有有生命的物體所特有的可感受性及其包羅萬象和錯綜複雜的共同參與的反應，那麼也就絕不會在神話中產生這些關於靈魂本質的概念。這些神話已經完全失去了它們所曾經具有過的那種詩意的性質；當人們把它們當作科學提出來的時候，它們就成爲迷信的障礙了。但是對於靈魂一詞在俗語上的非學理式的用法，仍然還保持有一種有關的實在感。關於某一個特殊的人物，如果我們強調說他是有靈魂的或者說是一個偉大的靈魂，這並不是在說一句可以同樣應用到一切人類身上的俗語。它是表達這樣一個信念：即這個有關的人物突出地具有敏感的、豐富的和和諧的參加一切生活情境的性質。因此，藝術、音樂、詩歌、繪畫、建築等方面的作品是有靈魂的，而其他的東西則是死板的和機械的。

當這個稱為靈魂的組織有了自由，移動著和活動著，有了創始也有了終點的時候，它就是精神。性質既是靜止的、實質的，也是變動的。精神給事物以生命；精神不僅本身是活的，而且它還給與事物以生命。動物是由精神推動著的，而人則是一個有生命的精神。他生活在他的工作中，而他的工作總是追隨在他後面的。靈魂是形式，而精神則賦予活力，它是以靈魂為其實質的這種東西所具有的活動功能，靈魂和精神這類字眼也許太富於傳統神話和牽強附會的意味而必須予以廢棄。這種在俗語中所指出的實在情況，也許不可能在科學和哲學中用這類字眼來予以恢復。但是不管它們被稱為什麼，這些實在情況總是在那兒的。

當這些與它們顯然連繫著的信仰業已消逝時，舊的觀念並未死去，它們通常只是更換了它們的外衣。目前關於有機體的一些看法大部分是一些關於靈魂和身體的舊觀念的遺物，不過所有的詞彙已經改變了。過去靈魂被理解為外在地寄寓在身體內的，現在用神經系統來代替靈魂一詞，把它理解為神祕地寓居在身體以內的東西。但是因為靈魂是「單一的」，因而通過身體而得以不相混雜，同樣神經系統既為心理事情的所在地，它便被侷限於大腦之中，乃至侷限於大腦的皮層上；而且如果把大腦皮層的某一特殊部分確定爲意識的唯一寶座，那麼許多生理學家無疑地會感覺到大大地鬆了一口氣。關於有機體談得最多的人們，即生理學家們和心理學家們，卻往往正是那些對一切有機的結構和過程彼此間所具有的這種緊密的、複雜的和微妙的互相依賴的情況表現得最無知的人們。這個世界似乎瘋狂地迷戀於醫學、政治、科學、工業、教育中的那些特別的、特殊的和分散的東西。因此，不可避免地就要通過有意地控制內包的整體，來尋求那些占有關鍵地位和影響關鍵性的連繫的環節。但是如果要恢復常態，我們還必須把這些特殊的事物視爲在一個過程中具有功能上的重要意義的環節。在自然中去看有機體，在有機體中去看神經系統，在大腦中去看皮層，這就是對於那些爲哲學所經常面臨的問題的答案。而且當我們把它們視爲是「在××之中」時，我們不是把它們當作好像石彈是在小盒內一樣，而是當作事情在歷史中，在一個流動著的、永不完結地生長著的過程中一樣。除非我們在具體實踐中有了一個證明這種連續性的辦法，否則，我們將繼續乞援於某些其他的特殊事物、某些其他分裂的事情，去恢復連繫和統一——乞援於特殊的宗教或改革或任何特殊的東西，是這個時期最風行的醫治方法。因此，我們由於運用治病的方法反而加重了這個病症。[3]

在物理的因素占主導地位的事情中，我們知道，一切控制都有賴於有意識地知覺在事物間

【3】見亞歷山大（F. Matthias Alexander）：《人的崇高遺產》（*Man's Supreme Inheritance*）和《有意識的建設性的控制》（*Conscious Constructive Control*）兩書。

所獲得的關係，否則就不可能利用一個事物去影響另一個事物。在發明和建造外部機械方面，我們曾經有過驚人的成功，因爲關於這類的東西，我們認爲在意識的水準上，即在對於事物間所保持著的關係的有意識的知覺的水準上，獲得成功是理所當然的。我們知道機車、飛機、電話和發電站並不是從本能或下意識中產生的，而是由於對各種連繫以及各種連繫的秩序審慎周詳地進行了確切的知覺而產生的。在一個時期中，在這些方面的進展曾被人們很得意地認爲是進步的證明和尺度，而現在在這個時期之後，我們又已被迫採取悲觀的態度，而懷疑著這個進步是否到最後會使人類敗壞墮落，是否會破壞文明。

很清楚，我們在有意識的控制方面，在以對事物之連繫的知覺去指導行爲方面，還未達到充分發展的水準。我們不可能把有機的生命和心靈同自然界分隔開來，而不同時也把自然界同生命和心靈分隔開來。這種分隔的程度已經達到了這樣的一點：即有智慧的人們正在疑問結局是否會給予人們災難，是否會使人類服從於他們所創造出來的在工業和軍事方面的機器。這種情境使人們尤其深刻地感覺到下面的這個事實：即在有生命的精神物理的活動中事物間的連繫和互相依賴的情況最爲繁多、緊密而廣泛的地方，我們卻是最爲忽視事物的統一和連繫，而在我們的審愼的信仰中最無保留地信賴孤立的和特殊的東西——這意味著說，我們在行動中使我們自己完全受無意識的和下意識的東西的支配，受一些在各種各樣好聽的名稱僞裝和解說之下的盲目本能、衝動和習慣的支配。因此，我們就要進一步討論意識的問題。

第八章　存在、觀念和意識

在上一章討論中，曾避免應用「意識」一詞。這是一個含義尚未確定的字眼，除了在解釋上含糊不清以外，這個詞到底是指什麼東西而言，至今也沒有一個一致的意見，平常它是指兩種十分不同的事情而言的。一方面，它是用來指明某些直接明顯的性質，感覺的事物所具有的性質，這些性質，從心理學的觀點看來，平常被稱爲感觸（feeling）。這些直接的性質實際上乃是自然過程的終結或結束，而這些直接性質的總和便構成了所謂「意識」（consciousness），這是一個非理性的發生事件。這是在意義尚不存在的地方的意識，那就是說，它是離開了記號的存在和運用或獨立於互相溝通之外的意識。在另一方面，意識是用來指實際所知覺的意義而言，指對於對象的覺察（awareness）而言，它是十分清醒的、機靈的，而且是注意到目前的、過去的、未來的事情的意義的。至於這個字是否應該用來指兩個這樣不同的事情，這是屬於辭典編輯上的問題，將不在這裡討論。重要的是應該記住所指的這些東西是具有本質上的差別的，並且別再利用那種錯誤的本領把這一方面歸結到另一方面去。

我們以上的討論使我們覺得似乎不難安排這兩個意義，在存在方面的出發點是直接的性質。即使不把意義當做是意義而當作是存在的東西，它們也是以直接的性質、以有機活動和可接受性的感覺或「感觸」爲基礎的。意義沒有語言是不會存在的，而語言又意味著有兩個自我牽涉在一個聯合的或分享的事業之中。因此，語言的直接機構雖是在發音器官和聽音器官之中，但這個機構同時又跟一般的有機行爲聯合在一起的。否則，它就變爲機械和呆板的，和鸚鵡或留聲機唱片的「言語」沒有區別了。這樣的聯合使得語言具有了這種直接在性質上的「感觸」，它直接在存在上把各種記號彼此劃分開來。

同樣的理由也說明了人類思維的「下意識」。離開語言和所附加上去的和所推論出來的意義以外，我們繼續不斷地從事於無數這種最細微的、極爲複雜的、直接有機的選擇、排斥、歡迎、驅逐、占有、退縮、擴張、得意和失意、攻擊、防守等的活動。對於許多或大部分這類的動作所具有的性質，我們是沒有覺察到的；我們也沒有在客觀上對於它們加以區別和指認。然而它們仍然作爲感覺性質而存在著，而且對於我們的行爲具有巨大的指導作用。例如：如果有些在認識上未爲我們所覺察的感覺性質不再存在了，那麼我們就不能站定或控制我們的姿態和動作。在一個十分正常的有機體中，這類的「感觸」具有一種爲思維所不可能比擬的操作效能。即使我們最高度理性化的操作也要依賴於它們，而把它們當作指導我們的推理動作的一個「觸鬚」。在許多呈現在我們面前的混雜的意義中，它們給予我們一種是非的感知，一種要選擇、強調、遵循什麼以及要放棄、輕視和忽略什麼的感知。對於可以接受的意見，它們給予我們一種進而取之的預感，而且它們給予我們警告，以防止越出軌道。被陳述出來的言論主要地只是把我們在所有這些開始的出發點、各個發展階段和終止的末端之中所想要保留的東西選擇出來而加以敘述而已。除非一個聽人說話的人好像一個從事朗讀的人一樣，重複別人說話時的這些有機的動作，因而也就「獲得」了它們的性質，否則，他對於別人所說的話便無所感知，即使他已經暗暗地中了意，他也並不是眞正地同意了。這些性質就是「直覺」（intuitions）的原料，而且實際上一個傾向於「直覺的」和一個傾向於分析的人之間的差別最多也只是程度上的不同，相對的著重點不同而已。這個「正在從事於推理」的人只是使他的「直覺」更加清晰明白，在語言中更能便於陳述，和由開始的前提條件、其間的關鍵環節以及最後的結果所構成的外在順序一樣。

在有關使用工具和語言方面，所獲得的意義對於有機的感觸起著一種深刻的影響。在這種影響中，包括有由態度和習慣的一切後果所產生的變化，而這些態度和習慣又是由工具和語言的一切後果——即文明所促成的。不良的互相溝通破壞了（原來）良好的行爲方式，因而感觸和下意識也受到了壞的影響。只有對那些從未有過下意識的人物——即動物和十分健全的初生嬰兒——講來，把下意識視爲神聖的東西是合適的，如果在這兒有這種下意識的話。一個文明的成年人所具有的下意識反映著他已經習得的一切的習慣；那就是說，它反映著他已經經歷過的一切機體上的變化。而且由於這些機體的變化中包括有配合失調、固定不移和孤立分隔等情況（這是那些生活在複雜的「人工的」條件之下的人們在一個很短的時期內所確實會發生的情況），感覺方面的直接欣賞就是混亂的、歪曲的和錯誤的。感覺上的欣賞在那些最少爲人們所講到的活動中是最可靠的，而在那些談論得最多的東西中卻是最不可靠的。那就是說，在與高度專門的語言相連繫的意義中，在與基本的和迫切的需要相隔很遠的事情，如距離具體情境很遠的數學和哲學思考中，或者在一種具有高度修養工夫的美術中，人們可以最成功地從事這種感覺上的欣賞。在衛生、道德、社會事務方面和自我管理密切相關的事情中——在與基本的需要和關係最爲密切連繫的事情中，這種感覺上的欣賞是最容易發生錯誤的。凡是人們普遍公認它是有用的地方，它就是最危險的。如果我們運用那些並不表達正確的有機活動的感觸，那麼我們就好像動物一樣的動作著，而又沒有動物生活中在結構上的那些便利。在文明的或人爲的條件之下，只有採用思想（採用思想和僅僅從事於「思維」是大不相同的）才會獲得正確的活動。因此，一般人最容易把一切事情委諸命運，而且也許把它頌揚成爲回到自然去、回到天然的狀態中去，或者說，回到半神靈的境界中去。它具有懶洋洋和安適地逃避責任的魔力。我們死了，但是我們好像動物一樣的，被擊敗，也許受挫折了，而死於田野，但卻並不知道這回事。

從一種實際的意義上講來，這裡正是心身問題的核心。發展、具有和享受意義的活動，對於精神物理的事情所具有的實現的關係，正和精神物理的事情對物理的特徵所具有的關係是一樣的。它們是一個範圍比較廣泛的交相所作用產生的各種後果，而在這種交相作用之中，爲互相會合所制約著的需要、努力和滿足仍是繼續在其中活動的。也有在這種加廣和加深了的活動中既有增加了的資源和價值，也有增加了的負擔和缺點。意義的實現使得精神物理的性質具有它們後來將產生的意義和價值，但是它也使它們混亂和錯誤顛倒。這樣敗壞的結果本身，便通過習慣而體現在形成片面低落的和過度的敏感性的精神物理的事物中。在感覺的紀錄中既造成了分離隔絕的情況，也造成了固定不變的情況。這些紀錄的後果又變成自發的、天然的、「本能的」了；它們成爲發展和領會進一步的意義的基礎，影響著個人和社會生活中後來的每一個階段[1]。

因此，人類的精神物理的性質，如果離開了有意識的意義，便沒有任何顯著的成就，但同時意義的偶然成長和結合又使得天然的需要、適應和滿足失去它們直接的確定性和效用，引起各種錯亂失常的狀態。於是便發生了系統地從社會的交往和交相作用中撤退出來，從常識稱爲「實在」的東西中撤退出來：通過小心培養出來的和在人工保護之下的幻想來進行安慰和補償；堅持不服從客觀檢驗的固定不移的信仰；養成一種有學問的無知，或有系統地忽視具體關係的習慣；把各種的幻想組織起來；建立武斷的傳統，而這些武斷的傳統在社會上是堅持不調和的，而在學術上是泥古不化的；從事於超然的理想，而不直接去享受意義，使一個人脫離自然界和他的夥伴們。

簡言之，在這兒構成了李普曼（Walter Lippmann）所謂第二級的虛幻環境（a secondary pseudo-environment），它影響著四面八方，而且是和基本環境互相交往著的。因此，身心的具體問題在教育程序中是有其地位和意義的，因爲通過教育的程序將保證意義在有機的功能中正常地統一起來而避免歪曲失常；在精神病學的醫療手術中以及在社會藝術和運用中，身心的具體問題也有其地位和意義，因爲這些醫療手術和社會藝術和運用會使得彼此的交往充實、均

【1】見二八一頁曾引用的亞歷山大的各書。

衡和靈活。

在精神物理的水準上，意識係指現實的直接在性質上的各種差別的總和而言，而同時在心靈的水準上，意識係指對於意義現實的領會而言，即指觀念而言。因此，在心靈和意識之間有一個明顯的差別；在意義和觀念之間有一個明顯的差別。心靈係指那些體現在有機生活的功能中的意義的整個體系而言；意識在一個具有語言的動物中係指對於意義的覺察或知覺而言；意識是從實際的事情，無論是過去的、現在的或未來的事情的意義之中去認知這些事情，意識即具有實際的觀念。在任何有意識的動作或狀態中，心靈的大部分僅是隱晦不明的；心靈的領域，即起作用的意義的領域，要比意識的領域寬廣得多。心靈是關聯全局的和永遠持續的；意識是局部的和變動的。心靈是所謂有結構的、有實質的，是一個恆常的背景和前景；認知的意識乃是一個過程，是一系列的此地此時。心靈是一個恆常的光輝；意識是間斷的，是一連串強度不同的閃光。意識乃是對於在繼續傳遞中的消息所做的片刻的遮斷，好像一架收音機從布滿在空氣中的振波中選擇少數的振波而使得它們可以爲人所聽見。

對意義之覺察這種性質是不能言傳的。文字好像其他直接在性質上的存在一樣，只能暗示、指明，當它激起了對於有關事物的現實經驗時，這個指示便成功了。這類的字眼如透明、顯著、突出、生動、清晰，當然也包括與它們相反的字眼，如模糊、晦暗、含混等，可以幫助我們喚起這些現實的經驗。至於指明心靈的特徵，我們就必須運用完全不同的一套字眼：組織、秩序、融貫。至於心靈和意識的關係，我們可以用下面的說法部分地提示出來：心靈，因爲它在一個意義的體系，會遭受到解體、擾亂、動搖，但是對於一個特殊的知覺狀態，就其直接的狀況而言，如果我們說它是組織起來的或被擾亂的，那就沒有什麼意思了。一個觀念在它發生時就只是它本身這個樣子，當我們稱它是被組合起來的或被分解開來的時候，我們是在把一個狀態和另一個狀態加以比較，而這種比較，按照這種情況的性質講來，只能間接地根據它們不同的條件和後果來進行的。情緒的條件發生的時候並不作爲情緒本身而發生，這些條件是作爲對象的「第三性」而發生的。有些覺察或知覺的情況在回憶中或從外物方面被稱爲「情緒」，例如我們告訴一個孩子關於某些知覺情境所產生的後果，從而教他把這些知覺的情境稱爲發怒、害怕或喜歡。在直接的狀況之下，每一個認知的覺察狀態都可以被稱爲情緒、感覺、思維、欲望。這並不是說，在直接的狀況之下它就是它們之中的任何一個，或它們全部的結合，而是說，當我們把它和某些條件或後果連繫起來看的時候，它在這個全域的關聯中具有著顯著的情緒、感覺、思維或欲望的特性。

心靈和意識的關係可以用一個熟悉的事情指明出來。當我們讀一本書的時候，我們直接意識到許多意義，這些意義直接呈現在我們面前，而又消逝了。這些意義，就其在存在的發生方面而言，就是觀念。但是我們也能夠從我們所讀的東西中得到觀念，因爲我們有一個由許多意義所組織起來的體系，而我們在任何時候對於這個意義體系都沒有完全覺察到。我們的數學的或政治的「心靈」，就是由占有著和決定著我們特殊的領悟和觀念的這類意義所組織起來的一個體系。然而這個包容的體系跟所謂當時觀念的這些核心的和緊要的意義之間，有著一塊緊密結合的地帶或光波地帶。在這些核心的和緊要的意義跟那些決定我們的意識思維的習慣傾向和作爲形成這種思想之工具的意義之間，也有一個緊密關聯的場地。在正統的心理學傳統思想中一個大的錯誤，就是完全把它自己侷限於中心焦點上，而忽視了從這個焦點向四周逐漸暗淡下去的這樣一個場地。

我們傾向於把清晰的部分區別開來而使之突出，這有一定的實用上的理由，因爲模糊而廣大的背景在每一個有意識的經驗中都呈現出來，所以它並沒有說明任何特殊經驗的特徵。它代表著已爲我們所使用而視爲理所當然的事情，而這個中心的部分則是那種迫切而具有關鍵性的東西，但是這個事實並不能作爲理由來在理論中忽視和否認每一個清晰思想所具有的這個暗淡的和全面的意識背景。如果當我們讀到某一段書時，成爲我們注意中心的這些觀念和我們所已經讀過的東西嚴格地割裂開來而沒有把後者的意義繼承下來，那麼我們現在所讀的東西就不能形成一個觀念。的確，我們此地所用的這幾個字，如全域的關聯和背景、邊緣等，都是指一些外在的關係，它們並不足以說明這種情況的事實。這個較大的意義體系彌漫著、滲透著和渲染著此時此地最突出的部分，它給予它們以感知、感觸，而與含義相區別。

我們不妨把讀書的例子改換一個看戲和聽戲的例子，一齣戲在每一個當前的現階段所具有的在情緒上和在理智上的意義，都依賴於過去一連串的意義對當前所起的作用。如果我們需要去記憶在任何特殊的一點上所曾經說過的話和曾經作過的動作，我們就不會覺察到當前所說的話和所做的事；但是如果過去所曾說過的東西和曾做過的事情不滲透在當前所說所爲之中，那麼我們便又缺少線索去獲得當前所說所做的事情的意義。因此，過去的事情在當前橫切面的觀念中表現出它的重要意義，而以這個方式所表現出來的重要性較之回憶的方式尤爲親切、直接和廣泛。過去事情所具有的這種重要意義乃是積極地和統一地浸潤在當前所發生的事故之中而爲它們所體現出來的；這些當前的事故，按照它所具有的眞正戲劇性的程度，實現著爲過去事情所構成的意義；它們也回過來給予這個意義體系一種意料之外的影響而構成了一種懸空的、尚未決定的意義，它會使人變得靈敏而有所預期。這種繼續、提高、推進和停頓、偏離、需要補充的雙重關係就說明了意識、覺察、知覺乃是許多意義的集中焦點。意識的每一個事例都是帶有戲劇性的，戲劇乃是對於意識條件的擴大。

直接的意識是什麼，這是不可能言說的——並不是因爲其中或在它背後有什麼神祕的東西；而這和我們之所以講不出甜和紅在直接狀況中是什麼東西的理由是相同的；它是爲人所直接享有的，而不是言傳的和被認知的。但是文字，作爲指導行動的手段，可以激起一種情境，在這種情境中我們在一種特別顯明的方式之下享有有關的這個事物。在我看來，如果任何一個人把自己處於戲劇一幕一幕的開展之中，他就似乎正在這種方式之下具有意識的經驗；這種方式使他能夠對於原來沒有意義的描述詞和分析詞發現它們的意義。在這兒必須有一個故事，有一個整體的東西，有一個一系列插曲的統一整體。這個連貫的整體就是心靈，而它是超過意識過程的範圍之外而且制約著意識過程的。在這兒，也必須有一些現在正在發生的事情，而這些事情根據所發生的整個故事而獲得了它們的意義。如果這些插曲發生在某一個不同的故事中它們就會有不同的意義。它們必須按照故事的展開而被認知，它們是故事的前奏和結尾。同時，在這一齣戲或這一個故事還沒有結束之前，給予當前事情的意義又時常會引起一種不能絕對預知或完全預測的意義；在這兒有期望，也有新奇。只要當完全的和確切的預測是可能的時候，人們對於這齣戲的興趣便低落了；它已不再是一齣正在爲我們所觀察的戲劇了，它後來並不在意識之中了。

一個重複不變地常講的故事不會再吸引人們的知覺；它把我們解放出來而去注意另一個故事，而故事中意義的發展還是不完全的和未決定的，它是懸而未決和動盪不安的。因此，雖然知覺在存在上是間斷的和分隔的，好像一系列的信號閃光或拍發電報的聲音一樣，但是它們卻包括有一個在形成過程中的意義連續體。如果我們深信連續發生的閃光或聲音不是關於同一個正在展開的意義的一系列的事項，那麼我們就不會去注意它們或者不會覺察到它們。如果在另一方面沒有迫使引起懸念的變化，沒有預見不到的向著一個新的方面進展的運動；如果只是一個不間斷的光亮，或一個不間斷的單調的聲音，那麼也就會沒有知覺，沒有意識。

這些考慮使我們能夠就意識和心靈或意義的關係方面給予意識一個形式上的定義。意識、觀念，乃是一個意義體系的一個方面，這個方面正在經歷著調整和變換著形式。當代的唯心主義者把意識理解爲改變事物的力量，這乃是對於這個事實的一種顛倒的說法。把意識當作是完成這種變化的一種力量，這只是把一個後來的功能，轉變成爲一個先在的力量或原因的這個普通的哲學誤謬的另一事例而已。意識**就**是事情在改造過程中的意義；它的「原因」只是在於事實上這就是自然演變的方式之一。從原因的一種比較近似的意義而言，即就在一個連續的歷史過程中的地位而言，它的原因就是要把不確定的東西變得確定些的這個需要和要求。

還有一個相反的實在論的主張，按照這個主張，意識就好像是眼睛對有許多現成對象的一個場地約略地掃視一遍，或者好像是一道光線一會兒照到一定場地的這一部分，一會兒又照到另一部分。這些比擬都忽略了在有知覺的時候意義所具有的不確定的狀態；它們沒有考慮到基本的一點：即雖然原先已經存在著許多的意義，但正是這些意義，我們視爲理所當然而加以運用；正是這些意義我們是沒有而且不需要去意識到的。這個學說把這種只有極少懷疑和探究的情況，把這種具有最熟悉和最普遍的，即所謂直接就能替自己擔保的對象的情況，當作是意識的正常情況。這個學說認爲與其用思維的事例來說明意識，毋寧用對舊有和常用的事物的覺察來說明意識（對舊有和常用的事物在大多數關於意識的討論中是用家具用品來作比喻的），而在思維的事例中爲了得到一個意義就需要進行反省的探究。這個學說設定，或僅僅含蓄地設定說，在知者和被知的事物之間有一個預先建立的協調狀況，但它卻忽視了事實上這樣一個協調的狀況乃是先前的推論和考察所達到的結果。它假定有一個能知的心靈，它是毫不欺詐的而且效能是非常高的，它唯一的任務就是完全按照對象原來的樣子去觀看它們並把它們記住，而且它是堅定地忠於職守的。

如果過去未曾有過這樣一個神學，照這個神學的說法，上帝就是十全十美的心靈，而人類是按照他的創造者的形象創造出來的，那麼我們就難以相信這樣一個可愛的和樂觀的關於心靈本質的觀點會如此風行一時。然而，即使如此，如果當科學代替了神學的地位時，科學未曾提供許多足以滿足這個學說的需要的實例，因而給予它以經驗的內容和基礎，那麼這個學說也是不會能夠保持下來的。換言之，科學的發展（甲）引起了認識上的興趣，乃至達到了一個特權的地位，而（乙）結果它提出了許多在認識上有效的知覺事例。那些致力於研究意識之本質的人們具有一種強烈發展的理智上的興趣；這就使得他們易於假定心靈的基本實質就是普遍地致力於認識對象。這些人通過科學的訓練具有一種在認識上的正確性；並且他們慷慨地把類似的正確性普遍地賦予知覺。於是當他們認識到有錯誤、過失、夢境、幻覺等等存在時，他們就把這些東西當作是變態和例外，而再用一些複雜的因素去解說它們。

因此，這個問題及其解決都變成基本上是屬於思辨方面的事情了。因爲經驗事實指明：所謂例外的東西、需要加以解說的東西不是錯誤而是眞理，而得到眞理乃是複雜的和精密的研究方法發展的結果；這些方法對於某些人在某些方面而言是意氣相投的；但在許多的方面是不適合於人類的性情的，因而只有在一個艱苦練習的學校中經過長期的鍛鍊之後這些方法才會被採用。即使我們按照錯誤的知覺和正確的知覺的比例來考慮這個問題，也不能看出我們反對這個學說的主要論點。因爲它假定覺察或知覺具有基本的認識特性。然而，從經驗上看來，知覺離開了它對認識的藝術所處的從屬地位，在其自然的狀態中，所具有的特徵就是：它們既與眞理無關，也和錯誤無關；它們的絕大部分是存在於另一個次度（dimension）之中的；而當我們論及想像、幻想、空想、愛慕、愛和恨、欲望、快樂和苦難等時，我們就可以得到一些關於知覺的本質的暗示。這個事實，不僅僅是這個關於錯誤的問題，它證明了：對於意識的這種旁觀者的看法，這種探照燈的看法是沒有根據的。

對意義的意識係指對意義的調整而言（而這些意義到最後又總是事情所具有的意義），支持這個命題的經驗證據一方面是從注意和興趣的明顯事實中得來的，而另一方面是從已有的和確切的習慣所發生的作用中得來的。熟悉的東西並不在意識中呈現出來，除非是在一個意料之外的、新的情境中，而在這兒這個熟悉的東西是在一個新的情況中呈現出來的，所以它並不是完全爲人所熟悉的。我們的根深蒂固的習慣明明就是我們最少覺察到的那些習慣，當它們在一個它們所不習慣的不平常的情況中發生作用時，那就需要重新調整一番。所以便有所振動，而且隨著便知覺到逐漸在消逝和改變中的意義。當我們在一些不平常的情境中十分地關心著一件有爭論的事情而又不知道將有何結局的時候，我們的注意就最爲敏銳而緊張。我們既考慮著**正在**發生著的事情，而同時又在展望著還未曾發生的事情。只要我們能夠依靠當前的條件和它們的結果，意義就不會集中在一個焦點上。如果一個東西**在任何**事件中，在每一個爭端中，**不論在什麼**事情裡面都有分，對於這個東西我們是不覺察的。如果我們考慮整個場地，從光亮的焦點，通過前意識區，即「邊緣區」，直至模糊的、潛意識的「感觸」區域，這個中心焦點就相當於迫切的需要點、急需點；這個「邊緣區域」相當於我們剛注意到的或不久就需要注意到的東西；而較遠的、週邊的區域相當於那種在滿足迫切需要時無須有什麼變更就可以依靠的東西。

誰都知道，在意識衡量中的事物和實際後果中的事物是並不一致的，所以這個周知的差異就是對於主觀唯心主義最有力的駁斥。一種暫時的打擾或片刻的歡樂具有使一個人不去注意一個長久的嚴重的問題的力量，而這就是我們所熟悉的喜劇的主題；一杯酒或一個蚊蟲的嗡嗡之聲可以使人忘掉生死問題。任何一件小事，如果它在煩擾我們，就會逐漸膨脹擴大。道德先生們時常抱怨說人們不應該爲了貪圖目前的小利而犧牲遠大的利益，而且他們宣稱只有當我們同樣重視目前的利益和長遠的利益時才能得到理性和自由，他們的這些話也有相同的意義，悲劇也提供了相同的證明。當死難臨頭時，這個悲劇的主角卻不顧誰都看得很清楚的當前厄運，並且不知道應該採取什麼行動來避免毀滅性的結局，而是不幸地繼續走著他自己的道路。

這個直接動盪不定的狀態，這個最大的迫切需要之點，就說明了意識的最高峰，它的最強烈的或中心的狀態。而這正是重新調整、重新適應、重新組織的焦點。詹姆士曾把意識的進程比作一條河流，而不管意識所具有的間斷性——在他論及意識之流也具有有節奏的興衰起落時，他是從經驗上承認這個事實的；他堅持只有一個對象才會兩次爲我們所占有或始終保持不變，而一個具體的意識狀態則不是這樣的；他運用了焦點和邊緣這個比擬；他陳述說：意識的運動是一系列的安定和動盪的狀態，一系列的實質的和過渡的階段；他認爲，在迫切需要重新調整的焦點上，意義便凝聚在一起，而當（新的）組織產生時它們便又消逝了，然後又產生了另一個緊張和脆弱的關頭。詹姆士的這些意見，我認爲是極有見地的。

關於意識的這個概念是可以在經驗上得到證實的：每一個被知覺的對象都是極不穩定的；

除了不惜引起催眠狀態之外，就不可能排除迅速而細微的變化；按照一個有機體積極地參與在事情的進程中或是停止參與其間的情況，他從十分清醒而過渡到清醒、睏倦、入夢乃至熟睡。凡所謂意識之「相對性」的情況都顯然具有同樣的意義，包括韋伯（Weber）原則在內；被覺知的變化就是需要適應行爲重新進行改組的變化。一個原先的適應狀態構成了一個閾限（稱爲高原比較好些）；凡在意識中被覺察到的東西，乃是在一個高原上所發生的變動；重新要適應到另一個高原上去。類似的事情在某一時間或某一地方可以意味著是冷的，而在另一時間或另一地方又可以意味著是熱的，這是以有機體重新適應時的方向爲轉移的。即使一次牙痛在意識中也是不穩定的，因爲它顯然是包括有一些心跳、顫動、忐忑不安、劇痛起伏、機體抵抗、暫時鬆弛、疼痛加劇——總之，起伏不已。所謂不變的「牙痛」並不是所覺知的牙痛，而只是在認識上的一個對象，即後來所有一系列的變化所涉及的未被知覺的牙齒。

這個假設可以從這個事實中得到證實：即每當覺知發生時，總有「片刻」的猶豫；在完全的外現行爲中表現出遲疑、保留的態度。偏重於行動類型的人們大致就是那些具有最爲平淡單調的知覺場地的人們；他們具有最低程度的意識狀態，具有一個最高的閾限而不容易引起覺察狀態。我們必須「停下來，想一想」，但如果沒有什麼干擾，我們就不會停頓下來。當行動正在高潮時，即使最大的障礙也擋不住它。它是非常有力地和迅速地向著某一個方向進行著，以致無法加以抑制；如果沒有抑制，就沒有猶豫、危機、變動和調整的需要。外現的行動乃是在有機體和環境之間所已經建立的統一狀況的一種表現。只要這些統一的狀況能夠繼續維持下去，它們總是繼續維持下去的；於是就沒有把意義轉變爲觀念的機會。在完全統一的功能中就沒有區分有意義的事物和所意謂的事物的餘地。只有當行爲本身有了分裂的時候，它的有些因素才具有一種內容，它代表著當前的傾向以及對於這些當前傾向的需要、指向或含義，而另一些因素又代表著一些當前沒有的、遙遠的對象，而這些對象在統一和組織的活動中改善了當前的意義。反應愈快，意識就愈少，它所容許的意義、思維就愈少；分隔產生了心理上的混亂，但是也產生了重新調整的需要，具備了觀察、回想和預期的機會。

因此，普通把理論和實際，把冥索的、反省的類型的人和偏重於行動的類型的人、「能幹人」即「能夠幹事的」這類人對立起來，這是有一種經驗上的眞理的。不過，這是兩種實踐的方式上的不同。一種實踐方式是向前推進，砰地關上，先做後想；對於這種方式事情也許會屈從，因爲對於任何強烈的力量，事情總是順從的。另一種實踐的方式是小心從事，謹愼留神，明察秋毫；也許在公共場所顯得是隱蔽的、膽怯的，而在隱蔽的行動中是魯莽的；也許是過於謹小愼微而躑躅不前，作一些不必要的遲疑猶豫，成爲在行爲中的一個辦事不力的哈姆雷特（Hamlet）；或者也許在當前的迫切需要和長遠的後果之間達到了一種均衡狀態，在行爲中是一貫的和累積的。在後一種情況中，便發展了一個知覺的場地，富於色彩而含義精微。按照這種情形發生的程度，外現的行動就應該從屬於它所支持的貢獻。一個人是生活在意識的水準上的；思想指導著行動，而知覺則是思維的結果，行動並不是被抑制下去而只是被改正了。一個人好像一個科學實驗家一樣，並不是爲動作而動作，既不是冒失地也不是機械地動作著，而是在意識到一個目的和爲了學習的緣故而動作著的。理智上的遲疑和保留，通過使活動更爲精密和更爲有區別地加以採用而被用來擴大和豐富這個知覺的場地。

思維過多的人們在行動中是不能幹的，這個看法從另一種信仰態度中得到了適當的糾正。這種信仰態度是從這類話語中表達出來的：「沒有人能夠**強使**你看到這一點；但是如果你沒有看到這一點，你就不會改變你的行爲；如果你看到了這一點，你的行動就會有所不同。」第一種看法，以爲思想使人麻木不仁，這是指一般的行動而言，而第二種看法則是指行動的性質有了改變而言。把第一個命題所指的這些經驗推到極端，其結果就是所謂意識的自動論或副現象論；知覺只是附屬於能量的機械作用的一種膚淺而不起作用的副產品。如果把另外的這個說法所涉及的經驗推到極端，你就會有一種關於意識的原始創造性的主張，意識把對象創造成爲它們現在的這個樣子。

從經驗方面講來，情境大致好像這樣：教誨、告誡、忠諫以及忠實的思辨的用處或意圖，就是要使得過去所未曾知覺到的意義爲我們所覺察，因而構成對於這些意義的觀念。生活中的糾紛、誤會以及妥協的了解，都足以說明實現這個意圖的困難。但是經驗證明：只要這個意圖達成了，實際上就改變了行爲；得到一個新的意義就勢必採取一種新的態度。這並不是說，意識或知覺**乃是**一種造成這種差別的實體。它的意思只是說，知覺或意識實際上**就是**在構成過程中的差別。教誨和譴責並不是一種不起作用、徒勞無益之事，其中包括有一種調整行爲的藝術，經過了這樣一番新的轉變之後，在意義中或在知覺中就發生了突然的變化。在這兒並沒有先後的問題或因果順序的問題，有意地調整事情也就是改變那些事情的意義。我們現在還很少有或者說沒有在控制之下調整行爲的藝術，而行爲的調整便構成了恰當的知覺或意識，那就是說，我們還很少有或者說根本沒有在原則方面的教育藝術。有機體的態度是影響我們的意識對象和意識動作的性質的，而所謂在原則方面的教育藝術即指管理這些機體態度的藝術。

既然在嬰兒時期和早期兒童時代，我們主要的精神物理的協調適應是盲目地和在黑暗中形成的，那麼它們乃是偶然地適應於別人和環境所施加在我們身上的壓力。它們並不能用來說明這些活動在形成習慣和習癖上所發生的後果，所以意識和行動之間的連繫是動盪不定的，但具有這種連繫，如果跟下等動物的本能——或結構——的效力比較起來，卻不一定是好事。能量是有許多浪費的和指向錯誤方向的；結果，我們產生了與我們意圖相反的東西。意識是散漫的和偶然的，只有當有機的活動到達了意識的水準時，我們才會正確地覺察到我們所做著的東西。只要我們對待外在事物時的基本的精神物理的態度是在潛意識之中的，而我們有意識的注意力僅僅指向外物的關係，那麼我們對於外在情境的知覺根本就會陷於顚倒錯亂和腐朽無能的景況。當我們開始反省時我們就覺察到在意識和行動之間是顯然脫節的，而上述的那種事態就是這種顯明的意識和行動脫節的根源。在這兩者之間的連繫關節是在我們的態度之中的；當這些連繫尚未被覺知時，意識和行爲在我們看起來必然是彼此獨立的，因此就會有把意識跟自然的事情孤立開來的在經驗方面的理由了。當意識和自然的事情之間這樣兩相分隔的時候，有些人就會說意識乃是事物的屈從的和動盪的陰影，另一些人又會宣稱它是事物的合法的創造者和主人。類似這類的討論，如我們所曾經說過的，認為當事物由於有機的活動而有目的地加以調整時，意識就是它們被認識的意義，這種說法似乎缺乏充分的經驗證據。

還需要留意和解決兩個困難，而這兩個困難大概已經使讀者感覺到麻煩。第一，我們認為所知覺的東西乃是意義，而不只是事情或存在，以上的討論顯然是以此為基礎而進行的。在這一點上，此地所提出的這個見解是跟古典的學說一致的，按照古典的學說，知覺、領悟所掌握的是形式而不是物質。我相信：如果我們正確地理解這個觀點，這個觀點本身是健全的；古典學說中的錯誤在於它所伴隨著的一個假定：即凡是知覺都內在地屬於認識方面的。第二，把意識和知覺上的覺察等同起來，這是和晚近心理學和哲學對於這個詞的用法背道而馳的，按照這種用法，知覺僅限於對於當前在「真實的」空間上所發生的事情的領悟（通常總是有效的）。然而，第二個爭論點不僅是一個用語是否適當的問題——關於這一點，如果要去爭辯，那是可笑的。但其中包含有這樣一個信念：即對於當前存在的事物的知覺**內在地**和其他的意識的樣式，如情緒、思維、記憶、幻想和想像等是不相同的。因而我們必須明白地加以說明，這個信念和我們適才所曾經敘述的見解是矛盾的。按照我們所陳述的這個見解，每一種覺察的方式——它是不同於「感觸」的——在其直接的存在情況中，乃是完全屬於同一類的東西，即對於事情的意義所進行的一種重新改造的工作。這意味著說：在對當前和「真實的」事物的覺察和對不在眼前和不真實的事物的覺察之間的差別乃是外在的，而不是意識所固有的。我們後面的討論將會提示出來：這兩點乃是彼此密切連繫著的。

當我們否認我們意識到事情的本身時，這並不是說我們沒有覺察到對象。對象明明白白就是我們所覺察到的東西，因爲對象乃是具有意義的事情；桌子、銀河、椅子、星辰、貓、狗、電子、鬼怪、人馬、歷史時代以及無窮無盡在我們的言談中用普通名詞、動詞以及它們的形容詞所指的各種各樣的內容。意義和意識的連繫是十分地密切，以致如晚近一位富有創造性和天才的思想家所曾經做過的一樣，要把意識分解成爲共相之間的許多關節、交點或複合體[2]是沒有多大困難的。

然而，如果把事情也分解成爲這一類的結合物，那就產生了嚴重的困難。在這兒論及這個問題並不爲了要進行辯論；而只是爲了指出一位「實在論者」比我們此地所提出的理論甚至於還要更進一步把所覺察的題材和意義或者至少和共相等同起來，所謂共相，其簡單的題材如顏色、聲音等和複雜的題材如植物、動物、原子等，顯然跟意義是相同的。使得特殊的存在物消逝而變成許多共相的結合，這至少是一個極端的措施。而我們現在的主張是堅持這種常識的信仰：即共相、關係、意義乃是屬於存在物的而且是有關於存在物的，但是存在物的組成因素卻不只是這些。同一個存在的事情可以有無數的意義。因此，有一個存在物，因爲這時候它的最突出的意義就是「用來在上面寫字的東西」而被指認爲「紙」，但由於我們認知它在它所參與

【2】霍爾特（Holt）：《意識的概念》（*The Concept of Consciousness*）。

的各種各樣的交相作用連繫中所具有的各種重要後果，同樣也具有許許多多其他很明顯的意義。既然聯合的可能性是無窮無盡的，而且既然它們所具有的任何後果在某一個時候都可能是重要的，因而它的潛在的意義也就是無窮無盡的。它表明是一個可以點火之物；雪白的東西；它是由木屑紙漿所製造成功的；它是爲了牟利而製造的；從法律的意義上講來，它是一筆財產；是可以用化學的一定原理來說明的一個混合物；一件物品，它的發明曾經使得人類的歷史有了巨大的轉變，如此等等以致無窮。沒有一個可以理解的語言領域中這個東西是不可以描述出來的；在每一個語言領域中它都具有它自己所特有的意義。而且如果我們說：具有所有這些不同意義的東西畢竟還是「紙」，歸根結底我們只是說：所有這些不同意義都是共同涉及同一個存在物，這些意義都歸結到同一件事情上面。實際上我們是在說：這個存在物平常在語言中的標準意義是紙，但它也還有許許多多其他的意義；其實我們是在說：它的存在並不僅僅是紙，不過紙是這個存在物在人類的交談中所具有的最通常的意義罷了。

鬼神、半人半馬的怪物、神靈、特洛伊的海倫（Helen of Troy）[3]、丹麥的奧菲莉亞

【3】海倫（Helen）是希臘神話中所敘斯巴達王梅內萊厄斯（Menelaus）的王后，因她被帕里斯（Paris）所拐去而引起了特洛伊（Troy）戰爭。——譯者注

（Ophelia of Denmark）[4]，正和肉和血、馬匹、南丁格爾（Florence Nightingale）[5]和居禮夫人（Marie Curie）等事物具有同樣多的意義。這句話並不標誌著一個新發現；它只是同語反覆的表述而已。但當它的含義被改變時，它就似乎是可懷疑的了；如果我們把這句話當作是指明，由於它們都是屬於事情所具有的意義，它們便都屬於同類的意義，在涉及外物時它們具有同等的效用性，那麼這句話便似乎是有問題的了。對於一個鬼怪的知覺並不意味著移動時占有空間的微妙而不可摸觸的形式，但不能因此就說：它不可以意味著某些其他存在著的事情，例如神經錯亂；一個宗教上的泛靈論傳統；或者如《哈姆雷特》劇中那樣，它不可以意味著把一個移動著的事態的意義加以擴大。構成一個劇曲的這些存在事情都有它們自己所特有的意義，但它們並不因爲它們的意義是具有戲劇性的而不是在認識上有根據的意義，因而便是那些存在事情所具有的比較少一些的意義。同時，當有一些人祕密地結集在一起計畫一個陰謀時，我們並不能說因爲這些計畫還未曾執行，它們便是某些事情所具有的比較少一些的意義；即使這個陰謀已經失敗了，這些計畫仍然是事情所具有的意義。

【4】奧菲莉亞（Ophelia）是莎士比亞的《哈姆雷特》一劇中的女主人翁。——譯者注

【5】佛蘿倫絲．南丁格爾（Florence Nightingale）（一八二〇—一九一〇），英國的女社會改良家，紅十字會的創辦人。——譯者注

我們說：對於一匹馬的知覺在客觀上是有效的，而對於一個半人半馬的怪物的知覺便是幻想的和神話的；這個命題並不是說：一個是自然事情所具有的意義而另一個則不然。它是在指明：它們乃是涉及到不同的自然事情的意義，而且如果我們說它們是屬於同樣的一些事情所具有的意義，那就會產生混亂的和有害的後果。如果有人認爲：對於現在在我們面前的一匹馬的意識和對於一個半人半馬的怪物的意識乃是不同的知覺或不同的覺察狀態，這個觀念乃是說明內省心理學所造成的害處的一個事例，在這兒和在別的地方一樣，內省心理學把對象的關係當作好像就是一個直接的題材所具有的內在性質，而忽視了其中也包括有未曾知覺的事情的因果關係這個事實。對於馬的知覺在認識上是有效的，而對於人馬怪物的知覺在認識上是無效的，這並不是指兩種知覺之間所具有的內在差別，而這種知覺的內在差別是可以通過對這樣兩個覺察狀態本身的視察而加以證明的；這是一件有關於因果方面的事情，而當我們考查具有意義的事情的前因和後果時，這兩者的差別就會顯示出來。

換言之，在敘述一個知覺、相信這個知覺跟僅僅有一個知覺這兩者之間的差別，乃是一種外部的差別；信仰、敘述、認識上的參照永遠不僅是直接的，而是有所附加的東西。眞正相信人馬怪物的意義就是說：具有這種意義的事情在某些方式之下跟其他現在尚未被覺知的事情交相作用著。既然相信人馬怪物和馬一樣具有同類的客觀意義，而這種信仰係指我們期望可以得到同樣的效用和後果而言，那麼在它們之間有效性的差別就是外部的，這種有效性的差別只有通過對這兩方面發生影響後所獲得的結果才能被揭示出來。對人馬怪物意義的覺知是幻想的，這不僅是因爲它一部分的條件是在有機體以內；任何知覺的條件，無論是有效的知覺也好，是無效的知覺也好，無論是科學的知覺也好，是美感的知覺也好，總有一部分是在有機體裡面的。它是幻想的，也不僅僅是因爲所謂沒有適當的存在前提。在這兩種情況中，我們都可以指出它的自然條件，在生理方面、物理方面和社會方面的條件。但是既然在這兩種情況中的條件不同，其後果也勢必不同，認識、信仰總包含一些在具有意義之外所附加的東西。

知識從來就不僅是直接的，我們說對一匹馬的知覺是有效的，而一個半人半馬的怪物是幻想的或錯覺的，這個命題並不指出有兩種彼此內在不同的覺察方式。它所指的是有關於因果方面的事情，這就是說：雖然這兩方面都各有其適當的先在條件，在這兩種情況中特有的原因條件是肯定各不相同的。故而它也是指有關於後果方面的事情而言，這就是說，對於這兩方面的意義所採取的行動就會表明（就會使我們明白或覺察）它們將有這樣不同類型的後果，以致我們應該在很不相同的方式之下來運用這兩種意義。行動和後果這兩方面都是在原來的知覺之外的；這兩方面都是需要努力去尋求和驗證的。既然在這兩種情況中的條件**確是**不同的，它們的活動過程也不相同。那就是說，它們屬於不同的歷史過程，而有關於一定事物所屬的歷史方面的事情就正是與認識有關的問題。有意識的或被知覺的事情本身就是許多先在條件的一個後果。但是如果這個意識到的或明顯的（明白的、中心的）後果乃是這些條件所產生的**唯一**後果，如果此外並沒有其他還不明顯的後果，我們就絕對沒有辦法告訴人們，一個知覺是屬於哪一系列的事情順序的，而且也就絕對沒有辦法決定這個知覺的有效性或它在認識上的地位。我們之所以可能區別這兩個觀念在認識上的價值，乃是因爲產生一匹馬的知覺的先在條件除了產生馬的知覺以外還有許多其他不同的後果（而產生人馬怪物這個觀念的那些條件也是如此）。由於我們發現了它們分別所屬的這些不同的歷史事情，我們就能夠把它們在認識上的重要意義區別出來。我們可以順便地說一句，唯心主義的認識論把知識和意識等同起來，因而譴責這些學說最主要的理由就是它們沒有認識到上述的這個事實。如果有一個包羅一切的意識存在的話，它就會是一幅使人產生美感的布景，按照實際情況，它可以是有趣的或是乏味的，但是它在認識上並沒有可以理解的地位。

我們說，一個知覺是具有認識作用的，這也就是說，它是被運用的；它被當作是一個記號，標誌著某些條件，它們除了產生這個知覺以外還含蓄著有一些其他尚未知覺到的後果。我們說：一個知覺具有眞的認識作用，這就是說：由於積極地運用它或對待它之後跟著便發生了一些後果，而這些後果跟那些在被知覺之外的其他後果十分貼切地互相配合。如果我們發現一個知覺或一個觀念在認識上是無效的，我們就是發覺了對它採取行動後所發生的後果跟這個知覺的原因所產生的其他後果糾纏不清，而不是跟它們和諧地協調或配合。科學研究的專門技術可以說是包括這樣一個工作程序：它使得我們有可能知覺到這兩套的後果後來到底是一致的還是不一致的。因爲經驗證明，在這兩者之間可能存在著很大的區別，然而對於這個矛盾我們卻沒有知覺到，或者把它解釋成爲無關重要的事情而抹殺了。

常識沒有多大的工夫去區別單純的事情和對象，對象就是具有意義的事情。無論如何，事情總是在這兒而且活動著；我們所關心的，乃是它們在有關它們的可能性的期望、信仰、推論中所表達出來的意義。在通常生活中最接近於這種區別單純事情和對象的情況，就是當我們遭遇到某種無情的打擊的時候，這時候我們是被迫要進行解釋，要賦予這件事情以意義，那就是說，要把它變成一個對象。這類的情境對於在事情和對象之間的差別提出了直接在經驗上的證據，但是常識並不需要把這種差別作為一個區別而陳述出來。無論如何，事情總是有效果或有後果的；而且既然意義就是在這些後果實際發生之前對於這些後果的覺察，那麼反省的探究把一個事情變成一個對象，就等於是把事情由於（人們通常遭遇打擊時）歸咎與它而已經具有的意義發現出來。人們或許會說，常識的意蘊就是把可能性當作是已有的現實；既然常識的興趣普遍是在實用方面的，傾向於求得結果，因而就沒有在任何特殊情況中留意它的這種傾向的必要。從常識上看來，後來所產生的結果就是現前情境的「實在」。

但是在哲學的討論中，情況卻不是這樣的。哲學必須明顯地留意到：反省的任務就是把自然而然發生的和自然而然地影響於我們的事情，藉助於對這些事情可能發生的後果所進行的推論，轉變成為對象，對象就是在考慮之下所給予事情的意義。如果不是這樣的話，哲學就會走入一條沒有希望的絕路。因為，除了把事情和對象加以區別以外，就別無他法把認識上的意義和美感上和文藝上的意義區分出來，而在認識的意義之內就無法把有效的意義和無效的意義區別開來。在這方面無法區別的結果可以在關於夢境、幻想和錯覺之發生這類在認識上的固有的一般問題的討論中找到一些事例；這種在認識上的固有的一般問題和在科學中確定它們的先在條件與後效的問題是不相同的。因爲如果把一切的知覺或覺察的形式都認爲是內在地具有認識上的意義的，而知覺是「實在」的影像或記號，知覺似乎就是去發現它們所涉及的這個「實在」，那麼夢境等等就必須也要強使符合這個假定。如果在事情和對象之間加以區別，那麼夢境的對象就是夢境的對象，它是具有某一類意義的事情，而科學的對象就是科學的對象，它是具有另一類意義的事情，而這一類的意義包含有爲夢境對象所未包含的一種外來的和附加的功能。

唯心主義認爲事情本身就是由意義組成的，在這種主張中我們發現哲學和常識有著極端的分歧。如果我們說在存在和所論及的對象（無論是認識的、美感的或道德的對象）之間是有區別的，那麼這樣的哲學就不要求跟常識有那樣極端的分歧了。這樣的哲學也沒有像在認識論的實在論中所看到的那種跟常識所發生的分歧；實在論認爲心靈是跟赤裸裸的存在直接發生關係而沒有意義參與其間的。哲學只需去陳述、說明在激起思維的事情和起來應戰因而具有了意義的事情之間所存在的這種差別。它只須留意在享有、存在和遭受中單純發生的事情乃是對於思維的挑釁和誘導，尋找和發現不顯明的連繫，因而當有了對象出現時，思維便終止了。所謂有了對象出現就是說，一件激起思維的事情通過它和某些外在的但有連繫的事物所發生的關係而具有了一些穩定的意義。

這句話裡面所包含的事實中並沒有什麼新的東西，知識的對象是形式而不是物質，這是古典學說的基本原理。而且還有許多其他的學說，雖然它們在名義上強烈地攻擊存在本身並非知識之對象這個說法，但卻包含有這些基本的事實，只是在一種不能令人置信的形式之下而已。如果我們反對這個命題：即我們在心理上乃是涉及具有意義的事情而非事情的本身，而同時又歡迎另一個命題：即感覺和被稱爲影像或觀念的感覺叢乃是一切意識的直接對象，這就好像是爲蠓蟲費力而吞下駱駝一樣[6]。因爲如果所謂感覺（感覺所與）不僅是感觸中的振動，而是一些具有一定性質的和可以涉及客觀事物的東西，那麼感覺就只是意義中的一種。它們是這樣的一類的意義，這些意義體現著精細的實驗探究在尋求因果條件和關係時所獲得的成熟的結果。這種探究依賴於過去所具有的一個意義體系，關於光、聲等等的物理學的理論，以及關於神經結構和功能的知識。

這種把感覺意義當作是基本的東西的假設乃是空想的，它們只是在邏輯地位上才是基本的；只有當它們用來驗證和證實有關事實的推論時，而不是作爲歷史的原型時，它們才是基本的。因爲雖然平常並不需要把這種對於理論推演的考核和檢驗一直追溯到不可再予歸結的感覺所與，如顏色、聲音等，但同時這些感覺所與卻形成了在審慎的分析證明中所達到的一個限度，而且在一些緊要關頭必須達到這個限度。把這些後來的具有審核作用的意義轉變成爲在存在上的基本所與，這只是注意事情的結果的這個主導思想，再加上這個變功能上的任務爲一種

【6】「to strain at a gnat and swallow a camel」典出於《馬太福音》第二十三章第二十四節，意即只見小的而未見大的。——譯者注

先在的存在的誤謬的另一個例子而已。感覺所與乃是這一類的不可再予歸結的意義，它們是用來證實和改正其他的意義的。我們實際上是從比較粗糙得多而包含又比較廣泛的意義出發的，而且只有在我們運用這些意義遭到失敗的時候，我們才開始發現以感覺爲特徵的這種最後的和比較堅實的意義。

主張覺察內在地具有認識外物的作用和意義的這個學說，在思想史上曾經採取過多種多樣的形式。其中有一種形式，主張認識就是再認（recognition），這是值得特別注意的。主張認識的活動總是一種再認或留意的活動的這個觀念一定會引起誤解：從思辨上講來，它使得一個創始的認識活動成爲不可能的了；它要求具有這個觀點的人必須具有柏拉圖式的一種對於永恆世界的先驗直覺，然而也不難看出這個觀念是怎樣出現和獲得人們的信任的。再認，即被指認和被區別出來的意義，乃是有實效的經驗所不可缺少的條件。它是成功的實踐的先決條件，除非這個我們在其中採取行動的情境突出地具有一種爲人們所留意的特徵，否則我們在一種無望的情況之下將會手足無所措。它是認識活動的先決條件；因爲如果沒有爲我們所再認的意義，我們就沒有認識事物的本錢，我們就沒有關於進行探究時所必須採取的方向，或所應該確定的範圍的指示。但是再認並不就是認識；這個字的含義就表達了這個意思，是再認識；這並不是說把認識活動再重複一遍，而是說，在這裡包含有對於前一個經驗所達到的而又可以在進一步的活動中作爲一個含義工具的這個意義所做的回憶。

大部分的認識論把知識界說爲一種直接的留意，這些理論似乎是建立在一個把兩種大不相同的活動混淆不清的基礎上的：一種活動是留意，即根據尚未顯明的後果去留意這些明顯的後果；另一種活動是回憶到以前所已經認知的某一個東西，而這個東西此時在被用來從事眞正的、推論的認識。再認就是在另外某一個情境中所斷定的意義的復原，再加上一種熟悉感，一種歡迎或拒絕的直接表示。我們重遊童年舊地所得的經驗，再加上熟悉的情景所激起的這種情緒上的反應，這便是一個說明再認的事例；再認也發現在一位十分著重實用的人對人的點頭打招呼之中，他謙遜地留意著存在的特徵，而這些特徵是這個看重實用的人在計畫他的行爲時所必須估計在內的。再認就是一種見面點頭的情況，這種點頭或者是出自自願的誠意或者是由於迫不得已的尊敬，但並不是一種認識活動。

還有一種學說，把「熟識」（acquaintance）當作是認識的基本方式而把「熟識—認識」當作是完全直接的。熟識在經驗上不同於對於一個東西有所認知，也不同於知道一個東西是怎樣的，它是眞正具有認識作用的。但是它有它本身的特點，因爲它所包含的不僅僅有一人爲我們所指認的意義；這包含有期望，而期望是涉及外在的事物的；它包含有一個判斷，即確定熟識的對象在跟其他事情發生連繫時，將起著什麼作用。和一個人很熟識至少就是如俗語所說的「對他一見便知」（know him by sight）；熟識這個人就是利用一個爲目前視覺所制約的意義去對一些尚未見到的事情做出一個假定：這個人除了在剛才他被看見時所處的環境以外，在另一些條件下，將有何行動。熟識一個人，就是對於他的一般的行爲生活進行預測；它是對性格的洞察。而洞察不同於觀察；洞察意味著運用觀察去形成關於尚未看見的東西的推論。它不僅是意義的出現。在熟識和「有所認識」（knowing about）或「認識一些什麼」（knowing that）之間的差別是眞實的，但是它並不是兩類不同的認識，似乎一類是直接的而另一類是間接的。這種差別乃是有關於反應的伴隨物、組合和樣式方面的事情。熟識的特徵是具有較大的緊密性和直接性，但這種緊密性和直接性是在實用方面和情緒方面的，而不是在邏輯方面的。熟識任何一種事物就是對於它的後果有一種預期，而這種預期便構成了一種直接準備採取行動的狀態，一種適應地準備適應這個有關的事物所可能發生的任何變化的狀態。對於這個事物有所認識就是具有這樣的一類知識，這種知識在某些進一步的條件尚未具備之前是並不轉爲直接反應的。直接準備行動的狀態包含有一種共同感；延遲的準備狀態則有一種超越感。在熟識中有一種和熟識的對象共同參與在一個情境中的直接情感，這種直接情感是同情的或是反抗的，這要看準備狀態所採取的方式是傾向於它的，還是去阻止住它的。當一個人對於他所知道的一個歷史人物或文藝中的人物能夠在想像中預見到他未來的行爲而且也戲劇性地共同參與其中時，認識就變成熟識了。關於地球是圓的這種知識，當它在某種經驗的連繫中，如我們平常所說的，使我們親切地感覺到它或對它有一種「眞實感」的時候，就變成熟識了。因此，熟識並不是在「關於什麼的知識」和「知道什麼」之前的一種認識的方式，而是標誌著認識達到充分的感知和效能的一個較後的階段。

因此認爲知識就是熟識、再認、定義和歸類的這些學說，正因爲它是完全無意的，所以就愈能證明我們所知道的不僅是事情而還有具有意義的事情。肯定說知識就是歸類，其實，這就是肯定說：類、特徵已經壓倒和勝過了赤裸裸的事情和存在。如果我們說，所謂知道就是下定義的意思，那麼我們就承認了在有知識的地方顯然就有共相。主張說認識就是再認，這也就是承認：與其說存在是中心的，毋寧說類似點、關係是中心的。而且熟認任何東西就是覺察到：它近似什麼，它似乎要在怎樣的方式之下進行活動。這些特點、特徵、類、種、共相、近似等都是屬於意義領域以內的，所以把它們當作是知識的組成部分的這些學說都承認：具有意義乃是認識的一個先決條件。這個普遍必要的先決條件是隱約地出現的，它使思想家們忽視了知識所具有的這個具體的特有性質——即採取、使用、反應於有關的意義的這樣一種特殊的動作。那個奇怪的傳統的「分析」心理學派主張一切的認知都是感覺和意象的混合或結合，這是對於同一結論的再一次證明；「結合起來的意象」就是具有意義的事情的一種轉彎抹角的說法。

最後，知識即靜觀（contemplation）的這個見解也可同樣予以說明，靜觀就是有意識地占有意義；津津有味地觀望著它們；好像沉溺在其中似的全神貫注地觀看著它們。這一個名稱是代表著一種對有意義的特徵的知覺，再加上強有力地默然指向著一種附帶的美感情緒的這樣一種情況。本書和本章曾提出這樣一個假設，認爲如果不根據事物的意義顯然地採取和運用事物，就不會產生認識，像這類的假設曾經被人攻擊，認爲它過分地注意於使人忙碌，而忽視了靜觀的地位和妙處。不錯，靜觀當然有它的地位，但是當它是終極的而成爲一個結果時，認知就退出了這幅圖畫；幻象就是屬於美感方面的了。這也許比認知更好一些；但是更好一些卻並不能作爲理由把兩種不同的東西混淆起來，而把屬於一個美感對象的特徵說成是認識所具有的屬性。刪除靜觀的美感方面，即其使人迷戀的方面，在認識論方面所剩餘下來的就只能說：在把意義用來作爲使現在晦暗隱蔽著的意義呈現出來的手段之前必先占有這些意義。如果允許我只請一種歷史上的學說到證人席上來證明：雖然不覺知意義就絕沒有認識，但同時占有意義而把它們好像碎糖片似的放在舌頭下面默然咀嚼，這也不是認知，那麼，我一定邀請「認識即靜觀」這個令人可敬的主張來作見證。

這個學說裡面所包含的另一困難在前面已經提過了，這個困難包含在這一事實中：即近來的一些學說侷限了知覺的含義。按照舊的用法，知覺係指任何的覺察，任何的「所見」，無論所覺察的東西是對象、觀念、原理、結論或其他一切都可以。在晚近的文獻中，它平常僅限制用於「官感—知覺」（sense-perception）。關於字義方面，除了在辭典編輯上的爭論以外是不能有什麼爭論的。於是當前有關的分歧不在於一個字的適當的用法，它是有關於當前這樣侷限的用法所意味著的或通常所連繫著的一些事實。這類的含義有二：第一，存在著有這樣一種意識或覺察的方式，它是原始的、最初的、簡單的，而它又是直接地和內在地涉及知覺時在空間獨立於有機體之外的事物的。第二，知覺這樣直接涉及外物的情況原來而且它本身就是具有認識作用的。現在我們所提出的這個學說在反駁這兩個含義時說：以聽知覺和視知覺的形式出現的覺察，只要當它具有認識作用時，就跟在物理科學中所發現的任何命題一樣，乃是一件有關於推論判斷的事情，乃是一種採取和使用意義的方式的一個事例。

關於這一點的論證，就其一般的特點而言，和剛剛討論的論點有同樣的結果。但是如果我們把討論限於我們對於目前在空間中的對象的知覺所特有的這些事實上的特性，指明當這些知覺具有認識作用時，它們不是原始的和純樸的覺察，而是關於覺察狀態的一些特選的和精巧的事例，這樣我們就可以避免重複而加深討論的專門性。現在流行的學說認爲在從外緣開端的覺察和從內心開端的覺察之間是有區別的，而它是從這樣的一個區別出發的。從外緣開端的這種情況乃是說明所謂「知覺」這樣一類活動的一個獨特的標誌，但是當我們開始具有某一種覺察時，這種覺察狀態並沒有貼上一個標籤，注明說：「我是被一件由另一些物體在我身體的表面上發動的事情所產生的。」而且也注明說：「反之，我也只能在一種間接跟表面變化連繫著的體內事情中產生出來。」這種區別乃是由從事分析和歸類的思維活動造成的，這個事實就足以使我們懷疑有些意識方式原來和內在地就是「官感—知覺」的這個說法。

　　再者，在身體的表皮和內部之間也不是絕對分開的，當我們這樣區分的時候它就立即需要加以限制。事實上，並沒有完全從外緣開端的神經過程這樣一回事。內部的條件，如飢餓、血液循環、腺液功能、過去活動所遺留的痕跡、原已存在的一些通達的和阻塞的神經連繫，以及許許多多其他機體內部的因素，都共同決定著一個在外緣發生的事件。而且在外面的刺激一旦發生作用之後，它以後發展的過程實際上是受體內所發生的一切事情的影響的。一個「感覺」或外緣的興奮作用，或刺激，坐著一輛四匹馬拉的專車，清淨無礙地在一種孤獨的情況之下，進入了大腦或意識，這完全是虛構的。一個特殊的興奮過程，只是從外緣和從內感受器中同時發生的一大陣興奮過程中的一個興奮過程而已；它們之間是彼此競爭的、相互妥協的；這實際上乃是許多複雜力量的一個統一體。

所以，要想鑑別一個外緣刺激的確切地位和性質，而且要想把它的發展過程追溯到它能使活動得到重新適應因而能有知覺的那個關鍵的地點，這就需要高度專門的科學設施。「外緣的根源」標誌著我們對於事情所進行的一種解釋，標誌著我們所進行的一種在科學上有效的和重要的鑑別，但是它跟獵人座上流光星的光譜一樣，只是一種原有的所與。同樣的論點也可以用來說明那種相當於從中心開端的過程的「意識」，按照專門的分析所得到的這種區別而假定有多種截然劃分的不同的覺察方式，這種假定乃是我們所可能見到的「實體化」的主張最顯著的一個例子。主張某些類型或某些形式的意識內在地在理智上或在認識上是要涉及存在於空間的事物的，這個學說只是主張知識即對實在的直接掌握的這個傳統學說，披上晚近生理學術語的外衣而已。雖然它被提出來，好像它是由生理學和心理學的研究所確立的似的，其實，它是一個在理智上考試不及格的學生，它是從許多未經批判的早期學說中拾來的一種見解；生理學和心理學只是提供一種詞彙，用來裝飾一種不合理的殘餘思想而已。

找出眼睛或耳朵或皮膚或鼻子的外緣刺激，無論這是較爲簡單和通俗一類的，或是較爲複雜的神經學一類的，這是屬於核對一個觀念所特殊涉及的外物情況的一種專門技術，去發現這個觀念是涉及一件過去的事物，當時的事物或是未來的事物，抑或它只是跟意願和情緒有關的。即使是這樣，對於刺激和來源的方式的確定也是第二性的和派生的。我們並不是因爲我們直接認識到產生我們知覺的外在來源而相信有一個事物在那兒；我們是因爲我們順利地從事於運動性的反應而推論到我們感覺器官所具有的某些外在的刺激作用。只有當我們不能從事於運動反應時，我們才回過頭來檢驗關於感覺刺激方面的情況。當我說我現在意識到有一架打字機，認爲它是感覺刺激的來源時，我只是間接地和含糊地陳述我在積極地使用這架打字機來產生某些後果的這個事實，因而我所覺察到的乃是這些後果以及用來產生這些後果的這架打字機的各個部分和這些後果的關係。事實上，我們**從未**知覺到我們在一定時間內正在反應的這些外緣的刺激。

認爲這些刺激乃是簡單的、原始的知覺、所有的適當的和正常的對象，這個見解，如我們適才所說的，乃是心理學家們未加批判地接受的一個舊的在邏輯上和形而上學上的武斷，在科學的心理學中它既沒有根源，也沒有證明它的理由。我們僅僅覺察到對我們現在所做的那些反應以外的其他反應的刺激物；當我們分析某種我們所進行的全部動作以求發現它之所由發生的機構時，我們便覺察到它們。覺察一個與某一動作有關的視覺刺激或聽覺刺激即意味著說，我現在明白了一個有機的變化乃是用在這個動作中的手段的一部分，因而它的結構和機能是否健全乃是有效地從事這個動作的先決條件。例如：平常我並沒有聽見按琴鍵時所發出的聲音，所以我便是不規則地亂彈或亂按琴鍵。如果我是受過一些訓練的或者是在從事這個動作時（比較聰敏一些）懂得比較多一些，我就應該會聽見這些聲音，因爲它們已不再只是一些刺激而成爲指導我的行爲達到後果的一個手段了。由於我還未學過「琴鍵按指法」（touch-method），當我按琴鍵時我對觸覺性質的覺察是間斷的和有缺陷的。這裡涉及手指在生理上的刺激而它是我的運動性反應的一個條件；但在這裡並沒有對於觸「感覺」或感覺所與的意識。但是如果我利用我的觸覺體會作爲正確從事書寫動作的手段，我就該會覺察到這些性質。我們愈是廣泛地和自由地運用手段，我們的官感知覺的範圍就愈大。

在當代的心理學中，平常認爲或假定所觀察到的性質就是刺激所具有的性質。這個假定乃是前後倒置的，所觀察到的性質乃是那些伴隨著對刺激的反應而來的性質。我們從觀察中（而不是從推論中）僅僅覺察到已經成爲事實的事情；我們能夠知覺到已經在那兒的東西，已經發生的事情。從描述講來，一個刺激並不是一個知覺對象，因爲刺激是跟反應相關的，而在反應尚未發生時它是尚未確定的。作爲一件認識的事實，我並不是在懷疑一定的事物乃是視知覺和聽知覺的刺激物。我是在指出：只有根據我們對刺激的反應以及這種反應所產生的後果，我們才覺察到這些刺激。至於刺激不可能是知覺之對象的論證，這當然是屬於思辨方面的；像一切的思辨論證一樣，如果它遭遇到了相反的事實，這個論證就是沒有說服力的。但事實是一致的，我在白紙上寫黑字，紙的白和字的黑在我所正在進行的動作中經常是起著作用的刺激物。但也同樣明確的是，它們經常並不是我們所知覺的對象。如果我曾經時時知覺到它們的話，這乃是由於過去的反應，而它們乃是這些反應的後果，而且因爲需要運用這些已經達到的後果作爲進一步動作的手段。在實驗室中，正如在畫家的畫室中一樣，顏色乃是特定的知覺對象。

但是當它們被知覺時，它們只有在有所預示方面講來，並且在轉換了一個語言領域的情況下[7]才是「刺激物」。在此時此地所知覺的顏色，乃是機體適應於顏色以外的其他刺激而產生的後果，而在以後的情境中它又是引起另一些行為方式的刺激；當它僅僅是一個刺激時，它乃是無意識的；當它是一個被審慎地利用的手段時，它就是有意識的了。

當顏色為我們所知覺時，這是為了要畫圖，或是為了在選擇衣料時或在估計一張糊牆紙色調的調和價值時要配合顏色，或是為了根據一條光譜線去決定一種化學物質的性質。它意味著說：我們是這樣地進行反應以便形成或產生這樣一個刺激，它能勝任地活動但又不為人所覺知。但是就在這個時候，在意識中它是在採取產生所嚮往的後果的動作時的一個手段。這個顏色將被採用嗎？這一段特殊的衣料或這塊糊牆紙適合我們心目中的目的嗎？當這些問題得到解決時，便達成了一個最後的刺激。這時候所知覺到的，或者是某種進一步的後果，或者是這一個作為一個新的景況中的手段的後果，如穿上這件衣服或糊上這張花紙等。這樣對於刺激的意識標誌著一種研究的結果，而不是一個原始的材料，而所發現的並不是對於從事於研究的那個動作的刺激，而是對於某些其他過去的或未來的動作的刺激，而且它標誌著從事實上的刺激轉化為可能的手段。刺激的問題乃是關於存在上的因果問題；而且，如果人們在過去曾經學會了

【7】這個轉換在這樣一個事實中是明顯的：即把刺激物敘述為振動或電磁振動等等；這時候，振動並未被觀察到，但同時顏色這個後果，所產生的這種協調狀態，卻在直接的意識之中。

休姆的課程，或者我們自以爲學會了他的學說，那麼我們就應該覺察到任何有關因果方面的事情總是涉及某些外在的、通過研究和推論可以達到的東西。

所以我們斷定說：雖然「知覺」一詞可以只限於指對當時影響於機體器官的對象的覺察而言，但同時卻沒有任何根據來支援平常伴隨著這個詞兒的舊有意義而來的這樣一個假定：即官感知覺具有內在的特性或性質，使它自己從意識的其他形式中區別出來。更沒有理由來證明這樣一個假定：即把這種知覺當作是基本覺察的原始形式，而其他具有認識作用的意識形式乃是從其中所發展出來的。反之，官感知覺的意義乃是特別鑑別出來的覺察對象；這種鑑別活動產生於對前因和後果的探究過程之中；對於探究的最後需要乃是在於有必要去發現爲了恰當地適應於一個情境的要求而應該採取的行動或應該發展的一個反應。當探究揭示出來一個在有機體以外的對象現在正在起著作用而且影響著這個有機體時，外現的行動便成爲適當的了，而在外表上應該採取哪一種適應活動是很明白的了。知覺的意義（官感知覺）不同於其他的意義，或者在於（甲）對於其他的意義我們不能現在或立即採取外現的行爲，而只能在一個比較遲緩的時候，即當已經產生了現在還沒有的特殊條件的時候——如概念的意義；或者在於（乙）其他的意義乃是這樣的一種意義，在任何時候我們對它們所採取的行動都必然是屬於戲劇性或文藝性或遊戲性之類的——如非認識的意義（non-cognitive meaning）。行爲的必要性在生活的很早時期就嚴格要求把立即需要的動作和那些僅僅在後一些時候才合適的動作區別開來；然而作這樣的區別且使它成爲一種精細的區別，這卻是一件需要經常從事探索和發現的事情，而不像傳統學說所假定的，是一件原始的和現成的事情。

因此，我們再回到以前的這個陳述：即離開了運用和歷史方面的考慮，在有效的意義和在幻想、願望、恐懼、回憶中發生的意義之間，是沒有什麼原始和內在差別的，從它們對於事物的關係方面講來，它們**內在地**都是一樣的。這個事實也包括有譴責內省派的要點在內[8]。無論內省主義的學說採取一種思辨的形式，如在笛卡兒—斯賓諾莎的邏輯實在論中所肯定的，某些概念意義或觀念本身就具有自明之理、清晰性、適當性或眞理，或者它採取一種比較平常的形式，把呈現在意識領域中的事物視爲具有內在特性的，而這些特性是可以通過直接的視察識別出來的，因而也可以用來把事物稱爲是屬於官感方面的、知覺方面的、概念方面的、想像方面的、幻想方面的、回想方面的、情緒方面的、意志方面的等等。在原則上，這兩者之間是沒有什麼區別的。這是說，在每一種情況之下，歸類的根據總是外在的，它必須研究如何產生條件和如何促使後來的東西成長，而且這種研究時常是難以進行的。這些名稱乃是解釋，而且跟一切的解釋一樣，只有當它們是受廣博的和正確的資料，乃至大堆遙遠的和外在的事實所控制時，它們才是適當的。說內省主義——在邏輯的範圍方面較之所謂內省心理學還要廣泛得多

【8】這並不是說所謂反省的觀察從來未曾產生過什麼結果。這確是說：在這樣的情況之下，這種工作程序跟理論上對直接視察所下的定義是不相符合的，而在這種工作程序中所包括的乃是對於當前尚未直接呈現出來的事物的關係進行探究所得到的結果。

——乃是把知識當作直接的掌握、直覺、靜觀、占有的這種古典學說最後的一個頑強的基地和堡壘，這個說法也不能算是過分。而那些曾經被批判過的觀點之所以重要，也就是由於這個事實。在它們被批判之前，在認爲在官感知覺、幻覺、夢想、願望、情緒的對象意義之間具有直接內在的差別的這種假定被廢棄以前，觀念和存在的現實關係必然始終是晦暗而混亂的。

如果有人注意到生理學的研究對於心理學家的領悟所產生的結果，他就似乎勢必會得到這樣一個結論：這些結果可能是巨大的，但實際上它們所包含的大部分只是把舊形而上學關於心身關係的問題加以強調和突出，而且只是使得那種趨於平行論的假設更爲加強而已。理由是，它們未曾被人們按照它們眞實的內容加以運用：它們是我們的科學資源的一個重要部分，它們可以一般地被用來合理地指揮我們的行爲，並特殊地被用來鑑別各種各樣意義的區別。例如：把這個和那個觀念的存在區別爲起源於內心的和起源於外緣的，而把這種區別用來作爲分別地決定這些觀念在認識上的有效性的一部分技術，這是一回事，而假定觀念和意識內容本身就具有內在的區別（所以是可以直接觀察或內省），而問題只是簡單地找出它們的區別在生理學方面相等同的部分，這卻又是另一回事。如果我們認爲，意識的方式本身就業已分別成爲官感的、知覺的、概念的、想像的、回想的、情緒的、意願的（或者說可以通過直接視察而這樣區別出來的），那麼生理學的研究就只是去尋索成爲這些差別的基礎的在機體上或在神經上的各種不同的過程而已，結果乃是使傳統的心身問題變得更加嚴重起來。平行論的主張，既不是一個科學發現，也不是一個科學的設定，而只是對於原有心理學上現成的區別所做的一種陳述，再加上關於這些區別的發生在物理存在方面的條件的一種比較詳細的知識而已。

如果把這個問題說成是一個關於如何通過有關行爲機制的知識去對行爲進行較爲適當的控制的問題，情境就完全不同了。我們應該怎樣對待一個特殊的意義：把它當作是進行推論的一個根據，把它當作是與現有條件無關的習慣所產生的一個後果，把它當作是願望的一個事例，希望或恐懼的一個後果，某些過去在心理上適應反常的一個標記，或者還是用其他方法來對待它呢？像這一類的問題是生活指導方面的一些迫切的問題。如果我們要想獲得如何控制我們自己行爲的方法，類似我們在控制熱和電、煤和鐵時所獲得的那類方法，我們就必須設法答覆許多的問題，而上述的這些問題乃是屬於這一類問題的一些典型例子。在處理這類問題的技術中，有一部分不可缺少的工作，就是要去認知我們的意義以及我們採用這些意義的方式在機體上產生的條件。原則上，在神經學的研究跟那些使得一位天文學家能夠在他的語言領域內決定某些觀念的地位和重要性的天文學研究之間，是沒有什麼區別的。生理學的研究和天文學的研究一樣，並不包括有一個特別的心身問題，生理學研究的題材是在擴大和支持推演的結論時在客觀的事實上所作考慮的一部分。在具體的題材上它們是不同的，因爲它們是有關於有機的結構和過程的；但是這只是在具體題材方面的差別，好像在天文學和植物學的具體題材之間的差別一樣。生理學材料的特殊重要性在於：它在某些方式之下乃是促使每一個意義和每一個動作（包括天文學和植物學方面的意義和動作在內）之所以發生的一個因素。

因此，在這一段夾入的討論之後，我們再回到這個主張：幻想意識的對象和官感知覺意識的對象一樣，乃是關於所覺知的意義或事物的觀念的一些事例。只不過——這些幻想意識的對象在指導以後的行爲（包括知識行爲在內）時，並不是好的對象。幻想意識以及我們所不覺察的情慾對於信仰的影響，對於任何意識論而言都是有決定性的事實。如果它們支持主張一切意識即對意義之覺察的這個假設，初看之下，它們似乎就跟這個把所知覺的意義當作就是關於自然事情的意義的假定是相矛盾的。既然它們的對象是顯然「不眞實的」，它們就似乎支持這樣一種見解：即意識是跟物理的事情沒有連繫的，而無論在實際行爲中或在認知中所可能建立起來的任何有效連繫都是偶然產生的。

有人認爲意識原來彷彿是一種夢境，是不負責任的舒展狀態，而只有在頑強的壓迫之下通過偶然的吻合才得以涉及自然中現實的事物，對於這樣一個觀點，我們的確有許多話可談。正統的傳統思想把意識當作是一個知識體系，而以正義的和理性的一致性作爲它的結構的基石。從反對這個正統的傳統思想方面來講，上述的這個觀點中是具有一些眞理因素的。觀念、直接覺知的對象是過於雜亂無章、虛無縹緲和各不相關的，而與古典傳統，無論是屬於感覺論或理性論學派的傳統，是不相容的。但是據我們所知道的，存在的意識和機體條件具有特定的連繫，而有機的事情和機體以外的事情之間又有這種緊密的、不可分割的連繫，那麼這種把存在的意識和物理事物的連繫完全分隔開來的觀點乃是站不住腳的。如果它是主張，意識在其各種不同的形式中跟機體行動的連繫乃是非自然的，那麼這個觀點是能夠站得住的。肯定這個主張的唯一理由在於：在思辨上被迫否認自然事情是具有性質的，而妄稱先在的原因乃是比較優越的存在。

如果已知意義跟環境和機體的統一性（包括社會交往的統一性在內）是相互連繫的，那麼意識有時會是屬於幻想型的和意願型的，這就沒有什麼奇怪的了。例如人家教導一個人說，太陽是圍繞地球旋轉的，在日出時它就升到地上面來而在日落時它就降落到地下面去，而後者本人會堅持這個信仰，在這個事實中我們並不覺得有什麼奇怪的地方。不錯，過去他親自所體會的經驗曾教導他許許多多的事情；經驗曾經教導他哪些結合是合適的而哪些是不合適的。正如過去有關於太陽和地球的教訓曾經制約著以後的行爲，曾經產生許多機體上的變化，形成習慣以影響以後的反應，包括影響以後對於事物的解釋，同樣，當有機體跟環境發生直接的結合時所曾得到的教訓也具有同樣的效果。在機體的變化中也形成了一種偏向；它盡可能地繼續去覺知那些獲得結果的情況，而不去覺知那些障礙和阻止達到結果的不方便的情況。

如果在自然的進程以外建立一個意識而跟自然的進程相對峙，而這個意識不是在自然運行變化中的一個參與者，那麼它就應該附屬於以下這樣兩個體系中的任何一個。在第一種選擇中，這樣的意識具有一種絲毫不會錯誤的觀察力，再加上有一種完善眞樸而毫無偏見的記錄力，它會觀察和記載這個世界，恰似它本身也有知地參與在產生它所看見和所記錄的東西的這個工作之中。或者，在另一個選擇中，一切意識跟超越於它而在它外邊的這個世界是完全沒有關係的，因而在它們之間沒有一個公分母或公倍數。顯然，事實跟這兩個假定中的任何一個都是不相符的。我們做夢，但是我們夢寐生活中的材料卻是我們清醒生活中的原料。幻想並非原先完全跟有目的的行動和信仰的對象脫節，而後來通過訓練才學會去涉及這些對象的。幻想的對象包括有日常生活中的許多對象，但由於一種偏見的歪曲，這些日常生活中的對象成爲屬於一種奇特配景中的一部分了。這一類的經驗事實，或者幻想的世界就是我們所願望的或合意的這個通常的世界這一事實，對於任何嚴肅地把意識的材料肯定是跟現實世界的事物完全無關的學說來說，乃是一個致命的打擊。不相干的情況是存在的，但是它是相對的和特殊的。一個觀念和一種情緒本身並非完全毫不相干的，但因爲它是對於事物意義的一種注解，如果這個觀念或情緒被編置在不同的連繫中，那麼事物的意義就會和在這個觀念或情緒所屬的世界之中的行動密切關聯起來。

共同參與（par-taking）和個人覺知（per-ceive）乃是聯合行動的。知覺乃是一種共同參與的方式，這種方式的共同參與僅在複雜的條件之下並帶有它本身明顯的特性而發生的，每一個重要的事物都依靠著在一定情境中在許多可能的參與方式中所採用的那一個特殊的方式。有機體，只要是在可能的條件之下，總有一種強烈的傾向要求共同參與；它的愛好和偏向則是按照它的可感受性和保持性的程度，受過去所獲得的滿足狀態制約的。如果一個人曾經經驗到一個美好的世界，他爲什麼不該採取行動來改造一個壞的世界，而使它和他已經占有的這個美好的世界一致起來呢？如果這個外現的改變世界的工作任務太大而超過了他的力量，他爲什麼不該至少採取行動以獲得對於一個美好世界的更新的感知？這些問題表達了人類行動的這種實用的邏輯：第一個問題，進行客觀的改變的方法，乃是在藝術和科學中的行動方法；第二個問題乃是幻想的、「願望的」、浪漫的、神話式的行動方法。

在這兩種行動的方式之間的巨大差別是我們所必須弄清楚的，伴隨著這兩種動作的兩種意識方式之間是沒有原始的和內在的差別的。在某些材料方面，這一課書是立即很快地就被學會了。這些材料構成了日常官感知覺的對象、常識的對象。如果生命要繼續下去的話，就必須在機體上要有一定的統一狀態，必須要具有營養資料；必須要驅滅危險的敵人；必須要得到別人的幫助。只要是有機體成功地適應於它的環境，那麼跟這些機體—環境的適應相連繫的意義和觀念在實質上就是正確的——而在一定的限度以內機體通常確是成功地適應於它們的環境的，否則，生命就會停止。對於這樣一些粗淺的觀念，如在我們個人的願望和空想之外有一個由許多人物所組成的世界，如能量一度開始運動之後，它們就會繼續地運動下去等等，我們是如此重複而強調地學習著，因而我們從未眞正懷疑過它們。關於這個外在世界（它是在我們以外的，因爲在它滿足那些代表我們最深處的需要之前它要求我們做出很大的努力）突出特徵的觀念，火、食物、家具、氣候和莊稼的觀念，朋友和敵人的觀念，關於我們自己的過去和可能的未來的觀念，是重複地在跟行動的連繫中呈現出來並爲行動的後果所證實的，因而它們便成爲實質上有效的理所當然之事。因此，這些觀念便形成了一種有特權的領域，它雖只是一個觀念的大海中的一個小島，而這個大海的海底是很不容易觸及的，但有一些迫不及待的學說卻採用它們作爲構成意識的原始的和內在的組成因素。結果，在眞正的自然實在論以外又加上了一個冒牌的實在論的學說。眞正的自然實在論承認觀念和事情的偶然連繫以及它們涉及後來事情的概然關係，而冒牌的實在論的學說則把這個小島當作是一個堅實的和完全的大陸。整個的心靈大陸的突出特徵於是被視爲似乎僅僅是一些偶然的錯誤和放錯位置的情況，通過思辨上的技巧把它抹殺了；或者，當人們認清了空想、錯覺、錯誤和誤解的地層時，又墮入籠統的懷疑主義之中。

通常有機體與環境相適應的這種技巧逐漸地被發現了，而且可以把它推廣到過去爲空想所統治的情況之中。一個逐漸擴大的觀念領域，變成了可以在分析上涉及到客觀世界的東西，具有接近於有效性的希望，這種技術的祕密就在於控制有機體如何參與在事情進程之中的**途徑**。在簡單的需要和簡單的環境的情況之下，現有的機體結構實際上就實行了正確的參與活動；結果就是所謂本能的動作。在這個範圍以內，機體中所發生的各種變化主要是形成了有效的習慣。但是要適應於各種各樣的具有很多的因素和廣泛的後果的情境，在有機體上的準備工作並不是很容易達到的。在這裡有效的參與活動依靠著使用有機體以外的條件，以補充一些結構上的配備：即工具和其他的人物，藉助於口頭的和記載的語言。因此，除了最簡單的觀念以外，一切觀念是否正確的最後支柱，就是這些積累的、客觀的、爲大家所共同的用具和藝術，而不是在「意識」本身以內或在這個有機體以內的任何東西。

如果需要任何證據來證明全然在認識論方面的討論所具有的這種不切實際的特點，我們可以在這樣的事實中找到這樣一個證據：即這種認識論上的討論完全是根據一種所謂「主觀」和「客觀」的直接接觸的情況來進行的，而完全忽視了一切在檢驗自發的信仰和建立正確的信仰去代替它們時所不可缺少的工具。垂擺、透鏡、三稜鏡、碼尺、磅秤以及乘數表和對數表，較之赤裸裸的意識或大腦和神經，對於有效的認識活動具有大得多的影響，因爲它們能夠幫助有機體在產生某種後果時，和其他的事物共同發生作用。如果沒有這些客觀的資源來指導我們如何來敏感地適應環境，那麼觀念，在一個簡單的經常被證實的行動範圍以外，就會受著機體組織和環境上的任何特點的支配；神話很多，而這個世界充滿了傳奇式的人物，並且是神祕力量的家鄉。既然機體上產生的變化由於過去直接享受的對象而占著統治地位；既然這些機體的變化促使一個人去尋找或創造一個適合於這些變化的世界；而且既然人感到跟他的同類，無論是朋友或敵人，在一塊兒最爲安適，於是他就把這個世界絕大部分看成是具有靈魂的。關於生命、靈魂、心靈、精神和意識，乃至關於宇宙本身的許許多多的傳統觀念，甚至在哲學中，都僅僅是這種泛靈論的沖淡了的版本罷了。當人們在過去缺乏具有工具作用的東西去指導他們積極共同參與自然界的工作時，這些說法是自然發生的，而且即使是空想的，有時也是有好處的，但是現在它們卻是沒有好處，而且是起妨礙作用的了。

總結起來說，對於意義的意識，或占有觀念，係指一種對於意義的應急的改造而言，這個事實對於我們關於自然的學說具有重要的意義。可知覺性乃是偶然變易性的一種有代表性的情況，因爲可知覺性是橫切著有規則的東西的。不可能從物理法則「推演」出意識來，在物理的和心理的東西之間有一道「不可逾越的鴻溝」，其實這只是一般的不可能從必然的東西中推演出偶然的東西來，不可能從有規則的東西中推演出不確定的東西來的這種情況的一些顯著的事例而已。在意識的發生中所顯出的變態，乃是在自然本身中一個變態方面的證據。如果在自然中沒有什麼有問題的、未曾解決的、仍然在繼續進行著而又未完成和未決定的東西，那就不可能有知覺這樣的事情。最明顯的地方就是最緊張和具有尚未決定的可能性的地方；最是游移不定的地方也就是最光亮的地方；它是生動的，但是不清晰的；它是緊迫的，迫切地表示著面臨危境，但又是不明確的，除非它已經被處理了而不再是當前的焦點。當哲學家們堅持當前在焦點上所呈現出來的東西或「所與」（given）是確定的，而且去尋求不可懷疑的、直接存在的建築材料時，他們總是不知不覺地從存在的領域走到思辨的領域之中去了，他們用一個一般的特點去代替一個當前的東西。因爲當前直接所與的東西總是可疑的；它總是要爲後來的一些事情所決定或予以特徵的。它是對於某些尚未給予的東西的一種呼籲；它是對命運提出的一個請求，帶有一種求助的悲愴或者帶有一種發布命令的專横。如果自然乃是澈底完成的，一個完全的機械結構或一個完全有目的的結構，如一些哲學學派所曾經幻想過的那樣，從概念上講來，這似乎是「比較好些」。但是在那樣一種情況之下，意識的這種閃爍的燭光就會歸於幻滅。

意義的直接可知覺性，觀念存在的本身，就證明了有問題的和雜亂的東西夾入安定的和一致的東西之中的情況，證明了實質的、靜止的東西和變動的和特殊的東西的會合、交叉和分離的情況。意義、特性本身都具有我們俗語所謂實質的那種堅實性、融貫性、持久性和永遠的可用性。然而，如果這就是整個的故事，意義就會不僅不被知覺，而且它們就會不成其爲意義了。它們就會是頑固而有效的習慣，以它們本身的方式起著不容拒絕的作用。機體的運動是存在的，而在這種運動中在早年曾經發生過意義，但這些意義已經僵化，以致到現在它們已經成為一種具有駕馭力的習慣；在單純的行為中意義已經消逝了。有些人抱著一種遺憾的心情眼看著思維轉變為動作；在他們看來，它似乎是替一個觀念敲了喪鐘；思想在一個外向的機械順序中煙消雲散了，這是可以理解的。同樣，一個人也會覺得，在人類歷史中重要的和有趣的事情，不是人們所已經做過的事情，不是他們的成就，而是他們所沒有做成的事情——那些願望和想像，為事物的力量所禁止執行的事情。觀念大部分是行動的反面，對於那種也許會是但還不是的東西的知覺，對於所希望的事物的期望，尚未見到的事物的符號。一個固定的觀念就並不是觀念，而只是外現動作的一種機械的壓力，隨隨便便地和漫不經心地被稱為觀念的東西。

因此，「純理性」就會絲毫也不是理性的，而只是一個自動的習慣；是這樣穩定和普遍的一個實質，以致成為沒有限制，沒有變化，因而是沒有可知覺性的。「純粹的」推理最好是通過在機械操縱之下的固定符號來進行；它的理想形式就是近乎一架精巧設計的自動運算機的東西。如果自然界沒有有規則的習慣，十分緊密結合的恆常的活動方式，因而可以計算時間，測量空間，並使得變遷流轉的東西成為重複而有節奏的，那麼意義，即可以認識的特性，就不能存在。但是如果在這些耐心的、緩慢進行的但易於激起的行動體系和迅速變動的、不穩定、無實質的事情之間也沒有交相發生影響，自然界就會是一個沒有觀念這個特徵的機械過程。自然界緩慢進行著的變化要適應自然界突然的發作和變動，因而使得自然界突然的發作和變動具有某種程度的秩序而使得遲緩無力的核心運動重新適應於急劇變動的輕浮外表，這兩者的適應就有必要把靜止的秩序轉變成爲穩定的意義，而這個轉變也使得這些秩序成爲可以知覺的或成爲觀念，因爲它們是對於事物流變的答覆。

最後，正如精神物理的性質證明了在自然界中有需要和滿足，有不自然的努力和這種努力在某種限度的終點上的停頓，同樣，有意識的或十分明顯的意義、觀點，也代表著爲了滿足和圓滿的終結而深思熟慮地去利用有效的東西，也代表著後來的終結所具有的效能或工具性。從經驗上講來，這種情境是在藝術中呈現在我們面前的，而這一點將在下一章進行討論。爲了我們當前的目的，只要指出在古典形而上學所明顯提出的自然目的論和現代科學所隱藏著的目的論之間的差別就夠了。在前者中，自然界單純在事實上的停頓狀態，有時標誌著僅僅是許多相互衝突的能量所達到的一種消損淨盡的情況，否則就是它們所達到的一些限度，而這種狀態卻通過一種非凡的技藝而被認爲是具有高貴特性的東西了。這種單純的自然停頓狀態和對象等同起來了，而對象卻應該是具有成熟的和反省經驗的人們所選擇的對象。在物理學中曾經輸入了一種未經批判過的倫理思想，主張人生具有熟悉的和固定的終結（目的）和具有在思辨上成等級秩序的許多固定的手段，因而物理學在無形之中深受到它的影響。在現代思想中把終結跟預見中的終結、跟深思熟慮的目的和計畫等同起來，把仲介跟經過審愼選擇和安排過的發明和策劃等同起來，實際上這就是承認自然界的目的乃是自然界在思維中而不是脫離了思維而達成的和顯示出來的。如果現代的學說往往未曾留意到這個含義，反而滿足於否認一切目的的存在，這個緣故是偶然的；因爲它們毫無根據地把自然、生命和人類的連續性割裂開來。

「這個」（this），不管這個是什麼，總是意味著一個意義體系，集中在一個緊張、不安而需要調節的焦點上。它總結了過去的歷史而且同時也揭開了新的一頁；它是記載和展望結爲一體；既是一個得到滿足的狀態而又是一個機會。它是過去所曾經發生的事情所結的果實，又是過渡到將待發生的事情的媒介。它是自然事情按照它們自己的方向和傾向寫下來的一個注釋，而且也是它們所將導致的方向的預測。每一個知覺或覺察都標誌著一個「這個」，而每一個「這個」都是一個圓滿終結，包括著所保持的東西，所以它也包含有記憶的能力。每一「這個」都是過渡性的，立即就要變成一個「那個」的。所以在它的運動中，它制約著將要發生的事情；它表現有先見和預測的可能性。過去、未來跟現在的聯合在每一次對意義的覺察中都顯現出來，而只有當人們把意識無故地跟自然割裂開來的時候，而且當人們否認自然界具有時間性和歷史性的時候，這種聯合才會成爲一件神祕的事情。當意識是跟自然連繫著的時候，這個祕密就變成了一個明白的啓示，揭示出自然中有效能的東西和圓滿終結的東西在功能上乃是相互滲透的。

第九章　經驗、自然和藝術

在希臘人看來，經驗係指一堆實用的智慧，是可以用來指導生活事件的豐富的洞察力。感覺和知覺乃是經驗所具有的機緣，它們供給經驗以有關的材料，但它們自己卻並不構成經驗。當加上保持作用而在許許多多被感覺和被知覺的情況中有一個共同的因素抽繹了出來，因而在判斷和執行中可以爲我們所用的時候，感覺和知覺便產生了經驗。按照這樣的理解，經驗就在優良的木匠、領港者、醫師和軍事長官的鑑別力和技巧中顯現出來，經驗就是藝術。現代的學說曾經十分恰當地把這個名詞的應用加以擴充而包括了許多希臘人所不稱爲經驗的事物，如單純地有些疼痛和痛苦或者在眼前有許多顏色的閃動。但是，我認爲即使那些贊成這樣廣義用法的人，也會承認只有當這樣的「經驗」變成洞察或一種所享有的知覺時，它們才算是經驗，而且他們會承認只有如此他們才以這種尊重的意義來說明經驗。

不過，希臘的思想家們，在把經驗跟所謂理性和科學的東西加以比較時，是輕視經驗的。但是他們輕視經驗的根據並不是現代哲學中平常所提出的理由；並不是因爲經驗是「主觀的」。反之，經驗被認爲是宇宙力量的眞正表現，而不是一種完全爲動物或人類本性所特有的屬性。它被視爲比較低級的自然部分的現實，而這些部分是受機遇和變化所侵蝕，是宇宙中具有較少眞實性的部分。因此，當我們說經驗就是藝術的時候，藝術反映自然的偶然的和片面的情況，而科學——理論——則顯示其必然的和普遍的情況。藝術產生於需要、匱乏、損失和不完備，而科學——理論——則表現實有的豐滿和完整。因此，這種輕視經驗的觀點和把實踐活動視爲低於理論活動的這樣一個見解是完全一致的，它認爲實踐活動是有所依附的，是從外邊推動的，顯得缺乏眞實性，而理論活動是獨立的和自由的，因爲它是完備的和自足的，它是完善的。

和這個前後一貫的主張相反，我們發覺現代的思想中卻有一種奇怪的混合物。後者感覺到沒有責任提出一個把藝術和自然結合一起的關於自然存在的學說；反之，它時常主張科學或知識乃是自然唯一眞實的表達方式，而在這樣的情況之下，藝術就必然是任意地附加於自然之上的一種東西了。但是現代的思想也把發揚科學和讚賞藝術，尤其是美術或有創造性的藝術，結合在一起。同時，它保留了古代重理論輕實用的實質，不過以一種不同的語言加以陳述，大致是說，知識涉及客觀實在的本身，而在所謂「實用」的情況中，客觀實在就被欲望、情緒和努力等主觀因素所改變，並在認識上被歪曲了。然而在它讚美藝術時，它沒有留意到在希臘人的觀察中最顯著的這樣一個事實——即美術和工業技術都是屬於實用方面的事情。

人們幾乎普遍地把藝術的和美感的東西混淆不清，而這種混亂的狀況一部分是這種情況的原因，而一部分也是它的結果。一方面，是對付身外的材料和能量的行動，把這些材料彙集起來，加以精煉、安排和布置，以致它們所形成的這種新的狀態產生了一種爲它們原來所未曾產生的使人滿意的狀況——這一個公式既用來說明美術，也用來說明工藝。而另一方面，則是伴隨著視覺和聽覺所具有的一種愉快之感，沉醉於對象的感受欣賞和類化，而對於自己也參與在產生這些對象的活動過程中的情況則置之不顧。如果我們承認這兩件事情是有區別的，那麼我們是否用「美感的」和「藝術的」或別的字眼來說明這個區別，這都沒有什麼關係，因爲這不是一個在文字上的區別，而是在對象上的區別，但是這個區別必須在某種形式之下予以承認。

希臘藝術所由產生的這個社會範圍是小的，在生產和消費之間還沒有很多的和複雜的中間媒介，生產者實際上是處於一種奴隸的地位。由於生產和可以享受的結果是緊密連繫著的，這些希臘人在他們知覺上的利用和享受中對於匠人及其工作絕不是完全不意識到的，而且即使當他個人完全沉溺於愉快的靜觀之中時也不是這樣的。但是藝術家就是一個匠人（藝術家一詞絲毫沒有現代用法中所具有的那種帶有頌揚性質的含義），而且既然匠人處於一個較爲低下的地位，那麼對任何藝術作品的享受，跟對那些不需要手藝活動就能現實出來的對象的享受，就不是處於同等地位的。理性思維的對象，靜觀領悟的對象，就是符合於不受需要、勞動和物質的約束的這個特點的唯一的東西。只有這種對象是自足的、自在的、自明的，所以對它們的享受比對藝術作品的享受是占有較高地位的。

這些見解是彼此一致的，而且跟當時的社會生活條件也是一致的，現在我們卻把許多彼此既不一致而又不與我們現實生活的情調相符的概念混雜地結合在一起。雖然認識活動的實踐，已經跟工藝活動的程序打成一片了——即包括有處理和安排自然力量的行動在內——但大多數的思想家卻仍然把知識視爲對最後實體的直接掌握。再者，在說科學是掌握實在的同時，「藝術」卻並未視爲低級的東西而同樣地受到尊重和頌揚。而且當人們在藝術內部把生產和欣賞區別開來的時候，通常是作品的生產受到主要的尊重，因爲它是「具有創造性的」，而鑑賞是比較爲個人所有的和被動的，因爲它的內容依賴於從事創造的藝術家的活動。

如果希臘哲學把知識視爲靜觀而不是把它當作一種創作藝術是正確的，而且如果現代哲學也接受這個結論，那麼唯一邏輯的途徑就是相對地輕視一切生產形式，因爲它們是一些實踐的方式，而按照概念上講來，實踐的方式是低於靜觀的。於是藝術的東西便較次於美感的東西了；「創造」較次於「鑑賞」的了，而科學工作者——正如我們意味深長地說——在等級上和在價值上比享受他的勞動成果的藝術消遣者都是較爲低下的。但是如果現代把藝術和創造放在第一位的趨勢是有道理的，那麼我們就應該承認這個主張的含義而予以貫徹。於是我們就會看到，科學就是藝術，而藝術就是實踐，而唯一值得劃分的區別不是在實踐和理論之間的區別，而是在兩種實踐的方式之間的區別：一種實踐方式是不理智的，不是內在地和直接地可以享受的，而另一種實踐方式則是富於爲我們所享有的意義的。當我們開始有了這樣的覺察時，這就將十分明白了，藝術——這種活動的方式具有能爲我們直接所享有的意義——乃是自然界完善發展的最高峰，而「科學」，恰當的說，乃是一個婢女，領導著自然的事情走向這個愉快的途徑。因此，使當前思想界感到苦惱的這種分裂，即把一切事物劃分成爲自然和經驗，把經驗劃分成爲實踐和理論，藝術和科學，把藝術劃分成爲工藝和美術，卑賤的和自由的等等，都會消逝了。

因此，我們從其含蓄的意義方面來講，把經驗當作是藝術，而把藝術當作是不斷地導向所完成和所享受的意義的自然的過程和自然的材料，在這個論點中就把以前所考慮過的一切論點都總結在內了。思想、智慧、科學就是有意地把自然事情導向可以爲我們直接所占有和享受的意義。這種指導——即操作的藝術——本身就是一件自然的事情，在這件事情的過程中，原來片面而不完備的自然變得十分完滿；因而有意識的經驗的對象，當它們被反省地選擇出來時，便形成了自然的「終結（目的）」。形成經驗的行動和遭受，按照經驗是理智的或富有意義的程度，成爲動盪的、新奇的、不規則的東西跟安定的、確切的和一致的東西所形成的一種聯合——這也就是說明藝術的和美感的東西的一種聯合。因爲只要是有藝術的地方，偶然的和進行著的東西跟形式的和重複的東西便不再是向著相左的目的發生作用，而是在和諧的狀態之中混合在一起了。而且有意識的經驗，即時常被簡稱爲「意識」的明顯特徵，就是在其中具有工具性的東西和最後的東西，作爲記號和暗示的意義和直接被占有被遭受和被享受的意義，都結合而成爲一體了。而所有這些事情，對藝術而論則尤爲眞實。

於是藝術首先就是自然中一般的、重複的、有秩序的、業已建立的方面和它的不完備的、正在繼續進行著的，因而還是不定的、偶然的、新奇的、特殊的方面所構成的一個融會的聯合；或者如某些美學體系曾在實質上宣稱過的，雖然他們所用的名詞是沒有經驗上的根據和意義的，藝術乃是必然和自由的一種結合，多和一的一種協調，感性和理性的一種和解。關於任何藝術的動作和產物，我們可以說以下兩點必然都是對的：在藝術中，對任何部分的改變都勢必不可避免地也改變了全部，同時，藝術的發生乃是自發的、意料之外的、新鮮的、不可預測的。在藝術中，無論把它當作是一種動作或是一個產品，總是出現有比例、經濟、秩序、對稱、組合，這是一件衆所周知之事，已無需加以詳論。但是意料之外的結合和過去未曾實現過的可能性後來的顯現也同樣是必要的。「在激動中的寧靜」（repose in stimulation）乃是藝術的特徵，秩序和比例，如果它們是唯一的東西，也就會立即枯竭；經濟本身就是一個討厭的和具有拘束力的監工。當它使人鬆弛的時候，它就是藝術的了。

自然界基本的一致性使得藝術具有形式，因而這種一致性愈是廣泛和重複，藝術就愈「偉大」，但有一個條件——而這個條件卻顯示出了藝術的特點——即這種一致性要跟對新穎的驚奇和對無理的寬容不可以分辨地混合在一起。「創造」可以說得含糊而神祕，但它係指藝術中某些眞實而不可缺少的東西而言。單純完成的東西並不是美好的，而只是終結了，做完了，而單純「新鮮」的東西，正如這個詞的俚語用法所指出的，就是魯莽無禮[1]。詩的「魔力」——而有所孕育的經驗是具有詩的性質的——就是舊有的意義由於它通過新的事物表現出來後所產生的啓示。它所放射出來的光芒過去在大陸上和海洋裡都是從未見到過的，而今後卻成爲永久對於對象的普照明光。音樂在其直接的發生狀況中乃是藝術中最爲變化多端而輕鬆微妙的，但是它的條件和結構卻是最爲機械呆板的。這些事情都是衆所周知的；但是在通常還未曾利用這些事情的意義來證明一個關於自然之本質的學說之前，我們引述它們是沒有表示歉意的理由的。

【1】「fresh」普通作「新鮮」解，但按照美國俚語的用法，又作「魯莽」、「無禮」、「驕傲」等解釋。——譯者注

界說藝術的兩極，一方面是機械習慣的東西，而另一方面是偶然的衝動。當生活的缺陷和煩惱是如此明顯地由於人們把藝術跟盲目的機械和盲目的衝動兩下分開的緣故時，如果我們再把科學和藝術對立起來的話，這是沒有什麼價值的。機械呆板表示自然界的一致性和重複，而動盪不定則表示其混亂的開端和偏差。如果把這個方面孤立起來，每一單個的方面都是既不自然的，又不藝術的，因爲自然就是自發性和必然性、有規則的和新穎的東西、已完成的東西和剛開始的東西，這樣兩個方面的相互交叉。我們反對好些當前的實踐情況，因爲它是機械呆板的，這是正確的，而同樣正確的是：我們反對好些我們當前的享受情況，因爲它們是逃避強迫勞役的一種狂熱。但是如果我們把對我們實際生活中好些在品質方面的合理的反對轉變成爲對於實踐的一種描述和說明，這就無異於我們把我們反對庸俗的消遣、無聊的娛樂和沉湎於酒色的正確意見轉變成爲一種清教徒式的對於快樂的厭惡。把工作、生產活動當作是爲了單純外在目的而進行的動作的這個觀念，和把快樂當作是使心靈服從於肉體上的興奮刺激的這個觀念，原來就是同一個觀念。第一個概念標誌著把活動跟意義分隔開來，而第二個概念標誌著把感受跟意義分隔開來。如果經驗已不成其爲藝術，如果在自然中有規則的、重複的東西和新奇的、不定的東西不再在一種具有內在的和直接所享受的意義的生產活動中彼此互相支持和互相溝通，那麼上述的兩種分隔開來的情況都是不可避免的。

因此，我們的主題已在不知不覺中轉入手段和後果、過程和產物、有工具性的東西和圓滿終結的東西之間的關係問題了。如果任何活動同時是這兩方面，既非在兩者之中選擇其一，也非以其中之一代替另一，那麼這種活動就是藝術。生產和消費的分隔是一件通常發生的事情。但是如果為了提高圓滿終結這一方面的地位而強調這種分隔情況，這既沒有說明或解釋藝術，也沒有說明或解釋經驗。這使得它們的意義晦澀不明，結果把藝術劃分成為工藝的和美術的；如果我們把這些形容詞放在「藝術」的前面而作為字首，它們就毀滅和破壞了「藝術」的內在意義。因為，只是有用的藝術就不成其為藝術而只是機械習慣罷了；而只是美術的藝術，也不成為藝術，而只是消極的娛樂和消遣，其所不同於其他的縱情享樂之處，僅在於它還需要一定的鍛鍊或「修養」而已。

確有一些不具有直接被享受的內在意義的活動，這是不可否認的，它們包括我們在家庭裡、在工廠裡、在實驗室和書房裡很多的勞動，不能利用語言的誇大方法來把它們稱為是藝術的或美感的。然而它們卻存在而且帶有強制性，因而使得我們不能不在某種程度上去注意它們。所以我們樂觀地稱它們是「有用的」而置之不顧，滿以為把它們稱為有用的之後我們就已經似乎解釋和說明了它們之所以發生的道理。如果有人問：「對什麼有用？」我們就必須檢驗它們實際的後果，而當我們一經真實地和全部地面臨到這些後果時，我們大致會找到理由來把這類活動稱為有用的，而不是有害的。

我們稱它們是有用的，因為我們忽然任意地不去考慮到它們的後果。我們只注意到它們產生某些物品的效力；我們並沒有追問它們對於人類生活和經驗的性質發生了什麼影響。它們對於做鞋子、建房子、製汽車、造貨幣以及其他當時可以拿來使用的東西是有用的；探索和想像到這裡便停頓了。它們由於狹窄的、痛苦的和殘缺的生活，由於擁塞的、忙碌的、混亂的和奢侈的生活也造成了一些後果，而這些後果卻被忘卻了。但是所謂有用就是滿足需要，人類特有的需要就是去占有和欣賞事物的意義，而這種需要在傳統的對於「有用」這個概念中卻被忽視而未曾予以滿足。我們把利用跟某些事情和動作和它們所產生的其他事物之間的外在關係等同起來，因而我們把對於利用這個觀念最主要的唯一東西，即在經驗中的固有地位和影響卻遺漏了。我們把某些藝術當作僅僅是具有工具性的這個概念進行歸類上的利用，因而處理了人類大部分的活動，這並不是一個解決問題的界說；毋寧說它只是表達了一個重大的和迫切的問題。

同樣的說法可以應用到單純的美術或最後的藝術和藝術作品這個概念上。以事實而論，這個概念所指的事物可以歸爲三類。有所謂「自我表現」的活動和感受，有時把它用來當作是具有推崇的意義的，在這樣的情況之下一個人任意放縱他自己，把自己內心的狀態自由地流露出來而不涉及那些爲理智的溝通所依賴的環境條件——這種動作有時也稱爲「情緒的表現」，於是它便建立了一個說明一切美術的界說。我們容易處理這樣的藝術，我們可以把它稱爲是自我中心主義在其他事業方面遭遇到障礙之後所產生的一種結果。但是這樣處理的辦法忽視了一個比較重要的地方。因爲一切藝術總是把這個世界製造成一個不同的生活處所的過程，而且還包括有抗議和補償行爲的一方面，在這些表現中存在的這種藝術其產生的原因在此。這種抗議之所以變成主觀武斷的和這種補償行爲之所以變成任意偏執的，這是由於在意義的溝通之中受到了挫折的緣故。

除了這個類型以外——而時常是和它相混雜的——還有一種在新的方式或新的手藝中從事實驗的活動，在這種情況下，作品所具有的這種顯得奇異和過分個人主義的特徵，是由於對於現存技術的不滿而還帶著有一種尋求新穎的語言方式的企圖。除了這一點以外，它或者是推崇這些表現，似乎它們在人類歷史上第一次構成了藝術，或者是貶責它們，而不承認它們是藝術，因爲它們粗暴地脫離了公認的法規和方法。向這個方向發展的某種運動一向是促使一些新形式成長的一個條件，一向是使藝術從所謂學院藝術的致命的停頓和衰退中解放出來的一個條件。

還有數量上龐大的所謂美術：稱爲建築藝術的房屋建築；稱爲繪畫藝術的圖畫創作；稱爲文藝的小說、戲劇等等的寫作；這一類的產品其實大部分是一種商業工藝的形式，生產一類的貨品以備那些有錢而想維持一種爲社會習俗所公認的特殊地位的人們來購買。正如前兩種方式特別地重視在一切藝術中所不缺少的那種特殊性、偶然性和差異性的因素，有意地誇耀自己避免了自然界的重複和秩序；同樣，這一種方式則頌揚有規律的和完成的東西。與其說它是紀念被經驗的事物所具有的意義，毋寧說它是對這些意義的回憶。它的產品使得它們的所有者回想到一些在記憶中是愉快的雖在直接的經歷中是痛苦的東西，而且它也使得其他的人回想到它們的所有者所曾經達到的那樣一種使他有可能來培養和點綴他的閒暇的經濟水準。

在這三類的活動和產品中，顯然沒有任何一類或者它們結合在一塊兒足以顯示出任何能夠被明確地稱爲美術的東西。它們所具有的性質和缺點是許多其他的動作和對象所共有的，但是幸而這三者中每一類可以跟任何一類混合起來，而且尤其幸運的是，可以沒有混雜地發生一種突出優越的活動和產品。當活動能夠產生一個足以激起不斷刷新的愉快心情的對象時，就會發生這種情況，這種情況要求這個對象及其後繼的結果要具有無限的工具作用以產生新的使人滿意的事情。因爲否則這個對象很快就枯竭了，而人們對它就感到饜足了。如果任何人思考一下這個衆所周知的事實：即衡量藝術作品的尺度就看它們能否吸引和抓住人們的觀察而使他們無論在什麼條件下接觸它們時都會感到滿意，而品質差一些的東西立即就失去了抓住人們注意力的能力，而在以後的接觸中就變成漠不相干或冷淡無味的了，這就確切地證明了，一個眞正的美感對象並不是完全圓滿終結的，而是還能夠產生後果的。如果一個圓滿終結的對象不也是具有工具作用的，它不久就會變成枯燥無味的灰塵末屑。偉大藝術所具有的這種「永垂不朽」的性質就是它所具有的這種不斷刷新的工具作用，以便進一步產生圓滿終結的經驗。

當我們留意到這個事實時，我們也就看得出，把藝術的美的性質僅限於繪畫、雕刻、詩歌和交響樂，這只是傳統習俗的看法，甚或只是口頭上的說法而已。任何活動，只要它能夠產生對象，而對於這些對象的知覺就是一種直接爲我們所享受的東西，並且這些對象的活動又是一個不斷產生可爲我們所享受的對於其他事物的知覺的源泉，就顯現出了藝術的美。有各種的動作直接使得這種精神重新振作和繼續擴大，並且它們是生產新對象和新性向的工具，而這些新對象和新性向又回過來能夠產生進一步的精煉和充實。道德家們時常把他們所認爲優良的或合乎道德的行爲當作完全是最後的，而把藝術和感情當作單純是手段。美學家則背道而馳，把良好的行爲當作是達到一種後來外在的快樂的手段，而只有美感欣賞本身才被稱爲是美好的，或者說，只有那種奇怪事情本身才是一個終結（目的）。但是這兩方面都認爲：這些所謂手段的東西，在它們卓越地產生果實時，它們本身也是一種直接的滿意狀態。它們就是它們本身之所以存在的理由，這正是因爲它們負有一種加速領會、擴大眼光、精煉鑑別力、創造爲進一步的經驗所證實和加深的欣賞標準這樣一個使命。當我們堅持它們所具有的非工具性的特徵時，看起來幾乎好像是指一種不確定地擴張的和放射的工具效能而言。

這種錯誤的根源在於我們有一種習慣，把並不是手段的東西也稱之爲手段；這些東西只是另一些東西發生的外在的和偶然的先在因素。同樣，除了偶然的情況以外，並非目的的東西也被稱爲目的，因爲它們並不是通過一種手段而達到的滿足狀態、圓滿終結的東西，而僅僅是結束一個過程的最後一端。因此人們時常說，工人的勞動乃是他的生計的手段，然而除了在最微細的和任意的方式以外，它跟他的眞實生活並沒有什麼關係，即使他的工資也不是他的勞動的目的或後果。他可以從事成百件其他工作中的任何一件工作，作爲收入的一個先決條件——他經常就是這樣做的——而且是做得一樣好或一樣壞。當前流行的關於工具性的這個概念，由於人們有這種把它用於以上的這類情形的習慣而深刻地受到了損害，因爲在上述的情況中，並不是對於手段的一種運用，而只是去從事某一件工作，作爲另一件需要的事情發生的一個強制的前提的那種強制的必要性。

手段總至少是原因條件；但是只有當原因條件再具有了一種附加的條件時，它們才是手段；這個附加的條件就是這些原因條件由於我們覺知它們跟我們所選擇的後果之間的連繫而隨意地被我們所使用。考慮、選擇和完成某種事情而把它當作是一個目的或後果，就勢必對於作爲其手段的任何事情和動作也要具有同樣的愛護和關懷。同樣，後果、目的至少總是原因所產生的結果；但是結果並不是目的，除非思維已經知覺和自由選擇作爲它們先決條件的這些條件和過程。把手段當作是卑賤的具有工具作用的東西和僕從的這個看法，不僅僅是把手段貶責爲強制的和外在的必要性而已。它使得一切賦有目的這個名目的事物都成爲特權的一些附著物，而「利用」這個名稱則變成了替那些不屬於優越而合理的生活之組成部分的事物進行辯護的一個理由。現在生計並不是一個工資勞動者的勞動所產生的後果，而不如說它是形成這個經濟制度的其他許多原因所產生的結果，因爲勞動僅是這些其他原因的一個偶然的附屬物而已。

油墨和操作處理的技巧乃是作爲目的的一幅圖畫的手段，因爲這幅圖畫就是它們的結合和組織。聲調和耳朵的感受性在適當的交相作用時就是音樂的手段，因爲它們構成、造成音樂，同時也就是音樂。一種美德性向乃是達到一定性質的快樂的一個手段，因爲它也是構成那種美德性質的一個組成部分，而這種快樂又回過來是達到美德的手段，因爲它也保持著美德性質。麵粉、水分和酵母乃是做成麵包的手段，因爲它們是麵包的內含成分；麵包是生活中的一個因素，而不僅是維持生活的一個手段。一個良好的政治制度、忠誠的員警系統和有能力的司法官員，乃是達到這個社會的繁榮生活的手段，因爲它們是那個生活中的統一的部分。科學是藝術所具有的工具，而且也是達到藝術的工具，因爲它就是藝術中的理性因素。有一句平凡的話說，如果一隻手不是屬於一個生活著的機體的一個器官——一個均衡的活動體系中的一個活動著的協調部分——它就不成其爲一隻手，這句話卻非凡地適用於所有一切作爲手段的東西。手段—後果的連繫永遠不是在時間上單純連續的一種連繫，作爲手段的這個因素過去了、消逝了，而這個目的便開始了。一個主動的過程是在時間中開展出來的，但是在每一個階段和每一點上總有一種積累，逐漸地累積和組合起來而變成了後果的組成部分。一個**對於**產生一個目的眞正具有工具作用的東西，也總是這一個目的的**所具有的**器具，它使得它所由體現出來的對象繼續地具有效能。

把某些東西當作單純的手段而把另一些東西當作單純的目的，並在這兩者之間加以分隔的傳統思想，乃是勞動階級和有閒階級之間、並非也是圓滿的生產和不從事生產的圓滿終結之間的分別存在的一種反映。這種區別不**僅僅**是一種社會現象，它體現著在人類的水準上所保持著的屬於動物生活中所具有的一種在需要和滿足之間的區別，而這樣的區分又表現自然中在失去均衡的、緊張的情境和已經達到均衡的情境之間所存在的這種機械的外在關係。因爲在自然中，在人類以外，除了事情是在「發展」或「進化」中結束的（在「發展」或「進化」中，過去歷史的後果是在新的效能中繼續積累地前進著的）以外，先在的事情總是發生一件具有直接的和靜止的性質的事情的外在的、有過渡性的條件。以動物而論，動作對於它是沒有意義的，在滿足需要時所要求的環境的變化本身是沒有意義的；這類的變化乃是屬於自我中心的滿足狀態範圍的一個純粹的偶然之事。先在事情和後果之間在物理上的外在關係被繼續保持下來；它在人類的工業中也同樣繼續下來，在人類工業中勞動及其原料和產物乃是維持生活的一些在外在上有強制性的必需品。因為希臘的工業大部分是建立在這樣一種奴隸勞動的水準上，一切工業的活動都被希臘思想認為是一種單純的手段，一種外在的必需品，可以由此而得到的滿足便被認為是孤立地屬於純動物性質的目的或好處。對於一個真正人類的和理性的生命而言，它們便絕不是目的或好處，而只是「手段」，那就是說，它們只是一些外在的條件，它們乃是自由人，尤其是那些專心致力於追求自由之極峰、純思維的人們所過著的和享受的生活所必需的有強制性的先決前提。亞里斯多德曾經從這個假定的前提得到了一個公正的結論，他說，人們是有階級的，而這些階級的人們乃是這個社會的必需材料，但卻不是屬它的主要部分。在這個結論中他說：「當有一個東西是手段而另一個東西是目的的時候，在它們之間是沒有什麼共同之點的，而所有的只是一個是手段，在生產，而另一個是目的，在接受所產生的結果。」他的這句話就概括地說明了手段和目的之間這種外在的和強迫的關係的全部原理。

因此，下面這一點看來幾乎是自明之理了：哲學傳統中曾經採用在具有工具作用的東西和最後的東西之間的區分來當作一種解決問題的結論，但這種區分其實卻引起了一個根深蒂固而牽涉得很廣泛的問題，甚至我們可以把它稱為關於經驗的最基本的問題了。因為人們的一切理智的活動，無論是表現在科學中的、美藝中的或社會關係中的，都是以把因果結合、連續關係轉變成為一種「手段—後果」的連繫，轉變成為意義，作為它們的工作任務的。當這個任務完成的時候，結果就是藝術：而在藝術中手段和終結（目的）是一致的。只要所謂手段仍是外在的和屬於僕從地位的，而所謂終結（目的）乃是所享有的對象，而這些對象進一步成爲其他事物之原因的地位又是尚未爲人所知覺到，被人們所忽視或者否認的話，這種情境便是藝術具有侷限性的正面證明。在這種情境所包含的許多事情中這個問題**還未**曾得到解決；即把物理的和動物的關係轉變成爲標誌著自然的可能性的各意義之間的連繫的問題還未曾得到解決。

無疑地，人類是作爲物理的和動物的自然界中的一部分而開始的。當他在一個嚴格的物理的水準上反應物理的事物時，他和任何其他的東西一樣，只是被拖拉和推撞、被壓裂、被粉碎，被高舉在事物波濤的頂上。他的接觸、他的遭受和行動都只是一些直接交相作用的事情。他是處於一種「自然狀態」中。像一個動物一樣，甚至像一個處於猛獸水準的動物一樣，他設法使某些物理的事物服從於他的需要，把它們變成維持生命和促進成長的原料。但即使在這時候，作爲滿足需要之原料的事物以及獲取和利用它們的這些動作，還不是對象或具有意義的事物。欲望本身是盲目的，這一點是明顯的；它可以推動我們而得到一種安適的結果而不是遭遇到災難；但我們完全同樣是在被推動著。當人類知覺到欲望的意義，知覺到它所導致的後果，而這些後果又在反省的想像中加以試驗，其中有些看來是彼此一致的，所以可以同時共存和排列成爲一系列的成就，而另有一些則看來是各不相容的，既不容許在同一時間結合起來，而在一個系列中又是彼此發生阻礙的——當我們達到了這樣一種境界時，我們便生活在人類的水準上了，我們在從事物的意義方面去反映事物。一個因果之間的關係已被轉變成爲手段和後果之間的關係了，於是後果便**完全**屬於可以產生它們的條件，而後果又是具有特徵和區別的。原因條件的意義也轉入了後果之中，因而後果就不再是一個單純的終結，一個最後的和結束的停頓點。它在知覺之中突顯出來，它顯得具有了它所包含的條件所具有的效力，這種後果所具有的滿足和圓滿終結的價值，是可以用以後滿足需要和使需要受到挫折的情況來衡量的，而它由於組成它的原因的手段而對於以後所產生的滿足需要和使得需要受到挫折的情況是有所貢獻的。

因此，意識到意義或具有一個觀念就標誌著一個結果，對於事情之流變所享受到或遭受到的一個停頓之點。但是有各種各類知覺意義的途徑，有各種各類的觀念。意義也許是根據一些被我們匆匆地突然獲得而跟它們的各種連繫脫了節的後果來決定的，於是便阻礙了一些比較廣泛而持久的觀念的形成；或者我們也會覺察到一些意義，獲得一些觀念，它們既有廣泛而持久的範圍而又有豐富細緻的區別。後一類的意識就不僅是一個轉瞬即逝的和膚淺的圓滿結果或終結：它吸收了許多的意義在內，而這些意義包含著各方面的存在物，是融會貫通的。它標誌著長期繼續努力的結果，標誌著堅持不倦的尋索和檢驗的結論。簡言之，觀念就是藝術和藝術作品。作爲一種藝術品，它直接解放了以後的行動，而使它在創造更多的意義和更多的知覺中獲得更爲豐富的果實。

這樣的一些成就，跟物理的和動物的自然界大部分所表現出來的經驗比較起來，是多麼稀少而不穩定，認識到這一點乃是我們智慧的一部分。我們所有的自由而豐富的觀念，我們由於創造藝術而獲得的適當的欣賞，乃是被一個不可克服的汪洋大海所包圍著的，在這個汪洋大海中，我們到處都遇到許多未知的力量所產生的偶然事件而命定地被捲入許多預見不到的後果中去。在這裡，的確我們是過著一種奴僕的、卑賤的、機械的生活；而且在我們這樣的生活中有時有些力量盲目地引導我們達到了我們所喜歡的終結，而有時我們又被帶入一些我們所盲目反抗的條件和結果之中去。結果，我們如古典思想一樣，把這種方式之下所遇到的滿足狀態稱之爲「終結（目的）」而把這個字眼用來具有一種推崇的意義的話，我們其實就是宣布我們是從屬於偶然事件的了。我們的確可以享受命運之神所賜予我們的好處，但是我們卻應該要認識到它們是怎麼一回事，而不應該全盤地肯定它們是好的和正當的。因爲既然它們並不是通過任何藝術而達到的，因而其中就不包含有審愼地選擇和安排力量的過程，我們就不知道它們具有什麼意義。有一個古老的故事說得很對：命運之神是反覆無常的，而且在祂使得祂親愛的人們沉醉於富貴繁華之中以後，又喜歡把他們毀滅掉。藝術的好處並非不如自然的賦予那樣好；此外它們還帶有一種睜亮了眼睛的自信心。它們是有意識地運用手段而得到的果實；它們是一種滿足狀態，而這種滿足狀態又由於我們有意識地控制業已參與其中的原因條件而產生進一步的後果。除了命運之外就只有藝術，而意義和工具的價值跟結果分開乃是命運的精蘊，文化中祕傳的特徵和宗教中超自然的特性都是這種分隔狀況的表現而已。

現代思想曾經在形式上拒絕信仰自然目的論，因爲它發覺希臘和中古的目的論是幼稚而迷信的。然而事實總有辦法迫使人們承認事實本身，很少有科學著作不在某一點上加入這種關於傾向的觀念。這種關於傾向的觀念在它本身中一方面排斥了預先的設計，而同時又包括有傾向於一個特殊方向的運動在內，這個方向或者是被推進了或者遭受到抵抗和挫折，但它卻是內在存在的。方向包含有一個限制的地方，有一個終極的頂點或目標和一個開端的出發點。肯定一個方向和預先意識到一個可能的運動終點，這是同一事實的兩種說法。這樣的意識也許是具有宿命論的色彩的；它是一種不可避免地要走向臨頭的劫數的感知。但是它也可以是包含有一種對意義的知覺，因而可以靈活地指導一個前進的運動。於是這個終結便是一個在預見中的終結（目的），而且是在每一個前進的階段上經常地和累加地重新加以改進的。它不再是一個處於導致這個終點的條件以外的終止點；它是現有傾向所具有的繼續發展著的意義——這種在我們指導下的事情就是我們所謂的「手段」。這個過程便是藝術，而它的產物，無論是在哪一個階段上所得到的產物，便是一種藝術作品。

在一個建築房屋的人看來，在預見中的終結並不只是經過許多足夠的和適當的強制運動之後而達到的一個遙遠的和最後的目標。這個預見中的終結乃是一個計畫，它是在選擇和安排材料時同時發生作用的。這些材料如磚瓦、石頭、木料和灰泥等，只有當這個預見中的終結實際體現在它們之中，實際構成它們時，才成爲手段。其實，這些材料就是這個預見的終結所實現的現階段。這個預見的終結在這個過程的每一個階段上都表現出來；它是作爲這些所運用的材料和所進行的動作所具有的意義而出現的；如果這些材料和行動沒有表現出這種意義的話，它就不能算是「手段」；它們只是一些在原因上的外在條件而已。這句話是從事情的發生上來講的；它也可以同樣用來說明每一個階段上的情況。當建築工程完成的時候，這所房屋並不是「唯一的終結」。它標誌著把一定的材料和事情組織成爲有效手段的結果；但這些材料和事情仍然在跟其他事物發生著因果上的關係。這時候預先看見了新的後果；抱著新的目的、預見中的終結，而這些預見的後果、目的體現在業已造成的這個東西所具有的協調配合之中，不過這時候這個業已造成的東西變成了材料，有意義的材料，跟其他的材料在一塊兒，因而也就變成了手段。這個建築房屋的過程服從於許多嚴格的外在條件，因而如果我們不考慮這個過程，而以一個具有自由伸縮性的活動過程，如畫一幅圖畫或思考一個科學過程等來說明我們的問題，如果我們是帶藝術性地從事這些活動，上述的那種情況就會更爲清楚些。自由藝術的每一個過程都證明了手段和終結之間的差別乃是在分析上的、在形式上的，而不是在材料上和年代上的差別。

以上所述使我們能夠重新說明作爲客觀上有所創作的藝術和美感的東西之間的區別，雙方面都包含有一種對於意義的知覺，而在這種知覺中，具有工具性的方面和圓滿終結的方面乃是在一種特殊的情況之下互相交離著的。在美感的知覺中，一個爲意義所滲透的對象是直接所給予的；它也許被視爲理所當然的；它邀請和等待著人們直接專有的享受。在美感對象中感知到有一種產生結果的傾向；在這種對象中體現出一種手段—後果的關係，好像他用過去雙手創造出來的東西曾經經過了上帝的鑑定而宣稱是好的東西一樣。這種好不同於色情上的滿足；後者是屬於所謂肉慾方面的而不是美感的，前者則是一些愉快的結局，而在這些結局發生時，我們並沒有預先知道業已成爲這些結局之一部分的這種關於材料和動作的意義。在沉溺於欣賞之中的狀態下，知覺便走向已經通過一種鬆弛和激動的方式而變成了愉快結局的傾向上去。

在另一方面，藝術的感知就是把傾向作爲可能性來加以掌握，這些可能性較之業已爲我們所達成的材料尤爲迫切地和帶強迫性地激起我們的知覺。雖然在欣賞和藝術創作這兩方面都直接感知、感受到這種手段和後果間的關係，但在欣賞中這個過程已經向著業已完成的方面下降；在藝術的創作中一個現存的圓滿終結狀況引起進一步知覺的這種情況占有主導的地位。因此，在存在中的藝術，即這個主動的創作過程，可以界說爲一種美感的知覺再加上我們對於美感對象所具有的效能的這種知覺，而這種知覺是起著操作作用的。在許多人看來，關於大多數所享有的知覺方面，這種對於可能性的感知，這種伴隨著對於詩歌、音樂、繪畫、建築或自然風景的欣賞而來的激動或興奮狀態，是散漫的和混亂的；它只有在直接而不明確的方式中發生效果。我們所享受的對於一個視覺景象的知覺，在任何情況中總是那個景象在其整個連繫中的一個函數，不過它連繫得並不合適。在某些得天獨厚的人們中，這種效果跟其他的稟賦和習慣適當地配合起來；它變成了技能的一個完整的部分，在創造一個新的欣賞對象的過程中發生著作用。不過這樣的結合統一是逐步前進的和帶有試驗性的，而不是在每一時刻上業已完成的。因此，任何有創造性的努力都是有時間性的，會遭遇到困難和波折的。從那個意義上講來，在一個平常人由於一個美感對象所激發出來的能量而在他的行動上發生的這種模糊而延遲的變化，跟一個有特殊天賦的人對於以後的動作所給予的這種特別而具有一定方向的指導活動之間的差別，歸根到底只是程度上的不同而已。

如果一個人不感知這種跟某一種後果的狀態結合在一起而發生作用的運動傾向，那麼他就只有情慾上的滿足而絲毫也沒有所謂欣賞。對運動傾向的感知使我們緊張、刺激、興奮；對完成、圓滿終結的感知則給予我們以平靜、形式、尺度和組織。如果強調後者，則欣賞是屬於古典類型的。這個類型適合於這樣的條件：即如希臘人一樣，創作在專門的匠人中已經職業化了；它適應於對古代或遠方的成就所做的一種靜觀的享受，在這種情況之中條件不允許我們去從事仿效和類似的實際創造活動。任何藝術作品，當它持久地保持它所具有的這種能夠激起爲我們所享有的知覺或欣賞的力量時，它就立即變成古典的了。

在所謂浪漫主義的藝術中，這種超越於圓滿終結限度以外而發生作用的傾向感太過分了；對不現實的可能性的一種生動的感知附著在一個對象上面；但是它是用來提高直接的欣賞，而不是用來提高進一步的創作成就的。任何具有特別浪漫主義色彩的東西激起一種感覺，覺得所提示的可能性不僅僅超過了實際的現實，而且超過了任何經驗中能有效地達到的範圍。就這一點講來，有意帶有浪漫主義色彩的藝術乃是任意做作的，因而也就不成爲藝術。知覺上的興奮和激動的享受變成了最後的東西，而藝術作品是用來生產這些感覺的。對未曾達成的可能性的感知被用來作爲他們不去努力獲得成就的一種補償的代替物。因此，當這種浪漫主義精神侵犯到哲學領域時，在想像的情操中所呈現出來的這些可能性便被宣稱是實有本身眞實而「超驗的」（transcendental）實質。在完全的藝術中，欣賞追隨在這個對象之後，而且跟著它一同移動，直至它到達完成的境界；浪漫主義卻把這個過程顚倒過來，而把這個對象貶低爲一個激起一種預定的欣賞的機遇而已。在古典主義中，客觀的成就是基本的，而欣賞不僅服從於這個對象，而這個對象也被用來構成情操並給予特性。作爲一個主義來講，它的毛病就是它把心靈變成是客觀的所與；而把這樣的所與當作似乎是永恆的而且完全跟發生和運動分開的。擺脫了任何主義的桎梏的藝術既具有運動過程和創造，也有秩序和最後的結果。

所以，要在工藝和美術之間規定種類的差別，這是矛盾可笑的，因爲在藝術中就包含有在手段和終結（目的）之間的一種特殊的相互滲透的狀況。許多的東西由於社會地位的理由而被稱爲是有用的，有著反對和輕視它的意義。有時把事物說成是屬於低下的藝術，這僅僅是因爲它們便宜而爲普通人民所慣用。這些通常的日用品也許在後來的時代中還遺留著或者被傳到另一個文化中去，如從日本和中國傳到美國來，變爲稀有之物而爲一些鑑賞家所尋求，因而也就歸於美術作品之列了。另一些東西也可以被稱爲是美的，因爲它們的使用方式是裝飾性的或者是在社交上表示誇耀的。這是企圖作一種程度上的區別；我們說：當對一事物意義的知覺對某另一事物起一些偶然的作用時，這一事物便是屬於使用範圍以內的；而當這一事物的其他用處都服從它在知覺中的用處時，這一事物便是屬於美術範圍內的。這種區別有一種粗略的實用價值，但不能做得太過分。因爲在創作一幅畫或一首詩時，和在創造一個花瓶或建築一座廟宇時一樣，知覺也用來作爲達成某一些超越它本身以外的其他事物的手段。再者，雖然我們對於壺、罐、碗、碟等日用品基本上是從它們的某些用處去知覺的，但是對它的知覺本身也可以是爲我們所享受的。唯一的**基本**區別乃是在壞藝術和好藝術之間的區別，而這個區別，即在符合於藝術條件的事物和不符合於藝術條件的事物之間的區別，同樣可以用來說明有用的和美的東西。在意義中對結果的享受和產生結果的效力是互相滲透著的，而不同的產品能夠使知覺具有意義，不過這種意義的完備程度不同而已；但罐子和詩詞也可以同樣完全不具有這種能力。一種機械地設計和製造出來的用具的醜陋，和一幅粗俗不堪和僞製贗品的圖畫的醜陋，只是在內容或材料上不同；在形式上它們都是作品，而且是壞作品。

思維尤其是一種藝術，而作爲思維產物的知識和命題，也跟雕像和交響樂一樣，乃是藝術作品。思維的每一後繼的階段都是一個結論，而在這個結論中，產生這個結論的事物的意義就被概括起來了；而且當它被陳述出來時立即就成爲一道輻射在其他事物上的光芒——或成爲遮蔽它們的迷霧。一個結論的先在條件，也和一所房屋的那些先在條件一樣，是起著原因的作用和實際存在的。它們並不是邏輯的或思辨的，也不是一件有關於觀念方面的事情。當一個結論跟隨著一些先在條件時，從嚴格的、形式上的意義講來，它又不是跟隨著「前提」之後的。前提乃是把一個結論分析成爲它在邏輯上的理由根據；在有結論之前是沒有所謂前提的。結論和前提是經過了一個程序才達到的，而這個程序可以比爲在製造一個木箱時使用木板和鐵釘一樣；或者可以比爲在畫一幅畫時使用油墨和畫布一樣。如果所使用的是有缺陷的材料或者是粗枝大葉地和粗劣地把它們合併在一塊的，結果也是有缺陷。在某些情況中這種結果是稱爲無價值的，在另一些情況中，是稱爲醜陋的；在另一些情況中，這種結果是稱爲愚鈍的；在另一些情況中是稱爲浪費的、無用的，而在另一些其他的情況中又是不眞實的、虛僞的。但在每一種情況中，這個帶譴責的形容詞總是按照產生這個作品的方法去判斷所產生的這個作品的。科學的方法或者說構成眞實知覺的藝術，在經驗的進程中被肯定在著手其他藝術的時候去占有一個特殊的地位。但是這個獨特的地位只會使它更爲可靠地成爲一個藝術；它並沒有把它的產物，即知識，跟其他的藝術作品對立起來。

有效的具有認識作用的知覺是有其存在上的根源的，這一點有時在形式上是被承認而在實質上卻是被否認的；產生有效信仰的事情被稱爲是「心理的」，於是在心理學上所講的發生根源和在邏輯上所講的有效性之間便劃分了一個嚴格的區別。當然，在編纂字典時所用的名稱是沒有什麼特別重要性的；如果有人願意把知識和眞理的有效原因（efficient cause）稱爲是心理的，他完全有權利去這樣做——但他要承認這些作爲原因的事情所具有的現實特性。然而，這樣的承認將注意到，所謂心理的不是說是屬於心靈方面，或是屬於完全限於頭腦以內或「皮膚以下」所進行著的事情。從認識上覺察到一個對象，不同於在美感上覺察到一個對象，在這裡包括有外在的物理運動和在物理方面操縱的物理用具。在這些主動的變化中，有些變化產生了不健全的和有毛病的知覺；有些卻已被肯定是時常產生有效的知覺的。這個差別顯然跟建築或雕刻藝術被技巧地執行著或是被粗枝大葉地和不用適當的用具去進行時所產生的差別完全一樣。所以產生證實的信仰的這些活動手續，有時被稱爲是「歸納的」，在這樣的稱呼之中就含有一種不信任它們的意義，而比較起來，演繹的功能則被認爲具有一個比較優越的特殊地位。關於在這樣的界說之下的演繹，我們可以提出以下的幾點意見。第一，它跟與任何存在物有關的眞僞問題是絲毫沒有關係的。第二，它甚至也不涉及一致性或正確性的問題，除非在一種形式的意義之下，而按照這種形式上的意義講來（如以上所曾經指出過的），所謂一致性的反面並不是不一致性而只是無意義。第三，出現在演繹中的這些意義乃是過去的所謂「歸納」的研究所獲得的結論，那就是說，乃是通過適當的外在運動和用具去改變外在事物的一種試驗藝術所產生的結果。

在科學中實際所發生的演繹法，並不是像普通定義所界說的那樣的演繹法。演繹是直接處理意義彼此之間的關係的，而不是處理直接涉及存在的意義的。但是這些意義仍是這些意義的本身，而它們是藉助於採用和操縱的動作——一種語言的藝術——而彼此關聯起來的。它們具有理智上的重要性，而它們之所以加入科學方法之內而能產生豐富的結果，這僅僅是因爲它們是被它們以外的動作所選擇、運用、分隔和聯合起來的，而這些動作跟在實驗中使用儀器和其他物理的事物時有關的那些動作一樣，也是存在的和具有原因作用的。認知的動作，無論它是有關於推論或有關於證明的，總是具有歸納的作用的。當思維係指任何實際發生的事物而言時，這只有一種思維方式，即歸納的思維。如果有人認爲另外還有一種所謂演繹的思維，這種想法只是哲學中所普遍流行的這種把功能當作先在活動而把存在所具有的根本意義當作似乎是一種「實有」的傾向的另一證據。作爲一種具體的活動而言，演繹是豐產的而不是不結果實的；但是作爲一種具體的活動，它還包括有一種外在的採取和使用的動作，而這種動作是有選擇性的，有實驗性的，而且經常爲後果所核對的。

知識或科學，作爲一種藝術作品，好像任何其他的藝術作品一樣，賦予事物以它們前所未有的特性的潛能。所謂實在論所以對這個說法提出反對，乃是由於它把不同的時間混淆起來了。知識並不是一種歪曲或曲解，把**現在**不屬於它的題材所有的特性強加在這種題材之上；知識是一種動作，賦予非認識的材料一些爲它**過去**所未曾有過的特性。它標誌著一種變動，通過這樣一種變動，原來表現出機械能量特性的一些物理的事情，由推和拉、撞、彈、分裂和結合等關係而連繫起來的，現在具有了**前所未有過**的特徵、意義以及意義之間的關係。建築術並不是在木石之上加上一些不屬於它們的什麼東西，但確又在它們上面附加了一些它們在早期狀態中所沒有的特性和效能。建築術使木石在新的方式下交相作用，具有新的一系列的後果，因而便使它們具有了新的特性和效能。工程和美術都未曾把它們本身限制於模仿的再造或對於先在條件的描摹，不過它們的產品較之自然存在原先的狀態更加自然有效，更加「富有生命」，在認識的藝術及其作品方面也是如此。

科學在今天好像一個魔障似的處於一個信仰和願望的汪洋大海之中，這個原來似乎無法解釋的事實也從人們不承認知識爲藝術之產品這一點上得到了解釋。不過，要解除這個困難，在承認科學是一種藝術時，就必須不僅僅在理論上承認科學是人類爲了人類而造成的，雖然承認這一點大概是一個開端的初步。但是這個困難的眞正根源，在於這種認知的藝術現在僅僅限於這樣一個狹小的範圍以內。像任何貴重和稀罕之物一樣，它曾被人爲地加以保護；而且經過這樣一種保護，它已被非人化而成爲一個階級所專占。好像貴重的翡翠珠寶的首飾僅屬於少數人所有的一樣，這個科學寶飾也是如此。有些哲學理論曾把科學置於廟宇神壇之上，遠離生命的藝術而僅能通過一些特殊的禮節儀式才能接近，這些理論也是保持一種與世隔絕的壟斷信仰和保持一種在理智上的權威的專門技術的一部分。在我們對於事物之意義獲得正確的和自由的知覺這種藝術體現在教育、道德和工業之中以前，科學將始終是少數人所有的一種特別的奢侈品；在廣大的群衆看來，它將是包括遙遠的和玄妙的一堆古怪的命題，它們跟生活絲毫沒有關係；它只是在自發性上強加上規律而請出必然性和機械性來作證，以反對我們豐富和自由的願望罷了。

每一種錯誤都附帶有一種相反的和補償性的錯誤，因爲否則它立即就會自己揭露出來原因在形而上學上是優於結果的這種見解，便爲在美感上和道德上目的優於手段的這種見解所補償。我們只有把「目的」移置於原因和效能的領域之外，才能夠同時維持這兩種信仰。這一點今天已經做到了，首先是由於把目的稱爲內在的價值，而再在價值和存在之間畫上一道鴻溝。結果，由於科學必須要處理存在物，它就變成粗野和機械的了，而關於價值的批評，無論是在道德方面或美感方面的，就變成是書呆子氣的或有女人氣的，不是表達一些個人的好惡，就是樹立一系列沉重的規章條例。利用一些具有改進這種藝術的後果的方法去鑑別判斷，這是我們所需要做的事情，但這樣的事情很容易通過這些粗大的網眼而走漏出來了，而大部分的生活就在一種未曾爲思維研究所照耀過的黑暗中度過去了。只要這樣的一種事態繼續存在著，本章把科學當作藝術的論點——好像本書中許多其他的命題一樣——大部分是帶有預見性的，或者多少是帶有思辨性的。當思維的藝術適用於人類和社會的事情，而跟那種用來對待遠處星辰的思維藝術一樣成長起來時，我們就沒有必要來辯論說科學是這些藝術和這些藝術作品中的一種了，我們僅就可以觀察到的情境加以指點就夠了。把科學跟藝術分隔開來，而又把藝術區別為與單純的手段有關的藝術和與目的本身有關的藝術，這乃是掩蓋我們在力量和生活的幸福之間缺乏兩相結合辦法的一個假面具。我們對生活幸福的預見愈能使人認知力量的表現，這個假面具就愈失去其似眞性。

有效的東西和藝術中最後的東西乃是互相滲透的，這一點已在藝術逐漸從魔術式的儀式和崇拜中解放出來和科學逐漸從迷信中突創出來的情況中找到了證據。因為如果手段和終結（目的）在經驗上是截然劃分的話，魔術和迷信就不可能在過去統治過人類的文化，而詩歌也不可能在過去被視為對自然原因的洞察。它們在同一個對象中結合的緊密性，就容易使人們把任何圓滿終結的東西所沒有的一種效能認為是它所具有的。凡是最後的東西都是重要的；這樣說只是表述一件誰都知道的事實。由於我們在分析和鑽研為我們所直接享受的對象所具有的特殊效能時缺乏運用的工具和技巧，我們便按照這個對象重要的程度而把大量的效能附加在這個對象的身上。從這種投合自然人的愛好，喜歡走捷徑的實用主義方面講來，重要性是衡量「眞實性」的尺度，而眞實性又反過來說明有效能的力量。一位熱情的公民看見國旗時或一位虔誠的基督徒看見十字架時所激起的忠誠，被直接歸屬於這些對象的內在本質。它們是參與在一個圓滿終結的情境之內的，但卻轉變成為一個神祕的內在神聖力量、一種永恆不朽的效能。因此一個為我們所喜愛的人的紀念物，引起我們內心一種感情，正同它所屬的這個可愛的人親自所喚起的那種情意是一樣的，因而這種紀念物便具有引起愉快、興奮和安慰的效能。無論在一個圓滿終結的情境中直接涉及的是什麼東西，它們獲得一種予人以禍福的力量，正同直接標誌這個情境的善或惡一樣。顯然這裡的錯誤在於這種粗枝大葉而不加區別地賦予對象以力量的方式，研究如何揭示形成這種順序條理的特定因素的方法至今當付闕如。

穿衣服與其說是起源於利用或保護，毋寧說是在一些非常畏懼或表現特權的情境中發生的，這在人種學家們看來是一件極普通的事情。它是一個圓滿終結的對象的一部分，而不是達到某些特定後果的手段。好像僧侶的道袍一樣，衣服就是禮服，而披上禮服就相信直接授予了這個穿禮服的人一種驚人的力量或迷人的魔力。給人穿上衣服就是授予他一種權威；一個人並沒有把他的意義添加在它們上面。同樣，一個勝利的獵人和戰士惹人注目地在他身上掛滿了為他的勇敢所征服的野獸或敵人的爪牙來慶祝他的凱旋歸營。這些證明權力的信號乃是為人們所欽佩、效忠和尊敬的對象的一些不可分割的部分。因此，戰利品變成了一種象徵，而這種象徵又賦有了神祕的力量。它從一種光榮的記號變成了一種為人們所景仰的原因，而且即使當它戴在別人身上時也引起了對於一位英雄人物所應有的歡呼，到後來這些戰利品就變成了特殊權威的符璽，它們具有為它們本身所具有的一種內在的推動力量。在法律史中有許多類似的事例，例如：原來跟交換財產連繫著實行的動作，即在取得土地所有權的這些戲劇式的儀式中所扮演的這些動作，不僅視為所有權的一些證據，而且視為它還有一種授予人們以所有權的神祕力量。

後來，當這些東西失去了它們原來的權力而變為「單純形式上的事情」時，它們可以仍然是使得一件交易具有法律力量的主要因素，例如：必須要在契約上蓋章才能使它生效，雖然蓋章的意義或理由已經不再存在了。我們僅僅因為某些事物曾經共同參與在某種顯著的具有圓滿終結的情境之中而賦予它們一種效能，在這種情況之下，這些事物就是符號，然而僅僅是到後來而且是從外面來把它們稱為符號的。在政治上和宗教上虔誠的人看來，它們不僅僅是符號；它們是一些具有神祕力量的物品。在某一個人看來，兩條交叉的線乃是一個指示，指明所要從事的一種算術上的運算；在另一個人看來，它們乃是證明基督教的存在是一個歷史事實的證據，正如一個新月使人想到了伊斯蘭教的存在一樣。但是在另一個人看來，一個十字架不僅是使他沉痛地想到耶穌被害的這個有意義的悲劇；它還具有一種我們所要捍衛和祈福的一種內在的神聖力量。既然一面國旗能激起愛國熱情達到沸騰的程度，這面國旗就必然具有為其他不同形狀的一塊布所沒有的特性和力量；我們摸觸到它時必然要肅然起敬；它乃是在儀式中為我們致敬的天然對象。

當類似這樣的現象出現在原始文化中時，人們有時解釋說，似乎這些現象乃是解釋自然事情發生之原因的一些嘗試；據說魔術就是錯誤的科學。其實，這類的現象乃是人們直接在情緒上和實踐上的反應事實，只有到後來，當人們的反應並不是直接的和必然適當的因而需要有所說明的時候，才有了信仰、觀點、解釋。作為直接的反應，它們是說明這樣一個事實：即任何包括在一個圓滿終結情境中的東西，無論它是多麼偶然的，總有這種為整個情境所具有的引起敬畏、興奮、慰藉、景仰的力量。當組織整個圓滿終結情境的因素被區別出來，而每一個因素在順序系列中都有它自己所賦有的特殊地位時，工業便代替了魔術，而科學便減少了神話。因此，爲各種不同類型的藝術所特有的材料和效能便被區別出來了。但是因爲儀禮的、文學的和詩歌的藝術跟工業的和科學的藝術有著十分不同的工作方式和不同的後果，所以就遠不像當代一些學說所假定的那樣，說它們絲毫也沒有成爲工具的力量，或者說，在對它們的欣賞性的知覺中並不包含有它們具有工具性的這一種感知。人類文化中對符號的普遍運用完全證明了：在所享有的和所遭受到的這樣一個漫長的歷史的組成部分中，而且特別是在最後的或終極的組成部分中，就包含有對於這個歷史中的地位和連繫的一種親切而直接的感知。

還可以在古典哲學本身中找到進一步證實這個命題的情況，在古典哲學的理論中認爲，即使基本的形式不是產生事物的原因，但基本的形式卻「使得」它們成爲它們現在這個樣子。在希臘理論中所出現的所謂「意蘊」（essence），就是代表早期符號所具有的這種神祕的力量，不過它們已從原來迷信的具體關聯中解放了出來，而出現在一種思辨的和反省的關聯之中。簡言之，在希臘和中古的科學中的意蘊就是詩意的對象，不過把它們當作是論證的科學的對象，用來說明和理解事物之內部的和最後的組成部分。雖然希臘思想是十足地從魔術中獲得了解放，而不把形式的和最後的意蘊當作是「動因」，但是後者卻被理解成使得特殊事物成爲它們現在這個樣子，成爲自然的組成部分。再者，它把因果的地位顚倒過來，於是認爲在變動中的事情內在地便具有了追求這種形式的傾向。因此，便爲後來教義思想和經院思想坦率地回復到一種公開的泛靈論的超自然主義打下了基礎。哲學理論，正如魔術和神話一樣，在關於終結（目的）中的效能的本質方面發生了錯誤；而這種錯誤乃是由於同一個理由，即沒有對於組成的因素進行分析。如果沒有如當代思想所假定的這種在手段和目的之間、享受結果和具有工具作用之間截然劃分的區別，那種錯誤就絕不可能發生的。

簡言之，人類經驗的歷史就是一部藝術發展史。科學從宗教的、儀式的和詩歌的藝術中明確地突然顯現出來的歷史，乃是一種藝術分化的紀錄，而不是與藝術脫離的紀錄。適才所作說明的主要意義，從我們當前的目的說來，在於它對關於經驗和自然的理論所產生的影響。然而它對於一個批評論也不是沒有意義的，在美術和美學批評中當前的模糊狀況，有人指責爲混亂的狀況，似乎就是在具有工具性的東西和圓滿終結的東西之間劃分鴻溝的這個即使是無意的暗流所不可避免的後果。人們愈進入具體的情境中，他就愈不能不承認他們的具有控制作用的假定所產生的邏輯後果。關於藝術和自然的傳統理論中，有一些長久晦暗不明的含義已經解釋得很明白了；對於這一點我們要歸功於今日流行的一派批評家們所主張的藝術理論。我們對於這種功績所表示的謝意，不應該因爲傳統理論的擁護者們把這些新的觀點視爲反覆無常的邪說、瘋狂的叛逆而加以節制。在這些批評家們看來，當有人宣稱在藝術作品中的美感性質是獨特的，當有人肯定它們不僅和任何自然界中存在的東西是分隔的，而且和一切其他的良好性質的形式是分隔的，當有人主張說，如音樂、詩歌、繪畫等藝術具有爲任何自然事物所沒有的特性的時候——這些批評家們認爲，肯定這些事情就會得到把美術跟有用的東西隔絕開來，把最後的東西跟有效能的東西隔絕開來這樣一個結論。因此，他們證明了，把圓滿終結的情境跟具有工具性的東西截然分開，勢必使藝術變成完全祕密的了。

在這裡實質上只有兩條道路可以選擇。或者說，藝術乃是自然事情的自然傾向藉助於理智的選擇和安排而具有的一種繼續狀態；或者說，藝術乃是從某種完全處於人類胸襟以內的東西中迸發出來的一個附加在自然之上的奇怪東西，不管這種完全處於人類內心的東西叫做什麼名稱。在前一種情況之下，愉快的擴大的知覺或美感欣賞跟我們對於任何圓滿終結的對象的享受乃是屬於同一性質的。它是我們為了把自然事物自發地供給我們的滿足狀態予以強化、精煉、持久和加深而對待自然事物的一種技巧的和理智的藝術的結果。在這個過程中發展了新的意義，而這些新的意義又提供了獨特的新的享受特點和方式，而這跟突創成長的地方所發生的情況是完全一樣的。

但是如果美術和其他的活動和產品是沒有任何關係的，那麼當然它和在其他情境中所經驗到的、物理的和社會的對象也沒有任何內在的關係了。它有一種神祕的來源和一種祕密的特點，至於這個來源和特點叫作什麼名稱，這並沒有多大的差別。按照嚴格的邏輯講來，其實這並沒有絲毫差別。因為如果美感經驗的性質從概念上來講，就是獨特的，那麼用來描述它的這些字眼就沒有從其他經驗的性質中產生的意義或可以和它們比擬的意義；它們的意義是隱蔽的，而且是相當特殊的。在這些把藝術和美感的東西的這種孤立狀況推至極端的批評家們中有一些或多或少流行使用的名詞，我們不妨拿出幾個名詞來考慮一下。有時有人說，藝術乃是情緒的表達；附帶著還有這樣一個含義：即根據這個事實，題材除了它是情緒所由表達的材料以外便是無足輕重的了，所以藝術就變成獨特的東西。因爲在科學工作、實用和道德中，形成這種題材的對象所具有的特徵乃是最重要的了。但是按照這個定義講來，如果藝術愈是眞正的藝術，那麼這種藝術中的題材就愈是擺脫了它自己所具有的內在特徵的；因而一個眞正的藝術作品就表現在它把自己的題材縮減到成爲一種單純表達情緒的媒介。

在這樣的一種說法中，情緒或者是毫無意義的，而組成這個字的字母這樣特殊的配合起來乃是純粹偶然之事；否則，如果所謂的情緒和日常生活中所謂的情緒就是一回事，那麼這種說法完全可以證明是假的。因爲情緒，按照其通常的意義講來，乃是由對象，物理的和個人的對象所喚起的東西；它是對於一個客觀的情境所作的反應。它不是某種在某個地方獨立存在的東西，然後再來運用材料，通過這種材料才把它自己表達出來的。情緒是指一種在多少有些刺激的方式之下密切參與在某種自然情景或生活情景中的情況；如果我們可以這樣說的話，竟可以說它是一種以客觀事物爲轉移的態度或性向。藝術應該這樣地選擇和搜集客觀事物以求能激起一種高尙的、敏感的和持久的情緒反應，這是可以理解的。藝術家本人也應是這樣一個人，他能保持這種情緒，而在這些情緒的情調和精神之下把客觀的材料組合起來，這是可以理解的。這個工作程序的確可以達到這樣一個地步，即把客觀材料的使用精減到最小的程度，而把情緒反應的激動達到其相對的最高程度。但是藝術過程的起源乃是在於由一個情境自然而然喚起的情緒反應，而這個情境的發生和藝術絲毫沒有關係，而且它也不具有「美感的」性質，除非把一切直接的享受和遭受都當作是美感的。客觀題材的節約使用，在有經驗的和有訓練的人們的心目中，可以達到這樣的地步，以致可以把通常所謂「表象」（representation）的東西大加縮減，但是實際所發生的卻是通常情緒經驗在形式上的根源的一種豐富而概括的表象。

有人曾以「有意義的形式」來界說一個美感對象，關於這一點我們也可以作同樣的說明。除非這個詞的意義是如此地孤立，以致成爲完全神祕的東西，否則它就是指我們爲了強調、純潔、精緻，對那些使得日常經驗題材具有圓滿意義的形式所做的一種選擇而言。「形式」並不是美感的和藝術的東西所具有的一種特別的性質，或它所創造出來的一種特別的東西；它們是任何事物適合於一個可以享有的知覺的條件時所憑藉的特徵。「藝術」並不創造這些形式；它是在選擇和組織這些形式，以便增加、保持和精煉這種知覺經驗。有些對象和情境產生了顯明的知覺上的滿足；它們之所以這樣，乃是因爲它們具有結構上的特點和關係。一個藝術家對於這些結構或「形式」也許只有極少的分析認識，但仍然可以從事於他的工作；他可以主要地通過一種同情的交感來選擇這些形式。但是這些形式也可以通過鑑別來予以確定；而且一個藝術家可以利用他對於它們的審慎周詳的覺察來創造藝術作品，而這些藝術作品較之大衆所習慣的那些藝術品更加拘謹些和深奧些。按照形式上的特點來從事創作的趨勢，在很多當代的藝術中，在詩歌、繪畫、音樂乃至雕刻和建築中，都是很顯著的。從它們最壞的方面來講，這些產品便是「科學的」而不成其爲藝術的；只是一些專門的訓練，枯燥無味，屬於一種新型的學究式的工作。從它們最好的方面來講，它們有助於產生一些新式的藝術，而且通過對於知覺器官的訓練，有助於產生新式的圓滿終結的對象；它們擴大和豐富了人類的眼界。

因此，把這個論點再略微向前推動一下，我們就得到了關於有工具性的藝術和美術之間的關係的一個結論，而這個結論和隱士式的美學家們所希望的結論顯然是相反的；那就是說，這樣有意識地進行的美術具有特殊的工具作用的性質。它是爲了便於進行教育而實施的一種實驗設計；它是爲了一種特殊的專門用處而存在的，這個用處就是對知覺方式所從事的一種新的訓練。如果這種藝術作品的創造者們是成功了的話，他們就應該受到我們所給予顯微鏡和擴音機的發明者的那種敬意；結果，他們開闢了可爲我們所觀察和享受的對象的新園地。這是一個眞正的貢獻；只有在一個混淆和自負兼而有之的時代裡才能獨占美術這個名稱，而把具有這種特別用處的工作排斥於美術之外。

我們可以做出結論說，以藝術這個形式表現出來的經驗，當我們對它予以反省思考時，解決了較多的一些曾經使哲學家們感覺得苦惱的問題，而且摧毀了較之其他思想主題尤爲頑強的二元論。如以上的討論所曾經指出的，它證明了在自然中個體和總體的互相交織的情況；機遇和規律的相互關係，把一個轉變成爲機會而另一個轉變成爲自由；具有工具性的和最後的東西之間的相互關係。它更加明顯地證明了把外現的和執行的活動跟思想和感情加以區別，因而也把心靈跟物質截然分開的見解是毫無根據的一種錯誤。在創作中，外在的和物理的世界不僅僅是知覺、觀念和情緒的一個單純的媒介，它是意識活動的題材和支持者；而且揭示出這個事實：即意識並不是實有的一個獨立的境界，而是自然界達到了最自由和最主動的境界時存在所具有的明顯的性質。

第十章　存在、價值和批評

晚近哲學已經證明新興了一種價值論。正像在本章中通常表明的那樣，價值表現它拚命要把對象具有好壞性質的這個明顯的經驗事實和用把人類跟自然隔絕、把具有性質的個體跟這個世界隔絕的辦法使得這個事實成爲例外的哲學陳述兩下合併起來。哲學家建立了一個「價值界」（realm of values），把一切由於人爲的隔絕而被排斥於自然存在之外的寶貴事物都安置在這個「價值界」內。痛苦、幽默、熱忱、悲慘、美麗、興旺和挫折等雖已從一個和機械結構等同的自然界中排斥出來，但是它們在經驗上仍然是現有的那個樣子，而且還要求我們予以承認的。所以它們都被收集在一起而納入「價值界」內，與這個存在的世界互相區別對照。於是哲學家又要忙於對付一個新的問題了：「這兩個世界有什麼關係呢？」價值界乃是最後的和超驗的「實有」世界，而這個存在世界是從它裡面派生出來的或墜落下來的一個世界嗎？或者說，它是人類主觀性的一個表現，是在某種神祕的方式下附加在具有完備物理結構的秩序之上的一個因素嗎？或者說，有許多分隔的潛存物，和物理的事情是同樣「眞實的」，它們通過客觀的實有而凌亂地四散著；它們沒有時間日期和空間地點，然而它們卻又在某些時間內和某些地點上神祕地跟存在物聯合在一起。

關於價值的這些概念乃是隨意揀選的，因爲這個問題本身就是武斷的。當我們再回到希臘思想所曾經運用過的這些概念，如可能和現實、偶然和規律性、在質上有區別的個體等時，我們發覺沒有根據把價值論和自然論截然分開。不過，如果我們再回到這些希臘概念，這樣的回復必然是具有差別的。它必須廢棄掉把自然的終結跟善和完善等同起來的這個觀點；承認一個自然的終結，沒有任何表示有所選擇的企圖，只是爲一個運動著的能量體系所寫下的一章歷史的「結束」，而並不具有任何高貴的性質。由於耗損淨盡而歸於失敗和由於勝利而結束戰爭同樣是一個終結；死亡、無知也和生命一樣是一些終結的定局。

再者，如果我們回到希臘的這些概念，我們就必須廢棄這種把終結視爲預定只有有限數目的，而且按照它們包羅的廣泛性和最後性的增加程度內在地分列成爲一個秩序的概念。我們將不得不承認：自然的終點，和它們所限制的個別活動系統一樣，是無窮無盡的和多式多樣的；而且既然結構的不可滲透性和固定性只是相對的而不是絕對的，那麼具有新終結的新個體便在不規則的過程中突創出來。我們必須承認：一切的界限、範圍、終結，好像政治的個體或國家的界線一樣，並沒有屬於它們自己所有的什麼東西，而是在實驗中或在動力中不斷地被決定著的，表現出各種能量系統在它們合作和矛盾的交相作用中繼續不斷地進行適應。結果，我們還要廢棄這種在自然中偶然性和規律性、動盪的和確定的東西之間的截然分割；我們還要避免如古典傳統所特有的那樣把它們歸入不同的「實有」的秩序中去。我們要留意，它們隨處都是互相交織著的；對秩序和安全的需要和感知產生於不安定和不確定的狀態；任何一個在存在和享有方面最完備和最自由的東西，也就因爲這個原因而是最易於發生變化和最需要看顧和保全的藝術。

「價值」在晚近思想中的含義，也暗示出經驗曾迫使古典思想對自然終結的概念作了一些改變。因爲至少從含義中要承認價值是漂泊的和動盪的，是負的和正的，而且是具有無窮的不同的性質的。即使主張價值是不朽的，是游移不定的暫時事情的永恆基礎和根源的那個超唯心主義的形而上學，也是把它的論點建築在價值在現實經驗中這種不可否認的不安定、這種無止境的動盪不安、這種起伏不定的狀態的基石之上的。因爲這種通常稱爲終結（目的）而現在稱爲價值的東西具有這樣的意義，所以重要的不是討論和關心一種價值論而應是一種批評論；一種根據好（goods）所由出現的條件和它們所產生的後果來在這些好之中進行鑑別的方法。

價值就是價值，它們是直接具有一定內在性質的東西。僅就它們本身作爲價值來說，那是沒有什麼話可講的；它們就是它們自己。凡是關於它們可以說的話都是有關於它們的發生條件和它們所產生的後果的。這種把直接的價值認爲是可以思考和可以談論的概念，乃是由於把因果範疇跟直接性質混淆不清而產生的結果。例如：對象可以區別爲具有某種貢獻的或具有滿足作用的，但這是在因果關係方面地位上的區別；這不是一種關於價值方面的區別。我們可以由於某一種理由而對某一個東西感興趣，關心它或者喜歡它。我們之所以欣賞它或享有它的理由時常就是因爲有關的這個對象足爲達到某些東西的一個手段；或者說，就是因爲它是處於一個先在的過程所發展到的最高峰。但是對於我們的喜愛和享受所做的說明，乃是與一個價值存在的原因有關，而跟這個「價值性質」的內在性質或本質是沒有關係的，這種「價值性質」只是存在或者不存在而已。作爲手段的東西和作爲滿足狀態的東西是具有不同的性質的，而在這些東西之中交響樂、歌劇和聖樂也是如此的。這種差別跟「價值—性質」（value-quality）的直接性或內在性絲毫也沒有關係；它乃是在某一件事情和性質跟另一件事情和性質之間的差別。

如果有人假定說，當一個滿足的狀態具有直接價值時，獲得它的手段卻是沒有價值的，這樣的假定是自相矛盾的。如果對某一個人來說，他的牙痛停止了這是有價值的，這個人就根據這個事實發覺了，去看牙醫生或任何其他足以滿足這一點的手段也是有價值的。因爲滿足是與手段相關的，正如手段是和目的的實現有關的，手段—後果構成了一個單一的不可分割的情境。結果，當思維和討論參與其間時，當其中夾入了理論化的問題時，當在赤裸裸的直接享受和遭受以外還有了一些另外的東西時，我們便在考慮到這種手段—後果的關係。思維超過了直接存在而涉及它的關係，涉及表達它的媒介條件以及它又回過來做它們媒介的這些事物。而這樣一個程序便是批評，在一些價值論中把在因果或順序關係中決定的地位跟價值本身混淆不清的這個普遍情況，也就間接證明了這個事實：即每一次理智的欣賞也就是對於這個具有直接價值的事物所做的批評、判斷。任何關於價值的理論勢必進入批評的領域之內，價值本身，乃至具有價值的事物，在其直接存在的狀況之下是不能夠爲我們所反省的；它們只是存在或者不存在；被享受或不被享受。超過了直接發生的事情，即使這種超越僅限於試圖去界說價值，這就開始了一個鑑別的過程，而鑑別就意味著有一個反省的準則。價值本身是可以僅僅爲我們所指出的；然而企圖通過完備的指點給予價值一個定義的這種嘗試是徒勞無益的。關於正的或負的價值，如果我們要對它有所指明，那遲早將不得不把一切的東西都包括在內。

這些說明是爲了準備提出我們對於哲學的一個概念；這就是說，哲學實質上就是批評，一般地講，它在各種不同的批評方式中是具有其顯著的地位的；似乎可以說，它是批評之批評。

批評乃是具有鑑別作用的判斷、審愼的評價，而只要是在鑑別的題材是有關於好或價值的地方，判斷就被恰當地稱爲批評，對於好的占有和享受不知不覺地和不可避免地會變成評價。原先的和不成熟的經驗只是滿足於簡單的享受，但是在經驗中只要有一點簡單的進展就勢必進而從事於反省；不久就得到了這樣的教訓：即某些在當前享有的情況中是甜蜜的東西，在以後的回味中及其所導致的後果中乃是辛酸的。原始的無知是不久長的，享受不再是一種直接所與而變成一個問題了。作爲一個問題，它就意味著我們對於一個「價值—對象」的條件和後果進行理智的探索；那就是，批評。如果價值是和越橘那樣的豐富多產，而且如果它們又總是隨手可得的，那麼從欣賞而轉入批評就會是一個毫無意義的程序。如果對於某一件事情我們已經感到厭倦了，我們只要轉向另外一件事情就行了。但是價值是和雲彩的形式一樣不穩定的，具有價值的事物是容易遭到存在物所有的一切偶然情況的，而它們對於我們的喜愛和嗜好是漠然無情的。

好的東西不僅隨著四周環境的變化而變化和消逝，而且也隨著我們自己的變化而變化和消逝。繼續不斷的知覺，除了它曾經通過以前的批評而被培養過的以外，是會變得遲鈍的；它不久就達到飽和、疲憊、厭倦。自然的人是非常輕率浮躁的，這已成爲研究人性的敏銳觀察家們經常談論的主題。只有培養出來的嗜好才能持久地欣賞同一對象；而它之所以能夠這樣，是因爲它曾被訓練成爲一種鑑別程序，經常在對象中揭露出所知覺的和享受的新意義。除了知覺和享受的器官疲憊以外，還有一切其他的有機原因使得所享受的對象不穩定，然後還加上它們所從屬的外在環境中的變化，於是直接的好幻滅無常，這就沒有什麼可奇怪的了；對於這種關於愉快和美德的矛盾論點，即主張愉快和美德並非直接以它們為目標而獲得的，而是要在注意到其他的事物時才會獲得的，這也不足為奇了——在這個世界中如果我們不注意到一個事物的原因條件，我們就絕不能從任何其他的方法得到這個事物，在這個世界中上述論點就不是自相矛盾的，而乃是一件事實了。

當批評和批評的態度跟欣賞和嗜好適當地區別開來時，我們就可以看到一種經常「上下起落」的節奏情況（借用詹姆士的用語），即我們在一切有意識的經驗中的直接的和間接的方面，圓滿終結和具有工具作用的方面輪換交替地予以強調的這種情況。如果我們錯誤地忽視了這種節奏狀態在一切觀察和觀念中普遍存在的情況，這大部分是由於我們在形式理論的影響之下給予了「欣賞」和「批評」一種過於精密和過於遙遠的意義。這一種或那一種的價值並不是稀有的和喜慶的節日所具有的特性；只要是任何對象被我們所歡迎和留戀的時候；只要是任何對象引起我們厭惡和反對的時候；即使這種留戀只是暫時的，而這種厭惡只表現為向另一事物偶然的一瞥，在這樣的時候便發生了價值。

同樣，批評並不是一種有關於正式論著、發表的文章的事情，或者是對於某些重大事件嚴肅進行的討論。只要是我們暫時注意考查一下當前有哪一類的價值的時候；只要我們不是專心一致地接受一個價值對象，對它全神貫注，而是對它的價值略有所懷疑，或者由於我們對它的可能的未來，只作一種草率的估計而改變了我們對它的感覺的時候，就產生了批評。我們帶有一種推崇的意味，利用「欣賞」和「批評」等詞來說明一些明顯的事例，這大體講來是可以的。但是我們要留意到，在形式上被強調出來的事例，跟一些略表同意的接受、一些煩惱的拒絕以及一些臨時的懷疑和構成我們清醒經驗全部進程的各種估計之間，即無論是在幻想中、在控制下的探究中或在對事件的審慎安排中的估計之間這種有節奏的輪換交替，完全是具有相同性質的。如果我們沒有留意到這一點，那麼我們就幾乎無法理解它們的。

這兩種感知方式的成節奏的連續，暗示我們這種差別只是強調重點或程度上的不同。有批評性的欣賞和帶有欣賞性的、具有熱烈情緒的批評，這在每一個成熟的、正常的經驗中都有發生。在第一次覺得一個東西是好的這種模糊的、無形的知覺之後，以後我們對於好的東西的知覺至少就包含有批評的反省的一個萌芽。爲了這個理由，而且只是爲了這個理由，精密複雜的和正式陳述出來的批評到後來才是可能的。這種批評，如果是公正的和適當的，也只能發展那種在欣賞本身內部發現的反省含義。如果對於好對象的享有並不含有記憶和先見在內；如果這種享有缺乏任何周密的考慮和判斷，那麼批評就會成爲我們最任意專斷地進行的一種工作了。批評是不是合理的而且合理到什麼程度，這就要看它把這些在直接的嗜好和享受中所發現的理智因素擴大和加深到什麼程度來決定了。

道德中的良心、美術中的欣賞和信仰中的信念在無意之中轉變而成爲批評的判斷；而後者又轉變成爲一種愈來愈概括的批評形式，即所謂哲學。有人宣稱欣賞是不能夠加以討論的，而又有人說欣賞和批評是有「規範」的，這兩種說法又怎樣能並行而不悖呢？在表面的好和眞實的好之間的區別有什麼意義呢？現象和實有之間的區別怎樣能夠用來說明什麼是好的呢？如果沒有一個衡量價值的標準尺度，具有批評性的評價可能嗎？這種價值的標準本身也是一種價值嗎？它是從它所度量的價值對象中派生出來的嗎？如果是這樣的話，它又具有什麼超越於特殊情況所具有的權威呢？它對它自己的根源和創造者有什麼權利來下判斷呢？一個標準乃是獨立於所判斷的具體事例之外超越經驗而存在的嗎？如果是這樣的話，它的根源是什麼？它可以應用到它以外的材料上的根據和保證是什麼？嗜好、直接的欣賞、感知和道德感是最後的，在每種情況之下當它發生時它就是它自己最後的裁判嗎？在那樣的事情中我們怎樣得以免於混亂的無政府狀態呢？在各人之間有一個共同的價值標準嗎？如果有的話，它的根據是在人類之外，而具有一種獨立實有的客觀形式嗎？

像這一類的問題，如果高興的話，可以繼續增加下去，它們指明，如果我們下工夫從價值問題及其與批評判斷的關係中把一切哲學中所積累的爭論都推演出來，這是不會有多大困難的。無論是關於信念和意見中的好壞問題，或關於行爲方面的好壞問題，或關於所欣賞的自然和藝術景物的好壞問題，在每一種情況中都發生了一種在直接價值對象和後來價值對象之間的矛盾：在現有的好和通過反省而達到和辨明的好之間的矛盾；在現在所表現出來的好和以後將產生的好之間的矛盾，例如：在知識中有**事實上**的信仰和**權利上**的信仰。在道德中，有直接的善、所想望的東西和合理的善、可想望的東西。在美學中，有一種未曾發展或粗陋的嗜好所欣賞的好和有修養的嗜好所欣賞的好。在這些區別的任何一個區別中，眞正的、實在的、最後的或客觀的好，作爲一種直接的存在而言，跟相反的那種好，即所謂虛假的、外表的、空幻的、顯眼的、庸俗的、不正當的好（le faux bon）比較起來並不更好一些。在形容詞中的這種差別係指批評判斷中所做的一種差別；所以在業已證明的好和（直接）覺得是好而被判斷爲壞的那種好之間的差別是否確實，這一般的來講，要以反省所具有的價值如何而定，而特別要以一個特殊的反省活動的價值如何而定。即使反省對象的好不同於非反省對象的好，這並不是說它就是一種比較好的好，更不是說，由於在好之中有這樣一種差別，這種差別就使得非反省的好變成壞的了——但有一個條件，即反省所具有的價值或好是具有其獨特之點的。

於是在眞正的、確實的好和一個贗品的、虛假的好之間的差別或者是不眞實的，或者這是反省或批評後所產生的一個差別，而重要之點在於：這種差別跟由於關係的發現，即由於條件和後果的發現而產生的差別完全是一樣的。和這個結論相關聯的還有兩個命題：關於直接價值本身，即關於實際所發生的、爲我們所具有和所享受的價值，是沒有理論可言的，它們只是發生著、被享受著、被占有著，僅此而已。當我們一開始談論到這些價值，對它們加以界說和概括，分門別類的時候，我們便立即超越了價值對象本身範圍以外；我們正在進入，即使僅是盲目地進入，一種對於前因後果的探究而想要對有關的這個事物所具有的「眞實的」好，即後來所產生的好，予以讚美的評價。我們不是爲了批評而批評；我們是爲了建立和保持更爲持久和更爲廣泛的價值而進行批評。

另一個命題是說，哲學乃是而且只能是這種批評的活動和功能，而這種活動是察覺到它本身和它的含義的，是審慎周詳地和系統地進行的。它的出發點乃是具有好壞的直接性質這種特徵的信仰、行爲和欣賞性知覺的現實情境以及在任何一定時間內在一切價值的領域中所流行的各種批評判斷的方式，這些都是哲學的原始資料和題材。它把這些價值、批評和批評的方法再作進一步的批評而盡可能地使它們更爲廣泛而一致。這個功能就是去調節人們對於好壞的進一步的欣賞；賦予人們更大的自由和安全去從事於直接的選擇、占有、指認和排斥、縮減、破壞從而建立和排除信仰、行爲和靜觀的對象。

這樣一個結論帶有一種奇異的氣氛。它也許似乎在企圖通過一種思辨上的技巧使得好壞這個範疇在它的許可權方面高於理智生活，高於一切的對象。我認爲，如果我們考慮一下以上所說的實際意義，這個印象很快就會消逝的。凡我們相信的和拒不相信的對象都是價值對象；因爲我們對於每一個對象總是有所默認、有所接受、有所採納、有所占有的。這就等於說，在信仰或不信仰中得到了滿足或發現了好；事實上，凡所接受的東西就是如此存在的，因而它本身就是好。在這樣的陳述中並沒有什麼神祕的含義；我們並不是以此爲根據來提出一個論點，以圖抹殺對象所具有的獨立於它們之成爲信仰對象或成爲價值之外的特性。它並沒有取消信仰之中的差別；一個爲我們所信仰的東西勢必就是我們覺得是好的，這是事實，但是它並沒有把這個事實當作就是我們信仰它的理由。反之，這句話只是一個緒言。最重要的事情乃是藏在我們背後並促成接受和拒絕的東西；要看我們在區別什麼是我們所同意的和什麼是我們所否認的東西時，有沒有一個鑑別和評定的方法。使得一個對象在信仰中被發覺是好的那些特性和關係，乃是在這個對象所具有的直接的好的性質以外的；這些特性和關係乃是在因果關係方面的，所以我們只有通過對前因和後果的探索才能發覺它們。認為有某些對象或對象的某些特性乃是一見即知的這個概念，乃是關於知識問題的整個歷史傳統的蠱惑和幻夢，它們同樣地散布在感覺論和理性論各學派，以及客觀的實在論和內省的觀念論之中。

關於信仰及其對象，就其直接狀況而言，跟欣賞及其對象一樣，乃是「不爭之事」（non-disputandum）。如果一個人相信鬼怪、神跡、算命，相信現有經濟制度的穩定不變以及他的政黨和它的領袖的無上優越，他就是這樣信仰著；這一切在他看來，顯然跟某些顏色和聲音的配合是可愛的，或者他心上的女人是嫵媚的一樣，都是一些直接的好。當我們懷疑到這個對象在信仰上的「眞實的」價值時，我們便訴諸批評、理智了，而這個申訴的法庭便根據前因後果的法律來進行判決。適當進行的探究會使我們得到一個為我們所直接接受的對象，一個在我們信仰中覺得是好的對象，不過現在這種對象的特徵乃是依賴於反省活動的，它是反省活動的結論。這種對象跟武斷的和不批評的信仰對象一樣，標誌著一個「終結」、一個靜止的停頓；但又跟它不一樣，這個「終結」乃是一個結論；所以它是帶有憑證的。

如果信仰的對象不是直接的好，假的信仰就不會是像它們現在這樣的危險東西了。因為信仰、承認和維護這些對象是有好處的，所以人們才這樣堅定不移地和堅持不懈地培植它們。關於上帝、「自然」、社會和人的信仰顯然都是人們所最為戀戀不捨和最為熱心捍衛的東西。我們比較易於使一個守財奴不貪財寶，但不容易使一個人棄絕他所深信的見解。而所不幸的就是在這許多情況之下使得有關的這個東西成爲一個價值的原因，卻並不是它之所以成爲一個好的理由；它是一個直接的好，這個事實卻妨礙人們去尋求根源，進行冷靜的判斷，而這是使事實上的好轉變成爲權利上的好的先決條件。在這裡，又一次而且卓越地表明，既然反省是獲得更自由的和更持久的好的工具，反省本身就是一種獨特的、內在的好。它的工具效能就決定了它成爲一個直接的好這個地位顯著的候選人，因爲超過其他的好，還具有再度補充和豐產果實的能力。在反省中，表現出來的好和眞實的好在很大的程度上是吻合一致的。

信仰的題材就是一個好，因爲信仰就意味著同化和維護，這個事實在傳統的討論中是被忽視了的。信仰所具有的直接的好既是進行反省的檢驗的障礙，也是使得反省的檢驗成爲必要的根源，這一點也被忽視了。的確，「眞」跟善和美都被安置在一起而被視爲超驗的好，但經驗的好的作用，即價值的作用，卻在通常的信仰範圍內被忽略了。這個錯誤是把理智的題材從價值和評價的範圍中隔絕開來，跟這個錯誤相適應的一個錯誤，便是把美感靜觀和直接享受的題材跟判斷完全隔絕開來了。在一個領域內是沒有價值的理智對象而在另一個領域內則是沒有理智的價值對象，而在這兩個領域之間還有一個雙關的中間領域，在這個領域中放有道德的對象，具有兩種衝突的傾向，或者它們要被併入純直接的好的領域（在這種情況之下就被稱爲快樂），或者就要被併入純理性的對象的領域。所以哲學當前的基本功能就是要明確並沒有像科學、道德和美感欣賞中所假定的這種區分情況的這類差別，所有這一切都同樣只顯示出在偶然發生的直接的好和通過批評探究在反省中所決定的直接的好之間的差別。如果赤裸裸的愛好在一種情況中是決定價値的適當因素，那麼它在另外兩種情況中也是決定價値的適當因素。如果在一種情況中需要有理智、批評，那麼在其他兩種情況中也有這樣的需要。如果在任何一種情況中，所得到的終結乃是一個被擴大和被精煉的直接欣賞的經驗對象，那麼在其他情況中也是如此。所有這三種情況都表現出有同樣的兩面性而且有同樣的問題，就是要在行動中體現出智慧的問題，而那種行動將把其原因和後果都是未知的偶然的自然的好，變成這樣的好：它就思維而言，是正確的；就行爲而言，是正義的；就欣賞而言，是高雅的。

哲學語言是兼有科學語言和文學語言的，好像文學一樣，它是對於自然和生活所下的一種注解，以求對於在現有經驗中的意義得到一種較爲深厚的和正確的欣賞。它也負有報告和記錄的任務，其意義正像戲劇和詩歌所負有的那種任務一樣。哲學的基本使命就是把自然產生的經驗功能所具有的好加以明確、發揮和推廣，它並沒有從頭創造一個「實在」世界的職責，也沒有發掘常識和科學所看不見的「實有」的祕密的使命。它並沒有它本身所特有的資料或知識的庫藏；如果哲學使自己跟科學處於對立的地位而不總是陷於荒謬絕倫之境，這只是因爲某一位特殊的哲學家，碰巧他既是一個人，也是一位科學界的先驅，它的任務就是爲了某一個目的去接受和利用在它當時當地所可能得到的最好的知識。而這個目的就是對信仰、制度、習俗、政策就其對於好所發生的影響，來予以批評。這並不意味著說，它們對於如哲學中所達到和陳述出來的一種獨立自在的東西一樣的所謂唯一的好，發生有什麼影響。因爲正如哲學並沒有它自己私有的知識內容，或獲得眞理的特殊的方法一樣，它也沒有一種私有的取得好的捷徑。正如它從那些在研究和發現方面有資格的人們那裡接受事實知識和原理一樣，它也接受散布在人類經驗中的好。它沒有人們所信賴的那種摩西式或保羅式的啓示權威。但是它卻具有智慧的權威，具有批評這些普通的和自然的好的權威。

在這一點上，它和文學語言的藝術分手了。這些文學語言的藝術有一種更爲自由的使命要執行——即在想像中使得這些自然的好持續、擴大和生動活潑；只要他在這方面得到成功，任何事情他都可以不顧。但是哲學的批評卻有一種較爲嚴格的工作任務，它對於在它本身產物以外的東西還負有較大程度的責任。它必須要通過認識價值的原因和後果去鑑定這些價值；它只有通過這條直而狹的途徑才可以對價值的擴張和解放有所貢獻。由於這個理由，科學關於自然所具有的實際效率的結論就成爲它不可缺少的工具了。如果它最後所關心的是如何使得好在欣賞中更爲融貫、更爲可靠和更爲有意義，它的途徑就是科學所發現和描繪出來的自然存在的題材。

在哲學的這個概念中，除了在文字的形式方面以外，並沒有新穎的東西。老話說，哲學就是對智慧的愛好，智慧並不就是知識，然而它並不能夠沒有知識，而上述的哲學概念乃是這句老話的注解。需要一個批評工具，利用事物間的關係的知識去評價人類所獲得的偶然的、直接的好，這並不是哲學中的事實，而乃是屬於自然和生活方面的事實。我們可以想像到一個比在我們目前生活中的這個繁華世界更爲幸福的自然和經驗，在那兒批評反省的職能是如此不斷地和細緻地執行著，以致無需乎再有一個特殊的批評機構。但是現實的經驗是這樣的混亂，以致一定程度的距離和分開已經成爲正確地進行觀察的先在條件。思想家們往往退縮得太遠了，但是相當的退縮是必要的，否則，直接的大聲喧嚷將使他們的耳朵震聾而目前景物的燦爛美麗將使他們目瞪口呆。尤其使得一種概括的批評工具成爲必要的，乃是由於對象有一種傾向要尋找一些與外界互不溝通的嚴格隔離的小天地。具有五花八門性質的自然界，當它已經經驗到它本身時，會表現有各種不同的傾向，因而也有不同的重點的分布，而以科學的、工業的、政治的、宗教的、藝術的、教育的、道德的等形容詞去稱謂它，這是很自然的事情了。

但是從因果關係方面來講，無論這些傾向的固定化是怎樣的自然，它們的分隔孤立卻是不自然的，由於缺乏只有通過豐富的廣闊的交相作用才能供給的滋養而產生了狹隘、膚淺和遲鈍。由於職業化和制度化把直接的好隔絕了開來，好就僵化了；而且在一個變動著的世界中凝固不化總是很危險的。由於沉溺產生了抵抗力，但是沒有任何一個東西有十分強大的力量足以抵抗任何事物。興趣、職業和好的過於專門化的過分區別便產生了一種需要，要有一處相互溝通的概括媒介，要有一種互相批評的概括媒介，通過這個媒介把某一個分隔的經驗領域全部翻譯成爲另一個經驗領域。因此，作爲一個批評工具的哲學其實就變成了一個通信員、一個聯絡官，它使得各種的地方方言成爲可以互相理解的，並且因而把這些方言所具有的意義加以擴大和修正了。

困難在於：雖然哲學自己承認是具有普遍性的，但它時常是發假誓的。它不是一個自由的溝通使者，而是代表某種特別的和片面的利益的一個外交官；它不是誠實的，因爲他在和平的名義之下製造分裂，引起爭端，以及在效忠的名義之下，結集匪徒從事間諜活動。有人也許會說，由於哲學過分地想要證明自己是高度忠實於眞理的，這反而引起了人們的懷疑，因爲它平常自稱基本上它是接近於最高的和最後的眞理的一種特別的工具。其實它並不是這樣的；如果我們不把哲學這樣自認爲具有普遍性的說法予以否決，哲學的這種神祕和不誠實的氣氛就不會消逝。眞理乃是許多眞理的一個集合；而這些組成部分的眞理包括在探究和測驗事實方面所可能得到的最好的方法在內；這些方法，如果用一個單一的名稱把它們集合起來，就是科學。於是哲學對於眞理就並不占有優越的地位了；它是一個受惠者而不是一個贈與者，但是意義的範圍卻要比眞和假的意義範圍寬廣得多；意義的範圍是更加迫切和更加豐富些。當意義宣稱已經達到了眞理的境界時，眞理的確是卓越的。但是這個事實時常和這種把眞理視爲無所不在的觀念，這種認爲眞理占有壟斷統治權的觀念混淆不清。詩歌的意義、道德的意義、生活中大部分的好都是有關於意義之豐滿和自由的事情，而不是有關於眞理的事情；我們生活的一大部分都是在一種和眞假無關的意義領域中進行的。哲學的正當工作就是解放和澄清意義，包括在科學上已經證實的意義。而哲學宣稱它是眞理的提供者而跟科學相對抗或者是取而代之，這似乎是由於它沒有從事於它自己的正當工作而作的一種近乎補償性質的姿態。因爲確實，一位學者之所以珍視歷史系統，這毋寧說是由於它們所闡明的意義和各種意義的簾幕，而不是由於它們所確定的一堆最後的眞理。如果我們把前者的職能當作是哲學公開承認的任務，而不是一個偶然的副產品，那麼哲學的地位就會更加清楚、更加理智和更加被人所尊重了。

然而，有時有人提出這樣一個意見，認爲我們對於哲學的這樣一個觀點損害了哲學的莊嚴，把它貶抑成爲一種社會改革的工具，而且認爲，只有那些沒有感覺到文化的積極成就而對其罪惡過於敏感的人們才會同意這個觀點。這樣一種見解忽視了一些突出的事實，如果我們不是把「社會改革」也當作顯然是經驗所可能做到的意義的解放和擴張，那麼這是從一種市儈的眼光去理解「社會改革」，有許多關於社會改革的計畫無疑地正是犯了這種狹隘的毛病。但是也就由於那個理由，它們是沒有什麼結果的；即使在它們所指望的那個特殊的改革方面它們也沒有成功，除非不惜加深一些其他的缺陷和創造一些新的弊端，只有可能得到的最好的、最豐富的和最充實的經驗才是對人最好的。要達到這樣的一種經驗，這不應被理解爲專屬於「改革家們」的問題，而是人們的共同目的。哲學對這個共同目的所能夠做出的貢獻就是批評，批評時一定也會高度地意識到，在任何時期得到的價值的計畫和分配中總是有缺陷和錯誤的。

然而，要在這個消極的方面做出公正而適當的批評，那就必須根據我們對人類經驗所曾達成和提供的積極的好的東西的高度欣賞。科學、藝術和社會交誼等方面的積極的、具體的好乃是哲學，即批評的基本題材；而且只因爲這樣的積極的好業已存在，這些好的解放和可靠的擴張才是智慧的明確目標。一個人愈是覺察到經驗所具有的意義的豐富，一個胸襟開闊和寬宏大量的思想家就愈會意識到那種阻止他去分享它們的限制；他就愈會覺察到它們的那種偶然的和隨意的分布情況。如果工具的效能是需要強調的話，那不是因爲工具本身的緣故，而是爲了使得價值的分配豐滿而更爲可靠，而要達到這一點，如果沒有具有工具作用的東西，就是不可能的。

如果哲學就是批評，那麼關於哲學和形而上學的關係又將怎樣說法呢？因爲形而上學乃是對於各種存在所表現的一般特性的陳述，至於它們分化成爲物理的和心理的，則置之不問，而形而上學便似乎跟批評和選擇，跟一種有效的愛智是沒有關係的。它從分析和界說開始，而且也以分析和界說爲結束。當它把那些一定會在每一種語言領域中表現出來的特性和特徵揭示出來時，它的工作便完成了。作爲一個論點，這至少是可以說得通的。既然在每一個爭論的主題中所發現的特性乃是自然存在所不可避免的特性，那麼這種特性的性質本身就不容許有這樣一個結論。具有特性的個體和經常的關係，偶然性和需要，運動和靜止，都是一切存在的共同特性。這個事實乃是價值和價值之不穩定性這兩者的根源；乃是偶然的直接占有和作爲確有把握獲得和占有的先在條件的反省這兩者的根源。所以任何探索和界說這些特性的理論就只是批評領域的一個平面圖，上面設置著一些底線，以備用來進行比較精細的測繪。

如果自然的一般特性乃是隔絕存在的，那麼只要在它們之中把經驗的對象和興趣挑選出來就夠了。但是它們實際上是緊密混雜在一起的，因而一切重要的爭論都跟它們彼此之間互相交雜的程度和比例有關係。如果單純地留意到偶然性乃是自然事情的一個特性而把它記載下來，這和智慧絲毫沒有關係。然而，如果留意到偶然性和一個具體的生活情境的連繫，這至少便成爲智慧的開始了。對自然之終結的探求和界說本身是沒有意義的，但是如果我們根據這樣的發現去觀察實際所進行的過程，這就使得我們接近於一些崇高的爭論：生死的大問題。

一個人愈是明確知道，圍繞在人類生活四周的這個世界具有如此這般的一個特徵（無論他是怎樣界說的），他就愈會試圖根據所賦予這個世界的特徵去指導生活行爲，去指導別人的和他自己的生活行爲。而且如果他發覺他不能成功，他發覺這種嘗試使他自己陷於混亂、矛盾和黑暗，把別人推入一種失去協調的境界，把他們跟外界隔絕開來，那麼粗淺的教訓就使他認識到他所確定的東西乃是一種錯覺而必須予以放棄；而且使他修正他對於自然本質的見解，以致他使這些見解更爲適合於體現自然的具體事實。人需要地面以供他行走；人需要海洋以供他游泳或航行；人需要空氣以供他飛行。人類必然要在這個世界之內活動，而且爲了本身的生存，他必須在某種程度上把他自己作爲自然界的一部分去適應其他的部分。

在心靈、思維中，這種情境、這種景象已經開始覺察到它本身了。在這裡不再是一部分被迫地適應於另一部分，而後果也不再是強制的失敗或成功，代之而起的乃是尋求事物的意義，藉以考慮所要從事的動作，所要形成的計畫和政策；乃是尋求所建議的動作的意義，以考慮它們所導致和排除的對象，在組成自然的能量和動作之間有一種不可分裂的軸心。知識對於這個結是有所改進的，但是認爲知識分裂了這個結，認爲知識在事物的交相作用之間夾入了一些絕緣的東西的這個觀點乃是十分幼稚的。知識，即科學，對於在它所可能達到的範圍以內的這些特殊的交相作用是有所改變的，因爲它本身就是一種對交相作用的改變，由於它要估計到這些交相作用的過去和未來。對於存在的一般洞察——這是我們對形而上學唯一可以從任何在經驗上理解的意義去給予的界說，它本身就是一個附加的交相作用的事實，所以也跟任何其他的自然事件一樣，服從於同樣理智的要求：即對它所發現的東西所發生的影響、傾向和後果要進行探究。即使僅僅因爲在這個宇宙內加上了一個表現而使它變成了一個不同的宇宙，這個宇宙也絕不是一個無限的自我表現的系列。

通過一個間接的途徑，我們就達到了有關於一切批評的最廣泛的問題：即存在和價值的關係，或者，按照對這個問題的通常的提法，實在的和理想的東西之間的關係。

許多哲學派別通常堅持一種籠統的關係。或者說，我們所最讚揚的因而被我們稱爲理想的那些好，乃是完全和澈底地跟實有等同的；或者說，存在的領域和理想的領域相互之間是完全隔絕的。在正統的歐洲傳統中，前一種思想流傳著。「有」（ens）和「眞」（verum）、「善」（bonum）是一回事情。「有」按其全義而言，乃是存在力的完善；衡量完善程度的尺度和衡量實在程度的尺度就是力量的範圍。罪惡和錯誤就是沒有力量；就是反對全能，反對實有的一些無用的姿態。斯賓諾莎曾經根據新的科學觀點按照這個意思重述過中古神學，現代公開的唯心主義曾經提出過同樣的主張。在他們誇大了思想和思想的對象的作用之後，在他們誇大了人類希望的理想的作用之後，他們便設法去證明，歸根結底，這些東西都不是理想的而是實在的——不是跟意義和理想一樣的實在，而是跟存在物一樣的實在。因此，在肯定誠信這個理想的當中同時又把它本身給否定了。這些「唯心主義者」在把理想轉變成爲存在以前，不能加以信任——那就是說，轉變成爲物理的或精神的東西，而且既然它缺乏那種在經驗中的物理的和精神物理的東西所具有的特性，它就變成一種特別的存在，所謂形而上學的東西了。

也有一些哲學派別（比較稀少一些），它們斷定，理想是十分神聖地理想的，因而與存在沒有任何接觸之點；它們以爲接觸就是傳染，而傳染就是蔓延。初視之下，這樣一個觀點似乎表現出一定程度的信仰的高貴性和否定的堅定性。但是一個在存在中沒有根基的理想領域是既無效能也與我們無關的。它是一個黑暗的光，因爲當它照耀在虛空之中時它並沒有照見任何東西，甚至也不能把自己揭示出來。它對我們無所教益，因爲它不能被翻譯成爲實際發生的事情所具有的意義和重要性，所以它是沒有結果的；它既不能減少存在物的荒涼景象，也不能改變它的粗陋狀況。因此，由於它立誓不在自然事情之中有其立足點，於是它否認了它本身，它不再是理想，而變成了虛空的幻想或文字上的巧辯。

我們說這些話並不是出於敵意的責難，而是想指出，關於存在和價值的關係的這些籠統的想法是沒有用處的。通過這些想法的反面含義，可以顯示出這樣一種主張，只有它能夠發生有效的批評作用，影響具有解放、擴張和澄清作用的鑑別活動。這樣一個理論就會指明，所謂理想的意義和所謂感性的意義同樣都是存在物所產生的；只要它們繼續存在的時候，它們總是爲事情所支持的；它們是存在之可能性的指標，所以它們既是爲我們所享受的，也是爲我們所利用的；我們利用理想來激勵行動，以取得和支持它們的原因條件。這種主張利用由特殊事情產生的特別意義去批評這些特殊事情；它也批評特殊的意義和好，說產生這些特殊意義和好的條件是稀少的、意外的、不能保留的或者是常有的、柔順的、調和的、持久的；而且說它們的後果在行爲中是足以啓示和指導我們的，或者是使我們的意見暗淡無光，使我們的目光狹隘，判斷模糊，以致歪曲我們的見地的。好無論如何總是好，但是這些好無論被稱爲是美或眞或正義，如果在創造新的好和保持舊的好的時候它們對於判斷起著堅定、激發和擴張的作用，那麼從反省方面看來，它們就證明了它們是好的。從常識方面來看，這句話乃是衆所周知之事。如果從哲學方面來看，它是一個障礙物，這是因爲哲學傳統認爲鑑別就意味著多元論，因而頑強地反對在存在的領域中從事區別。它堅持不全寧無的態度；由於它先在地接受了一種武斷的主張，認爲有一個完善的統一體，因而它不能夠偏向於某些存在物而反對其他的存在物，而在其間有所選擇。所以按照它的做法，這樣的區分總是具有等級性的；在一個性質相同的秩序中，在程度上多一些和少一些，高一些和低一些。

我願意借用我們最偉大的美國哲學家之一所說的一些光輝語句；這些語句帶有詩意，因而它們可以成功地表達枯燥無味的散文所不能表達的東西。賀爾姆斯（Justice Holmes）[1]曾經寫道：「不可避免的事情是通過了努力的方式而發生的，我們都有意地或無意地致力於創造一個我們所喜歡的世界。而且雖然我們可以跟斯賓諾莎一樣把對過去的批評視爲無益的，但是我們卻有十足的理由盡我們之所能按照我們所嚮往的來創造未來。」然後他繼續說：「我們也有十足的理由試圖使我們的欲望成爲理性的。困難在於我們大部分的理想都是不明確的，而且即使

【1】現譯名爲霍姆斯。

我們曾把它們提得很明確，至於怎樣實現它們的途徑我們卻很少有實驗的知識。」而當我們致力於使我們的欲望、我們的努力和我們的理想（這些東西對我們說來是跟我們的疼痛和衣服一樣自然的）明確，根據對條件和後果的探究去說明它們（而不是就它們本身去說明它們，因爲這是不可能的）時，這種努力就是我所謂的批評；而且當我們把這個工作推廣到更廣泛的範圍時，那就是哲學。在另一篇文章裡，賀爾姆斯也觸及到哲學（按我們所理解的）跟我們所生活於其中的這種世界所做的一種科學的和形而上學的洞察之間的關係。

「當我們談到我們對於宇宙的態度時，我們看不到有任何理性的根據，說明我們由於得不到滿足可以去要求有這樣一個至高無上的東西，除非我們有把握說，我們的眞理乃是宇宙的眞理，如果有這麼一回事的話。……如果一個人覺得沒有理由相信：意義、意識和理想不僅僅是人類的標誌，那也不足以證明法國懷疑論者所熟悉的那一套是正確的；攀登在柱腳上而假裝以一種傲慢輕視的眼光瞧著一個在毀滅中的世界。眞正的結論是說，部分不能吞滅整體。……如果我們相信，我們來自宇宙，而非宇宙來自我們，我們就必然要承認，當我們論及純物質時我們簡直是無知的。我們的確知道，某一個能量的複雜體能夠搖擺它的尾巴而另一個能夠推演三段論式。這些都是在這個未知者所具有的能力以內的，而且如果它還有我們所不懂得的更大的能力（這也許是可能的）……我們爲什麼還不滿足呢？爲什麼我們還要運用宇宙所供給我們的能量去公然反抗它，而且還對蒼天摩拳擦掌以示抗議呢？這在我看來似乎是愚笨而可笑的。」

「宇宙所有的東西遠超過我們所知道的東西，小兵不知道出征的計畫，甚或還有一個……

對於我們的行爲是沒有影響的。我們仍然要進行戰鬥——我們全都要這樣，因爲我們要活下去，至少有些人要這樣，因爲我們要實現我們的自發性和證明我們的力量，以此爲樂事，至於這些在任何事情中對我們有價值的東西到底最後的評價如何，那就留給未知者去決定吧。宇宙已經產生我們而且在這裡面具有了一切我們所信仰的和所喜愛的東西，雖然宇宙所有還不止於此，這對於我們來說已經是足夠的了。如果我們不想把我們的生存視爲一個外在的小神靈的存在，而是在這個宇宙以內的一個神經中樞，我們還有無限的境界在我們的背面，它給予了我們以唯一的但恰當的重要意義。如果我們的想像力十分強大，而把我們自己視爲跟其餘的東西不可分離的一些部分，並且把我們最後的興趣擴充到我們身體以外去，那麼我們爲了在我們自己以外的目的而犧牲我們的生命也是應該的了。要求有把握的動機是我們在人類中所發現的共同願望和理想。哲學並沒有給我們動機，但是它告訴人們，他們做他們所已經想要去做的事情，這並不是愚笨的。它打開了通往浪費我們的精力的絕望的希望之門，使我們展望著人類思想所能達到的最遠的境界，使我們遙聽到這個未知者所奏出的一種和諧的弦音。」

人們在各個極端之間游移著，他們把自己理解爲神靈，或是杜撰出一個有威力而狡猾的神靈做他們的同盟，以驅使這個世界服從於他們的吩咐和滿足他們的願望。在幻滅之中，他們否認跟這個使他們失望的世界所具有的關係；緊緊抱住理想的東西而當作是他們自己的占有物，以一種高傲的居高臨下的姿態，超然於堅實的事物進程之外，而這種事情的進展跟我們的希望和欲念是很少有關係的，但是一個已經在經驗面前揭露自己，而且經過訓練達到成熟的心靈知道它自己的渺小和無能；它知道，它的願望和謝禮，無論在知識或行爲方面，都不是衡量這個宇宙的最後尺度，因而它終究還是變化無常的。但是它也知道，它對於權力和成就的這種幼稚的假定也並不是一個將被完全遺忘的夢境。它意味著有一個跟宇宙融會一體的境界，而這是要保持下來的。這個信仰以及它所激起的在思想上的努力和奮鬥也是這個宇宙的動作，而它們，無論是多麼的微小，在某種方式之下，也推動著宇宙前進。關於我們的重要性我們已經有一種比較正確的感知，即理解到，它並不是衡量整體的尺度，這跟我們相信我們以及我們的努力不僅對我們本身而且對於整體是有重要意義的這個信仰乃是一致的。

忠實於我們所屬的自然界，作爲它的一部分，無論我們是多麼微弱，也要求我們培植我們的願望和理想，以致我們把它們轉變成爲智慧，而按照自然所可能允許的途徑和手段去修正它們。當我們盡量運用我們的思想而把我們微薄的力量投入這種動盪不平的事物均衡狀態之中時，我們知道，雖然宇宙在殘害我們，我們仍然是可以信任它的，因爲我們的命運總是和存在中一切好的東西相一致的。我們知道，這樣的思想和努力乃是產生更好的東西的一個條件。若就我們而論，它是唯一的條件，因爲它是唯一在我們力量範圍以內的東西。如果除此以外，要求更多的東西，這是幼稚的；但是如果要求得比這還更少一些，這又是儒怯；期望宇宙符合和滿足我們一切的願望，這是一種自我中心的表現，把我們自己跟宇宙分割開來了，但是要求過低也同樣是這樣的。誠意地提出要求，如要求我們自己的一樣，就會激起我們一切的想像力，而且從行動中索取一切技能和勇氣。

所以，哲學並非起源於任何一個特別的衝動或經驗中的一個分隔的部門，而是起源於整個人類的情境，而同時這個人類的情境又是完全和自然相吻合的。它反映自然的特性；它給予無可爭辯的根據，證明在自然界本身，性質和關係、個別性和一致性、最後性和效能性、偶然性和必然性都是不可分割地連結在一起的。在這個互相滲透的狀況中，激烈的衝動和愉快的吻合便使得經驗成爲我們所意識到的情況；它們外表的現象引起了我們的懷疑，迫使我們從事探究，要求我們有所選擇，而且要求我們對於我們所做的選擇負責。假使在自然界中是完全和諧的，那麼生活就會是自發的展開。假使不是在人和自然之中都有不協調的狀況，假使這種不協調的狀況只是在人與自然之間才有，那麼人類就會成爲自然的殘酷的統治者，否則就會成爲受自然壓迫的一種愛發牢騷的降伏者，正是人類既爲自然所支持而又爲它所挫敗的這種特別的互相混雜的情況組成了經驗。哲學思想中的這些主要的對立面，目的和機械、主觀和客體、必然和自由、心靈和身體、個別和一般等全是企圖陳述這樣一個事實：即自然導致而且部分地支援意義和好，而同時在一些緊要的關頭上卻又撤退了它的幫助，反而愚弄它自己的創造物。

人類追求理想的對象，這是自然過程的一種繼續；它是人類從他所由發生的這個世界中學習得來的，而不是他所任意注射到那個世界中去的。當他在這些企圖以外再加上了知覺和觀念時，這究竟也不是他所附加上去的；這種附加又是自然界的行爲而且是它自己領域進一步的複雜化。採取行動，享受和遭受行動的後果，從事反省，按照探究所揭示的前因和後果對已有的、但粗糙而性質相同的善和惡性行鑑別和區分；根據所曾經習得的東西來採取行動，因而投身於新的和未經考慮的境地中去，檢查和修正所曾經學會的東西，從事於新的善和惡，這些都是人爲的，而所表現的進程乃是自然界的進展過程。它們是在自然中偶然狀況、滿足狀態、質上的個體化和類上的一致性等所顯現出來的結果，於是對於自然的組成結構加以留意、進行記錄、予以界說，這對於批評的職能不是中立無關的。它是批評領域的一個基本輪廓，其主要意義在於幫助我們了解智慧職能的必要性和本質。

如果我沒有弄錯的話，在現代哲學中主觀性的實際的敵對心情並不在它的反對者所曾指出的地方。它的實際的敵意和它的可憎的負擔，是在它的批評者的主張中表現出來的，因爲他們認爲只有知識才正確地涉及存在。欲望、信仰、「實際的」活動、價值，全是人類主體的屬性；這種區分把主觀性變成了一個陷阱和危險。在這裡，信仰的問題是帶有關鍵性的。因爲信仰中包括有默許和肯定的一方面，它所呈現出來的性質包括有個人的成分；而且也包括有價值（無論運用任何關於價值定義），這是大家所承認的。所以在信仰和知識之間就必須劃上一道嚴格的分界線，因爲後者已被按照純客觀性來加以界說。對於信仰需要進行控制，這是大家所承認的；知識，按照這些學說講來，即使僅僅是偶然的，乃是作爲從事於這種控制工作的工具而出現的。於是在實踐中，知識、科學、眞理其實就是批評信仰的方法，它是決定個人因素如何正確地參與在信仰之中的方法。那麼在知識和信仰之間，除了在方法的運用、有效的工具性和由於產生它們的方法而具有一定特徵的、作爲結論而爲我們所接受的，而不是盲目的、偶然產生的信仰的對象之間的區別以外，爲什麼還要保持有別的區別呢？科學本身乃是以決定取捨的方式批判地決定好壞的一種工具，對於這樣熟知之事爲什麼感覺到焦慮不安呢？

我只能看出有一個答案。欲望、信仰、追求、選擇都被認爲是「主觀的」，而所謂「主觀的」意思就是說，它跟自然的存在物是孤立分隔的，它是自外闖入的一個不可解釋的東西，這就是嚴格分隔信仰和知識的理由。如果所謂個人的事情是在自然以外的，那麼我們不願意把科學當作是決定個人因素的正當活動的一種手段，正如一個畫家的技術和物質設備決定他的創作一樣，這是很有根據的。如果我們在這樣的理解之下，把達到某種事物的手段，變成是個人的事情，那麼科學便喪失了它的客觀性而染上了一些僅僅是私人的和任意的事情的特徵。

不過，這個結論卻還包括有一個未曾驗證和未曾批評過的假設。把懷疑、努力、目的、各式各樣色彩的好和壞、取和捨等孤立隔絕的理由，說成是由於它們是不屬於這個自然的宇宙範圍以內的，而只有這個自然的宇宙，無論把它理解爲在結構方面是機械的或是理性的，才是概括的知識的對象。因此，這個論點便在一種惡性循環之中轉移著；這個問題自始就犯了「丐辭」的毛病。如果個體化的性質、靜止的狀況、具有限制作用的「終結」，以及偶然的變化，都是自然界所具有的特徵，那麼它們就把它們自己在使用、享受和遭受、追求和努力之中體現出來，而這種使用、享受和遭受、追求和努力等便形成了意識經驗。它們既是在認識方面的經驗對象的組成部分，而且同樣也是實在的，「在客觀上」是屬於自然範圍以內的。於是我們就沒有根據去否認或規避這個事實的全部意義：這些在認識方面的經驗對象的組成部分乃是我們調節評價、修訂和改正價値、有控制地產生和保衛價値的手段，乃至是唯一的手段。

知識是信仰的一個事例；在認識論中通常是用避而不談這一事實的辦法來抹殺由於把信仰視爲在存在上是主觀的、個人的和私有的這種思想而產生的惡果。在處理美感方面的好和道德方面的好時，還沒有找到這樣一個辦法。在這裡，那種討厭的片面性的見解便充分地發揮著它的力量。平常流行的辦法就是把價值和愛好連繫起來，把它當作單純是個人之事，而忽視了這樣一個麻煩的事實，即這個理論在邏輯上必然因而也把所有一切的信仰都變成任意的、不可討論的偏愛之事了。所以在美學和道德學說中衆說紛紜，莫衷一是，這就毫不足怪了。既然它們的題材是完全跟科學的題材分隔的，既然它們被指爲是屬於獨立的、不能共同參與的存在領域之內的，那麼達成一致的唯一可能的方法便已預先被排斥了。

實際上，這個後果是不能容忍的，因而也是很少遇見的。價值的「標準」突然出現，以作爲嗜好和良心的準繩。在愛好和值得愛好的東西之間、在所嚮往的和可以嚮往的東西之間、在現有的和應有的東西之間的區別都煙消雲散了。似乎有直接的價值，但也有標準價值，而標準價值則可以用來判斷和衡量直接的好和壞。因此，在眞僞之間、在實虛之間便出現了在反省上的區別。然而，按嚴格的邏輯而論，它的出現也就是它的消逝。因爲如果這個標準本身是一個價值，那麼，按照定義講來，這只是某一特殊主觀人物所具有的一種特殊愛好的對象的另一名稱而已。如果對它的愛好跟某些其他的愛好發生衝突時，最強烈的一面就取得了勝利。在這裡就沒有所謂眞假、實虛的問題，而只有強弱的問題了。至於到底哪一方面應該是強些這樣的問題是跟在鬥雞中考慮這個問題一樣的毫無意義。

這樣一個結論便中止了一切追求一致和追求組織的企圖，反而喚起了一個相反的學說。這個「標準」絕不是一個好，至少，在我們看來，它不是一個好。毋寧說，它是在理性上所領會的一個原則。與其說它是好的，毋寧說它是「正當的」；而且既然它是正當的，它就是判斷一切的好壞的標準。如果正當的也就是好的，這種等同性便是潛存在某種超經驗的領域之內；在某種不朽的、非經驗的實有領域，而它也是一個價值的領域。把好壞的標準這樣理解爲理性的一個原則和最高實有的一種形式，這樣的好的標準便跟在實際的欲望、爭取、滿足和挫折以外的東西對立起來了。在決定這些欲望、爭取、滿足和挫折時它應該參與其間，但是它絕大部分卻並未參與。現有和應有之間的區別乃是一種在類別上的區別，乃是一種隔絕。一個完整的循環便完成了，最後只是反駁說，所謂標準本身只是某一個人任意的愛好的另一個莊嚴的僞裝而已——只是某一個偶然披上了權威外衣的人的獨斷（ipse dixit）而已。

把美和道德的善的經驗歸結成爲沒有根據的靈機一動，跟把眞的經驗歸結成爲沒有根據的靈機一動一樣，同樣是使人氣憤的。常識有一個堅定不移的信念，認爲在享受和行爲中，有直接的好，並且認爲還有可以估計和修改這些好的原則。常識保持著這個堅定的信念，因爲它不知道在知識跟信仰、行爲、美感欣賞之間有什麼嚴格的劃分。關於在客觀的實在和主觀事情之間進行區分，它是完全無辜的。它把爭取、目的、探究、欲望、「實際」的生活當作跟科學討論的主題一樣，都是自然的事實；從常識方面看來，前者的確還是一種更爲直接和迫切的實在。所以理解對直接的好進行理性的或客觀的批評和糾正的這個觀念，在常識看來是沒有什麼困難的。如果常識會說話，它就會說，產生善惡的同樣一些自然過程也產生了爭取這個而避免那個的這種努力的行動，而且產生了控制這種努力行動的判斷。它的弱點在於，它沒有認識到審愼周密和系統化的科學乃是適當判斷的先在條件，因而也是正確的努力和正確的選擇的先在條件。它的批評工具大部分乃是一些片面的判斷，乃是習俗、偶然的機遇和既得的權利的未經批評的產物。所以當常識開始對它自己的信念進行反省時，它就很容易淪爲傳統學說的犧牲品；而這個惡性循環又開始旋轉起來。對於價值有進行客觀批評的必要性和可能性，在這一點上常識是正確的，而它的弱點則在於如何達到這一點的方法方面。

然而，這時候在關於信仰的事例中卻有一個解決這個問題的例子。過去曾經有過一個時期，對於外在事物的信仰大部分決定於直接取捨的好處；至於在信仰中的直接的好的和實在的或眞正的東西之間的區別，主要的是指這個事實：即所謂實在的或眞正的東西乃是爲教會和政府當局所批准的對象。然而，現在誰都知道，每一個信仰價值都必須受到批評；在科學研究中，批評並不一定要涉及一種超經驗的標準眞理，這已是衆所周知之事了。一個直接的信仰價值只是向探究所提出的挑戰，而一個後來所產生的信仰對象則是批評性的探究所得到的結果，而且具有滿足所發現的因果關係的價値，而在這兩者之間的區別乃是在理智經驗的進程中所產生的，結果便有了在外表的好和眞實的好之間的區別。一個難以對付的世界逐漸地相信了：這樣決定的意義說明了爲我們所接受和肯定的那種好的東西。這時候，爲情慾、階級利益、習俗和權威所決定的信仰仍然普遍地流行著，支持著這樣一個看法，即信仰的對象是如何形成的和如何達到的，這是對於一個信仰的價值最關緊要的事情。因此，我們就更加明白了，如果對於直接的好要進行批評性的評價，我們就要根據具有好的性質的對象是怎樣產生的和將有怎樣的後果。

在外表形式上，實驗科學是有無窮的變化的；在原則上，它是簡單的。當我們知道一個對象是怎樣製造出來的時候，我們就認識了這個對象，而我們愈是親自去製造這種對象，我們就愈是知道它是怎樣製造的。舊的傳統強迫我們把思維稱爲「心理的」，但是「心理的」思維只是侷限於有機體以內而進行的一種片面的實驗工作，它產生了初步的適應的狀態。只要是思維仍然保持在這個階段上，我們還不至於把這個內向截頂的情況當作是證明有一個優越於身體而獨立於身體之外的非物質的理性的根據。只要思維是這樣封閉在機體以內的時候，在「外邊的」自然景象中的外現行動便不可避免地被剝奪了它所具有的充分的意義。當「外邊的」和「內部的」的活動在一個單一的實驗操作中結合起來，用來作爲發現和證明的唯一恰當的方法時，有效的批評、一貫的和有條理的價值便產生了。有一些藝術是通過賦予事物以意義的方式來形成對象的，而思維是和這樣的藝術站在同一個行列裡的。

有人以爲產生知識的過程起源於無意義的感覺材料，或起源於純邏輯的原理，或起源於這兩者的結合，把它們作爲原始的出發點和材料，反映心物分隔的舊兩元論的心理學使得這個見解更爲流行。從心靈的自然歷史講來，這個見解完全是神話式的。一切的認識活動和從事於認知的努力都是從某種信仰、某種業已接受和肯定的意義出發的，而這種信仰或意義乃是過去的經驗、個人的和社會的經驗的一個積累。在每一個事例中，從偶爾的懷疑到複雜的科學工作，認知的藝術總是對於當作眞實貨幣而在當時流通的信仰進行批評，以期對它有所修正。當更爲自由、更爲豐富和更爲可靠的信仰對象被建立起來而被視爲直接接受的好時，認識活動便終止了。這種活動，從實際的意義上講來，乃是一種行動和製造的操作。這個操作的過程是從一個被視爲顯明而可疑的好出發的，而以另一個被檢驗和被證實的好爲終結的，而認識的最後動作就是接受具有意義效果的東西而予以理智的鑑賞。

有沒有任何理由來假定在其他的價值和評價的情況中情況會有所不同呢？在科學研究對信仰價值的關係、美學批評對美感價值的關係和道德判斷對道德的善的關係之間有什麼內在的差別嗎？在邏輯的方法方面有什麼差別嗎？如果我們採納一個流行的學說而主張任何有愛好、有興趣，有偏向的地方就有直接的價值，那麼這就很清楚，這種愛好就是一種動作，如果不是一種外顯的動作，至少也是一種性情上的傾向和方向。但是大多數的愛好，一切初露頭的愛好，都是盲目的和粗俗的。它們不知道它們是怎麼一回事，而且它們也不知道爲什麼把它們自己附著在這個對象或那個對象身上。再者，每一個這樣的動作總是冒有危險而擔負有一定的責任的，而它們之所以是如此，這也是盲目的，因爲在存在中對於愛好總是有著敵對的要求的。偏愛於這個就要排斥那個，任何愛好都是無意中進行的選擇。如果不有所拒絕，就沒有什麼選擇；興趣和偏見是有選擇性的，是有所偏愛的。採取這個東西而把它當作是好的，這就是在動作中，雖然最初並不是在思想中宣稱，它要比某個別的東西好一些。這個決定是武斷的、臨時的、未加思索的，因爲作這個決定時並未曾思及其他的對象，也並未曾進行比較。我們說，一個對象是好的，這似乎是一個絕對的和內在的陳述，當我們在直接行動中而不是在思想中作這樣的肯定時特別是如此。但是當我們認識到，這個陳述其實是說，一個東西比另一個東西好的時候，論點就轉移到某種比較的、相關的、因果關聯的、理智的和客觀的東西上面來了。在直接的狀態中，沒有一個東西比任何另一個東西好一些或壞一些；它就是它現有的那樣而已。比較乃是在事物之間、在事物的效能之間、在事物的增長和阻礙之間的比較。比較好些的東西較之其他所愛好的東西和價值，乃是更加可靠、更加自由和更加充實。

於是，做出一個評價，進行估計判斷，這就是要有意識地知覺生產力和抵抗力的關係，因而使得價值成爲有意義的、有理智的和可理解的。當我們有區別地覺察到所愛好和偏愛的對象所由產生的原因條件時，我們也就覺察到了它後來的活動情況。如果在美感的好和道德的好的情況中，由反省揭示出來的成爲好的對象的決定因素的原因條件，較之在信仰對象的情況中，在更大的程度上是在有機體的組織之內的，這個發現對於進行批評性判斷的技術方面來說，是具有巨大意義的。但是這並不改變我們在關於價值和評價彼此之關係的知識中所獲得的邏輯，它指出了在有意識地改造好的藝術中所要控制和利用的特殊材料。對於知識的探究是從原先存在的信仰出發的，同樣，美感和道德方面的批評也是從原先存在的、在靜觀享受和社會交際中自然的好出發的，它的目的是使得有可能有知地和有意義地去愛好和選擇，而不是盲目地去愛好和選擇。凡値得稱爲批評的一切批評也只是另一個名稱，用來指稱那些使愛好、偏袒和興趣能在一種負責任的和有知識的方式之下而不是無知地和宿命論地去表達它們自己的對條件和後果的揭示性的發現。

這裡所提出的這個關於好和批評之關係的學說，我們可以用倫理學說來舉例說明它的意義。我看很少人會反對，雖然有不少旨趣和理智修養很高的先生們曾經專心注意到這個問題，但是它的結果，如果從科學上取得的一致性方面來判斷，毋寧說是使人失望的。這個結果一部分是由於這個題目的重要性、它跟人類最深切關心的東西所具有的密切連繫、它跟人類根深蒂固的傳統以及它跟他的當代社會生活中最尖銳複雜的問題所具有的密切連繫。在這樣的條件之下要使適當的理智工具在客觀上超脫一些而獲得發展，那必然是困難的。但是我想，在一切的分歧之中我們發覺了有一個共同的在理智上的先入之見，它不可避免地推遲了我們獲得科學方法的可能性。這個假定，暗的或明的，就是說，道德學說乃是研究目的、價值的，而不是涉及關於目的和價值的批評的；關於目的和價值的批評，這在事實上不僅是獨立於道德學說之外的，而且它們本身甚至並不具有道德的性質。發現和說明「善」和「最高的善」以求在理性上支持一切的美德和義務，而且希望畢其功於一役，這乃是道德學的傳統工作任務；否認道德學說具有任何這樣的職能，這在許多人看來似乎等於否認了道德哲學的可能性。然而，在別的事情方面，如果我們不斷地遭遇到失敗，那麼這就要被視為證明我們在這一方面犯了錯誤的證據。而在一個願意放棄傳統偏見的人看來，在方法上沒有達到一致，乃至在道德學是否屬於哲學的一個部門這些一般的結論上沒有達到一致，也可以予以類似的解釋的。

當然，這並不是說，傳統思想假定：善和最高的善乃是道德學說所杜撰出來的。那個假定還並不這樣壞；它只是說，道德的善是在道德學說的領域中所揭示出來的；使人們意識到它們並加強了對它們的特徵的覺知。然而，在經驗的事實上，使得人們知覺到好的乃是藝術、那些互相溝通的藝術和作爲社會溝通的擴大延續的文藝。道德學者的著作總的講來在這一方面是曾經發生過效用的，但是這種效用不在於他們公開承認的意向，不在他們的理論主張方面，而在於他們曾經天才地參與在詩歌、小說、寓言和戲劇的藝術之中。偉大的道德藝術家們曾經遺留給人類許多想像的生活關係，但它們變成了主義說教之後，這就成了使它們僵化成爲呆板教條的原因了；原有對於人生關係和善的那種有啓發作用的洞察便消逝了，代之而來的只是一種武斷的條款法規了。直接訴之於爲一個藝術家的洞察所集中、突出和加強而在藝術創作中體現出來的經驗，這和任何藝術家揭示意義的工作是屬於同一個類型的；直接訴之於這種經驗曾被視爲就是去發現和說明在科學上或哲學上所認爲眞正的事物。

這時候，理論上的批評可以做的工作卻未曾做：即對於那些因爲在經驗中好的而不是在理論上好的而被認爲好的善，我們要去發現它們的條件和後果，它們的存在關係。原因無疑地大半是因爲手頭上還沒有必備的在物理學、生理學和經濟學方面的工具。但是現在當這些具有潛能的工具業已有了比較適當的準備時，如果人們還不認識到，道德學說的任務絕不是論及圓滿終結和善的本身而是去發現它們之所以出現的前因後果，乃是從事於一種事實的和分析的工作，而不是從事於一種思辨的、告誡式的或規範式的工作，他們是不會運用那些工具的。這個論點也沒有忘了曾經有過一種假冒的自然主義和經驗主義的倫理學，它曾主張，善既是在道德理論之前存在的，也是在道德行爲之前存在的，而只有當它們被當作爲反省所選擇和追求的對象而在行爲中被運用時，它們才成爲有道德的，但是明顯的例外倒反而證明了那個規律。因爲這些形式的道德學說，雖然使得道德學擺脫了告訴人什麼是好的這個責任，而把這個職務留給生活本身，但同時它卻未曾留意到，道德哲學的職能乃是批評；而通過發現存在的前因和後果來執行這個職能時，也在品質上轉變了、改造了以後的行動，而這種行動的轉變和改造又從試驗中檢驗這些理論的結論。

所以這些道德學說，如亞里斯多德的倫理學一樣，是思辨的，把先在的善加以界說並排列成爲一個有等級的秩序而加以歸類，而最後有一個唯一的善、最高的善的概念；或者，像快樂論的倫理學一樣，它們把具體的好所具有的一個特點，即它們的快樂狀態，在思辨上加以抽繹；而且它們未曾提供一個分析具體情境的方法而只是樹立一些計算的規則和規定一些遵循的政策，而把這些政策當作是先前計算的固定結果而不是在理智上試驗的結果。當這班倫理學者，如邊沁（Jeremy Bentham）一樣，對於人們由於可以改變的制度而遭受到惡的痛苦，具有人道的敏感性時；或者如密爾（John Stuart Mill）一樣，能夠天才地洞察到一種自由的和高尚的快樂所具有的組成因素時，他們也曾激起過慈善的行動。但是他們的學說跟這種實際的後果之間的連繫乃是偶然的；當他們的一切言行被當作是藝術上的而不是科學上的工具時，正如狄更斯（Charles Dickens）在社會改革方面所作出的不小的貢獻一樣，他們的觀念才起著作用。

我們所曾經提出的這個主張的含義在哲學中曾輸入了一種「實用的」因素，而這個「實用的」因素就是有效的和可以證實的批評，這是使傳統的觀點感覺到討厭的。然而，如果人是在自然以內而不是在自然之外的一個小神靈，而且他是在自然以內作爲能量的一種式樣，跟其他的式樣不可分離地連繫著的，那麼變相作用乃是每一種人類的關係所不可避免的一個特性；思維，甚至哲學的思維，也不例外。這種交相作用是具有片面性的，因爲人類的因素是有所偏頗和具有偏向的。但是片面性之所以是討厭的，這不只是因爲它是片面的。這個世界的特徵就是具有性質上不同的歷史，而這些歷史又各自有它們自己的開端、趨向和終結的；在這樣一個世界裡面，任何交相發生的作用都必然是一個強烈的變化——這是一個具有片面性的、特殊性的世界。在片面性中所討厭的東西乃是由於這樣一個幻想，以爲有些狀態和動作並不是交相作用的。有些思想不成熟而沒有經過訓練的人相信，動作是寓居在一個特殊的和分開的存在物裡面的，而且是起源於這樣一個特殊的和分開的存在物的。這個信仰本身就破壞了理智的批評的進展，理智的批評就把孤立片面的動作這個概念轉變成爲我們所承認的交相作用了。把知識、靜觀、愛好、興趣、價値或者其他等等跟動作孤立起來的這個觀點本身，就是認爲事物能夠脫離與其他事物的積極連繫而存在和被認知的這個見解的一種殘餘。

當人類發覺了，在他的主動力量和成就中他並不是一個小神靈時，他還要保持他從前的那種狂妄自大，而緊緊地抱住這樣一個概念，即在某種領域中，無論是知識的領域或美感靜觀的領域，他仍然是在這個交相發生作用而變化著的事情向前發展的過程以外而和它是相隔絕的；

而且他孤獨地在那裡，除了對他自己以外對誰也不負責任，他就好像是一個神一樣的。當他清晰地和恰適地知覺到：他是在自然以內的，是自然界交相作用的一部分時，他就看出來所要劃分的這一道線並不是在行動和思想之間，或行動和欣賞之間，而是在盲目的、僕從的、無意義的行動和自由的、有意義的、有定向的和負責任的行動之間的。知識，好像一棵樹的生長和地球的運行一樣，乃是一種交相作用的樣式；但是這種樣式的交相作用使得其他的樣式成爲明顯的、重要的、有價值的、能受指導的，它使實有轉變成爲手段，效用轉變成爲後果。

一切的理性本身就是被推論出來的，因此它是方法而不是實質；是活動的手續，而不是「終結本身」（end in itself）。把理性想像成爲實質就是把它送到自然界以外去了，把它變成一個神，無論是一個大的、原始的神或是一個小的、派生出來的神，它是在存在的偶然狀況以外而不受存在的變幻的影響的，這種「理性」的意義就被認爲可以洞察永存不朽的實在。一切的關係、一切的共相和規律本身是沒有時間性的，這的確是眞的。即使時間上的秩序，作爲一個秩序而論，也是沒有時間性的，因爲它是跟其他事物有關係的。但是如果我們把一切跟時間無關的東西都帶有頌揚意義地稱爲永存不朽的東西，這只是等於宣稱，凡是與任何存在無干的東西便形成了一種高級的存在。秩序、關係、共相，作爲知識的對象而言，乃是重要的和貴重的。它們之所以如此，因爲它們能夠應用於強烈的、廣闊的、個體化的存在物；它們可以應用到具有空間性和時間性的事物身上。應用並不是爲了某種外在的東西，而是爲了某種東西被指出具有一種功用。應用就是由於這些規律、原理和理想的緣故。如果它們不是爲了便於應用的目的而超脫於具體的事物，它們就會沒有意義；在事情進程中應用的意圖和可能就使得這些規律、原理和理想具有了它們所有的重要意義。如果沒有應用的現實性，沒有實現它們的意圖的努力行動，它們就是意義，但是它們既不是眞的，也不是假的，因爲沒有應用它們就沒有效果和檢驗。因此，它們就不再是知識，乃至反省的對象；而變成一個超然的靜觀對象了。於是它們便可以具有夢境對象所具有的美感價值。但是我們究竟並沒有把有時間性的經驗、人類的欲望、愛好和情慾置之腦後而不顧，我們只是曾經用一種局部的和暫時的逃避生活痛苦的色彩塗抹過自然。這些從事情進程中抽繹出來的永恆對象，雖然和「現象」相對立而被稱爲「實在」，其實它們只是產生於個人的欲望而形成於私有的幻想的一種最爲閒散無用而瞬息即逝的現象而已。

因爲理智乃是應用到信仰、欣賞和行爲等方面的好的批評方法，以致可以構成更自由和更可靠的好，把同意和肯定的東西轉變成爲共同意義的自由交流，把感觸轉變成爲有秩序的和自由的感知，把被動的反應轉變成爲主動的活動，因此，理智乃是我們最深刻信仰和效忠的合理的對象，乃是一切合理的希望的基石和支柱，說這樣一句話並不是要縱情於浪漫的理想。這並不是說，理智將永遠統治著事情的進程；甚至於這也並不意味著說，它是永遠不會毀滅和破壞的。分歧之點在於選擇，而選擇總是在幾種可以選擇的可能之中從事抉擇的問題。至於理智，即有思考的評價的方法將有什麼成就，只要它一經試用，就由嘗試的結果去決定了。既然理智的方法乃是跟存在中雜亂和規則、偶然和秩序之間相互交織的狀態有關的，那麼信仰有一個全盤的和最後的勝利，這簡直等於夢想了。但是我們必須對某種程序進行試驗；因爲生活本身就是一系列的嘗試。粗心和習慣、架子十足的超然態度、孤僻的冥想本身也是一些選擇。如果我們說，理智和其他的方法如權威、模仿、任性和無知、偏見和情慾等比較起來，乃是一種較好的方法，這不能算是一個過分的要求。那些辦法也都曾經嘗試過而且曾經按照它們的意志去做過。其結果並未指明：理智的方法，利用科學去批評和改造在自然中的偶然的好而把它們變成有意的和有結果的藝術的好，在創作中把知識和價值結合起來，是不值得嘗試的。也許還有這樣一些人，在他們看來，把哲學當作發展多種批評方法的批判的方法的這種想法是大逆不道的事情。但是關於哲學這個見解也有待於嘗試，而這種嘗試將證明它或駁斥它，這也有待於以後的結果。已爲我們所獲得的這種知識以及已爲思想所推動的這種經驗的重要意義，就是要喚起這樣的嘗試而且要證明從事於這種嘗試是合理的。

名詞索引

二畫

三畫

四畫

五畫

六畫

七畫

八畫

九畫

十畫

十一畫

十二畫

十三畫

十四畫

十五畫

十六畫

二十三畫

二十五畫

杜威年表

John Dewey, 1859-1952

年代	生平記事
一八五九年	十月二十日出生於美國佛蒙特州的伯靈頓（Burlington）的雜貨商家中。 中學畢業之後，進入佛蒙特大學（University of Vermont）就讀。大學時，修過希臘文、拉丁文、解析幾何及微積分，大三開始涉獵自然科學的課程，大四時，接觸到人類智慧的領域。
一八七九年	畢業於佛蒙特大學，後進霍普金斯大學（Johns Hopkins University）研究院，師從美國哲學家皮爾士（Charles Sanders Peirce）。
一八八四年	取得博士學位。 一八八四－一八八八、一八九〇－一八九四年在密西根大學（University of Michigan）教授哲學。
一八八七年	出版了第一本心理學教科書——《心理學》（*Psychology*），在當時很受歡迎。
一八八九年	在明尼蘇達大學（University of Minnesota）教授哲學。
一八九四年	加入了新成立的芝加哥大學（University of Chicago）。在那裡他發展了對理性經驗主義的信仰，與新興的實用主義哲學連繫在一起。
一八九六年	創立一所實驗中學作為他教育理論的實驗基地，並任該校校長。反對傳統的灌輸和機械訓練的教育方法，主張從實踐中學習。提出「教育即生活，學校即社會」的口號。其教育理論強調個人的發展、對外界事物的理解以及透過實驗獲得知識。
一八九七年	出版《我的教育信條》（*My Pedagogic Creed*）。
一八九九年	當選美國心理學會（APA）主席。 出版《學校與社會》（*The School and Society*），一九一五年修訂版。

年代	生平記事
一九〇四年	在紐約哥倫比亞大學（Columbia University in the City of New York）哲學系兼任教授。
一九〇五年	成為美國哲學協會會長、美國教師聯合會的長期成員。
一九〇八年	出版《倫理學》（*With James Hayden Tufts*），一九三二年修訂二版；與J．H．塔夫茨合著。
一九一〇年	出版《我們如何思維》（*How We Think*），一九三三年修訂二版。
一九一六年	出版《民主主義與教育》（*Democracy and Education*），或譯為《民主與教育》。
一九一九年	杜威和他的妻子在休假期間前往日本，接到胡適的邀請信，到中國講學（一九一九年五月至一九二一年七月），由日本抵達中國上海，遍及北京和華北、華東、華中十一省。促使實用主義在中國傳播。 出版《哲學的改造》（*Reconstruction in Philosophy*）。
一九二二年	出版《人性與行為》（*Human Nature and Conduct: An Introduction to Social Psychology*）。
一九二五年	出版《經驗與自然》（*Experience and Nature*）。
一九二七年	出版《公衆及其問題》（*The Public and its Problems*）。
一九二九年	出版《對確定性的尋求》（*The Quest for Certainty*）。
一九三〇年	退休。不再研究心理學，專注把心理學應用到教育和哲學方面，宣揚他的實用主義哲學和教育學思想。 出版《新舊個人主義》（*Individualism Old and New*）。

年代	生平記事
一九三一年	出版《哲學與文明》（*Philosophy and Civilization*）。
一九三四年	七月，應開普敦和約翰尼斯堡世界新教育獎學金會的邀請，杜威和他的女兒前往南非，在那裡進行了幾次會談。會議由南非教育部長Jan Hofmeyr和副總理Jan Smuts主持開幕。 出版美學著作《藝術即經驗》（*Art as Experience*）。
一九三五年	杜威與愛因斯坦（Albert Einstein）和詹森（Alvin Saunders Johnson）一起成為國際學術自由聯盟的美國部分成員。
一九三六年	被選為人道主義新聞協會的榮譽成員。
一九三八年	出版《經驗與教育》（*Experience and Education*）、《今日世界的民主主義與教育》。
一九三九年	當選為工業民主聯盟的主席。 出版《自由與文化》（*Freedom and Culture*）、《評價理論》（*Theory of Valuation*）。
一九五二年	六月一日在紐約家中病逝。

經典名著文庫 091

經驗與自然

Experience and Nature

作　　者 —— 〔美〕約翰・杜威（John Dewey）
譯　　者 —— 傅統先
發 行 人 —— 楊榮川
總 經 理 —— 楊士清
總 編 輯 —— 楊秀麗
文庫策劃 —— 楊榮川
副總編輯 —— 蘇美嬌
封面設計 —— 姚孝慈
著者繪像 —— 莊河源
出 版 者 —— **五南圖書出版股份有限公司**
地　　址 —— 臺北市大安區 106 和平東路二段 339 號 4 樓
電　　話 —— 02-27055066（代表號）
傳　　眞 —— 02-27066100
劃撥帳號 —— 01068953
戶　　名 —— 五南圖書出版股份有限公司
網　　址 —— http://www.wunan.com.tw
電子郵件 —— wunan@wunan.com.tw
法律顧問 —— 林勝安律師事務所　林勝安律師
出版日期 —— 2019 年 10 月初版一刷
定　　價 —— 580 元

國家圖書館出版品預行編目資料

經驗與自然 / 約翰．杜威（John Dewey）著，傅統先譯．--
初版．-- 臺北市：五南，2019.10
　面；公分．--（經典名著文庫；91）
譯自：Experience and nature
ISBN 978-957-763-525-9（平裝）

1. 杜威（Dewey, John, 1859-1952）　2. 學術思想
3. 哲學

145.51　　108011677